育人为本德为首

——思想品德、思想政治教学评价研究

王向阳/主编

大象出版社

图书在版编目(CIP)数据

育人为本德为首:思想品德、思想政治教学评价研究/王向阳主编.—郑州:大象出版社,2012.4
ISBN 978-7-5347-7197-2

Ⅰ.①育… Ⅱ.①王… Ⅲ.①思想品德课—教学研究—初中—文集 Ⅳ.①G633.202-53

中国版本图书馆 CIP 数据核字(2012)第 039169 号

育人为本德为首:

思想品德、思想政治教学评价研究

出 版 人 王刘纯
责任编辑 陈 刚 张立新(特约)
文字编辑 陈 刚 张立新(特约)
责任校对 杨 平 朱 芳 安 涛
封面设计 付锬锬

出版发行 大象出版社(郑州市开元路 18 号 邮政编码 450044)
网 址 www.daxiang.cn
印 刷 河南新华印刷集团有限公司
开 本 787×1092 1/16
印 张 25
字 数 500 千字
版 次 2012 年 4 月第 1 版 2012 年 4 月第 1 次印刷
定 价 48.00 元
若发现印、装质量问题,影响阅读,请与承印厂联系调换。
印厂地址 郑州市经五路 12 号
邮政编码 450002 电话 (0371)65957860-351

本书编委会

追求育人新境界　谱写德育新篇章

——致读者

教育是一首长篇史诗,从古到今吟诵着美妙动听的悠扬旋律;教育是一幅精美画卷,淡妆浓抹描摹了隽永恒久的醉人春色;教育是人类文明史上最耀眼的明珠,将沉寂的历史苍穹一一点亮;教育是社会发展跌宕前行的得力推手,将一寸寸荒蛮的土壤细细开垦;教育是沃土,孕育生长着希望;教育是天空,吸引激励着雄鹰……古老而年轻的教育事业,鼓舞和造就了一代代教育者,他们踌躇满志、勇立潮头,辛勤地耕种、收获;他们以天下为己任,唯民族兴旺是担当!如果说教育传承了人类的文明之火,推动了历史的前进,那么教育者则是当之无愧的火炬手,是滚滚历史车轮中唱响最强音的歌者。

教育者最真的信念、最高的追寻是——育人为本。因为育人为本是教育的生命和灵魂,是教育的本质要求和价值诉求。育人为本的教育思想,要求教育不仅要关注人的当前发展,还要关注人的长远发展,更要关注人的全面发展;不仅要关注被育之人和育人之人,还要关注所服务的对象——国家和人民,为国家服务、为人民服务,不断满足国家和人民群众的需要。

德是中华文化之宝,是中华社稷之基,是民族精神之魂,是做人立身之本,所以,育人为本必须坚持德育为首、德育为先。这也就理所当然地成为任何历史时期教育工作者必须遵循的准则,成为任何教育者必须执行的守则。

中学思想品德、思想政治学科作为中学德育工作的主渠道,在贯彻"育人为本、德育为先"的教育指导思想中发挥着不可替代的作用。新课程改革推行以来,河南省思想品德、思想政治学科在如何深化改革、落实"育人为本、德育为先"方面孜孜以求、开拓进取,取得了显著的成效:教育理念在更新,尊重学生、培养能力成为最根本的教学指导思想;教学策略在转变,情境教学、精彩生成成为最主要的课堂教学行为;课程资源被广泛开发,回归生活的德育不再高而远;教学评价及时而有效,激励学生不再是一句空话;时政教育常态演绎,关注国家民族社会成为自觉追求;教学手段灵活运用,情感体验情操培养厚积薄发;课堂上,生硬说教不见了;复习时,死记硬背遁形了;考试中,生搬硬套没有了;青年教师在成长,骨干教师在发展,莘莘学子展示才华,不断进步……

如果说上述成效彰显了我们的德育主阵地——思想品德、思想政治学科教学欣欣向荣景象的话,那么学业评价改革就是这一百花园里最亮丽的奇葩。河南省中招思想品德(思想政治)自2000年实行开卷考试以来,已经走过了12个年头。12年来,我们不断探索创新,稳中求进,逐步把原来刻板冰冷的考卷转变为生动活泼、馨香四溢、异彩纷呈的学生成长发展的沃土。随着命题理念的逐渐转变、试题题型的调整完善、命题角度的创新尝试、参考答案的开放设置,我们逐渐形成了自己的特色,也深入贯彻落实了思想品德学科特有的德育功能、人文特点和时代要求。更为重要的是,通过这样的考试不仅深化了广大师生对素质教育、新课程改革的认识,而且影响和催生了一大批有志于德育事业的教育者。

本书主要收录了2010年以来辛勤耕耘在教育教学及教研工作一线的同仁以自己的切身体验、深入研究为基础而精心撰写的优秀教育教学论文、教学反思、教学案例、备考心得等,以及2010年、2011年河南省中招思想品德试卷及试题的评析、反思文章。是继《课改风来满眼春》、《课改雨洒花正红》、《课改硕果满枝头》"三部曲"之后,又一部呈现河南省思想品德、思想政治学科课程改革成果的新作。

编印本书,旨在总结经验,巩固成果,启迪智慧,凝聚力量,加强学科建设,深化课程改革,助力专业成长,提升学术水准,激励广大学科同仁坚定信心,奋发进取,潜心治学,再创佳绩。由于受时间、资源、条件和能力所限,书中可能还存在一些不足之处,诚请读者诸君批评指正。

本书编委会

2012年3月

目　录

第一编　课改实践

第一辑　教学创新

第二辑　课堂评价

第三辑　教学方法

第四辑　反思成长

第二编 学业评价

第一辑 试卷评析

第二辑　典题赏析

第三辑　备考论丛

第一编

课改实践

第一辑　教学创新

研究课标变化　深化课程改革

——思想品德课程标准"2011年版"与"实验稿"比较研究

河南省基础教育教学研究室　王向阳

2011年12月28日，教育部印发了包括思想品德学科在内的义务教育19个学科的课程标准(2011年版)，新课程标准将于2012年秋季开始实行。深入贯彻实施新课标是当前以及今后广大中小学教师和教研工作者的重要任务。

本文试对思想品德学科课程标准(以下简称"课标")的主要变化进行简要分析，以期深刻领悟其精髓，把握本学科课程的发展趋向，促进本学科教育教学教研工作的改革创新和持续发展。

一、结构布局的调整与变化

总体分四个部分未变，但每个部分的标题、结构、顺序等方面都有不同程度的调整。具体如下表：

	新老课标结构对照		变化情况
	思想品德课标"实验稿"	思想品德课标"2011年版"	
第一部分	第一部分　前言 一、课程性质 二、课程的基本理念 三、课程标准的设计思路	第一部分　前言 一、课程性质 二、课程基本理念 三、课程设计思路	1. 第二板块的"课程的基本理念"改为"课程基本理念"。 2. 第三板块的"课程标准的设计思路"改为"课程设计思路"。

（续表）

	新老课标结构对照		变化情况
	思想品德课标“实验稿”	思想品德课标“2011 年版”	
第二部分	第二部分　课程目标 一、总目标 二、分类目标	第二部分　课程目标 (一)情感·态度·价值观 (二)能力 (三)知识	新的课程目标中不再出现“总目标”、“分类目标”的分层。
第三部分	第三部分　内容标准 一、成长中的我 (一)认识自我 (二)自尊自强 (三)学法用法 二、我与他人的关系 (一)交往与沟通 (二)交往的品德 (三)权利与义务 三、我与集体、国家和社会的关系 (一)积极适应社会的发展和进步 (二)承担社会责任 (三)法律与社会秩序 (四)认识国情　爱我中华	第三部分　课程内容 一、成长中的我 (一)认识自我 (二)自尊自强 (三)心中有法 二、我与他人和集体 (一)交往与沟通 (二)在集体中成长 (三)权利与义务 三、我与国家和社会 (一)积极适应社会的发展 (二)认识国情,爱我中华 (三)法律与秩序	1. 第三部分的总标题由“内容标准”改为“课程内容”。 2. 第一板块中的(三)由“学法用法”改为“心中有法”。 3. 第二板块的标题由“我与他人的关系”改为“我与他人和集体”;下设的三部分内容中的(二)也由“交往的品德”改为“在集体中成长”。 4. 第三板块的标题由“我与集体、国家和社会的关系”改为“我与国家和社会”;下设内容由四部分整合为三部分,其中,(一)由“积极适应社会的发展和进步”改为“积极适应社会的发展”,原“(四)认识国情,爱我中华”调整为(二),原“(三)法律与社会秩序”改为“(三)法律与秩序”。
第四部分	第四部分　实施建议 一、教学建议 二、教材编写建议 三、评价建议 四、课程资源的利用与开发	第四部分　实施建议 一、教学建议 二、评价建议 三、教材编写建议 四、课程资源的开发与利用建议	1. 四个板块的顺序进行了调整,原“三、评价建议”调整为二,原“二、教材编写建议”调整为三。 2. 第四板块的标题由“课程资源的利用与开发”改为“课程资源的开发与利用建议”。

二、具体内容的取舍与变化

(一)前言部分

1. 前言第一、二自然段作了内容上的调整,开篇直接提出了“道德是人自身发展的需要,也是人类文明进步的重要标志”,结合当今世界的特点明确指出,时代“对人的思想观念、道德品质和综合素质提出了新的挑战和要求”,其中“综合素质”为新增加内容;第二自然段则总述了本课程涉及的主要内容和总体目标。

2. 课程性质的四个方面概括,即"思想性、人文性、实践性、综合性"的表述与原课标保持一致,但具体阐释均有较大变化。比如:对思想性的阐释,增加了"以社会主义核心价值体系为导向"、"深入贯彻落实科学发展观"、"为青少年健康成长奠定基础"等内容;对人文性的阐释,增加了"尊重学生学习与发展规律,体现青少年文化特点"、"关怀学生精神成长需要"、"提升学生的人文素养和社会责任感"等内容;综合性则直接提出课程要"与初中学生的家庭生活、学校生活和社会生活紧密联系",最后一句还强调要"将情感态度价值观的培养、知识的学习、能力的提高与思想方法、思维方式的掌握融为一体"。

3. 课程基本理念部分,把原课标的第二条微调后作为第一条,且明确提出这是课程的核心。具体阐释中对思想品德课程的任务也有了新的定位,增加了"引领学生了解社会、参与公共生活、珍爱生命"等任务。其余两条基本理念也有内容上的微调和变化。

4. 课程设计思路与原来的内容相比主要是叙述角度上的变化。新的内容侧重于描述思想品德"课程的设计思路",而不是"课程标准的设计思路",从而进一步重视了"课程"的内涵。原课标的这一部分则重在对思想品德课程标准的设计思路进行解释。

(二)课程目标部分

1. 不再进行总目标、分类目标的分层;具体目标在描述上均有一些变化和调整。

2. 情感态度价值观目标的主要变化:描述中增加了"感受"、"养成"、"体会"、"形成"、"树立"等行为动词;第五条中增加了"有公共精神"的新提法和要求;原第六、七条整合为一条,并增加了"认同传统文化,继承革命传统,有全球意识和国际视野"等目标。

3. 能力目标的主要变化:原第四条调整为第一条,第三条调整为第五条,第五条调整为第四条;提出了"提高媒介素养,能够积极适应信息化社会"的新提法和要求;原第六条"能够理解法律的规定及其意义,理解社会生活中的必要规则,能遵纪守法,增强寻求法律保护的能力"修改为"学习运用法律维护自己、他人、国家和社会的合法权益",提升了法制教育的具体能力要求。

4. 知识目标的变化:由原来的四条增加到五条;原"了解我国的基本国情、基本路线、基本国策和世界概况"修改为"知道我国的基本国情,初步了解当今世界发展的现状和趋势";原"了解我与自然的道德规范"修改为"理解人类生存与生态环境的相互依存关系,认识当今人类所面临的生态环境问题及其根源,掌握环境保护的基础知识"。

(三)课程内容部分

1. 原来的"内容标准"改为"课程内容"。

2. 删去了每一部分具体课程内容前设置的目标要求。

3. 活动建议的数量有所增加(由原来的 34 条增加为 36 条),设计的形式也更具有可操作性,设计质量和预期效果更好,并与课程内容相对应,增加了针对性与可行性。

4. 对课程内容的具体描述也有很大的调整和变化,更加贴近生活、贴近时代、贴近学生的成长需要。

5. "成长中的我"部分课程内容的主要调整与变化:

●"认识自我"板块原有 6 条内容,现增加为 7 条,增加的是 1.3,这一内容原在"积极适应社会发展和进步"部分。

●"自尊自强"板块由 6 条扩充为 7 条,强调了"理解人与自然的关系、自救自护、自尊自立自强"等内容。

●"心中有法"板块由 5 条调整为 4 条,原第 5 条"自护"的内容被整合进了"自尊自强"板块的"珍爱生命"中;第 4 条提出了"知道不良心理和行为可能发展为违法犯罪,分析未成年人犯罪的主要原因,增强自我防范意识"的内容;另外,本部分的活动建议与课程内容逐条对照,活动设计很具体,突出了学法的重要目的在于实践应用的法制教育宗旨。

6. "我与他人和集体"部分课程内容的主要调整与变化:

●"交往与沟通"板块由 6 条变为 5 条,原第 6 条调整到了"在集体中成长"板块中,其余各条的先后顺序也有调整,另外还增加了"正确与同龄人交往"、"增强与家人共创共享家庭美满的意识和能力"等内容。

●"在集体中成长"板块将原课标中"交往的品德"、"积极适应社会的发展和进步"中的部分内容整合了进来,提出了 5 条内容。

●"权利和义务"板块由 7 条整合调整为 5 条,原 3.3、3.4、3.5 整合进了"人身权利"的内容中。

7. "我与国家和社会"部分课程内容的主要调整与变化:

●"积极适应社会的发展"板块,原来为 6 条,现在为 7 条;原 1.1 和 1.5 整合为 1.1;本板块原 1.2、1.3 均调整或整合到"成长中的我"部分;新增加了 1.2 的内容,对应了前面能力目标与知识目标的变化;1.5 中的"正确认识和理解社会矛盾"也是新增加的内容;原"承担社会责任"板块的关于责任的内容,被调整为本板块的 1.4,关于积极参与公益活动的内容被调整为本板块的 1.6。

●"认识国情,爱我中华"板块原为 8 条,现在是 9 条;4.5 改为 2.1,即人口、资源、环境国情被放在了第一条,其后是民族关系、科技教育状况等内容;增加了"促进城乡、区域协调发展"及"中国特色社会主义理论体系"等内容。

●"法律与秩序"板块在原来"法律与社会秩序"的内容基础上,增加了"知道我国环境保护的基本法律,增强环境保护意识,自觉履行保护环境的义务"的内容,对应了前面知识目标的增加和变化;第 2 条中新提出的"体会依法治国基本方略的实施有赖于每个公民的参与，是全体公民的共同责任”，体现了课程目标中新增和调整的有关法制教育的要求。

●原“承担社会责任”板块的主要内容大多被整合进了“我与国家和社会”中的“积极适应社会的发展”板块（原2.1和2.2的主要内容被调整融合到1.5中；2.3和2.4的主要内容整合后调为1.4；2.5调为1.6）。

（四）实施建议部分

1. 教学建议：增加了一自然段对教学建议的总述，提出了“教学的组织与实施，应全面贯彻党的教育方针，以社会主义核心价值体系为导向，坚持正确的政治方向”，“坚持课程改革的理念与要求”等建议；建议一改为“准确把握课程性质，全面落实课程目标”，突出了本建议属“课程”建议这一属性，而且更加全面，并明确提出教学“应准确把握思想品德课程的德育性，避免概念化、孤立化地传授和记诵知识，努力使知识的学习服务于学生思想道德发展的需要”；建议二在强调“本课程要与生活实际相联系”的同时，增加了“加强与其他课程的有机联系和融通”的建议；增加了建议三，即“创造性地使用教材，优化教学过程”；原建议“引导学生自主学习”改为“引导学生学会学习”，并与“注重学生的情感体验和道德实践”调换顺序。

2. 评价建议：整体结构调整为“评价目标”、“评价方式”、“评价实施要求”三个板块，删去了原评价建议中关于“教师的教学评价”板块的内容，原“评价原则”整合修改为“评价实施要求”；原“评价目的”改称为“评价目标”，且删减了“考查教师的教学水平”、“帮助教师改进教学”等表述；原“学生学习评价”改为“评价方式”，在对考试这一评价方式的阐述中，新增加了“要加强思想品德考试命题研究，注重考查学生运用知识解决道德实践中实际问题的能力，发挥考试对教学的正确导向作用”的内容；“评价实施建议”增加了对教育行政部门、招生考试部门等的要求，明确提出了“不能用单一的知识性考试作为对学生思想品德课程学习质量评价的唯一方式，警惕应试倾向的评价方式，避免评价方式偏离本课程的目标和理念”。

3. 教材编写建议：仍为五条内容，但顺序和每条内容均有调整和变化。第一条增加了“准确理解和把握课程标准，坚持正确的导向”的总要求，及“以社会主义核心价值体系为指导”的具体要求，并强调指出，要“充分发挥思想品德课程在学校德育中的基础性、导向性作用”；第二条明确提出了“遵循思想品德形成和发展规律，体现思想道德学习的独特性”的要求；第三条提出要“突出教材与生活的联系”，“使教材成为联系现实生活和实践的桥梁”；原四、五两条被整合为第四条，并要求教材要“激发学生思考、探索的兴趣”；现第五条为增加内容，提出了教材“应充分考虑和体现不同地区的特点”的要求。

4. 课程资源开发与利用建议：原课标的本部分标题为“课程资源的利用与开发”，下设“课程资源的类型”及“开发与利用应遵循的原则”两个板块，新课标将这两方面糅合,直接提出了具体的课程资源开发与利用建议,表述角度发生了变化;将"鼓励和指导学生参与课程资源的开发,重视对学生自身资源的开发,使学生的参与过程和生活体验成为课程资源的重要组成部分"单列为第三条,体现了对这方面的重视,同时也对教师教学提出了更高的要求。

总之,2011 年版思想品德课程标准修改变化较大,从结构布局到具体表述都有较大调整。其主要特点是:与时俱进、改革创新、科学发展、全面优化、育人为本、导航成长;更加贴近学生、贴近生活、贴近时代。课程内容的变化则集中在以社会主义核心价值体系为导向、适应信息化社会、保护环境、珍惜资源等方面。进一步强调了"五爱"(爱祖国、爱人民、爱劳动、爱科学、爱社会主义)教育和"四有"(有理想、有道德、有文化、有纪律)目标,强调三大内容板块(成长中的我、我与他人和集体、我与国家和社会)与四项课程内容(道德、心理健康、法律、国情)的有机结合,并强调指出:教学应准确把握思想品德课程的综合性,以学生健康成长需要处理的主要关系为线索,将道德、心理健康、法律、国情等内容进行有机结合、科学设计,避免将这些内容割裂开来,分块进行教学。新课标新增加的提法有"思想品德课程的德育性"、"与他们(初中学生)一起体会成长的美好"、"公共精神"、"提高媒介素养"、"正确认识和理解社会矛盾"、"充分发挥思想品德课程在学校德育中的基础性、导向性作用"等。

思想品德课程标准是国家指导思想品德教育教学、考核评估和教材编写的规章。我们广大思想品德课教师和教研工作者一定要深入学习、钻研新课标,准确把握其精神实质,在教学和教研实践中认真贯彻落实,按照更新观念、调整行为、激发活力、提高质量的要求,不断增强实施思想品德课程的主动性、针对性和实效性,为全面推进素质教育、深化课程改革、培养优秀公民做出新的贡献。

《义务教育思想品德课程标准(2011 年版)》呈现的几大特点

河南省基础教育教学研究室　王向阳

本世纪初,为适应知识经济时代的要求、全面提高国民素质、提升综合国力,我国做出全面实施素质教育、进行基础教育课程改革的重大战略决策。经过十年的实践探索,课程改革取得显著成效,构建了具有中国特色、反映时代精神、体现素质教育理念的基础教育课程体系。在此过程中,2003 年 5 月 13 日,教育部正式颁布了《全日制义务教育思想品德课程标准(实验稿)》。在使用和实践过程中,思想品德课程标准(实验稿)为初中思想品德课程的创造性实施提供了科学指南,学科思想、学科价值得到了充分的贯彻和落实。但随着形势的进一步发展,课程标准(实验稿)需要作进一步的修改完善。

课程标准是课程实施的纲领性文件,也是课程改革的标志性成果,同时它也为课程改革的深入推进指明了方向。对于思想品德学科而言,在经过近十年的实践和探索后,我们发现:鼓励创新、倡导自主、健全人格成为课堂的共识;回归生活、润泽生命、价值引领成为德育的追求;建设青春文化、培育现代公民、追求知行合一成为课程的基本定位。思想品德课程标准从无到有、从"实验稿"到"2011 年版"修改稿,一以贯之地坚守着课程的基本理念。

在充分调研、科学论证、学科审议和综合审议的基础上,2011 年 12 月 28 日,教育部颁布了《义务教育思想品德课程标准(2011 年版)》,该课标对"实验稿"进行了全面系统的修订、完善和丰富。"2011 年版"课程标准浓缩了德育理论的最新成果,融入了经济社会发展的最新元素,也应答着课改实践者的行动困惑和现实期待。认真对比《全日制义务教育思想品德课程标准(实验稿)》(以下简称"实验稿")和《义务教育思

想品德课程标准(2011 年版)》(以下简称“2011 年版”),笔者认为,“2011 年版”主要呈现以下几个特点:

一、一脉相承,与时俱进,彰显发展性

“2011 年版”是基于 2003 年“实验稿”进行的修改和调整,并非另起炉灶、推倒重来,其整体板块、框架体系和主要内容都没有进行大幅度的增添和删减,只是进行了改进和完善,从而保证了课程思想、课程目标、课程内容和课程实施的相对稳定性。

从整体上看,“2011 年版”吸收并传承着“实验稿”的精神和内容,基本尊重原有的结构体系,基本保持原有的内容设计,基本尊重原有的目标定位和实施建议。因此,可以说,“2011 年版”与“实验稿”是一脉相承、一以贯之的。

具体来看,内容上从“实验稿”的 21 页增加到 23 页;课程性质进行了重新定义;课程基本理念强化了课程的核心要求;课程目标不再区分总目标与分类目标;课程内容从原来的“成长中的我”、“我与他人的关系”、“我与集体、国家和社会的关系”进行了重新整合;活动建议都有编号,直接与课程内容一一对应;第四部分实施建议略作调整。这些变化的背后都是基于当今人类社会共同面临的新问题、国内经济社会发展出现的新情况、初中学生成长中出现的新问题以及课改实践中遇到的新困惑等实际进行的。比如,在“2011 年版”“认识自我”中增加了“体会青春期的美好”;“积极适应社会的发展”中增加了“合理利用互联网等传播媒介,初步养成积极的媒介批评能力,学会理性利用现代媒介参与社会公共生活”以及“了解不同劳动和职业的特点及其独特价值”等内容。

笔者认为,“2011 年版”体现了课程建设、课程发展的客观要求,体现了课程改革纵深发展、推进素质教育的必然要求,同时也是落实《国家中长期教育改革和发展规划纲要(2010—2020 年)》精神的重要举措。本次修订适当强调了科学发展观、社会主义核心价值体系、公民教育三部分教育内容,注意培养生态文明意识和确立全球化视野,丰富生命教育的内容,强调情感发展对品德培养的重要性,提出准确把握思想品德课程的德育性,充分发挥思想品德课程在学校德育中的基础性、导向性作用,体现了与时俱进的品质。

二、优化重组,删繁就简,凸显逻辑性

本次修订坚持“三维目标”的统整,坚持回归生活,坚持课程衔接,基于学生逐步扩展的生活和可持续发展需求,以及德育课程情感性、体验性等学科特点和初中学生的认知规律来建构和完善。统整“三维目标”体现了从社会本位走向个体本位的逻辑要求;坚持回归生活体现了从知识本位走向学生发展本位的逻辑要求;坚持课程衔接体现了从课程本位走向儿童经验本位的逻辑要求。

“2011年版”对课程内容进行了重新整合，特别是重新划分了三大板块内容，把原来“实验稿”中的“成长中的我”、“我与他人的关系”和“我与集体、国家和社会的关系”修订为“成长中的我”、“我与他人和集体”和“我与国家和社会”，更符合逻辑要求。因为“实验稿”中的“我与他人的关系”与“我与集体、国家和社会的关系”存在着交叉和重叠，“我与他人的关系”这一部分中包含着“我与集体、国家和社会的关系”中集体部分的内容，所以把“集体”前移到“我与他人的关系”中更符合生活实际。原来第三板块“我与集体、国家和社会的关系”中的“积极适应社会的发展和进步”、“承担社会责任”、“法律与社会秩序”、“认识国情　爱我中华”四部分调整为“积极适应社会的发展”、“认识国情，爱我中华”、“法律与秩序”三部分。“承担社会责任”的内容整合到“积极适应社会的发展”之中。这主要是从体例上的一致性、内容上的有序性来进行整体优化和统筹设计的。删除了有关“同违法犯罪行为作斗争”的内容，因为这一要求本质上属于国家专门机关和专职人员的专门工作，不属于青少年的义务和职责。对于“知道不良行为和严重不良行为可能发展为犯罪，自觉抵制‘黄、赌、毒’和‘法轮功’邪教等不良诱惑”这些课程内容，因为其表述较为空泛、离学生生活相对较远，以及在教学上很难实施等，所以进行了相应的删除。

同时，对课程基本理念进行了修改和调整。主要是按课程的核心、基础和教学观三个方面依次对“实验稿”内容进行了调整。比如，把课程的基本理念“帮助学生学习做负责任的公民，过积极健康的生活是本课程的追求”加以修订后进一步明确和界定为“课程的核心”，并把它置于第一位。明确课程核心，围绕课程基础，坚持课程原则，建构课程体系，这样更符合从宏观到微观的方法论要求。

三、注重过程，关注应用，强化操作性

本次修订力求具体，不泛泛而谈，为课程实施、课程评价、教材编写提供具体的、可行的方法。

如：对第四部分的“教学建议”和“评价建议”进行了修订和完善。对教学实施指明了五大原则：课标定位、回归生活、灵活使用（教材）、价值引领和学生主体等要求；对评价方式强调过程化、多元化、证据化、特色化和人文化；对教材编写提出了依据课标、遵循规律、贴近生活、因地制宜等要求；对课程资源的开发提出了以下要求：课程资源服务课程目标；课程资源要立体呈现；学生也是课程资源开发中不可忽视的群体以及要充分挖掘本土资源优势和独特价值等。

四、整体着眼，局部调整，突出针对性

“2011年版”的修订是通盘考虑九年义务教育阶段中不同学段学生的心理特点、成长需求和生活经验等实际情况，既强调初中与小学两个学段的区别和不同，又强调它们

之间内在的衔接和联系;既强调课程体系上的连贯性和统一性,又强调课程内容的递进性和上升性,从而避免出现初中与小学课程内容的错位、重叠和交叉。

"2011 年版"是基于全国范围各地区的教学反馈、问卷调查、征求意见和座谈研讨等充分调研基础上的修订,对相关内容进行了适当的增补和删减,重组和优化。本次修订既有理论上的缜密性,又有实践上的可行性;既有广泛的参与性,又有专业的权威性;既有整体的系统性,又有具体的针对性。

五、把握核心,丰富内涵,增强指导性

在"课程性质"中的"思想性"中增加了"以社会主义核心价值体系为导向,深入贯彻落实科学发展观"等内容,使思想性的内涵不仅包括"马克思主义指导思想",还包括"中国特色社会主义共同理想"、"以爱国主义为核心的民族精神和以改革创新为核心的时代精神"、"以'八荣八耻'为主要内容的社会主义荣辱观"以及科学发展观等重大战略思想,这对课程设计、教材编写、课程实施都具有很明确的指导性。

"课程内容"中的第二部分"我与他人和集体"、第三部分"我与国家和社会"所涉及到的相关内容进行了丰富和补充,从而使课程内容更具有指导性。比如,"课程内容"第二部分中"在集体中成长"2.1 中增加了"主动参与班级和学校活动,并发挥积极作用。有团队意识和集体荣誉感,感受学校生活的幸福,体会团结的力量"等内容。

法律内容在目前初中思想品德课教学内容中总体上偏少,所以本次修订适当增加了法律部分的教学内容。比如,在"成长中的我"的第三部分"心中有法"中,活动建议3.4 中增加了"扰乱公共秩序、妨害公共安全、妨害社会管理秩序等具有社会危害性的行为,都是违法行为"。

在"教学建议"和"评价建议"中增加了简单明了的指导语,明确了教学工作和评价工作的基本立场,直接指明了其功能定位、教学组织和实施的具体要求。比如,在"教学建议"中明确给出了要"准确把握课程性质,全面落实课程目标"、"强调与生活实际以及其他课程的联系"、"创造性地使用教材,优化教学过程"等很强的指导性要求。又如,在"评价建议"中强调指出:"要加强思想品德考试命题研究,注重考查学生运用知识解决道德实践中实际问题的能力,发挥考试对教学的正确导向作用。"

六、关注细节,表述严密,坚持科学性

"实验稿"对思想品德课程性质的表述过于宽泛,没有指明学科的特点,学科本质属性界定不够清楚,造成了一些困扰。比如,为学生思想品德健康发展奠定基础的课只有这一门吗?本课程与其他也起到类似作用的课程的区别在哪里?除此以外,也给教学实践带来了一定程度的影响。比如,有些人就以为心理、道德、法律、国情是课程并列的四大内容,把有机统一的课程内容人为地分割开来。而"2011 年版"对课程性质的表

述更加严密、准确和科学,明确界定了课程的基础、目的和类型:课程的基础是初中学生生活;课程目的是引导和促进初中学生思想品德发展;课程的类型是综合性课程。明确了课程性质,为课程内容的安排和选择确定了指导思想,也为教学实践明确了方向。无论是什么样的课程内容都要承担学生思想品德发展的任务,无论是哪种教学范式都要围绕课程的根本目的进行创造性教学。

比如,原“学法用法”3.1 中对法律的表述不够严密,“制定”和“认可”是国家制定法律的两种基本形式,原文只讲制定,没有提及认可;把原课标“交往与沟通”中 1.1“课程内容”中的“克服‘逆反’心理”修改为“调适‘逆反’心理”,意在改变过去那种子女绝对服从父母的权威和要求的做法,而强调父母与子女之间的平等对话,有效沟通,共同成长。“实验稿”第一部分的最后一块内容“课程标准的设计思路”改为“课程设计思路”,这样,“2011 年版”能够与小学两个学段保持统一,也能够涵盖“课程的设计思路”和“课程标准的设计思路”。

总之,本次课程标准的修订,体现了课程自身发展的需要,也体现了学生成长发展的需求。在其内容增加和删减的背后,在其结构重组和优化的背后,体现着课程设计、内容目标、教材编写、教学实施、评价方案和课程资源开发等诸多方面的变化,这也为课程设计的整体性、课程目标的具体性、课程实施的创造性、评价方式的科学性等提供了新的依据和指导,从而为课程改革向纵深发展指明了方向。

海阔凭鱼跃,天高任鸟飞。思想品德课程标准 2011 年版的颁布,为广大课程实施者提供了崭新的平台和宽广的舞台,相信思想品德学科界的广大有识之士,定会在新课标精神的指引下,编写出更为上乘的教学用书,开发出更为鲜活的课程资源,演绎出更为生动的课堂活剧,创制出更具特色的教学评价方案来。思想品德新课标的颁布,预示着课程建设与课程改革新的春天到来了,让我们沐浴课改春风,扎根实践沃土,坚定信心,执著耕耘,改革创新,奋勇拼搏,营造满园春色,收获新的硕果。

让思想品德课堂灵动飞扬

河南省洛阳市伊滨区诸葛一中　王友丽

因为有了朝霞的装扮，才打破了黎明的寂静；因为有了繁星的点缀，才使夜空更加璀璨。是“竹外桃花三两枝，春江水暖鸭先知”让我们看到了春的生机盎然；是“接天莲叶无穷碧，映日荷花别样红”让我们记住了夏的妖娆妩媚；是“远岸秋沙白，连山晚照红”让我们看到了秋的色彩缤纷；是“千山鸟飞绝，万径人踪灭”让我们记住了冬的纯洁寂静；是因为多彩音符在五线谱上的跳跃，才有了和谐动听的乐章。那么，怎样才能使思想品德课堂充满活力？让学生乐学、想学？下面就让我们把多彩的“音符”引入课堂，让其流动于课堂，扮靓我们的课堂！让思想品德课堂灵动飞扬！

一、优美音乐——拨动学生情感之弦

音乐的语言是微妙的，也是强烈的，它能激情于境，促使我们的感情自然流露。在课堂上穿插学生熟悉的音乐，拨动他们的心弦，促使他们融入特定的教学氛围中，带着自己的情感，用心去感悟教材，去体察、想象、思考和升华。例如，在学习“爱在屋檐下”一课时，我以学校广播中经常播放的《母亲》这首歌作为导语：“你入学的新书包，有人给你拿；你雨中的花折伞，有人给你打；你爱吃的那三鲜馅儿，有人她给你包；你委屈的泪花，有人给你擦。啊，这个人就是娘，啊，这个人就是妈，这个人给了我生命，给我一个家……”引入新课，为学习新内容，创造了良好的课堂氛围。然后我让学生们讲讲自己在生活中体会或搜集到的关于父爱、母爱的故事，探讨我们中学生应该怎样孝敬父母……学习快要结束时，歌曲《父亲》在教室里响起：“想想您的背影，我感受了坚韧，抚摸您的双手，我摸到了艰辛，不知不觉您鬓角露了白发，不声不响您眼角上添了皱纹，我的老父亲，我最疼爱的人，人间的甘甜有十分，您只尝了三分，这辈子做您的儿女，我没有做够，央求您呀下辈子，还做我的父亲……”在场的学生被深深感染，有些同学甚至眼里噙着泪花。学生的情感被调动起来了，也自然会体会到：“世间至深至纯的爱是父爱和母爱，父爱如山，深沉严格；母爱如水，温柔细腻。父母不仅赋予我们生命，而且抚育我们成长、教我们做人。孝敬父母是子女应尽的道德义务和法律义务……”我们的思想品德教育收到了“此时无教胜有教”的效果。

二、精彩漫画——启迪学生思维之窗

漫画直观、形象、生动、幽默，包含着丰富而深刻的道理，发人深思，让人回味无穷。恰当地利用漫画，可以化抽象为直观，变枯燥为生动。在教学中，教师可以和学生一起赏析漫画，融知识于漫画分析之中。如在学习“节约资源，保护环境”一课时，我用多媒体课件适时播放古诗《秋思》，同时配上漫画：

“枯藤老树昏鸦”——光秃秃的树枝上挂满了人们扔下的塑料袋，几只孤单的小鸟悲鸣着飞向远方。

“小桥流水人家”——一次性筷子做成的小桥下面，河里滚滚黑水翻腾着白沫，小鱼儿泪流满面，背着行囊离家乡。

“夕阳西下，断肠人在天涯”——昏黄的落日下，一辆又一辆的汽车，把远处山上的树木运走了，山上只剩下一个个树桩和裸露的黄土，黄沙漫漫，我们人类在“望沙兴叹”……

通过观看漫画形象和文字说明，学生既能感受到漫画所带来的幽默、诙谐、讽刺、妙趣，又好像身临其境。这时，我及时提出问题：这四幅漫画共同反映了什么问题？产生这些问题的原因是什么？这些问题会带来什么样的危害？你认为应该如何解决这些问题？一幅幅既具有讽刺意义又富有哲理性的漫画，巧妙地引导着学生去思考、去探究，既活跃了课堂气氛，也取得了良好的教学效果。

“处处留心皆学问”，报纸上、教材里有许多漫画可以服务于教学，学生在品读漫画的同时不仅提高了观察问题、思考问题的能力，也树立了捍卫真善美、抨击假恶丑的情感态度价值观。

三、名言警句——开启学生智慧之门

名言警句是人们经验教训的提炼和总结，是历史文化精华的积淀，对后人有重要的指导意义和警示作用。在教学中，巧用名言警句可以激发学生的兴趣，有利于上活、上好思想品德课。如在学习“诚信做人到永远”一课时，我首先让学生在课下搜集古今中外关于诚信的格言，然后在课堂上分组展示。学生搜集的名言有：

诚者，天之道也。——孟子

不精不诚，不能动人。——庄子

言必信，行必果。——《论语》

失信就是失败。——左拉

没有诚实，哪来尊严。——西塞罗

如果要别人诚信，首先要自己诚信。——莎士比亚

……

学生搜集名言的过程本身就是一个学习的过程，在学习名人诚信品质的同时也认识到“诚信是中华民族的传统美德，是为人处世的基本原则”。从而自觉做到诚信做人，诚信做事。在我们的课堂上，学生在“天下兴亡，匹夫有责”中感悟热爱祖国是我们每个人应尽的责任；在“大河有水小河满，大河无水小河干”中体会个人离不开集体；在“一花独放不是春，百花齐放春满园”中认识到竞争合作求双赢；在“赠人玫瑰，手留余香”中收获奉献的快乐……名言警句朗朗上口，简约而有力量。把多为学生熟知的名言警句引入课堂，能给学生留下深刻的印象，起到“余音绕梁，三日不绝”的良好教育效果。

四、公益广告——点亮学生心灵之灯

公益广告作为社会传媒文化中的一个重要形态，对大力倡导社会公德，传递爱心，呼唤良知，激发慈善义举，有功不可没的作用。作为一种德育途径，公益广告以其形象、真实、鲜明、生动的独特艺术手法，能达到“随风潜入夜，润物细无声”的作用，起到“于无声处听惊雷”的效果，有利于培育青少年的社会公共伦理道德观念。

《帮妈妈洗脚》被许多孩子推荐为最好的公益广告，广告画面朴实、真挚，易使孝敬父母、赡养老人的传统美德直接影响学生的道德情感和选择。2010 年西南干旱，课堂上一则“一个很大的困难，除以十三亿，都会变得微不足道；一点儿很小的爱心，乘以十三亿，就会凝聚成浩瀚的爱的海洋”的公益广告，告诉我们：团结就是力量，凝聚诞生希望。只要我们每个人都献出一点爱，世界就会变成爱的人间；只要我们每个人都节约一滴水，我们就会拥有浩瀚的海洋。正如濮存昕在一则公益广告中说道：“有人这样问过我，播出的一条公益广告，能不能改变我们生活中的那些陋习呢？我说，公益广告对社会中的那些不文明现象，也许不可能药到病除，但是我相信，一条公益广告就好像是一盏灯，灯光亮一些，我们身边的黑暗就会少一些……我相信，其实文明就在我们心中；我相信，我们每个人迈出一小步，就会使社会迈出一大步。”

五、智慧教师——扬起学生成长之帆

毛泽东同志在回顾革命胜利的原因时，用“展旗聚众”四个字作了高度概括。“展旗”是信念与方向的定位，“聚众”是指吸引力、感召力和人心向背。革命胜利离不开将

军的指挥，学生成长离不开教师的教育。思想品德课的感染力和号召力与教师息息相关，教师要明确教学目标，恰到好处地运用优美音乐、精彩漫画、名言警句、公益广告……匠心独运地串起这些多彩音符，使课堂靓起来，才能提高学生的兴趣、拨动学生的心弦，才能达到“运筹帷幄之中，决胜千里之外”的效果。

“不登高山，不知天之高也；不临深溪，不知地之厚也。”学习是一个探究和发现的过程，我们不仅要让多彩的音符流动于思想品德课堂，使其扮靓我们的课堂，更应组织学生多看、多做，多参与实践活动，让学生用心去经历、去体验，经历人生的酸甜苦辣，体验人生的美好与艰辛，体验为正义事业和美好前途而奋斗的幸福，从而真正丰富自己的内心世界。

“课上一分钟，课下十年功。”教师只有把功夫下在平时，注意知识的积累和素质的提高，才能有效驾驭课堂。一棵棵草，可以给大自然以无限生机；一滴滴水，可以汇聚成江河湖海，相信一节节匠心独运的思想品德课会让学生受益终生！我们要做智慧教师，为学生扬起成长之帆，让他们乘风破浪驶向理想的远方！

初中时政教学应做到“五化”

河南省郑州市教育局教研室　杨仕保

时政教学是初中思想品德课的重要组成部分，它对弥补教材内容滞后、激发学生学习兴趣、拓宽学生视野、培养学生分析解决问题的能力等都具有不可替代的作用。笔者认为，扎实有效地推进初中时政教学，应认真做到“五化”。

一、主体明确化

建构主义认为，学生是学习信息加工的主体，是意义建构的主动者，而不是知识的被动接收者和被灌输的对象。时政教育也要充分发挥学生的主体作用，无论是时政素材的搜集，还是时政内容的分析评论，均应由学生个体或小组合作来完成，只有这样才能引导学生更多地关注社会发展，培养学生的自主探究能力、知识迁移能力和语言表达能力。在此过程中，教师的主要任务是注意把握高度和正确导向，发挥示范、引导、帮扶等作用，教师如果越俎代庖简单地进行时政讲授，多姿多彩的时政教育就会变得平淡无味，效果也必然会大打折扣。

二、主题系列化

时政教育应根据初中生的年龄特点和认知水平，循序渐进、分层推进。七年级学生年龄尚小，对社会现象的认识比较肤浅，可引导他们进行“时政播报”活动，即引导学生选取2—3条比较有价值的时政新闻，利用课前五分钟的时间，阐述新闻事件发生的时间、地点、简要经过及产生的影响等，以培养学生关注时政的意识，锻炼他们搜集、筛选、整理信息的能力。

进入八年级后，学生已能够熟练地搜集、整理时政新闻，知识面也开阔了很多，此时可引导学生开展“时政论坛”活动，即教师引导学生尽量选取贴近教材内容的重大时政新闻，运用所学知识进行分析、评论，形成自己的观点、认识。较之于时政播报，时政论坛的内容更加深入、丰富，建议以小组为单位进行，一来可以保证活动的质量和效果，二来能够锻炼学生的合作探究能力和逻辑思维能力。

进入九年级后，可以结合中考的要求，组织学生进行“时政考场”活动，活动仍然分小组进行，小组内一名学生进行时政播报，并在此基础上进行分析、评论，一名学生围绕其中的某条时政新闻，结合所学知识，模仿中考题的样式，命制一道主观性试题，供全班学生思考回答，之后公布参考答案，学生们就试题命制、答案组织及答题情况进行点评和互评。俗话说：“提出问题比解决问题更重要。”学生能够提出一个好问题，这种锻炼价值不亚于成功解答一道主观性试题。

三、内容多元化

时政教学的内容可以多种多样，不拘一格。从范围上讲，可以引导学生关注国际、国内的重大新闻，也可以关注省内甚至是所在地市的新闻事件，因为这些内容贴近学生实际，具有更强的教育效果。从领域上讲，可以关注政治、经济、文化、科技、体育等方面的新闻，党和国家的重要会议、重大决定，各领域的重大成就，国际间的互访往来，都是很好的时政素材，都具有了解、分析的价值。

值得注意的是，在七年级时政教学刚起步的时候，很多学生可能不会筛选新闻，将诸如某场 NBA 比赛的具体情况大讲特讲，或者在播报假冒伪劣商品时将如何制作、如何取得暴利、检测过程中存在哪些肮脏交易等交代得非常具体，偏离了教育主题甚至产生误导，这时就需要教师进行示范、指导，将学生的选材视角聚焦到有意义的话题上来，以便更好地发挥时政教育的作用。

四、活动常态化

时政教育应贯穿于初中三年的教学过程中，落实到每天的思想品德课堂上，而非应对中招考试的临时之举。一些教师平时不关注时政教学，考前将自己整理好的时政新闻交于学生突击记忆，或者是集中几节课的时间专门搞时政专题讲座。从表面上看，这些急功近利的做法可能不会影响学生的考试成绩，甚至有“省时高效”之感，但从长远来看不利于学生的持续发展和综合素质的提高，因为从本质上讲时政教学是一个日积月累的过程，是学生不断学习、不断内化的过程，不可能毕其功于一役。

五、形式多样化

教学有法，教无定法，贵在得法。时政教学没有固定的模式和方法，贵在实践，贵在创新。就拿时政播报来说，在有些学校，时政播报的内容被写在教室后面的黑板上，在连续几天的时间里学生都可以学习这些内容；有的学校则要求学生将时政新闻统一写在一本小册子上，课外学生可以随时翻阅学习，期末复习时也非常方便。除了“时政播报”、“时政论坛”、“时政考场”这些常规形式，指导学生撰写时政小论文、举行时政辩论赛、开展时政竞赛、聘请专家进行时政专题讲座，包括教师在教学过程中有意识地渗透一些时事热点等，都是开展时政教育的好方法。

在初中进行时政教学既是国家政策的规定，又是建构充满活力、富有特色的思想品德课堂的需要。开展时政教学尽管有时会多花费一些时间，偏远山区、寄宿制学校受客观条件限制会面临一些实际困难，但只要我们广大教师开动脑筋，积极创造条件，切实做到上述“五化”，就会收到好的教学效果，不仅有利于优化我们的课堂教学，更有利于促进学生的全面发展，让学生受益终生。

《生活与哲学》学习口诀

河南省郑州市回民中学　聂　翔

（上）

第一单元　生活智慧与时代精神

第一课　美好生活的向导

哲学智慧实践生，追问思考相伴行①。
生活道路要成功，爱智之学是明灯②。
哲学属于世界观，指导生活方法现③。
具体科学是基础，正确指导不会偏④。

第二课　百舸争流的思想

思维存在两关系，一切哲学不能避。
决定性质和方向，划分派别为依据⑤。
唯物唯心分歧大，物质意识来当家⑥。
唯物家庭三兄弟，唯心主客闹分离⑦。

第三课　时代精神的精华

反映时代有偏差，真正哲学是精华[8]。
更新观念指方向，推动时代之步伐[9]。
马哲应运历史生，伟大变革它形成[10]。
实践科学革命性，人类智慧之结晶[11]。
马列主义中国化，各项成果要分清[12]。

第二单元　探索世界与追求真理

第四课　探究世界的本质

自然事物自然成，劳动决定社会生[13]。
共同本质实在性，物质来把世界统[14]。
物质运动联系紧，动静结合防"一点"[15]。
规律普遍和客观，遵循利用不能反。

第五课　把握思维的奥妙

客观世界是起源，生理基础很关键。
实践联系主客观，加工改造映像现[16]。
能动认识和改造，特点作用做判断[17]。
实事求是要坚持，反对片面两统一[18]。

第六课　求索真理的历程

理解实践三要件，含义形式及特点[19]。
认识基础是实践，四个方面要记全[20]。
客观具体有条件，真理谬误常相伴[21]。
认识反复且无限，追求真理到永远[22]。

注解：

①哲学的智慧产生于人类的实践活动，哲学源于人们对实践的追问和对世界的思考。

②真正的哲学可以使人们正确地看待自然、社会和人生的变化与发展，用智慧的眼光看待生活和实践，从而为人们的生活和实践提供积极有益的指导。

③哲学是关于世界观的学问（学说），是系统化、理论化的世界观。人们用世界观作为指导去认

识世界和改造世界，就表现为方法论。世界观决定方法论，方法论体现世界观，哲学是世界观和方法论的统一。

④具体科学是哲学的基础，哲学随着具体科学的变化而变化。科学家的研究都是在某种世界观和方法论的指导下进行的，缺乏正确的世界观和方法论的指导，科学研究就会失去正确的方向，甚至陷入混乱和失败。

⑤思维和存在的关系问题，是一切哲学都不能回避的、必须回答的问题，贯穿于哲学发展的始终。对这一问题的不同回答决定着哲学的基本性质和方向，决定着对其他哲学问题的回答。对"思维和存在何者为第一性"的不同回答是划分唯物主义和唯心主义的唯一标准。

⑥在世界的本原问题上，唯物主义和唯心主义是根本对立的。唯物主义认为，世界的本原是物质，先有物质后有意识，物质决定意识；唯心主义认为，世界的本原是意识，先有意识后有物质，意识决定物质。

⑦唯物主义有三种基本形态，即古代朴素唯物主义、近代形而上学唯物主义（机械唯物主义）及辩证唯物主义和历史唯物主义。唯心主义有两种基本形态，即主观唯心主义和客观唯心主义。

⑧哲学来源于时代，是时代精神的总结和升华，但面对社会生活的诸多内容，哲学家可以对不同方面进行不同的反映，因此他们可能是真理的发现者，也可能是谬误的制造者。真正的哲学正确地概括了时代的实践经验和认识成果，正确地反映了时代的任务和要求，牢牢地把握住了时代的脉搏，成为自己时代的精神上的精华。

⑨哲学指导社会的变革表现为两个方面：一是哲学通过对旧制度和旧思想的批判，更新人的观念，解放人的思想。二是哲学可以预见和指明未来的前进方向，提出社会发展的理想目标，引导人们追求美好的未来；还可以动员和掌握群众，从而转化为变革社会的巨大物质力量，成为这一时代变革的先导。

⑩马克思主义哲学的产生决不是偶然的，而是有着深厚的阶级基础、自然科学基础和理论来源。马克思主义哲学的产生，开启了无产阶级和全人类的解放事业，实现了哲学史上的伟大变革。

⑪马克思主义哲学坚持科学的实践观点；第一次实现了唯物主义和辩证法的有机统一，唯物辩证的自然观与唯物辩证的历史观的有机统一，它的全部理论都来自实践，又经过实践的反复检验，因而是科学的；它是"改变世界"的科学，是指导人类解放的科学，是无产阶级科学的世界观和方法论，因而是革命的。它是人类智慧的结晶，使哲学的发展进入了一个崭新的阶段。

⑫马克思主义在中国传播和发展的过程就是马克思主义中国化的过程。在这一过程中产生了毛泽东思想，形成了中国特色社会主义理论体系。毛泽东思想的精髓是实事求是；邓小平理论的主题是"什么是社会主义，怎样建设社会主义"；"三个代表"重要思想的本质是"立党为公、执政为民"；科学发展观的第一要义是发展，核心是以人为本，基本要求是全面协调可持续，根本方法是统筹兼顾。中国特色社会主义理论体系，就是包括邓小平理论、"三个代表"重要思想及科学发展观等重大战略思想在内的科学理论体系，是马克思主义中国化的最新成果。

⑬自然界中的事物是按照自身固有的规律形成和发展的，都有自己的起源和发展史。人类社会是物质世界长期发展的产物，在从猿到人的演化过程中，劳动起了决定性的作用，劳动创造了人和人类社会，没有劳动就没有人，就没有人类社会。

⑭物质是不依赖于人的意识、并能为人的意识所反映的客观实在，物质的唯一特性是客观实在

性。它概括了宇宙间一切客观存在着的事物和现象的共同本质。世界是物质的世界，世界的真正统一性就在于它的物质性。

⑮运动是物质的固有属性和存在方式，世界上不存在脱离运动的物质；运动是物质的运动，物质是运动的承担者。物质世界是绝对运动和相对静止的统一，运动是无条件的、永恒的和绝对的，静止是有条件的、暂时的和相对的；只承认静止而否认运动是形而上学的不变论，只承认绝对运动而否认相对静止则导致相对主义和诡辩论。

⑯从意识的起源看，它是物质世界长期发展的产物；从意识的生理基础看，它是人脑的机能，没有人脑，就不可能有人类意识的产生；从意识的内容看，它是客观存在的主观映像。

⑰意识活动的主动性和创造性是人能够认识世界的重要条件。人们在意识的指导下能动地改造世界，即通过实践把意识中的东西变成现实的东西，创造出没有人的参与永远也不可能出现的东西；意识对于人体生理活动具有调节和控制作用。

⑱坚持一切从实际出发、实事求是我们做好每件事情的基本要求，也是无产阶级政党制定和执行正确的路线、方针、政策的前提和依据。我们既要反对夸大意识能动作用的唯意志主义，又要反对片面强调客观条件，安于现状、因循守旧、无所作为的保守主义。

⑲实践是人们改造客观世界的物质性活动，它有两层含义：其一，它是以人为主体，以客观事物为对象的物质性活动；其二，它是直接现实性的活动。实践有三种基本形式，即改造自然的生产实践、变革社会的实践和探索世界规律的科学实验活动。实践有三个特点，即客观物质性、主观能动性和社会历史性。

⑳实践是认识的基础，其表现在于实践是认识的来源、认识发展的动力、检验认识的真理性的唯一标准和认识的目的和归宿。

㉑真理的基本属性是客观性。真理只有一个，真理面前人人平等；真理是有条件的和具体的，真理和谬误是相互比较而存在，相互斗争而发展，即真理和谬误往往是相伴而行的。

㉒认识具有反复性和无限性，从实践到认识、从认识到实践的循环是一种波浪式的前进或螺旋式的上升。真理永远不会停止前进的步伐，它在发展中不断超越自我。与时俱进，开拓创新，在实践中认识和发现真理，在实践中检验和发展真理，是我们不懈的追求和永恒的使命。

（下）

第三单元　思想方法与创新意识

第七课　唯物辩证法的联系观

联系普遍无孤立，本身固有忌随意①。
多样联系要分析，时地条件为转移②。
整体部分之关系，正确理解有意义③。
完整准确认事物，系统优化来考虑④。

第八课　唯物辩证法的发展观

普遍联系引发展，万事万物都在变[⑤]。

前进上升是实质，生生不息无尽头[⑥]。

前途光明道路弯，充满信心迎考验[⑦]。

量质互变不停歇，点滴做起促飞跃[⑧]。

第九课　唯物辩证法的实质与核心

对立统一矛盾观，变化发展动力源[⑨]。

普遍特殊紧相联，不同场合乃互转[⑩]。

坚持辩证分析法，两点重点一线牵[⑪]。

认识事物解矛盾，具体分析最保险[⑫]。

第十课　创新意识与社会进步

辩证否定是扬弃，创新继承分仔细[⑬]。

革命批判不崇拜，突破成规境界立[⑭]。

社会发展和进步，创新提供总动力[⑮]。

第四单元　认识社会与价值选择

第十一课　寻觅社会的真谛

社会存在做决定，社会意识反作用[⑯]。

普遍规律定方向，基本矛盾来推动[⑰]。

前进上升总趋势，发展动力有不同[⑱]。

人民群众创历史，作用地位意义重[⑲]。

群众观点和路线，革命建设它保证[⑳]。

第十二课　实现人生的价值

人的价值两方面，评价主要看贡献[㉑]。

价值导向意义大，影响选择和评价[㉒]。

价值判选有特点，与时俱进防片面[㉓]。

判选正确有依据，人民利益遵规律[㉔]。

劳动奉献价值源，主客条件利用全[㉕]。

注解：

①联系具有普遍性，整个世界是一个普遍联系的统一整体，其中没有一个事物是孤立存在的。联系是客观事物本身固有的，是不以人的主观意志为转移的，要求我们从事物固有的联系中把握事物，切忌主观随意性。

②事物的联系是多种多样的，不同的联系所处的地位不同，对于事物的存在和发展所起的作用也各不相同。因此要求我们要注意分析和把握事物存在和发展的各种条件，做到一切以时间、地点和条件为转移。

③整体与部分的关系既相互区别又相互联系，二者是对立统一的关系。理解整体与部分的关系具有重要意义。我们应当树立全局观念，立足整体，统筹全局，选择最佳方案，实现整体的最优目标，从而达到整体功能大于部分功能之和的理想效果；同时必须重视部分的作用，搞好局部，用局部的发展推动整体的发展。

④系统的基本特征是整体性、有序性和内部结构的优化趋向。系统优化方法要求我们用综合的思维方式来认识事物。要着眼于事物的整体，从整体出发，把各个部分、各个要素联系起来考察，统筹考虑，优化组合，形成关于这一事物的完整和准确的认识。

⑤事物之间的相互联系、相互作用构成了事物的变化和发展。从自然界到人类社会再到人的认识都是永恒发展的，都经历了一个由低级到高级、由简单到复杂的漫长的不断发展的过程，这就是发展的普遍性。

⑥发展的实质是事物的前进和上升，是新事物的产生和旧事物的灭亡。没有发展就不会有自然界和人类社会，也不会有现代科技，因此发展是没有尽头的。

⑦事物发展的方向是前进的、上升的，道路是曲折的、迂回的。因此，我们既要对未来充满信心，热情支持和悉心保护新事物，又要做好充分的思想准备，不断克服前进道路上的困难，勇敢地接受挫折与考验。

⑧事物的发展就是由量变到质变，在新的质变的基础上又开始新的量变，如此循环往复，不断前进。我们做任何一件事情都要从一点一滴的小事做起，做好量的积累，为实现事物的质变创造条件；在量变达到一定程度时，要善于抓住时机，促成质变，实现事物的飞跃和发展。

⑨世界上的一切事物都包含着既相互对立，又相互统一的两个方面，矛盾就是反映事物内部对立统一关系的哲学范畴，简言之，矛盾就是对立统一。矛盾的对立属性是斗争性，矛盾的统一属性是同一性。它们是矛盾所固有的相反相成的两种基本属性，二者既有区别又有联系，矛盾双方既对立又统一，由此推动事物的运动、变化和发展。

⑩矛盾的普遍性和特殊性的关系，也就是矛盾的共性和个性、一般和个别的关系。首先，矛盾的普遍性和特殊性是相互联结的；其次，矛盾的普遍性和特殊性在一定场合下可以相互转化。

⑪主要矛盾和次要矛盾、矛盾的主要方面和次要方面辩证关系的原理要求我们，要坚持两点论和重点论相统一的认识方法。辩证法的两点论是有重点的两点论，而不是均衡论；重点论是看到两点中的重点，而不是一点论。我们要坚持两点论和重点论相结合的方法，反对形而上学的一点论和均衡论。

⑫具体问题具体分析是我们正确认识事物的基础和正确解决矛盾的关键。具体问题具体分析是

马克思主义的一个重要原则,是马克思主义的活的灵魂。

⑬辩证的否定是事物自身的否定,即自己否定自己,自己发展自己,实质是扬弃。我们要树立创新意识,做到不唯上,不唯书,只唯实;尊重书本知识,尊重权威;立足实践,解放思想,与时俱进,不断实现理论的创新与发展。

⑭辩证法不崇拜任何东西,按其本质来说,它是批判的和革命的。辩证法的革命精神和批判性思维要求我们密切关注变化发展着的实际,敢于突破与实际不相符合的成规陈说,善于提出新问题,开拓新境界。

⑮创新推动社会生产力的发展,推动生产关系和社会制度的变革,推动人类思维方式和文化的发展。社会发展是在生产力和生产关系、经济基础和上层建筑的矛盾运动中,在社会基本矛盾的不断解决中实现的。改革是发展中国特色社会主义的强大动力。创新能够推动社会生产力的发展,使生产力与生产关系、经济基础与上层建筑形成新的矛盾,并促进矛盾双方对立统一关系的变化和发展,从而推动社会发展。因此,创新是一个民族进步的灵魂,是一个国家兴旺发达的不竭动力,也是一个政党永葆生机的源泉。

⑯社会存在是指社会生活的物质方面,它最主要、最根本的内容是物质资料生产方式,社会存在对社会意识具有决定作用。社会意识是指人们社会精神生活过程的总和,社会意识对社会存在具有反作用。

⑰人类社会的变化发展是有规律的,即生产关系一定要适合生产力状况的规律,上层建筑一定要适合经济基础状况的规律,是在任何社会中都起作用的普遍规律,它决定了社会发展的基本方向。社会发展的根本原因在于社会内部的矛盾,即生产力和生产关系、经济基础和上层建筑的矛盾,人类通过各种实践活动不断地解决各种社会矛盾,从而推动社会历史由低级向高级发展。

⑱人类社会历史发展的总趋势是前进的、上升的,发展的过程是曲折的。社会发展的总趋势是在社会基本矛盾的运动中实现的。社会基本矛盾贯穿于社会主义社会发展的全过程,社会主义社会的基本矛盾可以通过社会主义社会的自我发展、自我完善加以解决,即通过改革的形式加以解决。因此,改革是发展中国特色社会主义的强大动力。

⑲人民群众是社会物质财富和精神财富的创造者,是社会变革的决定力量,因此,人民群众是社会实践的主体,人民群众是历史的创造者。这一基本理论观点对于实际工作具有重要的指导意义,它要求我们必须树立群众观点,坚持群众路线,为人民的利益而奋斗。把立党为公,执政为民,权为民所用,情为民所系,利为民所谋,实现好、维护好和发展好最广大人民的根本利益作为一切工作的根本出发点。

⑳党的群众观点是相信群众自己解放自己,全心全意为人民服务,一切对人民群众负责,虚心向人民群众学习。党的群众路线的基本内容是一切为了群众,一切依靠群众,从群众中来,到群众中去。坚持群众观点和群众路线,是我党领导中国人民夺取民主革命胜利的重要保证,也是取得社会主义革命并成功建设中国特色社会主义的重要保证。

㉑人的价值就在于创造价值,在于对社会的责任和贡献,即通过自己的活动满足自己所属的社会、他人(社会价值)及自己(自我价值)的需要。对人的价值评价主要是看他的贡献。

㉒价值观作为一种社会意识,对社会存在有着重大的反作用,对人们的行为具有重要的驱动、制约和导向作用。价值观对人的认识评价、实践改造活动和人生道路选择具有导向作用。

㉓价值判断是人们对事物能否满足主体需要以及满足程度所做出的判断,人们的价值选择是在价值判断的基础上形成的,价值判断和价值选择具有阶级性、社会历史性,并会因人而异。要求我们与时俱进,做出正确的价值判断和价值选择,防止简单化和片面性。

㉔做出正确的价值判断和价值选择要遵守两个原则:一是要自觉遵守社会发展的客观规律,二是要自觉站在最广大人民群众的立场上,最重要的是必须首先考虑并满足绝大多数人的利益和要求。

㉕人只有在劳动和奉献中才能实现人生价值,劳动和奉献是实现人生价值的基础。实现自己的人生价值的客观条件包括生存条件、发展条件、享受条件和工作条件等。实现人的价值所应具备的主观条件包括顽强拼搏、自强不息的精神;努力提高个人的能力和素质;坚定的理想信念和正确的价值观指引。我们既要利用社会为我们提供的条件,又要发挥主观能动性,正确处理个人与集体、个人与社会的关系,才能在劳动和奉献中实现自我、贡献社会。

创设唯美教学环境　打造情感生命课堂

河南省濮阳市第五中学　李春燕

探究新知是课堂教学的主旋律，是师生进行情感交流、思维碰撞、心灵互动，实现三维教学目标的重要环节。利用多媒体教学课件，以活泼的音乐、炫丽的色彩、丰富的图案和富有动感的感知情境创设探究新知的学习情境，可以开拓学生的视野，激发学生的求知欲望，把学生带入一个唯美的学习乐园。

在课堂教学实践中，笔者曾利用多媒体创设唯美的教学环境，采用知识讲堂、图片欣赏、诗词朗诵、视频鉴赏、广告欣赏、各抒己见、情境剧场、针锋相对、榜样学习、自我反省、案例分析、国学赏析、时政分析、故事小屋、参观展览、记者采访、专家访谈、角色扮演、心灵驿站、拓展空间等多种多样的活动形式，寓教于乐，寓理于情，引领学生快乐探究新知，提高道德认知，升华情感体验。

1. 知识讲堂

知识讲堂是以提高道德认知为主旨，以教师的讲或导为中心，体现教师主导作用的教学环节。对于知识性较强的新课，采用知识讲堂的形式，可以在短时间内实现教材知识的系统传授与内化，提高课堂教学效益。

例如，在为“党是我们的领路人”一课设计知识讲堂时，由老师结合历史背景讲解党的指导思想的发展历程，使学生在短时间内了解党的艰辛历程，深化对党的认识，升华爱党情感。

2. 图片鉴赏

图片具有很强的直观性，美的图片能使人赏心悦目。运用多媒体教学，以背景音乐渲染气氛，展示系列图片，变抽象的语言文字为可感的视觉形象，有利于调动学生的多种感官功能参与学习活动，引起学生的心灵震撼，提高学生的鉴赏水平和审美能力，让学生在鉴赏美的过程中感受学习的快乐，收获心灵的感动。

例如，在学习“灿烂的中华文化”一课时，为了让学生感受中华文化的博大精深，增强民族认同感和自豪感，组织学生欣赏民族文化系列图片。

3. 诗词演讲

诗歌是有节奏、有韵律并富有感情色彩的一种语言艺术形式，用丰富的想象，富有节奏感、韵律美的语言和分行排列的形式来抒发思想情感，高度、凝练、集中地反映社会生活。演讲是说话者在特定的环境中，借助有声语言和态势语言的艺术手段，针对社会的现实和未来，面对广大听众发表意见、抒发情感，体现音美、意美、形美的完美统一，具有强烈的吸引力、感染力和号召力，旨在感召听众并促使其行动的一门科学艺术。

利用诗歌演讲的形式组织教学，把学生带进如诗如画的仙境，给学生创造舒缓优雅的人文学境，有利于体现思想品德课的人文性和思想性，增强学生的道德情感体验，升华学生的道德情感认知。

例如，在学习“珍爱我们的生命”一课时，采用打油诗诵读活动，让学生在反省自我生活的基础上，使零星的感性认识上升为理性认识，拓展尊重他人的认识广度与深度。

《尊重生命》打油诗

尊重生命我记牢，迎面微笑先问好。
课堂学习会倾听，精彩发言要鼓掌。
自习课上勿声响，图书室内静悄悄。
课间莫要追逐闹，班规校纪要守牢。
食堂排队不加塞，上下楼梯讲秩序。
值日勤快力争先，不扔纸屑不吐痰。
个人卫生要讲究，莫给他人带不便。
他人过错海纳川，自己过错诚道歉。
别人有难伸援手，同学获荣真祝愿。
己所不欲勿施人，人人共建好家园。

4. 视频鉴赏

“书山有路勤为径，学海无崖乐做舟。”以歌曲、FLASH 动画、影视短片、小品等文艺视频鉴赏的形式寓教于乐，让学生在美的享受中陶冶情操，在美的心境下快乐学习，在笑的幽默中感悟人生。

例如，在学习“大自然的不和谐之音”一课时，让学生欣赏 FLASH 动画《苦笑的地球》，旨在启发学生感受人类的发展历程，反思人类的生存环境。

5. 广告欣赏

公益广告是一种以人文情感为基础的艺术表达形式，用温和柔情的语调弘扬真、善、美，鞭挞假、恶、丑，将散发着文明气息的主题娓娓道来，流淌着真挚的情感，影响着社会公民的思想情操和价值观念，倡导着社会文明和社会和谐的价值追求，具有很强的道德感召力。公益广告是一盏灯，利用公益广告导入新课，可以照亮学生内心深处的道德追求和人性光辉。

例如，在学习“相亲相爱一家人”一课时，让学生欣赏公益广告“帮妈妈洗脚”，在广告欣赏中感悟道德成长的方向。

6. 各抒己见

“仁者见仁，智者见智。”各抒己见是坚持面向全体学生，尊重学生的思维差异，分享个性思维成果的活动。萧伯纳说：“倘若你有一个苹果，我也有一个苹果，而我们彼此交换这些苹果，那么你和我仍然是各有一个苹果。但是，倘若你有一种思想，我也有一种思想，而我们彼此交换这些思想，那么，我们每人将有两种思想。”因此，各抒己见不仅是个性思维彰显的活动，而且是不同个性思维碰撞的过程，更是个性思维的深度与广度不断拓展升华的过程。

例如，在学习“人生难免有挫折”一课时，组织学生畅谈自己、亲人、同学、名人所面临的挫折，在各抒己见中拓展深化对“人生难免有挫折”的认识。

7. 情境剧场

课堂情境剧，取材于学生生活实际，主要通过语言和神态在短时间内声情并茂地反映生活的不良现象，或者演绎和谐的生活景象，营造生动、活泼的课堂气氛，激发学生的学习兴趣，产生寓教于乐、激活思维的教学效果。

例如，在学习“掌握交往艺术　提高交往能力”一课时，设计情境剧场活动，以古典音乐为背景，让学生在亲身体验中学习基本礼仪知识，感受礼仪交往的无限魅力。

8. 针锋相对

辩论式教学是围绕辩论的问题，通过师生之间、学生之间的积极互动和激烈辩论，强化学生的道德认知，提高学生的辩证思维能力的一种教学方式，也是一种以激励学生自主学习、独立思考、积极创新为主要特色的教学手段。我国古代哲学家墨子曾说：“夫辩者，将以明是非之分，审治乱之纪，明同异之处，察名实之理，处利害，决嫌疑焉。”

辩论式教学有利于明辨是非、格物致知、锻炼思维、培养口才、增进团结、探究真理。

例如，在学习“抵制不良诱惑　预防违法犯罪”一课时，组织学生围绕“网络利大于弊，还是弊大于利”展开辩论，活跃学生思维，让学生明确网络的利与弊，为学生正确使用网络奠定基础。

9. 榜样学习

多元化的社会价值观念使社会生活丰富多彩，但同时也需要一种能够打动人心的主导力量，一种植根于人性基底的精神力量，一种可亲、可敬、可信、可学的人生道德楷模，一种抗拒平庸、立志进取的永不过时的力量。而榜样，无疑是一种很好的标杆和楷模，以榜样为精神动力，行动指南，让人生更加积极向上、绚丽多彩。

例如，在学习“奋斗成就未来”一课时，组织学生列举榜样人物，让学生见贤思齐，激励学生发扬艰苦奋斗的精神，铸就辉煌未来。

10. 自我反省

思想品德课程的基本追求，就是引领学生感悟人生的意义，逐步形成正确的世界观、人生观、价值观和基本的善恶、是非观念，学做负责任的公民。要实现这一价值追求，必须在创设生活情境的基础上引领学生进行自我反思，洗礼心灵，明确道德发展方向，确立道德追求目标，实现道德成长与进步。

例如，在学习“宝剑锋从磨砺出”一课时，组织学生反思自己的生活，从意志这个角度批判地进行自我评价，让学生在自我反思中明确意志磨炼的具体方向。

11. 案例分析

采用贴近学生生活的教育事例，贯彻理论联系实际的原则，引导学生运用所学知识和原理分析、解决现实问题，有利于学生在实例分析中巩固知识，陶冶情操，提高学生辨别是非能力和社会实践能力。

例如，在学习“维护消费者权益”一课时，组织学生分析类似三鹿奶粉事件和“捏捏族”现象，增强学生的是非观念，启发学生思考“如何营造和谐消费环境”。

12. 国学赏析

国学是中华文化之魂。中华文化的核心是人生问题，而人生境界则是中国传统学术即国学孜孜不倦追求的人文情怀。国学是我们民族精神与民族命运的真实投射。思想品德课具有人文性，应该承担起传承中华民族文化和中华民族精神的历史重任，让学生在国学教育中传承中华民族的传统美德。

例如，在学习“民族精神耀中华”一课时，组织学生列举体现中华民族精神的名人名言，为民族文化的传承与发展播下希望的种子。

13. 时政分析

时事政治教育是以国内外的政治、经济形势，党的路线、方针、政策和中心任务为内容的教育。时事政策教学与思想品德学科教学有着天然的内在联系，是思想品德学科教材内容的补充和延伸，是重要的课程资源。将时事政策教学与学科教学活动紧密联系起来，不仅使学生学会了理论联系实际的学习方法，而且做到了以理服人，使时事政策教学渗透到了学生思想的深处，充分发挥了时事政策教学的育人功能。

例如，在学习“一年一度人代会”一课时，组织学生分析选举法修正案确定的“同票同权”的时政信息，让学生在分析时政中感受民主政治的发展，体会人民民主政治的本质。

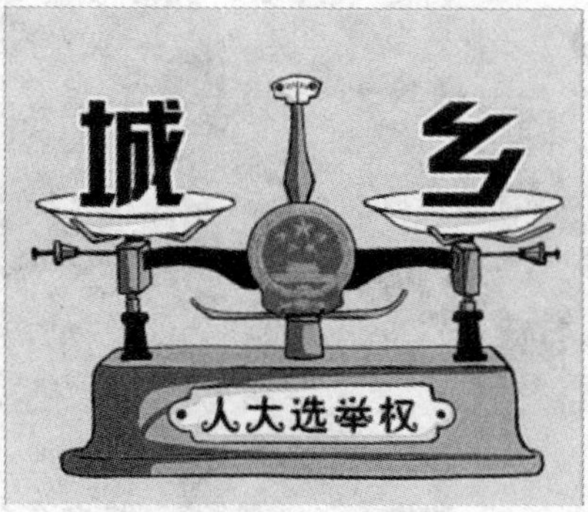

14. 故事小屋

一粒沙子就是一个世界，一滴露珠能够反映出太阳的光辉。一则小故事蕴涵着大道理，一段特殊经历浓缩着生命的真谛。以寓言故事、哲理小故事、神话故事、动物故事等故事形式导入新课，可以引领学生感受心灵的阳光，让学生倾听心灵的跳动，体验尊严的高贵，探索生命的真谛。

例如，在学习“我与集体共发展”一课时，通过讲述《斑羚飞渡》的故事，启发学生深入思考，增强学生的集体主义观念，帮助学生树立正确的社会主义荣辱观。

15. 参观展览

全面实施素质教育必须坚持德育为先、能力为重、全面发展的原则，改革学习方式，着力提高学生的学习能力、实践能力和创新能力。在思想品德课教学中，组织学生课前以小组为单位，以手抄报、宣传栏等为形式，合作搜集处理资料、设计创办报栏，组织学生参观展览。这样做有利于教学生学会知识技能，学会动手动脑，学会做人做事，享受学习生活的幸福，促进学生主动适应社会，德智体全面发展，开创美好未来。

例如，在学习“党是我们的领路人”一课时，课前小组任务各异、积极准备，课上小组代表以导游的身份引领集体参观展览，走进12个“重点红色旅游区”，深入感受从“开天辟地，党的创立”到“人民胜利，国旗飘扬”，中国共产党的伟大与神圣。

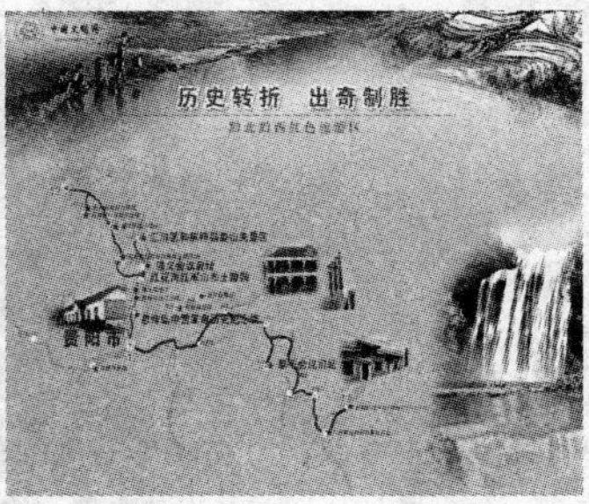

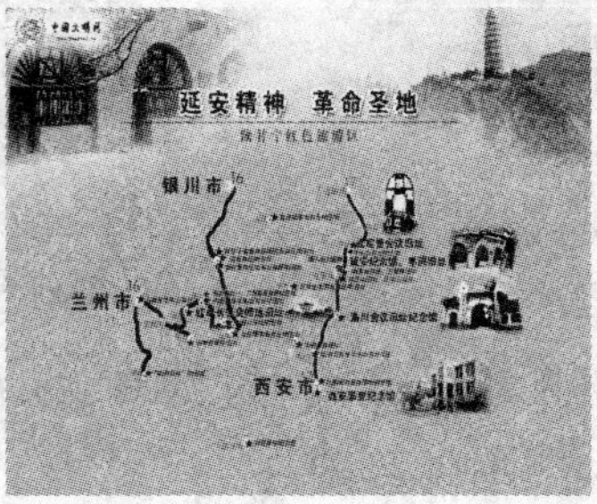

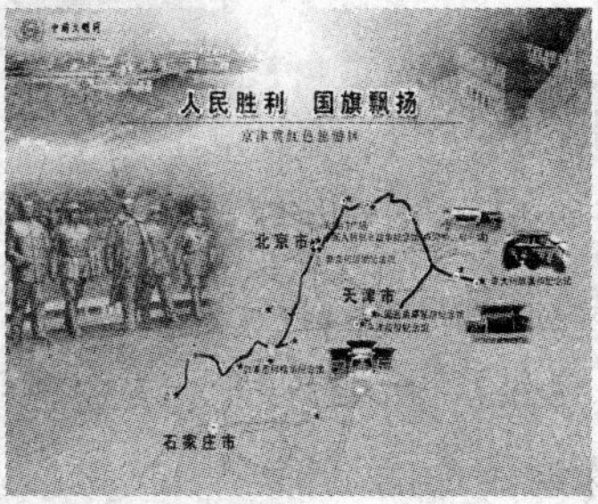

16. 记者采访

思想品德课应该给学生创造一个充分的角色体验的生活平台。在教学中组织学生自主设定层层递进的采访提纲，以记者的身份对老师、学生或其他人员进行采访，有利于活跃课堂气氛，提高学生思维的敏锐性和逻辑性，丰富学生的情感体验，激发学生的学习兴趣，培养学生的语言表达能力，增强学生的人际交往能力，促进学生的全面发展。

例如，在学习“生活处处有情趣”一课时，学生以记者的身份对同学、老师进行现场采访，不仅拓宽了对高雅生活情趣的生活表现的感性认识，也在对比分析中深刻感悟到高雅情趣的人生意义。

17. 专家访谈

按照课程标准的要求，在课程资源的开发和利用上，应建立融合、开放、发展的课程观，优化教学资源组合，充分发挥课程资源的人文教育功能。人力资源则是课程资源开发和利用的重要资源。我们在进行思想品德课教学时，可以把本校老师、学生家长、社区专职人员、社会名家等与教学内容有关的人物以各种形式请到课堂上，实现教育资源多元化、人文化、社会化；采用电话、现场、笔录等访谈形式将专家请进课堂，有利于拓展学生的思维空间，丰富学生的生活经历，升华学生的道德认知，把课堂拓宽到校园，延伸到社会的有关方面。

例如，在学习“宪法是国家的根本大法”一课时，采用专家访谈的形式，邀请法律专家以嘉宾的身份走进课堂，与学生共同探讨“宪法诉讼第一案”，升华了学生对“宪法是公民的权利保障书”的深刻认识。

18. 角色扮演

情感体验是思想品德课的生命线。在教学中，必须不断创造条件，为学生创造角色体验的平台，把“剧本续写”、“知识竞赛”、“广告设计”、“宣传标语”、“歌曲谱写”、“我来当导游”、“我当小法官”等活动引入课堂，促进学生的道德践行，丰富学生的情感体验，以激发学生的学习兴趣、探究热情、创新思维，激活课堂不朽的活力……

例如，在学习“财产留给谁”一课时，组织“我当小法官”的角色扮演活动，让学生以法官的身份分析遗产纠纷案例，在角色扮演中内化法律知识，升华理性认知。

19. 心灵驿站

心灵驿站是“生命独白”、“拷问灵魂”、“高度自省”的过程，是学生真情实感的自由思想和自由表达。对于心理和道德方面的知识，在课堂教学的最后时刻设计心灵驿站活动，组织学生书写简短的“人生感言”、“心灵感悟”、“人生宣言”等，启发学生思考人生问题，回忆展望生活和理想中美好、纯洁的东西，激励学生抒发情感、崇尚美德、反省自我、展望未来。

例如，在学习“责任对于你我他”一课时，组织学生在鉴赏的基础上用精妙的比喻撰写责任的心灵感悟——我的责任观，引领学生在书写心灵感悟的过程中提升道德认知、抒发道德情感。

我的责任观

用精妙的比喻撰写责任的心灵感悟。比如：

（1）责任像蜗牛的壳，背着觉得重，没有就会死。

（2）责任是看到水龙头哗哗流水时，一个简单的关水动作；责任是当别人跌倒时，一声由衷的鼓励；责任是当你听到“中国”二字时，一份油然而生的骄傲。

（3）责任不是虚拟语气，也不是将来时，而是现在进行时。

（4）责任是天平，你放的物品越多，你得到的也就越多，左右永远平衡。

（5）责任的最高境界是没有责任。

（负责任已成自然，自己没有感到负担，却在不知不觉间负起了责任）

请在以上句子中挑出你最欣赏的，并说说你的理解。

____________________。

请写出你对责任的心灵感悟。

____________________。

20. 拓展空间

新课程理念强调教学过程是教师“用教材教”的过程，而不是“教教材”的过程，在这样的理念之下，思想品德课教师在平时的教学过程中要树立新的教材观，活用教材，关注学生“整体生命发展”，为学生的生命发展奠定基础，适当拓展课程资源，激发学生的学习兴趣，提高课堂教学的潜在效果。

例如，在学习“让我们的生命更有价值”一课时，播放 FLASH 动画《一个真实的故事》，引导学生思考“徐秀娟为救一只丹顶鹤而牺牲生命是否值得”，让学生懂得“善待大自然,尊重生命也彰显了生命的价值”,最终实现了知识的整合和情感的升华。

探究新知环节组织的好坏直接影响课堂教学的成败。在现实教学中,教师必须把情感体验作为思想品德课的活力源泉,充分挖掘自然资源、生活资源、人文(文化)资源、其他学科资源、乡土资源、家庭资源、社区资源、网络资源等多种多样的课程资源,科学使用多媒体,“量体裁衣式”地优化组合活动形式,倡导自主合作探究学习,增强课堂教学的生命力,唱响课堂教学的主旋律。

跳跃美丽音符　绽放生命活力

——让思想品德课堂洋溢着智慧的光芒

河南省新郑市市直初级中学　许丽娜

在新课改大潮滚滚而来的新形势下，只有顺应新要求，充分发挥学生的主体地位，赋予思想品德课堂以生命活力，精心打造智慧课堂、高效课堂，追求美，创造美，让课堂成为美的精神家园，学生才会在教育改革的春天里自主地学习、快乐地成长。

一、和谐春风进课堂——创境

盐须溶入汤中，才能被吸收；知识需要融入情境之中，才能显示出活力和美感。因此，思想品德教学只有回归生活，创设生活情境，才能使学生真正感受到学科的魅力，这样的思想品德课堂才会使学生如沐春风、如鱼得水。在做“自信是成功的基石”观摩课时，有一个知识点是：要区分自卑、自负和自信的关系，课本知识非常枯燥，如何把复杂的问题简单化？我结合学校组织的活动创设了一个情境：我们学校本星期要进行象棋比赛，请你参加。如果你是自信者或自卑者或自负者，分别会怎么想？再试想一下结局会怎样。很自然地得出了“自信有助于成功”这个结论。我也忽然发现：一向不爱回答问题的一些学生，这节课突然变得活泼了，纷纷举起了手，争先回答问题。原来，只要贴近学生的生活，学生就会有话可说，也愿意说。巧妙创设情境，使抽象的理论具体化，枯燥的知识生动化，乏味的内容兴趣化，使课堂生机盎然，学习效率自然会提高。

二、一石激起千层浪——激趣

在教学过程中发现学生不是“学”“生”而是“学”“死”了的现象。如何激发学生的兴趣，吸引学生思考？法国著名演讲家海因兹曾说：“用幽默的方式说出严肃的真理，比直截了当地提出更易让人接受。”教学中如果用富有感染力的语言、诙谐幽默的教学风格，就可以激发学生的兴趣，那么让学生参与到课堂中来，让学生在课堂上有一种“主人翁”的意识，就更能使课堂熠熠生辉。因此，教师应重视锤炼语言之美，让语言成为课堂上一道亮丽的风景线。

1. 语言要生动

优美的文学语言更能吸引学生的注意，培养学生的学习兴趣，使学生在享受浓郁的审美情趣中获取知识，陶冶情操。例如在“弘扬和培育民族精神”这一框中，我设计的结束语是：作为建设者和接班人，我们要让民族精神之花永远绽放，民族精神之光永远明亮，民族精神的火炬代代相传。这样才会无愧于祖国，无愧于人民，无愧于我们的中国心。

2. 语言要幽默

幽默的语言能让课堂充满生命活力。诙谐幽默的语言具有极强的魅力，不仅能提高教学效率，消除课堂的紧张气氛，激活学生思维，还能起到纠正错误、指导方向的作用，使本来枯燥的学习变成愉悦的精神享受。在教学中，要注重经常将一些广告语言、流行语言、歌曲语言，尤其是脍炙人口的顺口溜带进思想品德课堂。例如在复习八年级下册第八课“消费者的权益”时，我用“吃动物怕激素，吃植物怕毒素，喝饮料怕色素”等语言，总结了生活中侵犯消费者权益的现象。以此来引导学生明白这种现象侵犯了我们的“知情权、安全权、公平交易权”，学会运用法律武器维护我们的合法权益。幽默的教学语言，就像一朵朵美丽的浪花，有了它，课堂会变得生动活泼。

三、踏花归去马蹄香——促思

以前的第一轮复习，我们设计了三个环节：知识网络我构建、重大时政我点评、智慧成果我采摘。但是，内容比较多，总是完不成任务，我们非常苦恼。后来，我们采取了如下做法：

第一步：师生共同构建——单元知识网络（改变以前的做法，给学生 15 分钟左右的时间，构建知识网络。师生共同阅读课文，教师提问，学生找出问题的答案。重点问题学生讨论，教师也可补充时政等相关资料。）

第二步：师生共同探究——考点、答题方法（大概用时 15 分钟，通过典型例题，让学生找出考点，然后师生共同探讨总结出答题方法和技巧。）

第三步：师生共同检测——单元重点、考点（给学生留 10 分钟左右的时间，读背重点、考点，根据内容的多少，选择检测方式。）

到了每年的 4 月份以后，在专题复习阶段，我开始让学生利用课余时间自己搜集时政资料，研究命题规律，并相互提问，从多角度回答问题，使学生进入“受激发状态”，提高探究并解决问题的兴趣，从而全身心地投入到学习中，使学生的学习兴趣和学习效率大大提高。

四、破茧成蝶舞翩跹——践行

新课改把“自主学习的能力”放在第一位。可见,培养学生的能力有多么重要。有这样一则故事:有一个富有同情心的人,看到一只蝴蝶拼命挣扎想冲破茧的束缚,于是就帮了蝴蝶一个忙,他轻轻地剪开茧丝使其露出一个缺口,蝴蝶得到了解放,从茧中出来振翅欲飞,然而却飞不起来。这位富有同情心的人不知道的是:蝴蝶只有经过挣扎破茧而出,翅膀才会变得强壮,才可以振翅飞翔。这只蝴蝶短暂的生命只能在地上度过了,它从未尝试过自由的滋味,没有真正享受过飞翔的生活。我们在教学过程中切不可“替蝶破茧”,要让学生知道破茧而出的美丽,明白只有亲自动手、动脑才能展翅高飞。打破传统课堂上“一言堂”的局面,由于时间有限需精心安排有代表性的问题,让学生动起来。综观2010年和2011年中考试卷,都更强调能力基础上的价值引导,凸显了思想品德课程“以初中学生逐步扩展的生活为基础,引导与启发学生独立思考、积极实践,逐步形成正确的价值观念,过有意义的生活”的基本理念。这给我们的启示是注重对学生进行情感教育。如在复习八年级上册第一单元“相亲相爱一家人”,谈到母爱的时候,让学生唱《母亲》这首歌曲,背诵《游子吟》的诗句,给自己的父母写一句温馨的祝福语或感谢语。从中,学生对父母会有非常深刻的了解,也会由衷地产生感激之情,从而升华情感教育。

精心打造美丽、高效的思想品德课堂,以“学生的发展为本”,体现学生的主体地位和教师的主导地位,充分调动学生的积极性。让每一堂课成为提高道德修养的精神家园,让每一堂课都能跳跃美的音符,让学习成为美的享受,绽放美的花朵,展现生命的活力。这是每一位思想品德课教师应当努力追求的教学境界。

以学生为本，构建和谐思想品德课堂

河南省商丘市第六中学　杨　玲

当前，社会发展强调“以人为本，和谐发展”，我国的教育改革也强调“以人为本，和谐教育”，那么我们初中的思想品德课教学如何才能适应当前社会发展和教育改革的新要求呢？下面就初中思想品德课教学如何以学生为本，构建和谐课堂，发表一些浅见。

一、教师要转变教学观念，懂得“以人为本”的真正内涵

这是构建和谐思想品德课堂的基本前提。教学观念对课程改革具有先导性作用。作为和谐课堂要素之一的教师观念不更新，就不能适应新课改的要求。在传统的思想品德课教学中，一直存在着“一日为师，终身为父”，以教师为主体、为中心的思想。单纯强调教师在课堂上的地位、权威以及严肃的课堂纪律，忽视了学生的个性、自我探索和自我学习能力的培养，忽视了学生是学习的主体。其实在教育教学中坚持“以人为本”，就是要坚持“以学生为本”，而决不是“以教师为本”。课堂是学生的课堂，教师应是课堂的设计者、指导者，学生才是课堂的主体。因此，当今的课堂教学更需要教师放下架子，平等地看待每一位学生，懂得“以人为本”的真正内涵，才能构建出和谐的思想品德课堂。

二、师生关系，要融洽、和谐

这是构建和谐思想品德课堂的重要保证。只有师生关系和谐、融洽，教师关心、热爱学生，学生也就能做到亲师信道，从而在师生之间形成亲切、友好的双向交流，这正是

形成和谐思想品德课堂,使学生获得成功的最重要保证。在教学中,可采用以下几种方法建立和谐的师生关系:

1. 把爱心带进课堂。爱是是成功教育的基石,是打开学生心灵的钥匙。作为教师,只有全心全意地爱学生,才能赢得学生的信赖,才能和学生建立起融洽、和谐的关系。教师的爱心不仅要给“好学生”,更要给“学困生”。例如我在课堂提问中,有意设计一些简单的问题让“学困生”回答,让他们体验成功的喜悦,分享教师的关爱之心。另外,在课堂上,对进步的学生要及时地进行表扬,对犯错误的学生要充满关爱之心去批评,切忌当众大声训斥、体罚或变相体罚,这样只会增加他们的逆反心理,从而导致课堂气氛紧张,师生关系破裂,影响和谐课堂的构建。

2. 把宽容带进课堂。人非圣贤,孰能无过。更何况是处于青春期的初中的孩子。我认为在课堂上对学生的一些小错误,能用眼神和手势解决问题的,就不要动嘴去说,不要小题大做。另外,面对学生的错误,不管在何种情形之下,首先要使自己冷静下来,切忌与学生计较,粗暴地对待学生的错误,有时,教师过于激动,会使事情变得更加糟糕,尤其是在学生的言语中有冒犯教师权威和尊严的时候,更要顾全大局,摆正自己的位置。其实,教师的宽容有时比严厉的批评显得更有力量。例如有一次我在讲课时,发现某位同学用手扯前面女生的头发,我没有停下讲课去批评他,而是用眼神示意他一下,结果下课后他主动找我承认错误。我的宽容换来了他的真诚,从此以后他在我的课堂上再也没有过不认真听讲的表现,而且能够认真思考,积极回答问题。

3. 把微笑带进课堂。多年的教学实践表明,课堂上,教师对学生的期待是通过微笑来传递的,而学生会在这种爱的感召下,受到鼓舞,从而亲其师,信其道。微笑是情感交融的催化剂,课讲得好时会心地笑一笑,遇到难题时自信地笑一笑,看着学生写作业时真诚地笑一笑。特别是在学生犯错误的情况下,不要讥笑、冷笑、嘲笑,自然真诚的微笑对于学生改正错误、调节情绪、缓解精神压力、催生课堂活力、增进师生友谊都具有十分重要的作用。例如有一年,在开学的第一天,当我走进教室时,班里一片混乱,有说话的、打闹的,一看到老师都慌忙地回到自己的座位上,但个个手忙脚乱。这时,我并没有着急,而是面带微笑地说:“同学们,上小学的时候老师就教我们要做好课前准备,现在我们是中学生了,更应该知道做好课前准备的重要性,就不要老师再重复了吧?现在有些同学还没有做好上课准备,老师先出去,看谁做得又快又好。”等我再次走进教室,同学们坐得整整齐齐,全神贯注地等待老师上课。而且这节课师生配合默契,课堂气氛活跃,体现了师生关系的和谐、融洽。

4. 把鼓励带进课堂。一个轻松愉悦的课堂离不开学生的积极投入,而学生的积极投入又离不开老师的鼓励。例如我教的七年级(16)班,班里女生较多,许多学生不敢回答问题,唯恐自己答错了,课堂气氛不活跃,后来我鼓励她们说:“上课积极回答问题是认真听讲的表现,敢举手说明你听到了老师提出的问题,并动脑子思考了,即使回答不正确或不全面,你也是最棒的,因为这是你对问题的独特见解。”这时,我从每一个孩子的脸上看到了自信与喜悦,并且都争着回答问题,课堂气氛立即活跃起来了。所以教师要鼓励学生善思多问,鼓励学生从不同的角度发现问题、思考问题。在教学中,为了鼓励学生善思多问,可以设立“爱动脑筋的好学生”、“课堂发言标兵”等奖项。对学生发言中有新意、有独特见解的及时给予评价,课后颁发适当奖品。这样做不仅营造了和谐的课堂气氛,而且极大地培养了学生的创新精神和创新能力。

5. 把民主带进课堂。陶行知先生说过:“只有民主,才能解放大多数人的创造力,而且使大多数人的创造力发挥到最高峰。”所以在课堂上,教师要以充分的民主允许学生“别出心裁”、“标新立异”,学生才能敢想、敢说、敢问、敢做、敢于创新、敢于创造,才能激活课堂气氛,融洽师生关系。如我在布置作业时,通常先征求学生的意见,然后确定作业量、作业方式和交作业的时间。这样,既保证了作业质量,又发挥了学生的想象,同时还融洽了师生关系。

三、要生成开放的课堂氛围

这是构建和谐思想品德课堂的有效手段。真正和谐的思想品德课堂,不能缺少开放的课堂氛围,因此,教师必须要以学生为中心,努力创设问题情境、活动情境、故事情境等,帮助学生尽快进入角色。引导学生大胆质疑,独立思考,展现个性,进而把思想品德课堂变成一个关注学生成长的乐园,成为师生共同学习、共同发展,快乐而充满活力的课堂。为生成开放的课堂氛围,我主要进行了以下尝试:

1. 把活动带进课堂。在教学中,积极引导学生自主学习,主动探究社会现实与自我成长的问题,通过调查、讨论、访谈等活动,使学生在合作中分享快乐,并丰富、扩展自己的经验,满足自我成长的需要。例如在讲“走进中学”一课时,为了帮助新生全面了解学校,我组织了参观新学校活动。通过参观活动使思想品德课堂变得轻松、愉快,不仅让学生学到了知识,而且激发了学生的爱校之情。

2. 把生活带进课堂。思想品德课堂一定要理论联系实际,让具体的生活实例走进课堂,这样会使枯燥的知识趣味化。让生活与教材融为一体,更有利于催生活跃、开放的课堂氛围。如我在讲“文明交往”一课时,设置了两个直观的生活情境,一是在公共汽车上,一个中学生坐在“老弱病残专座”上,旁边站着一位老人。二是一个学生拿着一份调查问卷向一位老人做调查:老头,来填个调查表吧。老人头也不回地走了。课堂上学生通过交流感受,自然就得出了“礼貌是交往的名片,尊重是交往的前提”,使学生从实际生活中体验到了礼貌的重要性和文明交往的重要性。

总之,只要我们教师能转变观念,坚持“以学生为本”,建立起和谐、融洽的师生关系,增强课堂的开放性和人文性,那么和谐的思想品德课堂就会呈现在我们每一位教师的眼前。

让思想品德课在“尴尬”中精彩生成

河南省洛阳市第二十七中学　田彩婷

课堂教学是一种极其复杂的创造性劳动，是一个动态的、随机生成的过程，尽管教师课前认真准备，考虑再三，课堂上难免出现一些非预设性的“不合拍”的声音，从而导致冷场，甚至尴尬。虽然它们让教师跳出了备课的设定思路，但是只要教师直面“意外”带来的尴尬，把意外当成可生成资源，灵活地应变，巧妙地应对学生的思考与发现，就能让课堂生成更多的精彩。

然而，由于受传统教学观的影响，在实践中我们发现仍有不少教师忽视或回避意外生成资源，把生成扼杀在萌芽状态，让“花自飘零水自流”。如有一位老师上课时一不留神，踩空讲台，差点摔倒，学生哄堂大笑。他对学生的行为感到很生气，就大声说：“笑什么笑，老师摔倒了你们高兴吗？”其实，他完全可以用“人生难免遇到挫折”来化解尴尬，既能为自己解围，也为学生提供了再教育的教学资源。

笔者结合自己的教学实践，就上述问题作一些粗浅的探索。

一、造成“尴尬”的类型及对策

（一）教师自身失误造成的“尴尬”。教师在教学中因准备不足或临场发挥不好，很可能出现一些失误，如口头语言的失误、板书失误、教态失误、教法或教学内容等方面的失误。在教学中如果发现自己出现了错误，碍于面子，将错就错，不加纠正，或回避，都是绝对要不得的。但如果我们能够借“错”生智，来个将“错”就“措”，却不失为一种良好的教学机智。出现这些情况，要想方设法巧妙处理，一般可采取坦率纠错、妙语补失等方法来化解尴尬。

案例:在教学七年级思想品德“情趣与兴趣”一课,板书时我把“情趣”误写成了“情绪”,准备讲课时发现了这一错误,我说:“同学们,发现老师把‘情趣’一词写成‘情绪’没有?”学生说:“没有。”我说:“一字之差意思可大不一样啊!同学们看,这两个词有何不同?”学生们一怔,我接着说:“情绪是我们的心理状态,前面我们学过了学会调节情绪;情趣是情调趣味,人们常说这个人很有情趣,我们今天探讨的是要培养高雅的情趣。”我趁势又问:“‘权利’和‘权力’有何不同?不少学生把这两个词弄错了。”学生们又一愣,“权利是法律赋予我们享有的利益,如我们享有受教育的权利;权力则是职责范围内支配的力量,如人民法院行使审判的权力”。听了老师的提醒,学生若有所悟。我想,学生会重新审视和思考并发现错误,在错误中又有了新的收获。

(二)**学生质疑问难或突发奇想**。学生思维敏捷,具有发散性特点,在课堂上,他们往往会突然想到一些教师意想不到的问题或怪想。有些问题的提出,或许带有故意为难教师的意图;有些问题则是因为好奇或好玩而胡乱联系的。面对这些情况,一般可采取因势利导、巧妙阻断或切磋讨论等应变策略。

案例一:在教学八年级思想品德“把握青春　把握情感”一课时,当与学生讨论到“男女同学之间的情感,需要慎重对待”时,一位学生突然问道:“老师,你那时候有没有对男同学产生过好感?”他这一问,出乎我的意料,让我十分尴尬。尽管很不好意思,但我还是真诚地向学生们坦白:“高中二年级时,我对班里的一个男生产生了好感,但很少主动跟他说话,快过年时同学们相互赠送贺卡,那时就盼望他能送给我一张,还真的收到了一张卡片,我也回赠了,那时候一直想着要考上大学,就默默把这种好感藏在了自己的心中。”接着又对学生说,如果当时不冷静对待,陷入感情的旋涡,必然会影响到自己的学习和升学。最后又因势利导,当我们中学生在情感的门前徘徊时,需要反思自己的情感选择,在反思中学会选择,学会承担责任,学会把握青春,在承担责任中长大成人。我想,学生提出这样的问题可能是处于对老师的好奇,或有点故意为难的因素,但是只要注意发现和挖掘事件本身所表现出来的积极意义,顺势对学生加以引导,反而会使学生的印象更加深刻,从而提高课堂教学效果。

案例二:在教学“培养高尚情感”一课时,讲到“欣赏大自然”,我让同学们把李白的诗《望庐山瀑布》一起背诵一遍,没料到有一个班的学生不知谁开的头,竟然一起背成了:“日照香炉生紫烟,遥看北京烤鸭店。口水流了三千尺,就是口袋没有钱。”而且越背声音越大。我一听,笑了,说:“真没想到,现在的学生真的很聪明啊,太有创造性思维了,我听了以后觉得很有趣,不过这与欣赏大自然没关系啊,我想让大家一起背诵一遍李白的《望庐山瀑布》好吗,一起来!”这样一说,学生们一起高高兴兴地背诵起来,背诵得很好。接着我又说:“同学们的话也引起了老师的深思啊,目前校园里对古诗的调侃随处可见,又如同学们说的‘春眠不觉晓,处处蚊子咬’,虽然听起来挺有趣,可是这样恶搞千古流传的古诗词是很低俗的,是一种灰色的校园文化,同学们不要盲目跟着学啊，要培养高雅的生活情趣。”这样既直接阻断了这些与课堂无关的行为的发展，又引导他们提高了认识问题的能力。

（三）**影响和干扰教学进程的行为**。这些行为有课堂上的突发事件、看其他书籍、吵闹及恶作剧、说话、传纸条等影响课堂教学的问题。对这些课堂问题行为一般可采取借题发挥、婉转批评、幽默转移等应变策略。

案例一：今年的愚人节，上课时我刚站在讲台上，一位学生说：“老师，你看你的衣服。”我把衣服左右上下看了一遍，没发现什么问题。其他学生哈哈笑了，马上我意识到了那天是愚人节。我就说：“看来，我这么聪明，还是比不过你们，防不胜防啊！不过前几年愚人节可是有人在网上开玩笑，说黄河大桥上有炸弹，结果因犯编造虚假恐怖信息罪被法院判处有期徒刑一年。愚人节开开玩笑高兴一下可以，不过注意不要过分啊！”学生们都安静了下来。这样借题发挥做“文章”，把课堂教学中的偶发事件作为可教育资源巧妙地融进自己的教学之中，也强化了学生的法律意识。

案例二：一次上课时发现一个学生往后传纸条，我就边讲边走了过去，结果发现上面全是怎么玩游戏、放学去哪个网吧玩。学生们看我会有什么反应，我说：“某某（没说名字）上课谈游戏，老爱上网不学习。黄金光阴错过去，等你后悔来不及。”学生们都笑了，那两个学生也不好意思地笑了。他们从“弦外之音”中受到启示，悄悄地改正了错误，教学过程继续有序进行。这种方式幽默诙谐，有刺但不伤人，既给学生善意的批评，又使学生在笑声中受到教育。

二、反思与收获

在平时的课堂教育教学中，我们会经常碰到这种突如其来的“尴尬”。但是，正是这种意外，使课堂充满了生机和活力。思想品德课应变“尴尬”不是凭空产生的，需要教师有较高的教学艺术。在教学中，应注意以下几个方面：

其一，切忌动怒。不急不躁，可以使我们在难堪的处境中依然保持清醒的头脑，依然能做出冷静、准确的判断，教育教学的智慧或许就会在这一瞬间闪现，这就为以后教育教学工作的进一步开展赢得了主动。

其二，要善于因势利导。课堂教学是一个双向交流的过程，教师所面对的学生又是一个个彼此不同、异常活跃的个体，教师的教案再详细、再周密，也难以全面预见随时可能出现的各种意外带来的尴尬。只要教师善于抓住时机，善于把课堂的意外转变成创设情境的资源，对学生加以正确的引导，就会使课堂变得开放而有活力，学生也会在这种轻松的氛围中变被动学习为主动学习，进而取得意想不到的教学效果。所谓“山重水复疑无路，柳暗花明又一村”，教学机智的魅力也即在于此。

其三，要有爱心。许多偶发事件发生在一些后进生身上，他们自尊心强，同时自卑心理也较重，他们十分渴望得到老师的信任和尊重，即使有了差错，也希望得到原谅。

在处理“偶发事件”时，注意把严肃、善意的批评与信任、鼓励结合起来，把“尽量多的要求”与“尽可能多的尊重”结合起来，切不可感情用事，用训斥加批评甚至是体罚或变相体罚等方法简单粗暴地处理，以免引发师生之间的矛盾，造成师生之间对立情绪的扩大，背离教育的宗旨。

总而言之，课堂是向未知方向挺进的旅程，而不是一切都必须遵循固定模式而没有激情的行程。“教育的技巧并不在于能预见课堂的所有细节，而在于根据当时的具体情况，巧妙地在学生不知不觉中做出相应的变动。”当教师预设的教案和课堂的生成出现不和谐的现象时，老师要直面“尴尬”，及时调整教学思路，采取机智灵活的方法，并在教学中多探索，多实践，多总结。唯有如此，教师才能在课堂教学中游刃有余，创造出最佳的教学境界，从而收到满意的教学效果。

让课堂给师生插上腾飞的翅膀

河南省新安县第二高级中学　林红涛

“向课堂四十分钟要质量”，“让课堂焕发青春的活力”是我们一直追求的教育智慧。课堂应该是一个动态的、教师和学生共同交流促进、共同成长发展的领域。作为思想政治课教师，多年来我一直努力追求课堂上与学生共同学习、共同成长、相融共济的境界。为达此境界，我从以下几方面入手作了尝试：

一、积极构建民主、平等的师生关系

过去的课堂片面强调教师的教，形成了以教师为主、学生为辅的教学关系。具体表现为两个方面：一是以教为中心，学围绕教转。师生关系表现为：我讲，你听；我问，你答；我写，你抄；我给，你收。二是以教为基础，先教后学，教了再学，教多少学多少，怎么教怎么学，不教不学。教与学关系的本末倒置、越俎代庖，导致学生的亦步亦趋、囫囵吞枣，最终摧毁了学生学习的主动性、积极性和创造性。

新课程强调师生关系应该是民主平等、和谐亲密、教学相长、相融共济的。因此教师要主动适应新课程的需要，主动转换角色，带着“为学生成长服务”的意识走进每一天的课堂，与学生合作，同学生为伴，以学生为友，倾听学生的心声。教师要学会尊重学生的智慧，关注他们对生活的独特感受，把学生当成能够独立成长的生命个体。

古人云：“亲其师，方能信其道。”课堂上学生喜怒哀乐的情绪变化，教师只有看在眼里，记在心上，时时处处关心学生，爱护学生，尊重学生，有针对性地帮助学生，才能真正成为学生的良师益友。作为教师，一个鼓励的眼神，一个灿烂的微笑，一句温馨的问候，一次平等的交流……都会拉近与学生之间的距离，都会为我们的课堂注入活力，都会潜移默化地促进和谐的师生关系。

布鲁纳认为,教学过程就是在教师的引导下自主发现的过程。学生要利用教师给定的材料,主动地学习,强调自我思考和探索事物,而不应消极地去接受知识,要像数学家那样去思考数学,像历史学家那样去思考历史,亲自去发现问题的结论和规律,成为一个发现者。这个过程是师生共同参与、建构学习的过程,是小组内学生之间、小组与小组之间以及师生之间相互讨论、交流的过程。因此,每一单元后的综合探究学习,都是我和学生心与心交流、思维与思维碰撞的过程。

二、精心预设务实、高效的学习课堂

常言说得好:“不打无准备之仗。”思想政治课教学也是这样。虽然学生是教学过程中的主体,但教师毕竟是平等者中的首席,因此,教师的课前准备决定着一节课的质量。课上精彩一刻钟,课下要用几天功。教师在课前要精心备课,一节课要学习哪些知识,形成哪些技能,情感教育怎样进行,教学手段怎样运用,选用哪些训练题目,如何指导学生有效学习,教学时间怎样合理安排,教学环节如何科学设计,以及整个教学流程中每个细节的精彩设计,都要在课前进行充分的预设与研究。在充分备课之后,还要事先把备课组集体研讨完成的导学案发到学生手中,做到课堂前置,作业前移,回收批阅,发现问题,及时反馈。课堂上,根据反馈情况,再次精选教学内容,围绕教学目标,灵活处理,形式多样地展示学习成果。

“凡事预则立,不预则废。”课前准备越充分,课堂教学效果就会越好。教师只有在课前有效进行教学预设,课堂上才能把精力更多地放在关注每一个学习小组和每一个学生上,才能给予学生更多、更充分地展示学习成果的机会。这样,无论是课前还是课上,学生的主体性都得到了前所未有的体现。一节课 40 分钟,我总是力求精讲、妙讲,一般控制在 15 ~ 20 分钟内,其余时间全部留给学生,让他们充分发挥学习的主体作用。

三、及时转变教学过程的“关注焦点”

以往教师在课堂教学中的“关注焦点”就是自己预设的教案,基本不去顾及学情。在新课程背景下,要使课堂充满活力,必须及时转变“关注焦点”:把这种只关注预设教案、只关注教情的做法转变为在关注老师教的同时,更关注学生的学情,关注学生的独特感受和真实想法。

课堂上,教师的责任在于为学生创造轻松、愉快的学习环境。我们要努力实施启发式教学,尽可能创造自由、民主的教学气氛,鼓励学生自由地、创造性地发表各种见解;运用小组讨论、课堂辩论、情境再现等多种形式,增长学生知识,开阔学生视野,碰撞学生思维的火花,培养学生情感的幼苗,提升学生分析问题的能力。在教学实践中我发现,思想政治课每一框的辅助阅读材料都最能体现新课程的理念,于是,我就让每一个学生都动起来，让每一个个体都充满激情，活力四射。当然，这对教师也提出了更高的要求：课前要下大功夫，审慎构思，周密设计，预设可能出现的问题，反复演练等。只有这样，方能收到胸有成竹、处变不惊的效果。

四、创设多维、有效的课堂互动氛围

课堂没有彩排，每一节课都是现场直播，一位教师面对五六十个鲜活的生命，任何情况都有可能发生。因此，教师要随着学情的变化，适时、适当地调整自己的教学策略和方法，在课堂教学过程中进行二度设计，用自己的智慧最大限度地激活课堂，促进课堂上的动态生成。在课堂上，同桌之间、前后桌之间结成对子合作探究是常有的事。这时，教师要善于驾驭课堂，面向全体，对每个学生要察言观色，及时解疑释惑，把握学生整体的学习情况，营造课堂的竞争氛围，在学生之间形成良性循环的互动局面。

五、自觉加强课后反思与课堂重构

教师在研究学生的同时更要分析自己的教学行为，深刻反思自己的教学。教师在课堂上点拨、引导、启发、评价、总结、提炼等各个环节体现出的教学水平的高低，都会直接影响教学的效果。这就需要我们在每一节课后，都要静下心来，及时回顾，认真反思，以积极的心态冷静面对课堂上出现的种种问题，在解决问题的过程中逐渐形成自己的教育智慧。教学实践是永无止境的追求，是反思性教学的使命。它既要求教师教学生"学会学习"，全面发展，又要求教师"学会教学"，自身获得进一步发展，直至成为学者型教师。新课程全新的学习方式给教师的教育智慧带来了全新的挑战，在教学实践中我深深地感受到：要驾驭课堂，要让学生每一堂课都有所收获，就必须不断提高自身各方面的素养，夯实自身的专业功底，不断发展提高自己，使自己和学生的生命价值在教学过程中得到最大限度的体现和彰显，得到最大程度的丰富和完善。

从这个意义上说，课堂不仅给学生插上了腾飞的翅膀，也给教师自己插上了腾飞的翅膀。让师生一道成长，这正是新课改所追求的最高境界！

课堂教学十论

河南省获嘉县第一初级中学　王　霞

为深入贯彻落实“实施有效教学、打造高效课堂”的主题，我们学校精心组织了以赛课为主要形式的校本教研活动，从集体备课到听课、评课，我们政治教研组全体成员参与了三轮赛课的全过程，收获颇丰。一方面耳闻目睹了我们学校优秀教师代表的课堂风采，另一方面亲耳聆听了教研员对于每节课的精彩点评，对于什么是好课，如何上好一节课有了新的认识。可以说是既开阔了视野，又增长了知识。对于教学的生命在课堂，提高教学质量，重在打造高效课堂，有了切身的体会。以下是本人对于课堂教学的些许感想，愿与各位教学同仁商榷，如有不当之处，敬请斧正。

一、教学理念

古人云：师者，所以传道授业解惑也。

老祖先告诉我们：先育人，后教书。

培养学生养成良好的生活与学习习惯，并使之终生受益。

教材是个例子，贵在教给学生以方法。

二、教学风格

由于教师个人性格及内在修养的差异，表现在课堂教学中，有的风趣幽默、生动活泼，有的则沉稳大气、有条不紊。同课异构更是将这两种迥异的风格表现得淋漓尽致。前者是激情飞扬、气氛热烈，后者则是气定神闲、娓娓动听。在教师的调控下，教学过程张弛有度，高潮迭起，呈现出异曲同工之妙。

三、教学模式

“窥一斑而知全豹。”一节公开课是教师日常教学的一个缩影，从中可以发现教师的教学模式和个性特色。我们应该清楚地了解自己的优势及潜力，明确努力的方向。向专家学习，向同事学习，选择性地理解、消化吸收为自己的东西，切不可一味地全盘搬来，照单全收。外来的东西虽好，但有可能水土不服，弄不好就会像邯郸学步，反而迷失了自我。我们应该坚守自己的固有，因地制宜，不断地完善与改进自己的教学方法及教学模式，教法与学法并重。我们之前较早了解的五环教学法，新乡首创的目标教学法，以及洋思中学闻名遐迩的先学后教教学法，都是成功的范例。路是人走出来的，我们普通教师也要敢于创新，确立适合我们自己的教学方法，创立自己的品牌。

四、教学手段

由于科技的进步，多媒体设备在我们的常规教学中显现出明显的优势。但这并不意味着之前的教学手段就应该淘汰出局，它们仍有着不可替代的作用。教学手段的多样性，让我们有了更多的选择，合理整合我们所拥有的资源，相互配合，使其发挥出最大的效能，可以使我们的课堂更加丰富多彩。学科、课型的不同，选用的手段各异。在日常的教学实践中，有些教师对于多媒体设备过度依赖、使用频繁，将我们的课堂变成了课件展示的“博览会”。殊不知，多媒体的优点有时也恰恰是它的不足之所在。众所周知，多媒体最大的效应是直观、形象，但正是因为它的直观、形象影响了学生的思维，限制了学生的想象力。我们知道，正是语言文字的抽象性，文学作品才会创设想象的空间，留给读者无穷的回味。十个人阅读《哈姆雷特》，就会出现十种不同的哈姆雷特形象。而多媒体设备的优势则有可能抹煞这种言有尽而意无穷的语言魅力。另外课件上一些不经意的点缀，如卡通形象、动态图案等，都有可能分散学生的注意力，课堂容量大了，幻灯片的转换却是稍纵即逝，这大大影响了学生对于知识的理解与沉淀。课堂板书在这方面则具有巨大的优势。好的板书设计就是教学内容的浓缩与精华，是一节课的画龙点睛之笔，它提纲挈领、脉络分明，其持久性正好与多媒体的应用形成互补，较好地突出了教学的重难点。

五、教学用语

教学用语总的要求是精练、得当、明确，富有激励性。教师的激情可以感染每一位学生，它直接决定了一节课的教学效果。肢体语言的运用也必不可少。当你提问学生时，应该伸出手，五指并拢，掌心向上，目视学生，示意“请回答”。完整地听完学生的回答之后，抬手示意“请坐”，然后适当点评，加以肯定。课堂上教师的一言一行，处处彰显着我们中华民族的礼仪风范，直接影响着学生。教学环节之间适当小结，自然过渡，精心设计的过渡语一定会使你的课堂增色不少。

六、教学问题

由于人们对于“一言堂”式的教学模式的反感，一些人往往以课堂气氛是否热烈来作为评判一节课优劣的标准，结果课堂上是问题满天飞。在这里，我们首先弄清楚什么是问题。学生随口应答的是问话，以现成答案作答的叫问答，只有能够引起学生深入思考的才可以称得上问题。因此，问题的设置只能在有疑处设疑，切实加强问题的有效性。对于难度较大的问题，我们可以设置一个问题串，化繁为简，由易到难，层层分解。对于问题的回答，应该留给学生充分的思考空间，不搞标准答案，允许学生持有不同的观点，注重对学生发散思维的培养与解题方法的传授。

七、教学机智

教学设计与教学实践终究存在着一定的差距。我们也不可能将课堂上的种种情况进行预设，计划赶不上变化，课堂上随时可能出现意想不到的情况。这就要求我们要正确对待，切不可自乱阵脚，只有随机应变，妥善处理，才可以化腐朽为神奇，达到良好的教学效果。课后，我们更应该及时记录在案，充实教案，丰富我们的教学经验。

八、教学专业

由于教育体制的原因，我们教师的专业一经确定之后，往往是“从一而终”的，长期从事某一学科的教学，对于其他学科少有问津，久而久之便是知识的淡忘，成为名副其实的“专职”教师。许多老教师都有这样的体会，教文科的不擅长计算，而教理科的则提笔忘字，写个计划、总结都颇为犯难。当今时代需要高素质、全面发展的综合性人才，教师也应成为一专多能的全能教师。各学科之间的关联性，也要求教师应该广泛地涉猎其他学科的相关知识，拓宽自己的知识面，也只有保证了知识的广度，才会有本专业知识的深度。这对于本学科的教学研究将大有裨益。

九、教学评价

“当局者迷，旁观者清。”听课之后，教师之间的相互交流，对于我们教学水平的提高大有好处。作为听课者，如何评课，评什么，其基本原则应是优点说够，缺点说透，既要肯定授课教师的特色，更要指出其存在的不足。

评教学思想：看能否充分挖掘教材的思想内涵，观点是否正确；教学内容是否符合课程标准，适合学生的理解水平；在教学过程中是否始终关注学生的思想道德教育。

评教材处理：横向拓展，纵向深入。对教材等相关资源能否进行深入研究，挖掘有宽度、有深度，即知识面要宽，理解要深。

评教法运用:有亲和度,师生相互尊重,讨论互动有意义。对学生的关注体现出一种希望和爱心,对自己的角色定位是朋友式的,教态要亲切、庄重、自然、不矫揉造作,不夸张,贴近学生的认可形象。语言表达要准确、清晰、幽默、有序、有效。

评学法指导:全程、全身心参与,学习是将知识变成技能的过程。每位学生就是一个有个性的小世界,教师要很好地驾驭课堂教学,课堂上各种教学因素是多变的,能针对每位学生处理好突发事件,必须具备一定的应变能力,对学生的学习方法必须时常进行指导,形成习惯。

评教学过程:精讲精练内容,不在多而在做明白,不做无意义的重复,给学生以自由的空间,有良好的教学秩序,有运行正常的设备,有实用的教学工具。能抓住知识主线,层次分明,思路清晰,重点突出,有讲有练,组织严密。能根据学生的学习现状,随时调整教学计划,能在具有变化因素的课堂教学活动中游刃有余。

评教学效果:有恰当的练习运用,给学生提供有用的帮助。每个学生都知道正确答案,完美无缺,那还用教吗? 有缺失,有待完善,才叫真实。

对教师的评价,不能以偏赅全,面面俱到,要有侧重,要有个性评价,目的是帮助教师更好地找到自己发展的最佳途径,助其成长。

十、教学研究

常规的教研活动安排,我们学校都会组织教师听课,外出听专家的,在家听同事的。通过听课,我们确实开阔了眼界,更新了观念,但真正落实到行动的却很少。这是因为听课时有些好的念头只是灵光闪现,没有形成明晰的观点,过后便很快遗忘了。如果我们在听课后能坐下来认真进行总结评议,将观点上升为理论,仁者见仁,智者见智,畅所欲言,各抒己见,相互碰撞,形成共识,则可以扬长避短,收到实效。

幽默思想品德课堂　师生情趣相得益彰

——浅谈幽默艺术在思想品德课教学中的运用

河南省濮阳市第六中学　李　贞

在课堂教学中，一句幽默的语言，会使学生心情愉悦、思维活跃；一番欲贬虚褒的言语，会使学生在快乐中受到教育和鼓励；一则风趣的小故事、一幅幽默的漫画，会让学生在捧腹大笑的同时明白深刻的道理，加深记忆，减轻学习的疲惫……那么，怎样才能将幽默艺术渗透到思想品德课堂中呢？在教学实践中我进行了一些尝试和探索，总结出以下一些经验。

一、幽默开场　妙趣顿生

虽然导课在整个教学过程中只占很少的时间（约5分钟），但它关系到整个课堂教学的效果。作为教学过程的开端，正如文章的开头一样，如果千篇一律、枯燥乏味，就会成为无味的开场白，教师泛泛而谈，学生则兴趣索然，于是一开始上课便会出现冷场。相反，如果讲幽默故事或运用幽默的语言，让学生适当地笑一笑，则容易活跃课堂气氛；或者穿插学生熟悉的歌曲、歌词，也容易感染学生，达到师生共鸣，吸引学生的注意力，促使学生快速进入学习状态。

我在讲授“把握青春　珍爱友谊”这一教学内容时，刚走进六年级（2）班的教室（我校所在市义务教育阶段实行五四学制），发现同学们的脸上还带有浓浓的睡意，课堂气氛非常沉闷，于是，我改变了原来的新课导入设计，教材上有个例子说：“六年级（3）班的男生、女生……”把握时机就能激发学生的学习动机，于是我故意把教材上的例子读为“六年级（2）班的男生、女生彼此喜欢用‘那帮男生’、‘那帮女生’来称呼对方”，此时有个男孩马上反应过来：“老师您读错了，是六年级（3）班。”我说：“就是六年级（2）班，难道我们班同学不是这样么？”同学们都乐了，明白了老师的用意，纷纷打起精神来讨论本班男生、女生的情况。可见，教师巧妙地运用幽默的课堂导入，能使枯燥无味的学习变成一种精神享受，形成宽松、愉悦、和谐的教学气氛，消除学生的学习疲劳，取而代之的是学生的高涨情绪和活跃的课堂气氛。

二、幽默指津　传道解惑

思想品德课的教学内容，包含了政治、经济、文化、政治方面的基本知识，这些知识具有严肃性、抽象性和深刻性的特点，理解起来有一定的难度。要让学生真正掌握和运用这些知识，倘若采用从概念到概念、从原理到原理、从观点到观点的枯燥的理论灌输方法，就不可能取得理想的教学效果。教师如果能够恰当地运用幽默的教学艺术，则可以化平淡为新奇，变抽象为具体；化枯燥为生动，变深刻为浅显；化单调为丰富，变沉闷为轻松；化呆板为活泼，变陈旧为鲜活。幽默语言能给学生指明清晰的思路，并诱导学生按照这一思路自然地深入到课文中去，用新颖活泼的方式使学生产生顿悟，用令人信服的事实进行教育，澄清学生的模糊认识，收到教育的最佳效果。

但对于课堂教学过程中突发的灵感，教师应特别注意不可信口开河，不能片面地强调幽默，而忽视本节课需要落实的目标。此时，教师更应以良好的体态语言配合教学幽默，营造和谐的课堂教学氛围。

幽默有利于教学，但我们决不能为幽默而幽默。正如老舍所说："死啃幽默总会有失去幽默的时候；到了幽默论斤卖的时候，讨厌是必不可少的。"如果脱离教学内容，一味地调笑逗乐，插科打诨，不但不会达到教育的目的，反而会误导学生，弄巧成拙，有损教师形象，影响教学效果。所以，只有恰当运用幽默的教学艺术，才能使思想品德课对学生产生强烈的吸引力、感染力和凝聚力，才能真正体现课堂幽默的艺术美。

三、幽默纠错　深刻记忆

幽默并不是以轻松取胜，而是在轻松之中包含着深沉，妙语之中蕴涵着睿智，使人在笑声中得到启示，意会到社会现实的矛盾，明辨是与非、真理与谬误、正义与邪恶，懂得一定的生活哲理，从而获得一种美的体验。教师在教学中善于运用幽默的语言，能让学生由幽默而产生的笑里发现严肃、高尚、美好、善良及崇高的印迹，诚如莎士比亚所说："幽默和风趣是智慧的闪现。"

有件事至今记忆犹新。那是2009年八年级的一节思想品德课，那堂课的学习内容是"关爱大自然从我做起"，在讲到节约资源时，我让大家举一些日常生活中的事例，比如用淘米的水浇花，可以节约用水等。学生回答得都很好，有些同学的答案还很新颖。正当要完成这一环节的时候，听见一个同学在下面说："洗脚的水烀地瓜。"周围的同学都大笑起来，这个学生平时就非常活跃，我没有发脾气，也没有批评她，只说了一句话，我说："别把你家的事情都说出来，家丑不可外扬！"大家都笑了，她也尴尬地笑了。

事后我深刻反思:这个学生课堂上已经意识到了什么,而且也没有造成师生之间的矛盾。思想品德课从内容上看本身就比较枯燥,如果老师再一味地批评犯错误的学生,就会影响学生学习的积极性。相反,一句幽默的话有时比一句严厉的批评更有力。幽默所表现的令人发笑的内容往往来自现实生活,教师可利用现实生活中的事例与教材内容结合,恰当地使用幽默可以使学生的情感得到释放,实现情感交融,形成愉悦的教学效果。总之,幽默是笑的艺术,没有可笑之处也就没有幽默。要使每堂思想品德课都达到充满笑声的境界,教师要善于抓住创造幽默的机会,以便增强课堂教学效果。

四、幽默应变　润物无声

课堂上,经常会出现一些影响课堂纪律的突发事件,此时,教师如能幽默应变,灵活机动地让学生在笑声中接受批评和教育,效果就好多了。

案例一:上课铃声响了,教室的前门却紧关着,我用力敲了几下,依旧没人开门,教室里面传来幸灾乐祸的笑声,我转身从教室的后门进去,教室里顿时鸦雀无声,似乎在等待我"电闪雷鸣"的表演。我环视周围后说:"社会上走后门的风气很盛,但我强烈反对,今天,我走了一回后门是被逼的,希望同学们别再做这样不礼貌的事了。"

案例二:听一位老师的课时,一位同学打瞌睡,那位老师笑呵呵地走过去用手指敲了敲他的桌子说:"快别睡了,再睡我可要唱《霍元甲》的主题歌了。"说完还真唱了起来:"睁开眼吧!小心看吧!我唱的对吗?"学生都被他逗笑了,连打瞌睡的同学也来了精神,专心致志地听起课来。同样是上课时学生睡觉,不同的教育方法对学生的影响也不同,教师能够变严肃为幽默,不但没有损害学生的自尊心,还使学生觉得老师给他留了面子,理解老师的良苦用心,达到"亲其师而信其道"的教育效果。因此,幽默不是雕虫小技,而是智慧和情感的体现,这会使师生关系更加融洽。

教学幽默是课堂教学的亮点,幽默的语言能成为课堂教学活力的催化剂,激发学生的兴趣和学习动力。但要注意量的问题,也就是要注意频率。如果一堂课幽默泛滥、笑声不绝,那多半是哗众取宠,因为过度的兴奋不仅不能提高学习效率,反而会降低学生的记忆力和注意力;不仅会使学生生理和心理疲劳,而且会冲淡教学内容和目标,喧宾夺主,影响正常的教学,这也是教师运用幽默艺术教学时切记的问题。

实践告诉我们:幽默是学生课堂注意力的保护剂,是课堂解惑释疑的催化剂,是学生课堂思维的润滑剂,是师生和谐相处的黏合剂。没有幽默的课堂像一潭死水。作为教师,我们都应该从教学内容和教学情境等方面去寻找契机,恰当地把握好幽默艺术,使课堂充满笑声和快乐,让学生在轻松愉悦的氛围中学习,让幽默焕发起课堂的勃勃生机。

第二辑　课堂评价

如何打造高效课堂

——简论高效课堂的“二十化”

河南省郑州市第四十七中学　杜玉立

随着新课程改革的不断深入,人们对于高效课堂的研究越来越多,很多学校根据自己的实际总结出适合自己的教学模式,如山东杜郎口中学“10 + 35”模式、山东昌乐二中“271”模式、山东兖州一中“循环大课堂”模式、江苏灌南新知学校“自学—交流”学习模式、河北围场天卉中学大单元教学、辽宁沈阳立人学校整体教学系统、江西武宁宁达中学自主式开放型课堂、河南郑州第 102 中学“网络环境下的自主课堂”、安徽铜陵铜都双语学校五环大课堂等。这些都是经过实践检验的优质高效的教学模式。

在教学中要想把握好课堂,上好一节高效课,我觉得还应该做好以下几个方面:

1. 课题导入新颖化

常言说,好的开始是成功的一半。一节高效课一开始要想能抓住学生,这就要求在导入时必须新颖,以奇制胜。可以由问题导入,由科学故事导入,由诗句、谚语、俗语导入,由学生身边的实例导入,由社会热点导入,由多媒体演示导入等。总之,课题导入可以是声、形、问等。

2. 教材知识问题化

要想使学生对教材知识有更深刻、更透彻的理解,我们可以把教材知识以问题的形式呈现,以便学生自学、合作探究。在讲解书本知识的时候,要由创设的情境引出问题,引出问题的目的在于启发学生思考,这能充分体现学生的主体地位。

3. 问题设计启发化

问题的提出是为了答疑解惑，问题的设计应具有很好的启发性，不能让学生有无从下手之感。同时，问题的设计也不能过于简单，过于简单的问题不利于学生思考。

4. 抽象问题具体化

抽象的问题，学生不好理解，我们可以用具体的事例、试验、数据、情境等加以说明。

5. 枯燥问题兴趣化

学生不是不愿意学习，而是所学的东西太枯燥乏味，激发不了他们的学习兴趣。我认为对学生的人文关怀不在于嘘寒问暖，主要在于化深奥为浅显，让莘莘学子能听得懂、学得会。对于学困生，力争化腐朽为神奇。

6. 问题分析逻辑化

对于文科来说，只有增强逻辑性、严密性，才能增强理性，以理服人。对于理科来说，注重推理过程的严密性、逻辑性，才能证明原理的正确性。

7. 探究过程层次化

教材的编写体例是由易到难，学生的认知规律也是由易到难，传授知识、接受知识、探究知识的过程也应如此。

8. 知识衔接自然化

在问题的讲解过程中，问题之间的过渡和幻灯片之间的变换要自然，不要生硬切换。我们在课堂中经常用的语句有：以上我们共同探究（研究、学习、讨论、回顾）了……接下来我们共同探究……

9. 事例选择典型化

去伪存真、去粗取精、以理服人是各学科的内在要求。但这不能靠空洞的说教，而应以鲜活的例子来激发共鸣，因此，选择什么例子是一个至关重要的问题。我们应选择有问可设、有发可启的例子。这就要求我们在探究某一问题时首先考虑有没有必要举例子（必要性），再考虑该例子是否合适（科学性）。我们应选择贴近教材、贴近现实和贴近学生的例子。

10. 媒体运用科学化

在辅助教学的媒体运用上，不要为了用媒体而用媒体，使用媒体时要注意：字体大小、颜色，背景，动画、声音、内容布局，出现时机，出现格式要适当。字体大小要适中，字体颜色与背景颜色对比要鲜明。如果不是知识需要，最好不插入小动画和声音。插入的歌曲、图片、动画、音像一定要能为内容服务。

11. 教师作用引导化

在教学中，教师的主导作用不能弱化，教学中教师应当成为学生学习的组织者、合作者、引导者，学生闪光点的发现者，学生智慧的启迪者，向学生学习的学习者。在课堂教学中，教师不应该只是演员，而应该是导演，客观分析学习内容，为学生设计自主的学习方式，是教师引导学生展示学习成果，在互相交流中使大家思维碰撞，激起创造性思维的火花，培养学生的合作意识和创新精神。

12. 结果生成学生化

教学中要充分尊重学生的主体地位，让学生动起来，使其大脑转起来，嘴巴张起来，手脚忙起来。要引导学生去思考，让学生给出结论。课堂中要穿插学生活动：回答问题、讨论、辩论、小品、朗诵、试验、自制教具、自我展示等。

13. 权重分配合理化

教学中课堂时间的分配和教材各部分内容的处理要合理，分清主次，搭配好时间，有所为，有所不为，为所应为。

14. 课堂小结重构化

课堂小结是对本课内容精华的总结，是对本课知识的回顾，是本课知识框架的重构。课堂小结的最好由学生完成，这也体现出学生的主体地位。

15. 课堂言行规范化

课堂中要说普通话，禁说口头禅，这既是对教师的基本要求，也体现出对学生的尊重和关爱。板书时要写规范字，切忌写错别字。形体语言要注意手势、服饰、教态、眼神到位，要做到目中无人增强自信，目中有人讲求效果。讲课时要注意自己的位置，不要一直站在讲台上，高高在上，要走下讲台，深入学生。

16. 课堂气氛活跃化

一节课死气沉沉，是不会有多大效果的，一节课气氛的烘托一要靠教师幽默风趣的语言艺术，二要靠教学情境的设置，三要靠学生活动的烘托。

17. 师生关系和谐化

老师对学生最大的关爱是让学生学到知识，学会技能，明白道理。学生对老师最大的回报是学会老师想让自己学的，学会如何去学。

18. 板书设计条理化

板书是有声有色的教学语言，它具有直观性、形象性和启发性。因此，教师在课堂上要有计划地使用黑板，板书什么内容、写在什么位置、用什么颜色的粉笔等要设计好，避免课堂上东写一个句子、西写一个短语，一会儿写、一会儿擦、一会儿擦了又写的板书混乱现象。好的板书就像一件艺术品，吸引学生去欣赏，提高学生的学习兴趣，还能使讲课的内容系统化、结构化，有利于学生复习本节课的知识。

19. 课堂评价科学化

只有在平时的教学中建立一种科学的、行之有效的、发展性的评价机制，才能激发学生学习兴趣，催化积极情感，为学生的人生助跑，让更多的学生在新课程中得到精神的营养、人文的关怀，帮助学生在发展中提升生命的质量和价值。

20. 成绩取得集体化

成绩的取得是集体智慧的结晶,离不开领导的关心,离不开同事的帮助,离不开学生的配合和智慧。师者要勤于学习,勇于创新,既要拜师学艺,又要敢于"班门弄斧",善于总结,乐于反思。

总之,高效课堂正如河南省基础教育教研室王向阳老师所言:"高效课堂对学生而言,要身动、心动、神动,要会学、乐学、学会。对教师而言,要有学生意识、课程意识、民主意识、开放意识、生成意识。教学目标要达成,教学内容要精准,教学资源要丰富,教学方法要灵活。要高效率、高效益、高效能,要立体式、快节奏、大容量。要轻负担、高质量;低耗时、高收益。"

提升评价质量　优化课堂教学

河南省长葛市教师进修学校　段　薇

课堂教学评价是在课堂教学实施的过程中出现的对客体对象所进行的评价活动，其价值在于课堂教学评价是促进学生成长、教师专业发展和提高课堂教学质量的重要手段。在课堂教学活动中持有不同的课堂教学观就会形成不同的课堂教学和评价，产生不同的教学评价效果。因此，有不同的课堂教学评价活动，就要有相应的课堂教学评价观和教学观作指导。教师的课堂教学评价活动实质上就是教师深层的教学思想的具体化和现实化。

评价是主体在事实基础上对客体的价值所作的观念性的判断活动。一般来说，具有不同的价值信念就会产生不同的评价结果。一方面，课堂教学评价活动的展开深深植根于对评价对象的认识之中。另一方面，课堂教学评价是更为接近教学实践活动的认识活动，其强烈的实践指向性对教学实践活动具有明显的导向作用。评价应该成为建立在评价者的价值判断和被评价者对评价的反馈之间的一次心灵的对话。

一、平等而真诚的评价

一位心理学家曾经说过："每个人的内心深处都具有得到别人的赞赏和表扬的愿望，学生更是如此，他们需要从教师和同学的肯定和表扬里感受成功。"

思想品德课堂教学评价的目的在于促进学生主动、积极地参与道德知识的学习与体验，促进学生对道德知识的掌握。教师在课堂教学中多给予学生赞赏和激励性的评价，有助于保护学生的自尊心，激发他们的上进心和创造力。但如果教师一味地迎合学生，过分表扬，或为了追求活跃的课堂气氛进行廉价的表扬，只会使学生变得性情浮躁，对表扬产生麻木感,对问题的思考和判断力锐减,承受挫折的能力下降,把学生引向随意附和、没有主见、不尊重事实的歧途,甚至产生“只要发言就能得到老师的表扬,就是好学生”的错误认识,从而抑制学生创造性思维能力的发展。

有一位教师是这样评价她的学生的:当学生的想法是有道理的,但表述不够清楚时,便微笑着告诉他:“你的想法很有道理,老师已明白了你的意思,如果能说得更确切些,那么大家就都能明白你的意思了,试试看。”如果学生的想法是完全错误的,她也会用委婉的口气说:“看得出,你正在积极思考,但这种结论是错误的,那也没关系,再想想。”如果有的学生的想法出乎教师的预料,但很有道理,她就笑着大声告诉他:“好!有创新,老师也从你的想法中长了见识!”教师用心的评价和鼓励,如一阵春风滋润着孩子们的心田,她认真倾听着学生,欣赏着学生,实事求是、恰如其分地和学生进行心灵间的对话。

评价是一种学习,教师要以平等者中的“首席”参与对话,无论是怎样的学生,都应做到真诚、平等地对待。没有师生平等的对话,就没有有效的课堂教学。我们的评价应该在肯定学生的成功与进步的同时,适当地指出他们存在的不足与错误,多一份真挚,少一份虚伪,使学生清醒、正确地认识自我,在评价中不仅体验成功,而且发现不足,进而主动改进自我,完善自我,促进自身道德认知的发展。

二、具有针对性的评价

课程标准指出:“评价不仅要关注学习的结果,更要关注学生的成长发展过程,要把评价贯穿于课堂教学活动的每一个环节,使评价日常化。”新的德育课堂教学评价强调全面关注学生在学习过程中主动参与和完成学习任务的态度与情感体验;关注学生在学习过程中的能力与方法,包括观察、探究、思考、表达的能力,收集、整理、分析资料的能力,与人合作完成学习任务的质量和进步程度。

评价应重视学生在活动过程中的态度情感、行为表现,重视学生活动中付出努力的程度。我们的评价应该是有效的,它围绕学生的发展目标展开,珍视学生的学习过程和多方面的学习反馈信息,尊重客观事实,应该成为一次与学生之间的有针对性的对话。

三、具有暗示性的评价

建构主义的教育思想给我们现代教育教学有益的启示是:教学绝不是教师给学生灌输知识、技能,而是学生通过驱动自己学习的动力机制积极、主动地建构知识的过程,课堂的中心应该在于学生而不在于教师,教师在思想品德课堂教学评价中应该是引导者、促进者和帮助者。在课堂教学中,教师对于学生的评价往往具有导向作用。我们经常能听到这样的评价语言:“回答得很好,如果你在××方面再努力一下,那就更好了。”“这句话的意思我们明白了,能说得更具体一点就更好了。”……学生通过接受这些具有暗示性的语言,就会调整自己的学习状态,努力朝更高的目标迈进。教师也可通过对一个学生的评价对其他学生造成暗示,如:"说得很好,你是从××方面回答的,谁还能从其他方面答一答?""你的方法真不错,谁还有和他不同的方法吗?"……其他学生均得到暗示,这能让他们学会倾听别人的发言,学习别人的发言,整理自己的思路,提高思考的能力。课堂应该成为每一个学生与教师双向互动的舞台。教师在这个舞台上除了精心预设教学过程外,还可把握教学中的生成问题,借助评价对其他学生进行导向和暗示,引导学生实现学习能力的提高,从而完成教学目标。

四、富于个性的评价

美国教育心理学家加德纳认为,每个人都同时拥有八种智能,人与人之间的差异主要根源在于智能结构组合的不同。每个学生都有自己独特的个性、爱好和丰富的内心世界,有自己不同于他人的素质和生活环境,有自己的优势与不足。教师应该针对学生的个性和特点,展开因材施教的评价。

教师在评价中做到因人而异,就能激发学生的学习兴趣和创造欲望,甚至改变学生。对于胆小的孩子,一句"你真勇敢"也许会让他战胜自己;对于内向的孩子,一句"你的发言很精彩,你瞧,参与到大家的讨论中来,很快乐吧"也许会让他更乐于与人交往;对于做事急躁的孩子,一句"你的观点很新颖,慢慢说,不要急,让我们都能听清楚"也许会让他培养性情,懂得如何表达。教师只有通过平时的细心观察,了解、掌握每个学生的特点,在评价时才能恰如其分,使评价成为一次适合学生个性发展的对话,达到"一语惊醒梦中人"的功效。

五、评价:合作中的对话

新课程大力倡导评价主体的多元化。就评价的主体而言,评价是教师和学生共同合作进行的有意义的建构过程。学生既是评价的对象,也是评价的主体。课堂评价不应只是教师拥有的专利,每位学生都有机会参与评价,大胆地、自由地说出自己的看法。课堂上教师必须保证学生评价的时间,给予他们自主表现和发展的空间,要为每个学生提供积极参与课堂评价的机会,使学生在自评、互评中深入学习,获得知识。与此同时,教师要发挥导评的作用,从而使学生更好地认识自己,确立自信。

通过一些案例我们不难看到,德育课堂教学的评价不应该成为一种单一的活动,而更应该成为一种合作式的对话。这其中不仅仅应该有教师给予学生的恳切的评价,更应该包含学生的自评、互评等方式和家长以及其他有关人员的参与。汇集来自教师、同学、家庭等多渠道的信息,评价结果就会更加全面、真实、可靠。

六、艺术性的评价

著名教育家第斯多惠曾经说过:"教育的艺术不在于传授本领,而在于激励、唤醒、鼓舞。”教师应用真诚而富有感染力的评价语言，让学生如沐春风、如饮甘露，真正实现激励学生、唤醒学生。

教师的评价语言可以是一种热情赞美：“坐得最端正的是你，发言最积极的也是你。”教师的评价语言可以是一种委婉批评：“你评价得真好，老师多么希望看到同样一个没有烦恼，能按时完成作业的你呀。”教师的评价语言应该是一种真诚的鼓励：“你坚持着自己的观点，如果在学习上你也能如此执著坚毅，就能有更多的收获。”教师的评价语言更应包含着一种殷切期待：“呀，你懂的真多，看来课前做了充分的准备！加油，老师相信勤奋和主动会使你更加优秀。”

杨爱珍老师在《浅谈教师的评价语言》一文中写道：“教师的评价语言是一门艺术，是一把双刃剑，它既可以开辟学生智慧之门，让创造的火焰喷涌而出，又可以封堵希望之路，使学生丧失学习的信心，使探索的脚步难以启动。”这是一把带有艺术性质的双刃剑，需要用真诚、爱心，再加上一个真挚的微笑、一个动人的眼神、一个微妙的手势来打动学生的心，使学生在感受这次艺术对话的同时，触发心灵中最美妙的琴弦。

其实，无论是怎样的课堂教学评价，都是在真实的课堂中展开的，这其中围绕着明确、具体的教学目标，点缀在预设而生动的教学环节中，为学生个性化自主创新的发展营造着和谐、快乐的学习氛围。评价，应该成为一次真实的对话。师者也许没有说太多，却早已“随风潜入夜，润物细无声”；学生也许什么也没说，却早已心领神会，获得了成功的体验和学有所得的快乐。

浅谈新课程中如何评价学生课堂发言

河南省浚县第一中学　赵晓洁

当今时代是一个知识和能力并重的时代,大力推进素质教育,围绕着提高学生的全面素质,培养创新精神和实践能力,铺展开一片充满着生机和活力的教育教学改革的探索之花。课堂是学生主动构建知识、培养自身能力、提高自身素质的过程,课堂评价就显得尤为重要。评价不仅要关注学生的学业成绩,而且要发现和发展学生多方面的潜能,了解学生的发展需求,帮助学生熟悉自我、建立自信,建立能够激励学生不断进步、全面发展的评价机制。下面笔者想结合教学实践,就课堂教学中如何评价学生的发言,谈几点拙见:

一、评价要有导向性

在高一《经济生活》第三课"树立正确的消费观"这一框题的教学中,教师在询问如何解决自己住房难时,一位学生站起来说:"买房子,因为消费对于国家来讲可以拉动经济增长。"教师听后会满足地说"你很聪明"、"你在这方面很有天赋"等,诸如此类的评价在课堂上经常能听到。试想,"有天赋、聪明"是他们的功劳吗?像上述这样无原则的夸奖,往往会给学生造成误区。

所以说,教师一定要正确引导学生的归因心理,不妨用"你肯动脑筋,说明你的思维是活跃的,能够从××角度思考很不错,不过我建议你如果再从××角度思考那就更好了,试一试,好吗"等赞赏性、建议性语言来评价他们的发言。这样的评价能引导学生正确熟悉和对待挫折,有利于培养学生顽强的意志和勇于接受挑战的进取心,有利于创新素质的培养。

二、评价要有灵活性

素质教育要求教学要从过去只注重结论转向同时更要重视过程，教师要指导学生探究结论形成的过程；在教学过程中，让学生构建知识、培养能力。因此，如果教师的课堂点评都是笼统的“好”或“错”，不符合新的教学理念，不利于学生探究问题、熟悉问题、形成结论、构建知识。

例如，某教师在讲授“财政收入与支出”一课时，他向学生展示了我国财政支出大于财政收入的材料，问学生这样的财政状况会出现什么结果。一位学生回答：“会出现财政赤字，要借外债。”教师对此回答不满意，但没有具体点评，而是另请“高明”，直到有一位“高明”的学生讲出老师想说的那句话，老师才露出了笑脸并给予赞扬。最终也没有对前面那位同学的回答作出具体评价。这样，“财政出现赤字就要借外债”这个不科学的观点，没有得到及时纠正，学生带着它又进入了下一个学习环节，从而影响了学生对知识的构建。

当学生们就某一问题展开讨论时，老师或沉默不语，或当发现学生的发言有偏离教学方案的倾向时，便巧妙地打断学生的发言，想方设法纠正其思路；只有当学生说出老师想要的答案时，老师才大加赞扬。这种不加批评、貌似开放的评价，实则只留给学生唯一的路径，那就是老师所赞同的答案和思维方式才是正确的。这种过于注重既定目标达成的评价，往往会造成师生的自我迷失，学生也因此丢弃了学习的个性化和创造性，丧失了学习的内部动机。其实课堂教学是有弹性的，评价不可能完全由教师在课前预设。即使作了评价预设，也往往会因为课堂教学情境的变化而失去针对性。因此，教师要有灵活的应变性，根据课堂教学鲜活的学情，及时调整既定的评价内容，即变“刚性设计”为“弹性设计”，只有这样，才能真正发挥评价的应有功效。

三、评价要有适时性

对学生课堂发言的评价要把握好时机，适时进行评价。评价不及时会浪费许多教学时间，最终学生还是不明白。评价过早又代替了学生的思维，不利于学生的发展。对于一些不太重要但又非问不可的问题，要让学生说完后给予评价。而对一些比较重要的、有价值的问题的发言则不能过早评价，应在学生充分发表意见的基础上再进行评价。

四、评价要有弹性

在平时的教学实践中，我们经常会发现有的学生的发言教师未理睬。究其原因，我觉得可能有两个：一是由于学生距离教师较远，老师根本就没听见其发言；二是不少老师为了完成预设的教学目标，对学生中的个别发言视而不见，故意避开，唯恐其扰乱正常的教学秩序。

笔者认为，教师不要怕学生出错，出现错误并不是坏事，课堂就是学生出错并纠正错误的地方。教师要善于把学生的课堂错误作为一种教学资源加以利用，有的放矢。这样更贴近学生的实际，及时纠正错误，从而获得良好的教学效益。

五、评价要有针对性

新课程实施以来，一些教师为了鼓励学生多发言，总喜欢用一些赞美词语“乱捧”学生。有些教师上课就那几句话：好、对、很棒、棒极了、给点掌声等，这样的教师评价语缺乏针对性、准确性，就像一顶大帽子扣在谁头上都行。不加区别地盲目鼓励，不仅使学生错过了一次次扬长避短的机会，而且还会导致他们形成浅尝辄止和随意应付的学习态度，甚至个别学生还误以为这是老师对他的漠视和贬低。

所以教师在课堂评价中，应有具体化的点评，不仅对错误的要点评清楚，即使对同一个问题，也要有区别地点评；要能指出学生的特点或过人之处。这样会使学生不仅知其然，更知其所以然，会使学生及时反思错误，并能继续思考，从而推动课堂探究不断深入。

六、评价要有互动性

现在，教学似乎已经形成一种模式，教师提问，学生回答，教师点评，这样层层推进教学。而学生才是课堂的主体，自主合作探究是学生学习知识的重要途径。但是自主合作探究不仅仅是学生探究教师设置的问题，或者从教师创设的情境中感悟升华来构建知识。学生参与课堂点评，分析点评同学回答的问题，分清对错，评说原由，这也是运用知识自主合作探究的过程。

例如，在《经济生活》第一课讲授商品这一知识点时，总会设置诸如农民生产的口粮及同学之间赠送的礼物是不是商品的问题。当学生误入歧途后，教师总是单独分析。笔者认为，教师的独家点评可能会一步到位，把问题讲透彻；但这却缩小了学生在课堂上运用知识、分析问题的空间，使他们失去了一些锻炼能力的机会，不符合要充分发挥学生主体性作用的理念。假如上述教师让学生也参与课堂点评，并形成互动补充式点评，学生就会尝试运用价值与使用价值的关系、商品与价值的关系等知识分析点评。尽管这个过程不如教师利索，但对学生深化知识、运用知识、培养能力是有良好效果的，比教师独家点评更有意义。

所以在课堂探究活动中，教师不要独揽课堂点评的话语权，而应该主动创造条件和机会，让学生也参与点评，这样可以扩大学生在课堂上的活动空间，增加学生自主合作探究的途径，更有利于学生构建知识、培养能力。

七、评价要有创新性

教师在教学中不要总是拘泥于传统的教学评价方法，教师可试着用学生熟悉和喜欢的流行语去评价学生，以期使学生感到亲切和温馨，从而缩短了师生之间的心理距离，提升教学的效果。

各种类型的评价均有利有弊，教师应深入了解，把握不同类型评价的特点，并根据教学需要，有针对性地、恰当地运用评价，使各种类型的评价相辅相成、相互补充，以共同发挥评价的整体功能，从而使学生得到全面发展。

让学生爱上思想品德作业

河南省实验中学　杜　晓

不少老师都遇见过这样的情况：学生作业不能按时交，有的敷衍应付，有的干脆不交。怎样才能调动学生完成作业的积极性，让学生爱上思想品德作业呢？在近几年的教学实践中，我对如何布置思想品德作业，提高作业的实效性，进行了积极的尝试，收到了一些意想不到的效果，颇感欣慰。

一、符合青少年的认知特点，在作业形式上体现多样性

思想品德作业分为两种：背诵作业和书面作业。学生最怕的就是背诵，枯燥无味，背了就忘。其实，背诵也可以形式多样。可以采用填空法，把学生需要记忆的内容"挖空"，让学生当堂训练。也可采用列知识树的方法，让学生创新思维，整合知识，理清知识之间的内在联系。最成功的实践是2011届九年级上学期采用的"我爱思想品德"活动，把九年级的知识整合成经济、政治、文化、社会、生态五大板块，每个板块由十张图片（当年各个领域的重大时政新闻）组成，每幅图片链接一道精心设置的题目，让学生分组竞赛，记忆需要背诵的内容。这样既调动了学生背诵思想品德核心内容的积极性，又温习了当年的热点新闻，可谓一举两得。

书面作业不能局限于让学生做某本资料上的习题，而应生动活泼、形式多样，符合青少年的特点。例如，学习过九年级第三课第一节"我们的社会主义祖国"后，我布置了制作一份手抄报的作业，要求学生搜集新中国成立特别是改革开放以来我国现代化建设取得的巨大成就和人民生活发生的巨大变化，并配以图片和解说。结果，学生的创造性思维得以激发，制作的手抄报远远超出我的预料，图文并茂，语言生动。后来，学校

还专门设计了宣传栏，展示同学们的作品，受到了家长和其他学科教师的一致好评。除了手抄报外，还可以灵活采用网络搜集资料、观看视频、走访调查、撰写建议、朗诵比赛等多种形式布置思想品德作业。这样，既复习了课本知识，又提高了学生的实践能力，还陶冶了高雅的生活情趣。更重要的是，这样的作业鲜活生动，深受学生喜爱，学生当然乐意完成了。

二、符合思想品德学科特点，在作业内容上体现时政性和综合性

在思想品德教学中，设计时政热点作业既能扩大学生的知识面，开阔学生的视野，使爱国主义教育更加生动、形象，又能培养和提高学生观察问题、分析问题、解决问题的能力。例如，学习过九年级第三课第三节“统一的多民族国家”后，结合第九届全国少数民族传统体育运动会在贵州省举行，我布置了“请关注第九届全国少数民族传统体育运动会的相关情况，了解一到两个少数民族的传统体育项目，并说说举办少数民族传统体育运动会有何意义”的作业。结合最新时政热点设计作业，不仅能够复习巩固基本理论，而且符合思想品德学科特点和中招考试的命题趋向。重要的是，打破了传统的作业套路，学生的积极性得以调动，知识面得以拓展，潜能得以挖掘，创新思维得以激发。

三、尊重学生个体差异，因材施教，分层次布置作业

“世界上没有两片完全相同的树叶。”每个学生都是独一无二的，都有自己独特的风格和特点。教学中要根据学生的需要、兴趣、个性和特长，赋予作业丰富多彩的内容和形式。例如，在学习“感悟青春”一课时，我有感情地朗读：我们因青春而奔放，青春因梦想而精彩。青春是一首歌，唱出的是歌声，放飞的是梦想。有人说，青春是一颗划破天宇的流星，虽然绚丽却很短暂，也有人说，青春是一颗常青树，永不凋零。那么，你说呢？请用自己喜欢的方式续写。学生可以根据自己的喜好和特长，用诗词、散文、歌曲、小品等形式来表达对青春的解读，抒发心中的感悟，书写胸中的情怀。

在设计和布置作业时，还要根据学生知识、能力的差异，给不同的学生布置不同的作业。比如，将作业分为必做题和选做题。必做题一般用于基础知识和基本技能的训练，要求每个学生必须完成；选做题综合性较强，对学生的能力要求较高，只要求部分学生完成。这样就避免了有的学生“吃不饱”、有的学生“吃不了”的情况。此外，不同的学生可能欠缺不同的能力。比如，有的学生缺乏发散性思维，不能多角度思考问题，组织答案时写了很多条，其实是一个角度，得分不高；有的学生回答问题随意性太强，口语化、生活化太浓，不能运用教材语言和学科术语；有的学生组织答案缺乏逻辑性，没有条理，让人看不出写了几个方面、几个角度；有的学生看见辨析题就晕，不知所措，胡乱作答。这就要求教师必须对不同的学生有针对性地布置作业，来训练、弥补、提高学生所

欠缺的能力。

四、认真批改，及时反馈，加强方法指导

对学生作业，教师要做到有收必改。要尽量使用鼓励性的语言，既指出不足，又保护学生的自尊心，鼓励学习积极性。作业反映出的普遍性问题要注意分析，做好记录，针对学生作业中存在的共性问题要及时讲评，引导学生分析原因，指导学生总结规律。例如，学生在回答“食品安全问题频频出现，应如何避免这样的事情再次发生”这个问题时，学生基本能够从知识广度上分析出需要国家、生产者、消费者各方面共同努力，营造安全和谐的消费环境，但不能挖掘出每个角度的深度，如国家应完善法律、加强监管、严格执法等；生产者应在道德和法律两方面规范自身行为；消费者应在消费前练就一双慧眼、消费中不给不法经营者可乘之机、消费后依法维权等方面来分析。教师要及时点拨，使学生能够举一反三，触类旁通，调动其求知的欲望。对于个别学生的错误，要有针对性地进行单独辅导。

总之，通过优化思想品德作业设计，使作业由课内向课外延伸，使作业变得生动、活泼、有趣、针对性更强，这样不仅有利于学生由认知上升到能力，学以致用，而且会使学生爱上思想品德作业，进而爱上思想品德学科。

第三辑　教学方法

思想政治课教学举例要注意"十性"

河南省三门峡市第一高中　高宏群

举例是思想政治课常见的教学手段,也是提高教学质量的有效途径。恰当的例子,不仅能吸引学生的注意力,调动其学习兴趣,而且使教学内容生动形象、通俗易懂。反之,则会使举例流于形式,甚至适得其反。为了更好地发挥举例手段的作用,教师要注意以下"十性":

第一,坚持思想性。思想教育是思想政治课教学的重要职能,更是每位思想政治课教师的神圣职责。这就要求课堂举例始终要把思想性放在首位,多联系党和国家的路线、方针、政策和重大举措,多联系学生思想上的需求点、闪光点和薄弱点。不要一味迎合学生,举例低俗,甚至举反面事例。

第二,突出先进性。教师讲课时,要以民族英雄、革命先烈、模范人物、成功人士等先进事迹为例教育学生,也可列举学生身边的人和事,以培养他们学习英雄、弘扬正气的情感。不要鱼龙混杂,良莠不分。

第三,渗透知识性。讲课时,教师要引经据典,博古通今,以各门学科有益的知识为例子,去丰富学生的头脑,使其在接受思想教育的同时,学到新的知识。但不要牵强附会,弄巧成拙。

第四,注意新闻性。在教学中选用国际、国内重大新闻作例子,既能加强时事政治教育,为课堂增添时代活力,又能增强思想政治课的吸引力和理论说服力。因此,教师举例切莫"喜旧厌新",一味追求古闻逸事,远离时代发展。

第五，增强针对性。针对性是指举例的指向性和目的性，要做到这一点，首先要针对教学中的重点和难点、学生认识上的疑点，不要不分主次，全面开花。其次要紧扣学生思想“穴位”，针对他们的思想实际，及时帮助其化解疑虑，不要开口千言，离生万里。

第六，把握真实性。说真话是做人的美德，教师引证的例子只有实事求是、真实可信，才能富有说服力。所以，课堂上教师举例一定要数据翔实，言之凿凿。不要道听途说，捕风捉影，更不能故弄玄虚，凭空捏造。

第七，符合审美性。美育也是学校教育的重要内容，故教师所举例子要符合审美规律，以引起学生的美感，陶冶其思想情操。这就要求教师在课堂上的一言一行要高雅潇洒，和谐优美。

第八，讲求趣味性。古人云：“教未见其趣，必不乐学。”在教学中根据学生的心理特点，经常增添一些轶事趣闻，巧妙运用幽默语言，既活跃了课堂气氛，促使学生专心听讲，又拓宽了他们的知识面，提高其学习兴趣。这就要求教师举例时要风趣诙谐，妙语连珠。不要平淡如水，枯燥乏味。

第九，重视启发性。教学中所举例子要有启发性，以开启学生思维的闸门，点燃其思维的火花，让学生在听课中思考，在思考中听课，把学和思结合起来，达到开拓学生思路之目的。这就要求教师要选好例子，启发引导，循循善诱，尽可能避免生硬呆板、平铺直叙。

第十，力求多样性。教师举的例子力求形式灵活多变，内容丰富多彩。可举实例、小故事、成语、名言、俗语以及报纸、电视的报道，也可以亲身经历的事或身边的人和事为例。不要内容匮乏，形式单一。

总之，课堂举例在内容上要求突出思想性、先进性、知识性、新闻性、针对性和真实性，在形式上要注重审美性、趣味性、启发性和多样性，并力求内容和形式的完美统一。

把握“十性”，优化初中思想品德作业设计

河南省郑州市教育局教研室　杨仕保

作业是课堂教学的有益补充和延伸，是学生巩固知识、培养能力的重要手段，是教师检验教学效果和改进教学的重要参考。初中思想品德作业设计，既要遵循作业设计的一般原则，又要体现思想品德学科的特点和要求；既要实现思想品德课程目标，又要提高作业的效率，减轻学生的课业负担。笔者认为，把握以下“十性”，是优化思想品德作业设计、提高教学质量的重要保障。

一、讲究针对性，提高学生训练效果

作业的主要目的在于检查学生学习目标的达成情况，因此作业设计必须紧紧围绕学习目标，突出教材重点、难点，侧重思维方法的训练，以达到学用结合、提升能力、科学反馈的效果。教师在布置作业时，不妨反问一下自己：今天的学习目标是什么？今天的作业和学习目标相关性强吗？相关性不强的作业该如何调整优化？

在教学实践中，不少思想品德课教师盲目设计作业，有的偏重知识目标，忽视能力训练和情感教育；有的简单照搬资料上的成套习题，与课堂教学内容不衔接；有的是因为担心学生闲着没事做；更有甚者，作业异化为教师惩罚学生的一种手段。上述作业都偏离了学习目标，针对性不强，作业效果自然也不会太好，甚至会引起学生对作业的反感，扼杀学生的学习兴趣。

二、蕴涵思想性，陶冶学生道德情感

思想品德课程标准规定：“本课程是为初中学生思想品德健康发展奠定基础的一

门综合性的必修课程。”这就决定了思想品德课教学必须把握方向性，凸显思想性，对学生进行道德教育、纪律教育和法制教育，引导他们逐步树立科学的世界观、人生观和价值观，培养良好的行为习惯和心理品质。

思想品德作业设计，既要紧密联系社会生活和学生的思想实际，充分发挥正面事例的教育效果，又要敢于正视社会中的消极现象，通过科学的作业设计加强对学生的正面引导，化解他们的心理困惑，纠正他们的片面认识。比如，在设计八年级下册“诚信做人到永远”一课的作业时，重点是引导学生认识诚实守信的意义和失信的危害，引导学生做诚实的人。如果作业过多地渲染当前社会诚信缺失，不仅达不到诚信教育的效果，反而会使学生对社会诚信建设失去信心，这就与教学目标背道而驰。

三、具有典型性，启迪学生举一反三

作业设计的精髓在于启发，在于对学生进行思维方法引导，这就要求作业设计突出其典型性，做到以质取胜，最大限度地提高作业效益。

思想品德作业的典型性主要体现在以下几个方面：一是通过创设新情境，创设思维碰撞的条件，培养思维的灵活性，不能简单地再现教材内容；二是重视训练学生知识加工、拓展和重组能力，不能简单地考查学生对知识的死记硬背情况，更不能出偏题、怪题；三是要突出基本方法训练，引导学生学会举一反三、触类旁通，不搞机械重复和题海战术。

四、强化探究性，培养学生主动创新

长期以来，中学教育过于强调接受性学习，忽略学生的自我体验、自由发展和自主探究，以致学生思维打不开，死记硬背，高分低能。在新课程背景下，思想品德探究性学习要求学生能够根据一定的情境，敏锐地发现问题，主动地提出问题，并积极寻求解决问题的方法与途径。这是改变学生学习方式，促进学生在教师指导下主动地、富有个性地学习，培养学生创新精神和实践能力的重要途径。

在学完“保护环境的基本国策”一课后，某教师布置了一道“我身边的环境问题及对策”的探究性作业题，要求学生以小组合作的方式完成。学生将身边的环境问题拍成照片，小组成员共同探讨造成该问题的原因。在此基础上，有的同学写倡议书，号召市民低碳环保；有的同学提出要坚持科学发展观，实现可持续发展；有的同学建议发挥市长热线、市长信箱的作用，强化社会监督，全班制作了多块交流展板。至此，广大学生思维的广度、深度和高度已经完全超出了一道作业题的范围，每个参与者都受益匪浅。

五、突出实践性，鼓励学生学以致用

从本质上讲，思想品德课的使命就在于帮助学生明理、践行，帮助学生实现知、情、意、行的有机统一。“纸上得来终觉浅，绝知此事要躬行。”思想品德的形成与发展，需要学生的独立思考和生活体验，需要学生实现从道德认知向道德活动、道德实践的跨越。加强思想品德作业的实践性，让学生在做中学，有利于引导学生学以致用，积极进行道德实践活动，从而实现健康生活、快乐成长的目标。

在学完八年级上册“我与父母交朋友”一课后，某教师给学生布置了这样的一道作业：围绕自己的学习和生活，与父母进行一次聊天活动，完成后让父母写一段评语。该作业突破了传统作业的局限，实践性强，能有效引导学生主动与父母交流，消除彼此之间的矛盾与隔阂，有利于避免道德教育的应试化倾向，回归思想品德课的本质。

六、注重综合性，拓展学生学习空间

综合性是思想品德课的重要特点之一。课程标准指出：“思想品德课是对道德、心理健康、法律、国情等多方面内容的有机整合”，“尽量组合不同类型的资源，加深学生对课程内容的理解”。思想品德作业设计，应自觉消除课程“门户”观念，淡化学科界限，从学生品德培养的需要出发，合理借助其他学科、领域或相关活动的力量，加强学科整合，拓宽学生的视野，增强思想品德教育的实效性。

比如，我们可以与学校开展的“无人监考”活动相配合，结合八年级上册“诚信做人到永远”一课的内容，围绕“诚信考试吃不吃亏”组织一次辩论赛；也可以与心理健康教师合作，就“如何合理调控情绪”开展整合式教学，共同设计作业；还可以与地理学科联手，就“我国的资源现状与对策”开展综合探究活动；等等。

七、体现时代性，引导学生关注社会

思想品德课是初中各门课程中与现实生活联系最紧密的学科。鲜明的时代性是思想品德课的重要特征之一，也是思想品德课的活力所在。思想品德课教学只有牢牢把握时代脉搏，关注社会现实问题，才能弥补教材编写的滞后性，激发学生的学习兴趣；才能更好地培养学生运用所学知识分析、解决问题的能力；才能不断开阔学生的视野，提高学生的综合素质。

思想品德作业设计也要体现时代性的特点，作业素材的选用要密切关注时代发展，贴近学生的现实生活，作业的内容与形式应推陈出新、与时俱进。比如以中原经济区建设、流浪儿童问题、“天宫一号”与“神舟八号”对接等内容为背景，通过探究的形式考查学生对社会主义本质、国家保护公民权利、科教兴国等知识的理解和掌握情况，就能较好地引导关注社会发展，关心国家的前途和命运，增强学生的社会责任感。

八、兼顾层次性，发展学生个性特长

“世界上没有两片完全相同的树叶”，学生的认知方式、认知水平和学习能力同样也存在着一定的差异。教师要尊重学生的个体差异，满足他们多样化的学习需要，使他们都能在原有基础上得到较大的发展，体会到成功的快乐。

思想品德作业设计也是如此，如果无视学生的个体差异，作业设计“一刀切”，势必会出现“优等生吃不饱，后进生吃不了”的情况，既加重了后进生的课业负担，也制约了优等生的发展。一些教师从学生的实际出发，为优等生、中等生和后进生分别设计不同数量和难度的作业，给学生留下自主选择的空间，很受学生欢迎，取得了较好的教学效果。

九、增强趣味性，激发学生学习兴趣

“兴趣是最好的老师”，增强作业的趣味性有利于唤起学生学习的欲望，以收到良好的教学效果。增强思想品德作业的趣味性，要关注社会现实问题，发挥学生的主体作用，让学生在调查、设计、辩论、展示过程中体会学习的乐趣，体验自身的价值。

比如学完八年级第二单元“我们的人身权利”一课后，某教师引导学生收集相关案例，在进行法理分析的基础上，设计并完成一次模拟法庭活动，在全班展示交流。实践证明，该作业既开放灵活，又紧扣教材内容，有利于培养学生收集处理信息、分析探究问题以及活动组织能力，深受学生欢迎。

十、坚持多样性，促进学生全面发展

思想品德作业之所以要突出多样性的特点，一是因为多样性的作业有利于避免作业的枯燥和乏味，激发学生的兴趣；二是因为不同形式的作业具有不同的功能，多样性的作业有利于从不同侧面培养学生的思维能力、实践能力；三是因为思想品德课具有其自身的特殊性，比如养成教育需要学生参与实践、亲历亲为，对此，纸笔练习只能是鞭长莫及。

思想品德作业设计，除了传统的书面作业，我们还可以布置阅读类作业，如引导学生阅读《小故事大道理》、《心灵鸡汤》等书籍，感悟人生哲理；可以布置表达类作业，比如举办时政论坛活动，要求学生围绕重大时政新闻，激扬文字，以案析理，训练学生的知识迁移能力和表达能力；也可以布置实践类作业，比如结合七年级下册“走向自立人生”这一教学内容，引导学生帮助父母做家务，体验自立精神的可贵；还可以布置设计类作业，比如在学完“礼仪展风采”一课后，让学生假设不同的场景，分别设计一套待客礼仪，在全班展示交流，培养学生动手动脑和综合思考能力；等等。

总之，思想品德作业的设计是一项充满创造性、艺术性的工作，既不能照搬他人的现成做法，也不可能毕其功于一役，一劳永逸。我们广大思想品德课教师要立足实践，在把握上述“十性”的基础上，不断优化作业设计，促进学生生动、活泼、主动地学习。

讲授与板书:课堂教学的“双宝”

河南省尉氏县第三中学　高雪寒

新课程改革如火如荼地进行着,适应新课程的教学方式也如雨后春笋般生长起来。诸如讨论式、探究式、互动式等应有尽有,体现新教改的现代化教学手段——多媒体,更是受到了教师的青睐而得到迅速推广。这些新颖独到的教学方式和教学手段使课堂活了起来,尤其是我们的思想政治课堂,一改过去的单调乏味,使原本有些枯燥的内容变得生动有趣了,课堂变得丰富多彩了,学生变得生机盎然了,教师变成“导演”了。使原来所谓教师的“一言堂”的单边活动,变成了师生之间、生生之间的双边甚至多边活动,大大提高了课堂教学效果。但是,无论课堂教学如何改革,教学模式如何花样翻新,起码有两样传统的东西仍需保留、仍要重视,这就是讲授与板书。

一、教师的“讲”仍需重视

在新课改过程中,为了突出学生的主体地位,让学生成为课堂的主人,主张教师少讲或不讲。有的地方甚至规定了教师的讲不能超过多少分钟,而且把教师讲的时间长短作为衡量一节课好坏的标准,我觉得有失偏颇。好像传统的教学模式全部错在了教师的“讲”上,给教师扣上了“满堂灌”、“一言堂”、“语言霸权”等一顶顶的大帽子,让老师谈“讲”色变,无所适从。殊不知任何教学方式都不可能适合所有的学生,因为教学方式和学生的能力倾向存在相互作用,和学生的知识储备也存在相互作用,所以,我们不能全盘否定传统的教学方法,更不能淡化教师讲的作用。试想,没有教师讲的课堂是真正意义上的课堂吗?教师的讲没有错,关键应看怎样讲。如果是不顾学生的反应,不看学生的表情,一个人唱“独角戏”的讲,当然是要反对的。如果是恰到好处的讲,而且边讲边与学生交流、互动，既调动了学生的积极性，又突出了学生的主体地位，这不正是新课程所需要的吗？这样的讲不好吗？所以，对教师的讲不应做硬性规定，更不能用时间限制。免得教师为了避嫌而不敢讲，结果，该讲的也没讲。害得教师遗憾，学生糊涂，以至于教学任务完不成，最终受害的还是学生。

思想政治课更不能忽视教师讲的作用。高中学生思想政治方面的知识仍然很贫乏，完全让学生自己去学习、探究很不现实。我们都知道高中学生在高考的压力下，生活单调、紧张，他们从早上5:30起床到晚上10点休息，中间不停地上课、做作业，在这些“硬性指标”还没有完成的情况下，他们哪有时间去完成诸如查资料、实地调查等这些“软指标”呢？他们更没有时间收听、收看新闻，对于国内外发生的重大事件，几乎全靠教师这个“二传手”。学生的情感、态度和价值观的升华，更需要教师的言传身教。

对于有关的理论知识，更需要教师深入浅出地讲解，没有教师到位的讲解，学生是很难觉悟的，哪怕只是隔着一层薄薄的窗户纸，教师不去点破，学生也很难自己攻克。有了教师的讲，学生思维的疑云才会顿然消失，才会有拨开云雾重见天日的感觉，才会领略到碧海蓝天的无限美景，才会对知识有更深刻的理解。这不正是新课程所倡导的教师的“点拨、引导、促进”作用吗？另外，在学生缺乏先备知识的情况下，也需要教师运用传统的讲授方法，多讲多练，才能顺利完成教学任务，取得好的教学效果。当然，我们强调教师的讲，绝对不是“满堂灌”式的讲，而是要根据教材内容的多少、内容的难易程度及内容与学生实际生活的联系，灵活掌握，该多讲的必须多讲，该少讲的必须少讲，该不讲的一定不讲，而且还要讲在节点上，即点在穴位上，像庖丁解牛一样，能够刀刀到位，游刃有余，能达到这个境界的教师，绝对不是“满堂灌”、“填鸭式”的教师，更不会是“一言堂”的教师。这样的教师在教学过程中一定是和学生进行着心与心的交流，从学生的一个眼神、一个表情、一个小小的动作，洞察学生的内心世界，读出学生是懂还是非懂、懂了多少，根据学生的情况随时改变自己讲的策略及与学生的互动方式，这样的课堂难道不是高效的课堂吗？

二、传统的板书仍需发扬

随着多媒体教学的推广与普及，许多教师都热衷于使用这个现代化教学手段。大家都知道，它集形象、直观、快捷为一体，不仅为课堂增添了色彩，而且在课堂有限的时间内能传递出大量的知识信息，使原来沉闷、枯燥的课堂变得鲜活起来。如果课堂上没有多媒体，就会显得暗淡无光，就连评选优质课的标准也发生了逆转，没有多媒体的课，很难被评为优质课。可是，我们冷静分析一下就会发现，过于眼花缭乱的课堂会冲淡教学的主题。那些目不暇接的图片会使学生感觉疲惫，看似热闹的课堂，学生的收获也许寥寥无几，在这样的课堂上，教师只需演示、操作课件，却很少或根本没有板书，我觉得这是很遗憾的。有的教师会说，我的板书都在课件里。殊不知，课件里的板书和写在黑板上的板书效果是不一样的。课件里的板书给人以虚幻的感觉，一晃而过，印象不深刻，而写在黑板上的板书就有入木三分之感，令人久久不能忘怀。

板书虽然是一种古老而简单的教学手段，但它在教学中的作用却不容忽视。首先，备课中设计好的板书，是对教材内容的提炼与加工，是高度浓缩的"微型教案"，是一节课完整知识结构的展示。在这个一目了然的知识结构里，蕴涵着知识与知识之间的内在联系，既有利于学生对这部分知识的整体把握，又有利于学生对这部分知识的理解与记忆。这样的板书，还突出了本课的重点、难点，既然是重点、难点，教师自然会重点地讲解，自然也会引起学生的高度重视，达到对重点、难点的准确掌握，透彻理解。

一幅图文并茂的板书设计，照样能激发学生学习的兴趣。学生兴趣浓厚，就会印象深刻，记忆持久，有效地防止遗忘，不知不觉中提高了课堂教学效果。

其次，教师的激情板书，更是画龙点睛之笔。我们都知道，老师讲到激情处，会不由自主地把关键词、关键句板书出来，这样的板书，我们权且叫它激情板书。这样的画龙点睛之笔，能给学生留下深刻的印象。同时，在教师板书期间，又给学生留下了思考的时间，这个时间虽然很短暂，但也很可贵，因为这时学生的思考很有可能会发生质变，出现"顿悟"现象，形成创新的思维成果，产生意外收获，达到意想不到的效果。

最后，教师板书时那潇潇洒洒、美丽隽秀的字体，既能增添教师的个人魅力，提升教师在学生心目中的形象，又能对学生产生深远影响。由于学生具有向师性，那么，学生会自觉地在写字上下功夫，传统的民族文化艺术就这样得到了传承。同时，学生将这种外来动力转化为内在动力后，也会迁移到学习上。这种内在动力是一种无比的力量，能很好地排除一切外来干扰因素，一心一意，积极主动地学习、探索、发现。如果学生在学习上形成了这样的倾向性，将来很可能就是创新型人才，这不正是我们所期待的结果吗？

可见，板书也是一种非常有效的教学资源，对中学生来说尤为重要。教师如果不板书，学生也许根本不知道应该记什么，不知道哪是重点、难点，这对学生来说是个巨大的损失。所以，无论教学手段多么先进，只要存在课堂教学，就必须有板书。

浅谈情感教学在思想品德课中的运用

河南省宝丰县李庄乡初中　程　芳

近年来,随着课程改革的不断深入,情感、态度、价值观教育已成为思想品德课的重要目标和任务,可见情感教学在课堂中的作用越来越重要,已成为必不可少的一部分。为此,作为一名思想品德课的一线教师,结合自己的教学实践和初中生年龄小、好奇心强、偏爱形象思维等特点,我主要运用了以下方法加强情感教学:

一、真实故事,吸引学生

教材上的例子大多比较简单,有的比较陈旧,为了进一步加深学生对知识的理解,我增补了一些实例。例如,在讲"为人民服务"这节课时,我先后讲述了李隆和战友们在异常险恶的环境下不怕牺牲,连续作战,最终从废墟下先后挖出57名受灾群众,创造一个又一个生命救援奇迹的真实故事,感动得学生啧啧称赞。接着,我又讲了"80后"最美乡村女校长李灵推着人力三轮车,走街串巷,收购旧书,一心一意要给学生们建个阅览室的感人故事。最后讲了"90后"大学生搭成人梯救人的故事。此外,我还列举了发生在我们乡镇的一些真实事例,进一步加强了学生树立为人民服务的思想。

二、语言含情,化静为动

在教学中,我常以饱满的情绪、旺盛的精力讲授每节课,同时还注意语言的抑扬顿挫,使学生们的情绪随我的语调变化而变化。如在讲"维护民结团结,反对民族分裂"这节课时,我以悲愤的语调历数了2009年发生在拉萨和乌鲁木齐的严重暴力事件,深刻揭露了不法分子破坏民族团结、制造民族分裂的险恶用心,全面批判了他们的暴行给各族人民群众的生命和财产造成了重大损失，严重影响了当地正常的秩序和社会稳定。随着我声音的颤抖和拳头的挥动，同学们个个绷紧小嘴，紧握拳头。很快，我话锋一转，说："事件发生后，在党中央和国务院的正确领导下，紧紧依靠各族干部群众，很快就依法平息了事态，使不法分子受到了应有的惩罚。"此时，同学们脸上露出了欣喜的笑容。最后，我在黑板上写下了"维护民族团结人人有责"10 个大字，让同学们高声诵读。

三、关爱学生，以爱结情

苏霍姆林斯基说："教师应当成为孩子的朋友，深入到他的兴趣中去，与他们同欢乐，共忧伤，忘记自己是老师，这样孩子才会向老师敞开他的心灵。"为此，我经常深入到我所教的班级，与学生们一起搞卫生、做游戏、谈家常。有一次，我正在上课，突然发现有一位女同学面色通红，无精打采，我赶紧走过去，用手一摸她的额头，觉得好烫，我赶紧背着她奔向校卫生室，经检查、吃药，半个小时后，她脸上又露出了笑容，我这才松了一口气。从此，同学们把我当成知心朋友，有悄悄话也愿对我说，发生了争论请我评判。我的话，他们爱听，且坚信不疑。这大概就是"亲其师，信其道"吧。

四、典型事例，深入课堂

我在给学生讲"弘扬传统美德，提高公民素质"这节课时，用多媒体播放了 2009 年《人民日报》报道的"双百"人物的典型事例，先让同学们畅所欲言，说说"双百"人物身上有哪些值得我们学习的优秀品质，然后再分组讨论，接着由各组代表总结发言。最后，我再做进一步的归纳总结，然后亲切地对同学们说："同学们，双百人物身上的这些优秀品质正是我们生活和学习中需要继承和发扬的传统美德。我相信，在座的各位同学一定会努力学习，将来成为一名合格的社会主义现代化建设者和接班人。"

五、宽严有度，端正学风

动之以情，不是对学生错误的一味迁就，而是包含着有理有节的批评。一次，有两个出名的"捣蛋"学生，在课堂上听、唱歌曲并大声喧哗，课后被我叫到办公室。我对他们进行了严厉的批评，并与他们一起学习关于"遵守纪律"的内容，使他们明白"严是爱，纵是害，不管不问能变坏"的道理，他们终于认真地检讨了错误。

六、言传身教，做出表率

常言说：身教重于言教。因此，在教学中我非常注意自己的一言一行、一举一动。生活中，我经常深入到学生当中，给予他们关爱，让他们感受到来自家庭的温暖。学习上，我区别对待，耐心辅导。例如，在讲"热爱劳动"这节课时，我改变了以前在课内的授课方法，而是带领同学们进行大扫除。在劳动中，我不怕脏，不怕累，总是干在前，同学们跟着也个个干得热火朝天、满头大汗，看到这一幕，我露出了欣慰的笑容。显然，从同学们的干劲儿中，已经充分证明了他们懂得了什么是理论联系实际。

七、明理常思，学以致用

如在讲“孝敬父母”的内容时，我列举了大量事例，表明父母对子女的慈爱之情。又出示了《游子吟》的诗句，引导学生们讨论“父母是怎样关心自己的”，同学们争先恐后地讲述父母在饮食、起居、学习等各方面对自己的关心。我又问：“你们都知道自己父母的生日吗？”教室立即静下来。一会儿，有个别同学说出了父母的生日，但语气还不大肯定。我叹息道：“谁言寸草心，报得三春晖啊！”我启发大家：“想一想，怎样报答父母的生养之恩？不要口头，而是要行动。”果然，一周后就有不少同学向我汇报如何帮助父母的事。听着这些，我脸上再次露出欣慰的笑容。

实践证明，要做一个好教师，不仅要有丰富的知识，还要有一颗对学生的爱心。“情”从“爱”来，有了浓厚的爱，才配当学生的良师益友；也只有以情感教学为先，才能促使学生爱学、乐学，学以致用，知行合一。

捕捉教学契机　升华精彩课堂

河南省开封市第二十一中学　胡宏伟

随着新课改的不断深入,我们需要不断更新教学观念,更多地反思课堂教学,优化课堂设计,挖掘教材资源和学生潜在的知识能力资源,为教学服务。因此,在教学过程中,学生对课堂知识产生的"疑点",在讨论探究中的"亮点",以及学生自身所存在的千变万化的个体差异,都能不同程度地给我们的教学过程增添取之不尽的教学资源,成为课堂教学契机,为教学目标的实现、为精彩课堂的升华奠定坚实的基础。本文结合教学中的几个课堂片段,谈谈自己的见解。

一、善于捕捉"疑点资源"

苏联著名教育家马卡连柯说过:"教育技巧的重要特征之一就是随机应变的能力,有了这种能力,教师可能找到避免刻板公式的方法,才能估量此时此地情况的特点,从而找到适当的手段并且正确加以运用。"应该指出,教学是一个动态系统。但面对学生众多的疑点,能否及时有效地与教学目的相联系,巧妙地作出调整和变动,既完成教学目标,又激发学生的创造性思维,满足学生的求知欲,就要靠教师的应变能力了。

在讲授思想品德七年级上册"我和父母"一课时,我利用视频显示《帮妈妈洗脚》的公益广告和"感动中国人物——谢延信照顾岳母"的片段,在学生产生情感共鸣之后,趁热打铁引出问题:能记住自己生日的同学请举手,几乎所有的学生都自豪地举起手;能记得父母生日的同学请举手,举手的学生寥寥无几;我又追问一句,能像广告里的小朋友一样给父母洗过脚的同学请举手,全班没人举手,但可以听到同学们的窃窃私语。这时,如果按照课堂的预设引导学生去感知父母的辛劳,去孝亲敬长,效果显然不会太好，于是我鼓励同学们大胆地说出自己的想法。一个平时不太专心的学生兴奋地举起了手，我示意他站起来说明自己的看法，他带着一种发难的表情说："老师，现在都什么年代了，还帮妈妈洗脚，你帮父母洗过脚吗?"顿时全班一片哗然，目光一起抛向了我，心想看你怎么办。面对这样的突发事件，我感到震撼，生活中我的确没有做到这一点。怎么办？是三言两语结束尴尬的局面，还是牢牢抓住这一课堂契机，引发学生的创造性思维，激发精彩课堂的呈现？面对学生的质疑，我如实回答："很惭愧，我没有，但你今天也给我上了一课，我希望从今天开始和大家一起努力。"随即话锋一转，将话题又交给了学生："你们认为现代社会应该如何回报父母呢?"大家议论纷纷，从父母的关爱、教育、无私等各个角度畅谈自己的认识和体会。同学们在实际参与中生成了知识，学会了感恩。我暗暗为自己能抓住学生的疑点而高兴，让学生在讨论中生成知识，解决疑点，还课堂于学生，真正体现"以学生为本"的教学理念。

因此，在教学过程中，不能拘泥于现成的教学模式和课前的预设，要根据我们的教学实际，关注学生的课堂表现，尤其要善于捕捉学生在课堂上生成的"疑点资源"，使之巧妙地转化为教学契机，因势利导，为我们的课堂教学目标服务。

二、善于捕捉"亮点资源"

教师在教学过程中，应充分相信学生的能力，敢于放手给学生，增强学生对教学活动的探究意识，培养学生敢于创新的个性，使学生的主体地位得到充分发挥。

在讲授"依法维护消费权"一课时，我要求学生以小组为单位，合作探究消费者应该享有哪些权利。激烈的讨论结束后，学生的精彩发言令我震撼，将整个课堂气氛推向了高潮。

学生1：我们小孩一个人去大商场，服务员对我们的态度冷淡，但对那些看上去比较有钱的人却很热情。我认为顾客既然都是上帝，就应该不分年龄大小，无论谁去购物都应该享有相同的权利，她们侵犯了我们的受尊重权。

教师：消费者不管年龄大小，都应该受到尊重，享有同等的权利。

学生2：平常我们坐出租车，司机会放一些他喜欢的歌曲，但我们乘客未必喜欢。在乘客上车到达目的地的过程中，车上的设备应该为乘客服务，听什么乐曲应尊重乘客的选择，所以我认为他们侵犯了消费者的公平交易权。

教师：真没想到这位同学有这么强烈的维权意识，让我们为她鼓掌。（同学们鼓掌）

学生3：我在网上看到这样一则案例：一位女士进入一家酒吧，酒吧的工作人员因其"面容不太好，怕影响店中生意"而拒绝其入内，这侵犯了消费者的人格尊严权。后来，这位女士到法院起诉该酒吧，为自己讨还公道。法院最终判决该酒吧赔偿她4000元精神损失费。

教师:法院依法判决该酒吧给这位女士赔偿,体现了消费者享有什么权利?

学生:依法求偿权。

我庆幸本节课将课堂探究的主动权交给了学生,开发和利用学生已有的生活经验,积极主动地去思考、去发现,生成了新的知识亮点,对学习内容有了清晰而充分的认识,掌握了知识,提高了社会适应能力。苏霍姆林斯基指出:"在人的心灵深处,都有一种根深蒂固的需要,就是希望自己是一个发现者、研究者,而在儿童的精神世界中这种要求特别强烈。"因此,我们要相信学生有能力学好,尊重学生的意愿,放开他们的思维,善于捕捉学生生成的"亮点资源",凡是学生能自主探究、独立发现解决的问题,教师决不替代。

三、善于利用"差异资源"

德国著名的教育家第斯多惠强调:"在现实生活中所有的人,不可能也不应该都变成一模一样,通过每个人不同的自我表现便会产生千差万别。"说明学生自身的个体差异是一种合理的存在,而这种"差异资源"若能得到充分利用,则往往会给我们的课堂教学带来良好的契机。

由于学生的知、情、意、行等方面发展不平衡,造成了学生的思维水平存在差异,学习方法和策略也呈现出多元化的特点,在课堂教学的过程中会形成多样化的学习环境。因此,教师应留给学生更大的活动空间,让学生在预设的教学氛围中,通过师生互动、生生互动迸发出创新的思维火花,展现更多的课堂精彩。作为教师,既要尊重学生的主体地位,更要尊重学生的个体差异,因为学生本身就是课程资源的要素之一,更是课堂活动构建的主体,只有从学生现有知识水平的实际出发,充分挖掘学生自身的资源潜力,课堂教学才能精彩不断。当然,并非所有的个体差异都可以成为教学资源,而是要求教师根据学生的差异有所选择,依据课堂要求和教学目标进行整合、调整,针对每位学生的不同特点,设置适当的目标,让学生人人参与、皆有所得,体验成功的快乐,实现课堂"和而不同"的局面,使课堂精彩无限。

总之,"疑点资源"是学生探究创新的开端,"亮点资源"是学生探究潜力的极致发挥,"差异资源"则是教师尊重学生个体差异、以学生为主体的具体展现。只有将三者完美地统一于我们的教学实践,才能牢牢把握教学契机,发掘疑点,生成课堂亮点,发挥差异资源优势,完成教学目标,促进学生的健康成长。

体验是亲历,是回味,是分享;感悟是收获,是成长,是积淀。学生如此,教师亦然。教师只有在教学实践中善于捕捉教学契机,充分利用学生的各种潜在资源,才能使我们的课堂跌宕起伏、异彩纷呈,取得良好的教学效果。

让兴趣之花绽放奇葩

河南省固始县陈淋一中　胡　威

古代大教育家孔子说:“知之者不如好之者,好之者不如乐之者。”在教学中,只有以我们的激情、智慧和富有创造性的劳动,注重学生学习兴趣的激发和培养,使学生好学、乐学,才能使学生全面发展,达到我们的教学目的。在多数学生心目中,思想品德课不是主课,而且其原理晦涩、枯燥、乏味、空洞,于是在课堂上出现了学生无精打采、厌学的现象。怎样才能扭转这一消极的心理定势和这些不利于教学、不利于学生全面发展的现象呢？我认为首要的问题就是要在培养学生学习思想品德课的兴趣上下功夫,实施快乐学习,使学生从被动地“要我学”转向发自内心地“我要学”,让课堂焕发生命的活力,从而使思想品德课成为一门学生愿学、乐学的学科。我认为要培养学生对思想品德课的学习兴趣,可以从以下几个方面入手:

一、变空洞宽泛为实践生活

法国教育家卢梭认为:教师的职责不在于教给学生各种知识和灌输各种观念,而在于引导学生直接从外界事物和周围环境中进行学习,同学生的生活实际相结合,从而使他们获得有用的知识。而思想品德课与社会生活、时代节奏紧密相连,具有很强的现实性和时代性,如果思想品德课只是一味地说教,脱离现实社会,就会非常枯燥、乏味。尽管有许多学生不是很喜欢思想品德课,但是他们对身边的社会现象和热点问题却很感兴趣。因此,要使教学内容贴近学生实际,把他们想学的、爱学的内容融进课堂,对激发学习兴趣、促进学生综合素质的提高都有好处。如在学习“学会合理消费”这一框时,我把当今社会的一大热点问题——世界金融危机的由来向学生作了详细的介绍,然后,引导学生联系日常生活,思考自己在日常消费中是怎么做的,应注意什么。有的同学说:“我有多少钱,就买多少东西。”有的同学说:“我在食堂就餐时,把吃不了的饭菜随手就倒掉了。”也有同学说:“我在购物时,会选择一些绿色环保的商品。”针对学生的回答,教师可以适时地加以引导、点拨。最后师生共同归纳,得出结论:消费时要多一些理性,少一些盲目;消费时不忘节俭;选择绿色环保的商品;等等。这些事例贴近生活,激发了他们的学习兴趣,在学习中不知不觉地受到启迪和教育。

此外,教师还应该鼓励学生走出课堂,走向校园,走向家庭,走向社会。教师应该有目的地要求学生开展采访、调查、访问等形式的实践活动。如教材中讲到如何正确对待上网问题,我首先让学生做了一个社会调查:让学生去调查社会上或身边经常上网的人,调查他们上网的目的是什么、他们如何看待上网、上网的后果等,然后让学生根据调查采访的资料,写一篇我们如何正确上网的调查报告。学生通过实际调查采访,使他们认识到网络是把双刃剑,更清醒地认识了上网的利与弊,从而也明确自己今后该如何去上网。这样处理问题,既锻炼了学生的能力,又让学生在活动中获得了体验和感悟,在体验和感悟中又发展了新的情感、能力和觉悟。

二、变被动接受为自主体验

学生是教学过程的主体,在教学中,联系学生已有的生活经验,创设学习情境,让学生通过朗读、表演等各种形式直接参与教学,发挥学生的主动性和自主性,既符合学生的心理需要,又可以培养学生的合作、探究和创新意识。如在学习“防范侵害　保护自己”这一框时,我利用小品教学,使课堂变成小舞台。请几名学生表演一个小孩在陌生的地方为了到达目的地搭乘一辆摩的后,可能出现的几种情况。学生一方面将自己生活中的所见所闻表演出来,满足了其表现欲望;另一方面又引发思考,使学生真正领悟到要提高警惕,增强自我保护意识。这节课学生的积极性调动起来了,大家在参与和讨论中培养了兴趣。正如爱因斯坦所说的:“兴趣是最好的老师。”学生在参与活动和课堂教学中不知不觉地掌握了知识,逐步地增强了对思想品德课的学习兴趣。

三、变枯燥乏味为生动活泼

情境式教学是教学工作中应该遵循的一条基本原则。因为它是学生获得深刻感知的最佳方式,它的直观性、形象性更能吸引学生的注意力,激发学生的求知欲,调动学生学习的主动性和积极性。因此,我们必须不断尝试探索,并采用各种新教法和新学法,强调生生互动、师生互动,切实克服以教师为中心的倾向,如多媒体教学、讲授、活动、讨论等教学方法综合使用,使课堂教学由单一、封闭走向多元、开放。如在学习“少年能自强”这一框时,请学生讲有关中国童话大王郑渊洁扬长避短的故事,然后引导学生讨论:“如果郑渊洁不扬长避短,他能取得今天的成就吗?”又引导学生分析自己的长处和短处各是什么,面对自己的短处应该怎么办。在激烈讨论中,师生最后归纳得出结论:人有短处并不可怕,关键在于找到自己的长处,确定自己的方向,做到扬长避短。又如在学习“感悟青春”这一框时,联系校园生活,我设计了一个小菲与异性交往的小品:小菲的同学李宵成绩特别好,特别爱帮助别人。小菲有什么问题都喜欢问他,他也很高兴为她解答。没多久,同学们在他们背后指手画脚,于是小菲便躲着他,他们也彼此疏远了。然后教师引导学生讨论,得出结论:异性同学的正常交往,有益于身心健康发展。男女同学之间可以优势互补、取长补短,营造一种和谐融洽、团结合作的氛围。思想品德课是一门德育理论课,单凭教师的说教,课堂气氛会变得沉闷,学生便会觉得乏味,难以激发学生的学习兴趣。因此,恰当采用角色表演、游戏等生动活泼的活动,有助于激发兴趣,加深学生对知识的理解和创新能力的培养。

四、变冷漠裁判为热情激励

应试型的思想品德课程评价,片面强化其甄别和选拔功能,教师扮演着终结性和唯一性的课程裁判者,致使学生始终处在一种被测试的消极境地,从而不能实现积极主动的学习。如在学习“人生自强少年始”这一框时,我引入“全国十佳少年”小涛的事例,在研究“小涛每天都要忍受疾病的痛苦,却在各方面都取得那么大的成绩,靠的是什么”这个问题时,一名男生说:“他为了不耽误妈妈上班,随身携带药水和针具,自己给自己打针,说明他很坚强;同时,从他遇到这么多困难和不幸,依旧努力学习,成绩名列前茅,并代表学校参加市里、省里的各种活动,为学校争得荣誉中可以看出,他具有积极向上、奋发进取的精神。”我及时评价:“你回答得非常全面,从你刚才激动的话语中,我相信你也被小涛的自强精神所感染了。”这样的评价语言既肯定了学生对问题的正确理解,又渗透了心理品质的塑造。所以教师应创设条件,让学生体验成功,当学生不断受到表扬时,可以使学生不断迎接新的挑战,取得新的成功。总之,新课程背景下,教师再也不能冷漠地对待学生的主体感受,而要换一种方式教育自己的学生——欣赏和赞美。

当然,在思想品德课教学中调动学生学习的兴趣和主动性的方法有很多,这就需要我们根据教学内容选用合适的教学方法进行教学,收到更好的教学效果,最大限度地发挥学生的潜能,调动学生的自主学习积极性,从而真正让学生喜欢上思想品德课。总之,“学生不是待灌的瓶,而是待燃的火”。只有充分发挥他们的积极性、主动性和创造性,才能使我们的课堂充满生命的活力。

有效提问，让课堂灵动

河南省实验中学　张　艳

课堂提问是组织课堂教学的中心环节，是教师开展课堂教学活动的主要手段之一。它对于启迪学生思维、巩固已有知识、及时反馈教学效果和促进师生之间的沟通等方面起着非常重要的作用。然而，有关研究资料表明：目前，中小学教师一般平均每堂课的有效提问仅为56%。这就是说，教学中尚有近一半的提问是无效的。鉴于此种现状，如何让课堂提问能够充分发挥应有的作用，变得高效，是值得每一位教师深思的课题。

经过长期的调查与研究，笔者发现对于课堂提问，教师容易步入以下几种误区：

1. 过多选择集体提问，即提出一个问题，要求学生集体回答。这种提问方式经常被用于讲公开课时，由于问题难度一般不大，学生大部分都能异口同声地回答出来。从表面上看，的确十分热闹，尤其让听课的人觉得学生对知识的掌握程度很好。但是，这只是一种"虚假的繁荣"，无法真实体现学生的实际水平，有一部分学生或许的确掌握了所学内容，但更多的学生却可能是在滥竽充数，更有一少部分学生是不知所云的。这很不利于教师对学生真实水平的掌握，更不要谈有效地展开教学了。另外，有些教师上课喜欢问"是不是"、"对不对"，学生不加思考地集体回答，不仅是无效的，缺乏创新的，甚至还会使学生养成不爱动脑的坏习惯。

2. 过分追求回答速度。有些教师为了尽快完成课堂教学任务，在提出问题后，学生刚进入思考状态，即刻要求学生作答。从学生的角度看，确有个别学生脑子灵活，反应迅速，能及时回答出老师所提出的问题。但是，对于绝大数学生来说，他们的反应能力可能达不到这一程度，教师一味地索要答案，要么造成无人回答的尴尬境地，自问自答；要么个别人回答，教师立刻转入下一个教学环节，全然不顾大部分学生的反应。长此以往，越来越多的人被动放弃了听讲，放弃了思考，放弃了参与课堂，因为他们体会不到问题被攻克后的成就感，丧失了探索的热情。这也造成了一部分教师的课堂很少有人回答问题的局面。

3. 偏向少数，不顾整体。“好学生”老师都喜欢，他们课堂纪律好，学习态度端正，紧跟老师思路，能准确、高效地回答教师提出的问题。在课堂上，教师当然喜欢这样的学生经常回答问题，尤其在公开课上，为了“表演”，有些教师还事先让这样一些学生提前“排练”，目的无非是想展示自己的教学效果有多么突出。但是，素质教育要求我们面向全体，使学生全面、和谐地发展，个性特长得到充分的发挥。而这种提问方式，无疑是不利于学生整体的发展，而且还会在学生当中造成恶劣影响，对于教师形象与良好师生关系的构建极为不利。

4. 提问方式过于常规，缺乏新意。提问的类型，按认知水平可以分为知识水平（考查是什么）、理解水平（考查为什么）、应用水平（考查怎么用）、分析水平（考查分析能力）、综合水平（考查综合运用能力）和评价水平（考查评价能力）六个由低到高不同层次水平的提问类型。虽然教师在课堂提问过程中设计的所有问题几乎是围绕着以上问题，但是，如果一味地采用以下一些常规的发问方式，如“这是什么”、“这是为什么”、“请你说说怎么做”等，长此以往，学生难免会缺乏思考的动力，丧失或降低学习这门课的兴趣。

在新课改背景下，教师应该不断转变教育教学观念，切实树立“以学生为主体，以学生的发展为本”的观念。在课堂教学过程中，巧妙设计各个教学环节，充分调动学生的主观能动性，发掘学生的潜力，激发学生的兴趣，凸显学生的主体精神，进而全面提高教学效果。以上几种课堂提问方式无疑与这种理念相去甚远，教师应主动减少并杜绝在课堂提问中陷入这些误区，经常反思，探索高效的课堂提问方式。

以下是笔者通过长期的课堂实践，对课堂提问进行的一些尝试和思考，供大家批评指正：

一、体验式教育情境的创设

思想品德教学不只是一种认识过程，更应该是一种体验过程；教学的意义不只在于知识的积累、认知能力的发展，还在于情感、态度、价值观的形成，乃至信念、行为的养成。而体验式教育恰恰就是施教者依据教育教学目标，结合施教对象的生理、心理特点，通过创设教育情境，使学生置身其中，进行思考、解答，从而将其中的体验内化为自己的情感、认知和行为的过程。事实证明，体验式教育情境的创设在思想品德课课堂上应用非常广泛，教师既可以在导课时采用，也可以在讲授重难点时采用这种提问方式。比如，在讲授思想品德八年级下册第九课“我们崇尚公平”时，刚一上课，教师便发问了：“假如今天在快上课时你发现黑板没擦，便帮值日生把黑板擦得干干净净，老师却表扬了那位偷懒的值日生,你会怎么想?”这一问题的提出,能快速将学生置身于一种思想情境中,让学生去感受、体会什么是不公平。这种方式比起直接问“什么是公平和不公平”效果要好得多,学生的印象也更深刻。又比如,在讲授思想品德七年级下册“扬起自信的风帆”一课时,我借助魏敏芝被导演张艺谋发现的真实事例作为材料辅助教学,提问:“假如你是一个生活在偏僻山区的穷苦孩子,从没走出过大山,突然有一天,当地来了一位导演,问你想不想拍电影,你会如何选择?”通过提问,教师创设了一个学生完全不熟悉的生活情境,由于陌生产生的好奇使他们更有深入思考的兴趣,以往影视剧作品或者文学作品中对于那样生活环境的描写画面立即在学生脑海中被调动出来,学生纷纷表达看法。接下来我再去讲述魏敏芝的选择与做法,和以往不同的是,我发现班里几乎所有的学生都很认真地参与进来了。最后我用多媒体出示了一些有关魏敏芝近况的图片资料进行升华和进一步说明,通过教师引导,学生很自然地意识到自信是一种非常可贵的品质,它对于我们把握机遇,走向成功是多么的重要。借助这一提问方式,不仅让学生了解了自信的表现,也通过自身的情感体验充分感受到自信的重要性,为突破本节课的重点和完成教学目标起到了很好的作用。

二、准确把握问题难度,提问对象要有针对性

亚里士多德曾说过:“思维自惊奇和疑问开始。”问题是思维的起点,并不是问题越难越好;问题是进步的阶梯,并不是问题越多越好。提问的随意、烦琐、平淡,或过于肤浅,或过于深奥,都不能有效激发学生的兴趣与思维,课堂教学的效果也将受到极大的影响。所以,教师在设计问题时一定要事先在备课环节多下功夫,不仅要推敲、研究课标要求,还要揣摩学生的实际水平和能力。一般来说,问题的设计要由浅入深,先易后难,由表及里,层层推进,步步深入,要接近学生“最近发展区”,使学生“跳一跳才能摸得着”,难度过大的问题要设计铺垫性提问。如果设计的问题过于简单,在实际课堂教学中,可能会出现两种情况:一种是学生不假思索地齐声作答,使教师盲目乐观于自己的教学效果;一种是学生觉得简单,不屑回答,造成冷场,教师难堪,影响授课。同样,如果教师设计的问题过难,而又不去引导学生,会导致大部分学生回答不出来,产生挫败感,甚至下次不愿意去思考,直接等待教师公布答案。所以说,问题设计的难易程度非常重要,直接影响着教学效果。有很多教师抱怨课堂上无人回答问题,或许都和他们设计问题的难易程度有关。当然,这里也不是说课堂上提问的难易程度的要求是一致的,我们可以根据本课的实际目标,设置一些难易程度不等的问题。这些问题在课堂提问过程中,要面向全班进行发问,然而在指定回答对象时,教师要因材施教,相对容易的问题可以找一些成绩一般的学生回答,如果答对了教师要积极肯定以树立其自信心,让他们不至于掉队;一般难度的问题,提问范围比较广一些,可以找一些程度中等的学生回答,起到促进班级全面发展的目的;难度稍大一些的问题,可以选择学有余力的学生回

答，以进一步促使其能力的提高，也可为班级树立一种典范和榜样。在平时的课堂教学中，笔者尝试使用这种分层式提问，全体学生的积极性都被调动起来了，几乎没有学生成为课堂的旁观者，都能积极主动地思考，能力也都得到了相应的提升。

三、善于变换提问方式，巧妙发问

著名教育家陶行知先生说过："发明千千万，起点是一问……智者问得巧，愚者问得笨。"好的问题就如同投向平静水面的一颗石子，一石激起千层浪，激发起学生无尽的思考，而缺乏新意的问题，则让学生陷入"一潭死水，微波不现"的绝境。古诗云："横看成岭侧成峰"，对任何一个事物的认识都可以有很多的角度，提问也是如此。我们在课堂教学过程中，经常会遇到这样的情况：教师抛出一个问题，学生陷入思维僵局，一时不知道如何回答。如讲授"计划生育的基本国策"一课时，为了让学生清楚计划生育的积极意义，教师直接发问："计划生育基本国策的制定对我国发展有何重要作用？"学生的思维深度决定了他们可能一下子答不上来，这时，教师转换提问角度，从反面提问："假如我国不推行计划生育的基本国策，会产生什么情况？"很显然，这种问法让学生有话可说，争相发言。之后，教师引导学生对他们所说的内容进行提炼总结，既使他们加深了对这部分知识内容的掌握，又很好地巩固了以前的学习内容。有时，我们只需换一种角度提问，似乎就能变"山重水复疑无路"为"柳暗花明又一村"，让教师和学生走出困境，思维豁然开朗。再比如，讲授改革开放的相关内容时，我引用了社会上流行的一种说法："当年，帝国主义夹着尾巴逃跑了；今天，资本家又夹着皮包回来了。他们回来干什么？"稍微对社会生活有所了解的学生肯定会回答"投资"，由"投资"这一话题，教师可以展开对改革开放相关内容的讲授。这种提问方式新颖、形象，能给学生留下深刻的印象，比起直接问"你知道什么是改革开放吗"有趣得多，从学生的反应看，效果还是很不错的。

四、进行适时恰当的点评

课堂点评是课堂提问的最后一个环节。好的课堂点评不仅能帮助学生诊断思想的误区、传递教师的尊重与肯定，也能使学生在一种愉悦、宽松的氛围中学习，敢于表达，乐于展示。它既为本次回答画上了一个圆满的句号，也为下一次的精彩回答播下了希望的种子。威廉·詹姆士曾说过："人性最深层的需求就是渴望别人的欣赏和赞美。"因此，对于教师而言，"评价要肯定学生的一切努力，赞美学生的一切结果，保持和激励学生一切创造的欲望"。有些教师在日常教学中，注意到了课堂评价对学生的激励作用，经常给予学生表扬，但却不讲求方式方法。有一次去听本校高中一位教师的公开课，有个个子很高的男生在回答完毕后，教师很夸张地竖起大拇指，大声而饱含热情地说了声"你真棒"，当时这位男生的脸"刷"地一下红了，我很难想象一位即将成年的男生在听到这样的评价后会有何想法。之所以会对这一幕记忆犹新，是因为有时我们的确也会犯类似的错误，评价学生仅限于“很好、不错、非常棒……”这类词语。长此以往，学生会产生听觉疲劳，甚至在听到这样的评价后对老师的表扬持不信任的态度。所以，教师课堂的评价要讲究艺术，需要智慧，尤其对于年轻教师更应该不断总结、积累经验。课堂点评时要言简意赅，直击要害，对于学生的错误要指出，但尽量多用“我希望、假如你再努力一些……”等期待性的语言，这比起直接批评效果要好得多；多表扬学生的行为，少表扬人格和智力，比如说“你好聪明”等之类的词最好不用；对于平时性格内向、自卑的孩子要比别的孩子表扬力度更大些；学生的回答教师不好评价时，可以不直接点出，而是通过其他途径让学生自己意识到这种认识的错误性。比如，近期我在讲述“让挫折丰富我们的人生”一课时，引用鹰的重生事例，提到鹰是世界上寿命最长的鸟类，能活 70 年左右，我随即发问：“大家能不能想象一只鹰历经 70 年的漫长时间会变成什么样?”结果有调皮的学生回答“变成了老鹰”，班里的学生笑成一团。此时如果批评他，可他说的不算错，但如果老师不表态的话，会助长他这种不恰当的行为。这时，我思索片刻，反问这位学生：“你能告诉老师大米小的时候是小米吗?”我这一反问，既化解了尴尬局面，也让这位学生知道自己的行为是不合适的。当然，课堂评价不一定要通过语言，一个欣赏的表情、一个鼓励的眼神、一个肯定的手势都能让学生感受到教师的关爱，起到此时无声胜有声的良好效果。

总之，课堂提问是一门艺术，值得每一位教师认真研究。有效的课堂提问，不仅让教师充分演绎这门艺术的魅力，更为学生插上一双思想腾飞的翅膀，让其受益无穷。作为一名教师，我们应该树立打造高效课堂的理想信念，不断思考探索有效的课堂提问，让自己的课堂在精彩的提问下变得更高效!

关于思想品德课教学中课堂提问的几点思考

河南省邓州市元庄中心校校本部　李志刚

课堂提问是思想品德课教学的重要环节,也是课堂教学中师生双边活动的重要内容。它是一种教学手段,又是一门教学艺术。在课堂教学中精心设计提问,不仅能够提高学生的学习兴趣,激发其求知欲望,而且能够培养学生的思维能力,帮助学生理解和掌握教材重点和难点,提高学习效果。下面,我结合本人的一点教学经验,并吸收他人的教学经验,就思想品德课课堂提问的一些问题谈谈自己粗浅的看法。

一、把握提问的目的,建立和谐师生关系

新课程要求,课堂教学中教师要把自己视为学生学习的"促进者",而不是"命令者";视为帮助学生成长的"知心朋友",而不是手握真理的知识权威。因此,提问的过程应该是师生一起分享、理解、体验的过程。教师要以提问能激发学生学习的兴趣,促进学生的求知欲望为宗旨,以按部就班、循序渐进、灵活掌握的原则去开展课堂教学。教师在提问时要多鼓励学生,赞扬学生,帮助他们树立自信心,而不能把提问当做一种批评和惩罚学生的武器。提问的目的在于让学生在设疑求答的情境中更好地掌握知识,接受教育。

二、提问要有针对性,突出教材的重点和难点

思想品德课程标准是思想品德课教学的依据。教学中的一切手段都要围绕教学目标的实现而实施,课堂提问也不例外。所以,为做好课堂提问,教师在备课时应精心设计、统筹安排。要围绕突出教材的重点,突破教材的难点及教学目标的实现设计问题。

教师要设计针对性强的问题，便于学生迅速进入角色思考和回答，从而增强学生学习的兴趣和信心。教师讲授新课前的提问，应该是上一节课的重点，这些问题能起到温故而知新的作用；教师设计的讲课中的问题，则应与本节课所讲内容有关，而且是围绕重点和难点设置的，这样才能提高思想品德课提问的针对性和实效性。比如在讲“世界文化之旅”一课时，就可以针对重难点来设置提问：(1)你知道我国有哪些文化习俗吗？(2)世界文化具有什么样的特征？(3)对待世界文化差异我们应持什么样的态度？为什么？(4)做文化友好往来的使者需要做些什么？

三、提问要有新颖性，激励学生的创新意识

课堂教学是创新的主渠道。创新意识、创新思维、创新能力的培养，离不开课堂教学，而课堂教学是师生交流的双向过程，提出问题更是至关重要的一步。提问要针对学生的生理、心理特征，设计的问题不仅要能激发学生思考、积极参与，又能圆满完成教学目标。要能充分发挥学生的自主性、主动性、创造性，鼓励学生对教材的自我理解、自我解读，鼓励学生求异、求新，尊重学生的个人感受和独特见解，努力寻求独特的认识、感受和体验，使学习过程成为一个展示学生个性的过程，从而体现出学生的创新意识和创新精神。比如在讲“情绪的含义”时，提问学生：“情绪是我们同学最熟悉、体会最深的一种心理现象，谁能谈谈自己的体会？如：当你受到表扬或批评，或面临险境，或遇到让人生气的事的时候，你的感受如何？”学生就回答：“受到表扬时，我就特高兴；挨批评时，就挺沮丧；面临险境时，很害怕；遇到让人生气的事时，就愤怒。”如此设计，学生通过自身的体验，加深了对情绪的理解。再比如学习“公民享有隐私权”这一内容时，可以提这样的问题让学生讨论：“在现实生活中，父母拆看子女的信件、老师拆看学生的信件的事情时有发生，父母、老师的做法对不对？作为父母有义务履行对子女的监护职责，父母了解子女思想动态的正确途径是什么？”通过讨论，学生就会更加认识父母、老师不应私自偷看子女的信件，父母履行对子女的监护职责，可以通过谈话或别的方法了解孩子的思想动态，争取使孩子主动表露自己的思想。这样，学生对隐私权会有更加深刻的理解。

四、提问要有层次性，调动学生的积极性

课堂教学要面向全体学生，尽可能地调动每一个学生的主观能动性，达到预期教学效果。课堂提问设计的问题要有层次性，让不同的学生都能参与进来。而且课堂提问要做到难易适度，符合学生实际。问题太难，学生用已有的知识解决不了，望而生畏；问题太容易，又引不起学生学习的兴趣。因此，教师要遵循认知规律，设置由浅入深、逐层深入的台阶式或交叉式的问题，让不同程度的学生都有所收获。比如在讲“珍惜学习机会”一课时，我先设计一些记忆性的问题：“什么是受教育权？义务教育的特征有哪

些?”这类问题只需学生看课本就能回答出来。其次,设计一些思考性的问题:“为什么受教育权是我国公民的一项基本权利?”再次,设计一些探究性的问题,从法院处理辍学学生家长的案例入手,让学生运用所学的法律知识评析辍学学生家长的观念:“(1)法院有什么权利对我们家长处罚?(2)孩子是我的,上不上学与他人无关。(3)我家很穷,准备让他跟我去打工挣钱。”再通过对以下两个问题的探讨:“(1)你能为爱心助学做些什么?(2)成年人为什么还要重返课堂,接受继续教育?”学生对受教育者享有的权利和必须履行的义务有了更深刻的认识。

五、提问要有开放性,培养学生的思维能力

新课程强调“突出学生发展”的新理念,倡导学生合作、探究的学习方式,这就需要教师在课堂教学中教得有法、问得有法,指点迷津,循循善诱。提的问题要能调动学生的积极性,在探究中发挥他们的发散性思维。在讲到“维护社会公平”一课时,设计这样的问题:(1)对待不公平的现象你怎么去做?(2)怎样理智面对社会生活中的不公平现象?(3)为什么要理智地面对不公平的现象?通过对这些问题的回答,学生既掌握了课本上的知识,又知道了课本以外的东西,同时拓展了思维,知识和思维能力都得到了培养。

总之,学生的思维过程往往是从问题开始的。思想品德课教师一定要把握好课堂提问这一环节,精心设计问题,巧妙运用灵活多变的提问来活跃课堂气氛,构建和谐的师生关系,在轻松的环境中完成教学任务。

精心设计问题　问活思想品德课堂

河南省修武县高村乡第四中学　郭云青

新课程倡导“教学是师生交往、相互探讨的过程”。课堂提问是实现师生交流的途径之一，也是思想品德教学中不可缺少的手段和方法，提问的效果直接影响课堂教学的成效。它能使学生积极参与课堂教学，激发学生的求知欲，培养学生的能力，从而收到好的教育效果。那么，怎样才能使提问有效呢？请看人教版思想品德八年级第七课“友好交往礼为先”第一课时“礼貌是尊重”教学片段：

师：礼貌是文明的体现，它是一个人是否有修养的体现，也是尊重人的体现。请看下面三幅图片（播放图片），哪些是礼貌的交往方式？哪些不是？

（学生观看图片）

师：先看第一幅图片，这幅图片反映了什么？

生：图中的女孩儿做得很好，她有礼貌地向老师问好，而男孩没有向老师问好，没礼貌。

师：请看第二幅图片，它说明了什么？

生：图中李杰搀扶老爷爷并为他让座。张丽的做法不对，她不仅不让座，还嫌老人脏。

师：请看第三幅图片，小涛对雨中送伞的妈妈表现出了怎样的情绪？

生：他非但不感激，反而觉得很烦。

师：同学们说得非常好，你希望和哪些同学交往？

生：……

反思：单从课堂实录看，案例中教师提出的问题似乎没有瑕疵，但从课堂实施来看，课堂气氛沉闷，效果不尽如人意，究其原因，案例中存在如下问题：第一，设置的问题不新颖。教师设置的问题情境没有新意，使教学成了看图说话。第二，设置的问题过于简单。八年级学生的认知能力、理解能力、年龄特点，对这种低级的问题不会感兴趣，没能调动学生思考的积极性，既没有达到效果，也占用了课堂宝贵的时间。第三，提问没有梯度、层次。实际上，这些提问都是低效的，收效甚微，影响了教学效果。

那么，实施有效课堂提问应注意哪些问题？笔者认为，只有认真研读教材，吃透教材精神，并且结合所教年级学生的学情，精心设计问题，才能问活课堂，使课堂提问更有效。下面结合教学实践浅谈一些看法和建议。

1. 提问要新颖、有趣

提问新颖首先表现在设计的问题情境新颖。在教学过程中，教师应根据教材内容和学生特点，创设与教学内容相适应的情境，引起学生的情感体验，使其积极参与教学活动。

提问新颖还表现在设计问题的角度要新。创设的情境只是为有效提问提供了条件，其关键还在于提出的问题是否巧妙。在教学过程中，教师要摒弃陈旧的提问方式，善于利用各种教学契机，不断变换问题的角度，提出别致新颖的问题，引导学生从新的角度发现问题，思考问题。例如，在讲人教版思想品德九年级“计划生育关乎国计民生”一课时，可以创设这样的问题情境：到 2030 年，我国 65 岁以上的人口将超过 20%，进入高度老龄化阶段。2040 年，老年人口将超过 4 亿，占世界老龄人口的 1/4，而 20 世纪 70 年代出生的“独一代”已经进入生育年龄，“独二代”将要赡养四位老人。然后提问：结合自己（或亲友）的家庭结构，谈谈人口老龄化会引发哪些问题，对我国经济有什么影响？从这个角度设计问题，使学生感受到这是自己今后将要面临的问题，为顺利实现三维目标奠定了基础。如果直接问“人口老龄化对我国经济有什么影响”则很难引起学生学习的兴趣。

2. 提问要有梯度

即教师要为学生设置思维的“阶梯”，采取逐层递进的方式，由易到难，由浅入深，层层递进，环环相扣，不断提升学生的思维高度。这样可以使学生在较容易的问题上获得成功感，激发学生的探究兴趣，并有利于教师对学生进行引导。请看人教版思想品德八年级下册第七课“拥有财产的权利”第二课时“财产留给谁”的教学提问：

基础层次问题：什么是遗产？什么是被继承人？

中等层次问题：遗产必须具备哪几个条件？

发展层次问题：未成年人晓军可以继承遗产吗？为什么？

以上问题由易到难，学生知道了什么是被继承人，懂得了继承遗产必须具备三个条件，明白了遗产要按顺序继承，掌握了知识，提高了能力。

3. **提问要有层次**

设计的问题不仅要有梯度，而且要针对不同层次的学生提问。在课堂提问时，往往会出现下面几种情况：第一，将提问对象固定在几个好学生身上；第二，随意提问学生；第三，提问注意力不集中的学生。这样的提问，既浪费了时间，也不利于学生思维能力的提高。在课堂提问时，教师要充分关注学生学习水平的差异性，根据学生的知识水平和智力发展提出不同的问题。不同梯度的问题由不同层次的学生回答，使不同水平的学生都有所思、有所得。对于低层次的学生，教师先提问最简单、最基础的问题，这样可避免低层次的学生无所适从，对学习失去兴趣；对于中层次的学生，教师应略微提高问题的难度，提出的问题应经过学生思考后才能回答；对于高层次的学生，教师要进一步提高问题的难度，启发诱导，以培养学生的抽象思维能力。请看人教版思想品德九年级“计划生育基本国策”一课分层提问教学设计：

基础层次问题：什么是计划生育？

中等层次问题：我国人口现状的特点是什么？

发展层次问题：实行计划生育的意义和要求分别是什么？

这样分层提问，逐步提高问题的难度，使不同层次的学生都有回答问题的机会和获得成功的喜悦，其积极性都得以发挥，思维得以拓展。这样提问既符合学生的认知规律，调动了学生思维的积极性，培养了学生的逻辑思维能力，又活跃了课堂气氛，提高了课堂实效。

4. **提问要难易适度**

课堂提问必须做到难易适度，否则会出现以下两种情况：一种是问题过于简单，学生不假思索就能对答如流，体验不到学习的乐趣，支差应付。这种提问不仅不利于学生思维能力的提高，而且会使学生养成不愿动脑子的习惯。另一种是提出的问题难度大，学生望而生畏，无从下手，“跳了三跳还摘不到桃子”，三跳而士气大衰，长此以往，会使学生养成浅尝辄止的坏习惯。两种提问的结果都导致了学生对学习产生消极思想，所以都是无意义的。因此，所提问题的难度应比学生的实际水平略高一些，让学生“跳一跳就能摘到桃子”，这样学生既不会感到无聊、无趣，也会通过思考找到答案，不仅领略到“摘桃子”的乐趣，体验思考过程的艰辛与兴奋，还会激发学生学习的热情，点燃思想的火花，使学生的思维逐步延伸扩展。

有效的课堂提问需要教师独具匠心的设计和巧妙构建，使课堂提问新颖、巧妙、难易适度，使课堂充满活力，对提升思想品德课的教学效果和德育功效、较好地达成三维目标都具有十分重要的作用。

提问在思想政治课教学中的运用

河南省项城市第一高级中学　时永林

问题教学法是最常用的课堂教学方法之一。爱因斯坦曾指出："提出一个问题往往比解决一个问题更为重要。因为解决问题，也许仅是技能而已，而提出新的问题却需要创造性的想象力。"在实际教学中，有效的课堂提问能诱发学生的思维，集中学生的注意力，引导学生学习新知，激发探讨兴趣的功能，从而提高教学的针对性和实效性。

在思想政治课教学中，要讲究提问的艺术，提高提问的实效，我认为应该做到以下几点：

一、运用提问的新奇性和生活性，激发学生的求知欲望

好奇心人皆有之，强烈的好奇心会增强人们对外界信息的敏感性，激发思维，培养学生的有意注意力和自主学习意识。因此，教师所提问题，要精心设计，要能激发学生的思考和求知欲，促进学生思维的发展，课堂提问要提得巧，发人深思，要力求新颖，讲求新意。例如：在讲"影响价格的因素"一课时，我列出关于物价的网络新词"蒜你狠"、"豆你玩儿"、"姜你军"、"苹什么"、"油不得"、"糖高宗"等，结合学校食堂饭菜涨价的实际，让学生思考"是什么原因导致了这些商品价格的上涨？这些商品的价格会不会一直往上涨？针对物价上涨，国家该怎么办"等问题。这样既创设了问题情境，激发了学生的学习兴趣，又使问题的指向性非常明确，调动了学生自主学习的积极性。

二、选择合适的提问对象

提问时要面向全体学生，不要做"择优而问"，对后进生置之不理，设计的问题要难

易有别，以导入即将讲授的知识为目的的提问要选择优秀生，他们的回答比较全面；以复习为目的的提问应面向中间层次的学生，他们代表班级大部分人的实际情况；若是为了检查教学效果，就要提问基础差的学生。同时，提问还要顾及学生的个性。对那些胆小怯懦的学生，所提的问题要浅显明了，以增强其自信心；而对那些容易骄傲自满的学生，可增加对他们的提问难度，以克服其傲气，使其虚心向学。课堂提问应面向全体学生，使每个学生都有参与课堂的机会，这符合我们的教学目标，同时也能最大程度地调动学生学习的积极性，尽可能在短暂的课堂时间里掌握相应的知识。

三、讲究问法

提问要在启发上下功夫，要有层次感。由易到难，由简单到复杂，步步推进，稳扎稳打，学生顺着教师的“题中题，问中问”使思维向纵深发展，从而达到“轻舟已过万重山”的境界。

提问要科学把握问题的切入点。问点要设在新旧知识的衔接处，温故知新；设在学生兴趣的共同处，活跃气氛；设在学生思维的集中处，激发思维；设在学生思维的障碍处，突破难点；设在教材知识的点睛处，落实重点。

提问要给学生相应的思考时间。教师应该先提出问题，然后因题而异留给学生足够的思考时间，使多数学生能做出适当的反应。

除了传统的一问一答外，教师可采取“空中接龙”法进行提问，即一个学生回答，其他学生补充或纠错，直至把问题回答完整为止，这样可以调动多数学生的积极性，活跃课堂气氛。

四、指导学生回答问题

教师要指导学生针对所提问题，将自己的认识沉着地、有条理地表达出来，教师不应轻易打断学生的发言，使学生感到紧张和拘谨。教师提出问题，学生茫无所知，主要原因是理解跟不上去，找不到问题的正确思路，遇到这种情况，教师就应指出思考方向，接通学生的思路。教师提出问题，学生的理解有时偏离了问题的要求，答得不够正确或出现答非所问的现象，遇到这种情况，教师就应该指导学生认真审题，通过审题搞清题目要求回答的是什么，从而拨正学生的思路。学生对问题的理解只浮于文字的表面不够深刻时，教师就应该通过深拓思路的方法加以指导。教师提出某个问题，有时学生理解得不够全面，虽答对了一部分，但不完善，教师应该通过广开思路予以指导。

有的学生站起来不会回答或是答非所问，这时不要急于换其他学生回答，而应给予帮助、引导，尽量使其自己找到答案。若实在是无法回答，再请其他学生帮助回答，否则时间拖太长会影响教学进度。对一些主观性强的问题，学生有不同的见解是正常的，说明他们的思维很活跃，是好事，但有限的时间不允许我们深究。因此，教师可以把探讨的时间放在课后，甚至可以作为研究性学习课题让学生进行研究。

五、对学生的回答要科学评价

如果教师在学生回答后不作评价，那还不如不提问。因此，教师在学生回答后首先要告诉学生是否正确，要肯定合理的部分，给予表扬和鼓励，使学生的心理得到一种满足感，形成一种向上、进取的心态。学生每回答一个问题，便是一次思考机会，答案无论对错，学生已经进行了思考，因为提问的目的就是训练学生的思维，所以作答的本身也就值得鼓励。对于学生错误的解答，教师应予以修正补充，不可以简单地一味否认，要逐步引导学生，使其明了自己解答的错误所在，接受教师的答案。在评价时，尽量提高表述的准确性。只有这样，才能提高课堂效率，促进学生能力的提升。

六、鼓励学生向老师提出问题

老师提问学生，学生也可提问老师。这种平等的、民主的师生关系更有利于提高教学质量，因此教师要鼓励学生向老师提出问题。对学生提出的问题（包括超出课本范围或过于简单的问题）都不要直接回绝，根据不同对象采取不同的方式，肯定学生的探索精神和求知欲，及时抓住学生思维中的火花，并分析问题的价值，进行具体指导。在老师的循循善诱下，学生逐渐学会了质疑；在老师的指导和鼓励下，学生自我思考、自我认识的能力逐步提高，所提问题的数量和质量在不断提高，从知其然到知其所以然，思维产生了飞跃，教学质量也会跟着提高。

实践证明，新课改环境下思想政治教学中以问题为主线的教学方式是非常有必要的，它不仅能在教学中活跃课堂气氛，更能有效地完成教学任务，而且培养了学生的兴趣和能力，使其养成好思、好问的良好习惯和自主学习、自主探究的创新精神，从而为今后的发展和进步奠定良好的基础。

思想政治综合探究课教学实践与思考

河南省郑州市第九中学　黄颖慧

在思想政治新教材中，每一单元设置一个“综合探究”模块，这是新课程的一大亮点。如何开展和组织该模块的教学，结合我校校本教研活动和学生实际，根据课程标准“要求引领学生在认识社会、适应社会、融入社会的实践活动中，关注学生情感、态度和行为表现，倡导开发互动的教学方式与合作探究的学习方式，使学生在充满教学民主的过程中，提高主动学习和发展的能力”，我们进行大胆的探索，经过三年多的实践，总结了一套独具特色的综合探究课教学模式，实现了学习方式和教学方式的转变，促进了师生的共同发展。

一、思想政治综合探究课教学流程

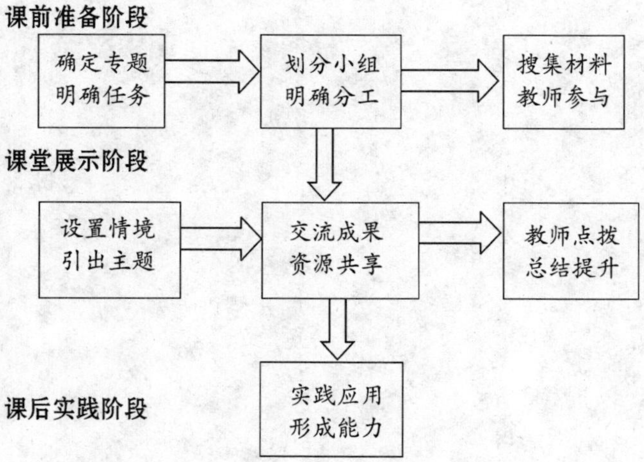

下面,对上述教学流程进行简要说明:

(一)课前准备阶段

1. 确定专题,明确任务

教师根据课程标准和教学内容,设计综合探究的专题,提供学生可以自由选择的问题,同时鼓励学生根据自己搜集的材料结合所学知识提出问题。在课堂教学中,学生对自己提出的问题进行充分的交流、讨论,更能激发学生的求异思维和创造思维,从而使教学的知识目标成为学生内心真正的追求,而不是强加和灌输。

选题时应该注意:

(1)探究的问题一般要从生活实际出发

如组织“有序与无序的政治参与”教学时,结合富士康员工跳楼事件,设置探究问题“珍爱生命,有序参与”;结合“做好就业与自主创业的准备”课题,组织“职来职网”招聘会;利用“坚定理想　铸就辉煌”,探讨对话“人生和理想”。这些探究主题贴近生活,为学生所喜闻乐见,突出探究活动的实践性特点,使综合探究真正成为提高学生实践能力的新型课堂。

(2)探究的问题要具体、有操作性

课堂探究的问题不能大而空,研究的目标要明确,否则学生无从下手,影响探究的兴趣和激情。

如《政治生活》第四单元的综合探究“中国走和平发展道路”问题设计:结合新中国的外交成就和西方大国崛起等历史知识,分析说明我国为什么要走和平发展之路,列举事实说明和平发展的中国在当今国际社会中的重大作用。结合社会热点问题,分析在中国和平发展过程中遇到了哪些挑战和困难,我们应如何正确应对?

2. 划分小组,明确分工

(1)划分探究小组

学生合作探究需要良好的学习伙伴,探究活动要面向全体学生,让每一个学生都参与其中,不能把探究活动变成少数尖子生的活动。教师在划分探究小组时,要有针对性地进行好、中、差搭配,并且明确每位学生的具体分工。

探究问题不同,每个小组划分的人数也不同。根据我校学生的特点,我们设立了宣传报道小组,成员由爱好播音主持、擅长摄影、喜欢影视制作和编导的同学组成,由他们担任课堂探究活动的主持人并负责串讲词的撰写,充分发挥学生的特长和爱好,给每一位同学以施展才能和才华的机会。

(2)提要求,给建议

师生一起研究教材相关要求,明确小组研究的问题,让学生明白自己应该准备哪些材料,并提出合理化建议。

3. 搜集材料,教师参与

综合探究的目的不在于探究成果的大小,而在于过程与方法,在于探究的过程性学习评价。所以,教师在进行探究引导时,更应关注探究的过程与方法,引导学生充分利用学校的班班通平台和图书馆,做好材料的筛选和整理。在布置任务时要给学生以信心,在成绩评定时,重视过程性和参与性,并把它作为成绩评定的重要依据。在准备资料的过程中,学生逐步把课本知识内化为自己的知识,提高了理论联系实际的能力,在探究过程中培养学生的团队精神、创新精神、民主意识和科学意识。这正是新课程目标所提出的"培养为未来生活而自主学习、选择、探索的能力"要求。

在实施过程中要注意两个方面:

(1)教师不可放任自流,让学生漫无目的地搜集资料,浪费时间。作为组织者,教师应主动参与整个探究活动的全过程,从原来居高临下的权威者变为"平等者中的指导者",要"放下架子,蹲下身子"。

(2)教师不能包办、代替学生的探究,综合探究是学生在学习教材知识基础上的主动探究,学生是探究活动的主体,教师只能起引导作用。

(二)课堂展示阶段

1. 设置情境,引出主题

在本环节的教学中,教师要利用各种教学资源,创设既与学生生活环境、知识背景密切相关,又能够让学生感兴趣的学习情境,让学生在形象、直观的画面和真实的现实背景下受到冲击,从而激起学生的学习兴趣。例如在组织"珍爱生命　有序参与"综合探究课时,教师播放了"富士康事件"的相关视频,引领学生讨论主题"珍爱生命　有序参与"。

2. 交流成果,资源共享

教师指导学生把搜集到的材料进行梳理总结,在小组内部交流、讨论,资源共享,提炼整合,制作课件或写小论文或调查报告,形成小组探究方案,准备在班级展示探究成果。在分组探究过程中,鼓励学生敢于和善于发表自己的观点,敢于质疑,提倡答案的多元化和开放性。

综合探究活动从选题到探究都是十分开放的研究活动,它不能局限于某个固定的结论,教师要有宽容的态度,允许学生在探究活动中有不同的观点,甚至要鼓励不同的观点争论,教师要乐于分享不同的观点,并能给予必要的启发、引导。要大胆把课堂变为学堂,把教室变为学室,把讲台变为学生学习成果的展示台。在这里,可以分享到学生的诗词歌赋、舞蹈绘画、器乐演奏、小品杂技、演讲辩论等才艺。

3. 教师点拨,总结提升

交流展示之后,教师要巧妙组织、精心点拨。对学生的评价,以激励、引导为主,既要有肯定和表扬,又要有启发性,引导他们向更高层次发展。同时教师要对整堂课的学习内容进行归纳总结，使学生能进一步巩固和升华认识。

实施时应注意，新课标倡导合作探究的学习方式，并不是放任自流。有的老师把课堂变成了“学生上台，老师下台”的模式，看似完全转变了传统的教学方式，其实质是忽视了师生互动，从一种极端走向了另一种极端，忽视了教师在教学中的主导地位，学生的探究过程缺乏教师科学的指导，学生无法把头脑中零散的知识系统化、整体化、网络化，这样就违背了新课标中“构建学科知识与生活现象、理论逻辑与生活逻辑有机结合的课程模块”的基本理念。学生的探究如果缺乏学科知识的支撑，其能力的提高只能是空中楼阁。

（三）课后实践阶段

众所周知，学生能力的提高仅仅靠上几节课是不可能的，课堂时间毕竟有限，大量的实践应用活动应安排在课后进行。如在“铸牢中华民族的精神支柱”综合探究课教学时，设计的课外拓展题（问题探究）为：

材料：温家宝总理在美国会见华侨时满怀深情地说，中国已经解决了香港问题和澳门问题，洗雪了百年耻辱，现在剩下一个台湾问题，“浅浅的海峡，国之大殇，乡之深愁！”海峡两岸的人都生在一个根上，都是自己的骨肉同胞。

运用所学文化知识分析说明：为什么“浅浅的海峡”是“国之大殇，乡之深愁”？

二、关于思想政治综合探究课教学的思考

尽管经过两年多的探索与实践，已经取得了明显成效，但在综合探究课教学中仍然存在一些问题需要我们进一步思考：

1. 如何处理好培养学生自主学习能力和教师主导地位的关系，教师的角色如何恰当定位，如何保证教师有效的参与，这些问题关系到整个教学设计的成败。

2. 如何避免出现“精英”课堂，处理好学生参与度的问题。在教学过程中经常出现的局面是：只有少数学生能根据问题进行实质性的探讨，小组内的合作不充分，有的学生只是观看，不积极参与，影响了学生主体作用的充分发挥。

3. 综合探究教学模式对教师的自身素质、知识储备、驾驭课堂的能力和教学的技巧要求很高，如何适应课程改革要求，对教师而言，这是一大挑战。

总之，综合探究课的开展，给我们的课堂注入了新鲜的血液，实现了学习方式和教学方式的转变，给学生们创造了合作、探究的空间，思想在碰撞中拓展和深化，在共同的学习和活动中，学生学会了客观地、辩证地分析和思考问题，体验到了合作探究的愉悦，提高了交流沟通能力，培养了团队合作精神和探究精神，实现了三维目标的统一。广大教师不断钻研教材，研读课程标准，学习现代教育理论，重新建构知识体系，有利于实现由教书到育人的转变，实现由经验型教师向学者型教师的转变。

描绘完美“豹尾” 谱写意蕴终曲

河南省濮阳市第五中学 李春燕

精彩的导入是“凤头”，能激发学生的兴趣，实现“未成曲调先有情”的艺术效果；激情的授课是“猪肚”，能启迪学生的思维，达到“东风夜放花千树”的课堂氛围，实现“百花齐放春满园”的课堂效果；而精要的结课是“豹尾”，使课堂教学锦上添花，达到“言虽尽而意无穷”的教育意境，激发学生学习思想品德课的热情。在思想品德教学实践中，笔者注重课堂小结，曾做过以下尝试：

一、数字归纳法

在课堂教学中，教师若能将教材中贮存的大量文本信息，进行精心提炼，高度浓缩，以不同的数字信号进行重新排列组合，以全新的信息传递给学生，学生易读便记，是整合德育知识、提高学习效率的好方法。

如在学完思想品德七年级下册第七课“法不可违”时，采用数字归纳式小结：

“一二三四五”，即一个中心关键词——违法行为；二类违法行为——一般违法行为和严重违法行为；三项区别——触犯的法律、社会危害性、应受法律处罚；四种具体行为——违宪行为、民事违法行为、行政违法行为、刑事违法行为；五种刑罚主刑——管制、拘役、有期徒刑、无期徒刑、死刑。

二、提纲法

提纲小结法就是运用提纲把所学内容进行归纳总结的一种方法。对于思想品德课，提纲小结要通过“以关键词为核心，以‘是什么、为什么、怎么做’为导向，以宣传标语为情感启迪”的方法概括所学知识，体现知识的系统性。它既有利于学生全面、系统地总结新学知识，了解知识点之间的逻辑关系，培养学生的逻辑思维能力，又有利于学生深化道德认知，激发道德情感。

如在学完思想品德七年级下册第六课“为坚强喝彩”时，采用提纲式小结：

坚强的意志
- 意志坚强的表现：（是什么） 独立性、果断性、自制性、坚韧性
- 意志坚强的作用：（为什么） 挫折、良好学习习惯、自强、成功、自尊自信、成就事业、人生目标
- 坚强意志的磨砺：（怎么做） 明确奋斗目标、善于管理自己、勇于战胜困难、从小事做起

挫而不折逆境造英才
志坚如磐梅菊耐岁寒

三、图表法

图表式小结法就是通过图解、图示、表格，要求学生根据所学知识按照图表进行自我小结，然后教师补充完善，最终把抽象的概念、原理通过一定的文字、数据、图示表现出来。这种方法直观性强，既有利于吸引学生的注意力，又有利于学生全面地、系统地总结所学知识，揭示知识的内在联系和本质，加深对知识的理解，培养逻辑思维能力。

如在学完思想品德九年级第七课“造福人民的经济制度”时，采用图表式小结法：

<table>
<tr><td colspan="2" rowspan="2">我国的基本经济制度</td><td>基本内容</td><td colspan="6">公有制为主体，多种所有制经济共同发展</td></tr>
<tr><td>决定因素</td><td colspan="6">社会主义性质和初级阶段的基本国情</td></tr>
<tr><td rowspan="5">经济百草园</td><td rowspan="2">经济形式</td><td colspan="4">公有制经济</td><td colspan="3">非公有制经济</td></tr>
<tr><td>国有经济</td><td>集体经济</td><td colspan="2">混合所有制经济中的国有成分、集体成分</td><td>个体经济</td><td>私营经济</td><td>外资经济</td></tr>
<tr><td>在国民经济中的地位</td><td colspan="4">公有制经济在我国国民经济中居主体地位；
国有经济是国民经济的主导力量；
集体经济是公有制经济的重要组成部分。</td><td colspan="3">非公有制经济是我国社会主义市场经济的重要组成部分。</td></tr>
<tr><td>在国民经济中的作用</td><td colspan="4">国有经济对发挥社会主义制度的优越性，增强我国的经济实力、国防实力和民族凝聚力具有关键性的作用。
集体经济体现共同富裕的原则，可以广泛吸收社会分散资金，缓解就业压力，增加公共财富和国家税收等。</td><td colspan="3">非公有制经济在促进经济增长，繁荣市场，方便人民生活，增加农民收入，增加就业等方面发挥着重要作用。</td></tr>
<tr><td>国家政策</td><td colspan="4">毫不动摇地巩固和发展</td><td colspan="3">毫不动摇地鼓励、支持和引导</td></tr>
</table>

四、辩论法

“学以致用”，掌握知识的最终目的在于运用。一节课结束前，教师紧扣教学内容，贴近学生生活实际，针对学生道德认识的多元化，设计一道有思考深度的问题，让学生“学用结合”，当场争辩，以求达到“内化知识体系、增强思辨能力、深化道德情感”的目的。

如在学完思想品德七年级下册第五课“人生难免有挫折”时，采用辩论式小结：

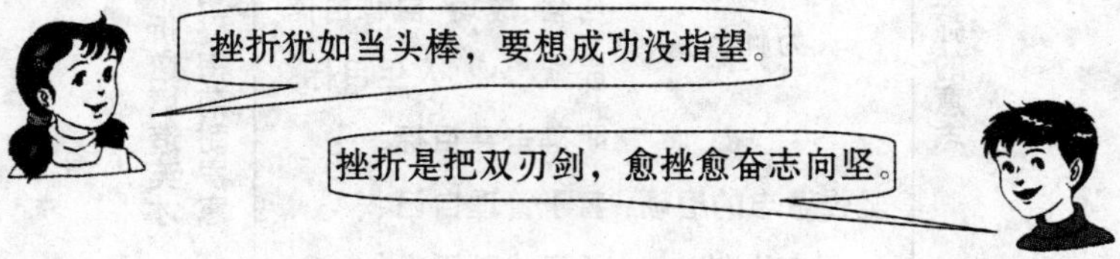

五、口诀激趣法

把比较复杂的内容编成口诀，让学生背诵。制作口诀时要求朗朗上口，生动押韵，精练全面，概括教学内容的要领，以便于学生记忆，又能激发兴趣，促使学生形成新的学习动力。

如在思想品德专项题型练习时，所用的做题技巧口诀如下：

选择题：先审题，读题干，细分析，找题眼，析选项，排干扰，慎比较，选佳项。

概括题：先审题，找题眼，抓中心，思词语，三导向，词带句，锤炼语，述道理。

简答题：析材料，多题眼，学科语，三导向，多角度，词带句，分条理，写观点。

……

六、诗歌激情法

诗歌是有节奏、有韵律并富有感情色彩的一种语言艺术形式，用丰富的想象，富有节奏感、韵律美的语言和分行排列的形式来抒发思想情感，反映社会生活。情感体验是思想品德课的生命线。教师根据学生的特点，在充满激情的诗歌陶冶中结束课堂，可以让学生在诗歌鉴赏中感悟人生，从而实现道德情感体验的德育功能和中华文化的人文教育功能。

如在学完思想品德七年级上册第四课“感悟青春”时，小结所用散文诗如下：

青春随想曲

孙云晓

青春是什么？青春是一条奔腾的河，是一条充满惊涛骇浪的河。……

青春是什么？青春是一座高耸的山，是一座看不见路径的山。……

青春是什么？青春是一片浩瀚的海，是一片不见天际的海。……

青春是什么？青春是一片蔚蓝的天，是一片辽阔无垠的天。……

啊，让我们注视着河流，让我们仰望着高山，让我们拥抱大海，让我们奔向蓝天。那是一个竞技场，那是一个快乐园，那也是一部青春大辞典。

七、音乐赏析法

音乐是人们表现感情、抒发感情、寄托感情的艺术，可以带给人美的享受。冼星海先生说过："音乐，是人生最大的快乐，是生活中的一股清泉，是陶冶性情的熔炉。"通过音乐赏析的方法结束课堂，为学生创设一个道德认知内化道德情感的情境，深化学生的道德情感体验。

如在学完思想品德七年级下册第二课"我能行"时，小结所用音乐如下：

相信自己

零点乐队

多少次挥汗如雨

伤痛曾填满记忆

只因为始终相信

去拼搏才能胜利

……

八、悬念启思法

教学不应是"倒箱倒框式"的，要教有余地、教有余音、教有余味，促使学生积极思考，激发学习兴趣。课堂小结既是句号——点睛之笔、锦上添花，又是问号——余音绕梁、富有回味。悬念启思式小结法，要求巧设悬念、立疑激趣，使学生产生心求通而未得、口欲言而不能的强烈求知欲，充分调动学生自我探究的主动性和积极性。

如在学完思想品德九年级第九课"我们的共同理想"后，我不失时机地提出一系列新问题："国家兴亡，匹夫有责。为实现'把我国建设成为富强、民主、文明、和谐的社会主义现代化国家'的共同理想，你个人的奋斗理想是什么？""心中有理想，生活才有方向；理想需奋斗，奋斗才有希望。在现实生活中，你是否为自己的理想而不懈奋斗呢？我们应该如何奋斗才能实现人生目标？我们又该如何为民族的振兴而努力奋斗？"……以此小结回顾了本节重点知识，同时也引入了下一节有关艰苦奋斗精神的内容，最重要的是激发了学生学习的兴趣，启迪了学生的思维。

九、警句励志法

名言警句是生活经验的高度概括。学习名言警句可以帮助人们认识其中的经验教训，更新知识和观念，避免重蹈覆辙，理智面对生活。对于情感体验类的思想品德课，让学生选择有关广为流传、短小精悍的名言警句作为自己的座右铭，可以实现树立榜样、激发斗志、升华情感的教学效果。

如在学完人教版思想品德七年级下册第六课“钢铁是怎样炼成的”时，采用书写座右铭的方法，让学生选择自己喜欢的名言警句，或自己设计励志人生格言，激励自己描绘自强人生。

十、集体宣誓法

思想是行动的先导，学生成熟的思想决定着他们成熟的学习和生活行为。宣誓是一种承诺，集体宣誓对学生具有激励作用和约束作用，可以在一定程度上增强学生的集体意识、责任意识、自律意识和学习热情。

如在学完思想品德八年级上册第六课“享受健康的网络交往”时，采用集体宣誓的活动，以《全国青少年文明上网公约》为宣誓内容，引导学生正确对待网络，积极维护网络文明：

全国青少年文明上网公约

要善于网上学习　不浏览不良信息

要诚实友好交流　不侮辱欺诈他人

要增强自护意识　不随意约会网友

要维护网络安全　不破坏网络秩序

要有益身心健康　不沉溺虚拟时空

总之，一堂成功的思想品德课，不仅要有扣人心弦的“起调”，引人入胜的“主旋律”，还要有意味无穷的“终曲”，以此达到浑然一体的美妙境界。课堂小结是课堂教学的有机组成部分。通过教师精心设计的课堂小结，必能启发学生理顺知识的脉络，培养学生的学习能力，提高学生的思维品质和道德水平，激发学生学习的兴趣，产生情感共鸣，达到“课虽终，思未了，趣不尽，情更浓”的艺术境界。

思品教学展魅力　全国赛坛创佳绩

——河南省两节思想品德课同获全国大赛特等奖

河南省基础教育教学研究室　王向阳

日前，第三届全国粤版思想品德优质课教学大赛在春城昆明落下帷幕。此次大赛共决出10个特等奖，其中我省选送的两节课均获特等奖，占特等奖总数的1/5。这又一次展示了我省思想品德教育教学的独特魅力，同时也显示了我省思想品德教研工作的深厚实力。

我省选送的上述获特等奖的两节课分别为商丘市一中王嘉惠老师执教的“克服自卑　树立自信”一课和河南大学附中张秋娟老师执教的“我和父母”一课。这两节课在推选过程中分别得到了选手所在学校、所在地区的高度重视和大力支持，经过层层选拔推荐，一路斩关夺隘，在省内比赛中均为优胜者。在此基础上，经各方密切配合，选手自身努力，一举夺魁，脱颖而出。在全国比赛现场，我省选手从容镇定、挥洒自如，展示了良好的综合素质、扎实的教学功底、先进的教育理念、独到的设计思路、真实的情境设置、灵活的教学方法、科学的教学手段、巧妙的教学机智、高超的教学艺术、独具的教学风格，整个课堂生动流畅、大气磅礴、环环紧扣、民主互动，彰显课程性质，注重价值引导，渗透人文关怀，强化德育功能，预设与生成浑然一体，“三维目标”水乳交融，知、情、意、行有机统一，圆满完成了教学任务，实现了教育目标最优化，教学效益最大化，从而受到了专家评委和广大观摩教师的一致好评。

另外，此前在厦门举行的另一全国思想品德、思想政治优质课赛事中，我省选送的两节课也同获一等奖，分别为安阳市五中马伟丽老师执教的“我爱我家”一课和商丘市实验中学高秋艳老师执教的“树立正确的消费观”一课。

上述成绩的取得与我省思想品德、思想政治学科注重加强学科建设，不断发现、培养和推出优秀教师，及时总结推广新课程教育教学教研成果等相关举措密不可分，这启示我们：要认真总结经验，不断反思提高，争取在新课改大潮中再立新功，再创辉煌。

（原载 2010 年 12 月 9 日《河南基础教研通讯》）

第四辑　反思成长

如何使思想品德课成为“动感课堂”

——浅谈综合性学习于思想品德课的意义

河南省洛阳市第五十八中学　杨爱琴

长期以来，我国传统的教学方法主要是“被动接受教育”、“填鸭式教育”、“灌输式教育”。尤其是思想品德课，常常是教师在课堂上讲得眉飞色舞，满头大汗，学生在下面听得昏昏欲睡，眼神迷离。学生没有任何学习主动性可言，更不要说创造性学习了。整个课堂是死板的、沉闷的，如一潭死水。这对于教育来说是一种失败，对于知识来说是一种沦陷。因此，培养具有创造性、合作性与开放性的人才既是教育的主导，也是初中思想品德新课程标准的要求和素质教育的要求。运用综合性学习方法，使思想品德课成为“动感课堂”的理念，从教育改革中应运而生。

一、兴趣调起来，求知旺起来

什么是综合性学习呢？综合性学习就是要求学生具有主动学习的热情，具备信息资料的搜集能力、的分析判断整合能力、与同伴的协作能力、探究能力、汇报展示能力。在思想品德课的学习上使学生达到“四个动”，即心动、脑动、手动、行动。“心动”，即课堂要能激发学生学习的兴趣，激起学生探索的欲望；“脑动”，即课堂要能培养学生的动脑能力；“手动”，即动手能力，也是我们现在的学生最欠缺的能力；“行动”，即思想品德课的最终目的是要落实在学生的行为上，从实践中来到实践中去，培养学生的实践能力，避免知与行的脱节。在这个基本要求之上，还要注重培养学生的创新能力。只有这样，一个完整的综合性学习过程才能完成。一节综合性学习课要上得成功，前提是要使学生有足够的兴趣和实践过程。“兴趣是最好的老师”，教师要引导学生，使学生乐于运用各种方法去寻找资料，并加以整合分析，拿来展示。例如在学习七年级思想品德下册“人生自强少年始”这节课内容时，首先，我给学生讲了中国五千年历史长河中，一些具有代表性的自强不息的人物，比如七下西洋的郑和，抗击倭寇的戚继光，虎门销烟的林则徐，自主修建京张铁路的詹天佑，先激发他们学习的兴趣，即使其“心动”；其次，我让他们收集中外名人的自强故事，即使其“手动”；再次，在课堂上提出问题“如何向自强不息的名人学习，做一个自强的好少年”，即使其“脑动”；最后，让他们落实到学习、生活的点滴小事中去，即使其“行动”。我还把全班同学分成学习小组，比一比，看哪个小组分享和收获得更多。学生的兴趣一下被调动起来，由被动学习变为主动学习，还顺势培养了学生的合作探究能力。每个学习小组分工不同，家庭条件稍好一点的，就上网查资料，其他的同学有的去图书馆，有的直接去咨询各科老师，最后他们再一起汇总资料，分析整理，展示小组学习成果。在课堂上，学生一个个异常积极，并且神采飞扬，准备充分的学生像一个个装备充足、斗志昂扬的战士，在知识的战场上纵横驰骋。

二、方法多起来，思维活起来

思想品德综合性学习不再是标准化、模式化的学习，而是生活化、个性化的学习。学生作为有差异的个体，每一个人思考的内容和学习的方式都会不一样。教师要鼓励学生走出学校、走向社会开展调查访问、参观等实践活动，要让学生熟悉活动观察法、实验法、调查法、文献调查法、统计法、访问和问卷调查法等科学研究最基本的方法并加以实践，提高学生的学习能力和操作能力。例如，在七年级上册“自我新形象”一课的学习中，针对学生中出现的追星现象，我让学生分组调查了不同年龄阶段人群心中的偶像，最后列出表格，展示成果。学生的调查结果非常详细：比如年龄大一点的人，心中的偶像一般是战斗英雄、伟人和企业家等，而中学生更倾向于歌星、影星，或自己的长辈。在调查中学生发现问题并进行分析，如：现在的中学生在对自己的偶像、明星崇拜的过程中欠缺什么？需要什么？应该以什么方式崇拜自己的偶像、明星？应该学习偶像、明星的哪些方面？把浅显的认知转为深入的思考，最后得出结论。让学生从被动接受教育转到主动学习中来，多了思考，就多了对人生的认识；再分组讨论，把结果用研究性小论文的形式体现出来。这样，学生在动手动脑的过程中既锻炼了操作能力，又激发了他们对人生进行深入思考的热情，在进行素质教育的同时，还帮助学生逐步树立了正确的人生观和价值观。

由于综合性学习内容有广泛的学科性，包括自然、美术、生物、历史等各种各样的知识，所以学习方法更加多样化，例如阅读、画画、手工、上网搜索、参观、讨论等。这种学习方法不但实现了学习内容的整合，促进了学生综合能力的发展，而且提高了教学的实效性。方法的多样化使学生更乐于去发现和研究问题，敢于表达和展示自己的研究成果，开拓了学生的发现和探索精神，培养了学生的实践能力。

三、成果亮起来，评价实起来

在综合性学习的过程中，有的环节是必不可少的，那就是成果展示和成果评价。学生通过各种途径获取了丰富的资料，在面对大量原始资料时，学生对各种纷繁芜杂的信息不知从何下手，此时，教师就要引导学生在众多信息中运用恰当的方法筛选和使用有效信息。另外教师要引导学生利用自己的特长来展示学习成果，注重成果呈现的方式，可以是一篇小论文、一份调查报告、一块展板、一幅画、一张图片，也可以是一场主题演讲、一次口头报告、一本研究笔记，还可以是一项活动的设计方案。成果展示的目的是呈现学生研究的过程和结果，因此教师可以灵活把握，不必拘泥于单一、固定的形式。在众多成果展示中，使学生具有成就感，既丰富了思想品德课堂，也丰富了学生的学习生活。有成果就要有评价，教学评价在思想品德综合性学习中具有导向和监控的作用。在评价目的上，要体现“以人为本”的思想，强调“促进发展”；在评价主体上，要实现学生自评、学生互评、师生互评的多元化评价，增强评价的民主性；在评价标准上，要强化答案多样性，无统一的标准答案，只要学生言之有理即可，多给学生一些鼓励。开展综合性学习注重的不是结果，而是学生的参与过程。不同个性特点的学生有不同的兴趣和能力水平，如果教师用同一标准去评价学生或以等级评分的方法去评定学生的表现，就会使一部分学生丧失学习的信心和兴趣，达不到评价的发展功能。教师在评价过程中最大的指导作用表现在指导学生开展多元评价，引导学生对自己在综合实践活动中的表现进行“自我反思性评价”。只要学生在自己原有的基础上有所进步就应给予鼓励，应激励学生，赞赏学生，让学生从教师的肯定中感受成功的喜悦。

四、学生动起来，课堂活起来

综合性学习有一个最大的特点就是开放性，开放性决定了学生学习的主动性和师生、生生之间的互动性，使学生在一个平等、和谐的氛围中进行学习，从而达到求知的目的。综合性学习的内容丰富多样，提供给学生的选择面广，可以满足处在不同发展水平，具有不同兴趣、爱好的学生的多方面需要，促使他们通过对活动内容的自主选择、积极参与，获得各自所需的相应发展，实现真正意义上的面向全体。学生的主动性一旦得到教师充分的认可，他们学习的积极性就会空前高涨，这样在课堂上看到的就不再是学生困顿迷惘的眼神、无精打采的状态，而是活跃的、积极的、具有创造精神的小战士们，课堂也就活起来，动起来，靓起来了。但要注意的是，无论哪一种学习，其最终目的是学生的能力在“知识与技能”、“过程与方法”、“情感、态度、价值观”这三个维度上的提高。在这里，不是弱化教师的功能，而是对教师的备课能力、对课堂的驾驭能力、组织管理能力、随机应变能力等提出了更高层次的要求。

新课改思想政治课堂走入误区之陋析

河南省浚县第一中学　张清查

当前，我们欣喜地看到基础教育课程改革确实为思想政治教学洞开了一片美丽的天地。然而，随着新课程改革的不断推进，随之暴露出的一些新问题、新困惑也时常干扰着教师，尤其是教学中表现出来的“不良症状”，严重妨碍了教学的效果。本文试从理性的层面，对这些“不良症状”从现象与根源两个视角加以综合解析，并对这些“不良症状”提出一些商讨性的“处方”，希望通过对这些问题的探讨，提高教学的实效性。

一、学生主宰课堂，教师旁观成点缀

【症状】新课程理念珍视学生独特的感受、理解与体验，重视师生、生生与文本对话的过程，给课堂教学带来深刻变化与旺盛活力。但是，出现了另一种倾向：有的教师以“学生是学习的主人”为依据，能“少讲”则“少讲”，能“不讲”则“不讲”，尽量让学生讲，让学生活动，让学生探究，让学生讨论，让学生表演，教师只是简单地列出本节课的重点和难点知识，然后袖手旁观，很少有自己的内容解析；有些教师组织学生进行合作学习，教师像蝴蝶般穿梭在每个小组之间，象征性地在这一组插一言，在那一组提一句，看似很忙，很关注学生的学习，实际上往往是摆样子、装门面。在学生活动的时候，有的教师走到讲台前浏览教案，准备下一个教学环节；有的教师倒背双手站在讲台上，一副欣赏自己导演的好戏的模样；有的教师时而看看学生，时而看看手表，不知所措，无所事事……只待此环节预先设定的时间一到，便迫不及待地命令：大家各就各位，下面我们进行小组汇报……

【把脉】一堂没有教师精彩讲授的思想政治课或许闪烁着创新的火花，或许精彩迭出，但它缺乏一定的深度和内涵。一节课下来，多数学生没有完成学习目标，结果收效甚微。长此以往，思想政治课就会变得华丽而空洞，学生的学科素养就会“营养不良”。合作学习不是学生参与、教师旁观，而是教师与学生共同参与。在合作学习过程中，教师的职责不仅仅限于传授知识、告诉学生真理，还包括激励思考，做好顾问，当好参谋，做一位参与课堂活动的“平等者中的首席”。当学生真正融入到合作学习之中时，教师是否发挥了组织、指导作用则会成为合作能否成功的关键因素。学生的主体性是在教师的正确引导下表现出来的，课堂上没有教师的设计和引导，是无法激起学生的学习热情的，更谈不上主动探索问题了。教师是实施教育和教学过程的主导者，学生是学习的主体，二者的地位并不是矛盾的，而应该是相辅相成的，只有平等地合作，才能更好地体现新课标的理念。

【处方】思想政治课到底要不要讲？应该怎样讲？叶圣陶先生曾说过：“讲当然是必要的……问题可能在如何看待‘讲’和‘怎样讲’……教材无非是个例子，凭这个例子使学生能够举一反三。因此教师就要朝着促使学生‘反三’这个目标精要地‘讲’，务必启发学生的能动性，引导他们尽可能自己去探索。”由此看来，教师并不是不能讲，不要讲，而是要“精要地讲”。当学生在开展讨论时，教师应积极参与小组讨论，对个别学生或小组的独到见解或创新思维，能及时给以鼓励和支持，以激发其继续交流的兴趣和积极性。

二、重情境创设，轻知识学习

【症状】新课标提倡教师在教学中创设具体的问题情境，在情境中引领学生对知识、技能的掌握，价值、情感的培养等。在这种课程思想的指导下，越来越多的教师十分重视情境创设，不管是新授课、复习课还是活动课，都有一个情境创设。上课一开始，往往呈现这样一个教学流程：教师创设情境——引导学生思考——探索学习新课……不少教师绞尽脑汁、煞费苦心、想方设法地去创设情境，如通过放录像、听歌曲等手段来导入新课或辅助教学。但这些形式多数是牵强附会，有的甚至是“风马牛不相及”，大有“作秀”之感。创设新的情境，是为了激活学生头脑中的已有图式或背景知识，激发他们学习的兴趣和探究的欲望，从而为学习新的知识做好准备。部分教师在设计问题时，仅是单纯的情境创设，完全没有考虑情境的价值所在，只求情境问题设计的新颖，对课堂教学的帮助不大。

【把脉】好的情境有利于激发学生的学习愿望和参与动机，能使学生主动地融入其中，积极地投入到自主探索、合作交流的氛围中，也能化解教学中的一些重、难点。然而，充分认识情境在教学中的作用的同时，还要防止出现偏差。并非所有的课堂导入都必须有一个情境的创设。情境的内容和形式应根据课程内容和不同的学段等因素来创设，切忌牵强附会，让情境成为摆设。

【处方】情境创设必须紧扣课堂内容，如果脱离了课堂教学内容，问题情境就失去了应有的价值；情境创设必须目的明确，切忌在情境中兜圈子和绕远路。

三、唯“探究学习”独尊，慎提“接受学习”

【症状】新课程倡导用自主、合作、探究的学习方式，改变传统的接受式学习方式。与传统的接受学习相比，探究学习因其具有更强的问题性、实践性、参与性和开放性而受到广大教师的青睐，以至于在实际操作中出现了“探索学习”泛化的状况。每逢公开课必有探究，更有甚者，有的教师课课必探、事事必究，将一些简单的、毫无价值的问题让学生探究，一些原本认知要求不高的知识也要求学生通过观察、社会实践或亲身体验活动去获取，这是对探究性学习方式的滥用。尤其是高中生，其心智水平已经达到了一定的高度，用接受性学习方式完全可以理解传承前人知识经验的诸多文本。

【把脉】其实，探究学习和接受学习只是两种不同的课堂学习方式，本身并没有孰优孰劣之分。接受学习有机械接受、被动接受、有意义接受等几种形式，不能把接受学习与注入式教学、死记硬背、机械训练画上等号。探究学习是在教师的指导下，从自身生活中选择和确定选题，通过学生自主独立地发现问题获取知识，应用知识解决问题的学习方式。它强调学习的问题性、过程性、开放性，可培养学生的内在动机和思考问题的习惯。探究性学习需要有一定的条件，不是每堂课都能采用的。思想政治课如果事事探究，一是时间不允许，二是有将简单问题复杂化之嫌，结果出现“不探究我倒明白，越探究我越糊涂”的情况，无法起到引导学生转变学习方法的作用。

【处方】新课改倡导学习方法的转变，绝不是用一种方法取代另一种方法，它是倡导学生由单一性学习方法向多元化学习方法转变。新课标所提出的自主学习、合作学习和探究性学习等，都是一些发现学习法，能够最大限度地调动学生的主动性、积极性，激发学生内在的动力，培养学生的创新精神和解决问题的能力。但是接受学习也不容忽视，它可以帮助学生对知识进行系统的学习和掌握，避免学生学习知识的片面性和解决问题的独断性。现代教育应该是接受学习和探究学习相结合，我们应该根据教学目标、教学要求、教学对象和教学内容的不同而去做相应的选择，即一堂课究竟采用何种学习方式，要因人、因时、因课制宜，不能“一刀切”。

四、笃信“动态生成”，摒弃“静态预设”

【症状】实施新课程以来，有学者对“静态预设”提出了前所未有的挑战，主张“0 教案备课”或“无教案备课”。有些教师对此产生了曲解，干脆不备课。有这样一位教师，拿着两个题目磕磕绊绊地折腾了一堂课，问他为什么不备课，他竟振振有词：“新课程不是倡导‘动态生成’吗？”听了让人哭笑不得。一点也不预设，净等着到课堂上去生成，这不是以己昏昏使人昭昭吗？

【把脉】预设和生成是相辅相成、相得益彰的。只有充分、精心地预设，才可能按时完成教学任务，实现一定的教学目标。而生成是建立在预设基础上的，是对预设的发展和超越。生成是以预设为前提条件的，没有预设的生成犹如无源之水、无本之木，有效的生成离不开精心的预设，切不可厚此薄彼。而预设越充分、越科学，生成就越自然、越有效。那种不讲究科学预设只追求动态生成或者不顾即时教学情境完全按照预设施教的做法都是片面的，甚至是错误而有害的。

【处方】科学、艺术地把握课堂教学中的预设和生成，要求教师进行教学设计时，精心预设，仔细研究学生会想到什么、质疑什么、发现什么、探索什么以及能够体验什么、创新什么等问题，同时应仔细研究文本，有效开发课程资源，为"精彩生成"提供适当的契机。课堂教学的过程是交往互动、共同发展的动态过程，应该基于预设但又能突破"预设"的樊笼，从"预设"走向"生成"。教学的艺术在某种意义上就体现为教师如何把握弹性预设和动态生成的关系，即如何在课堂教学中灵活调控通过预设去促进生成，通过生成完成预设的目标。预设与生成有统一的一面，也有对立的一面，预设重视和追求的是显性的、结果性的、共性的、可预知的目标，生成重视和追求的是隐性的、过程性的、个性的、不可预知的目标。所以，无论是预设还是生成，都要服从于正确的价值导向和学生的健康发展。为此，我们要认真处理预设与生成的关系，使两者相辅相成、相互促进。

五、多媒体独霸课堂，人机对话取代人际对话

【症状】多媒体辅助教学给思想政治教学带来了无限生机。它通过文本、图像、动画、声音等方式，创设情境，激发学生兴趣，突出重点，突破难点，化静为动，开发了学生的思维，培养了学生的能力，打破了传统单一的"两支粉笔一块黑板"的教学模式，大大提高了教学效率。但是有些教师为了引入课题，煞费苦心，或拍来录像，或用 FLASH 制作动画，或运用网络搜寻信息，课外投入大量的精力、时间将讲课内容制成课件。上课时，教师打开电脑，从头到尾动动鼠标、敲敲键盘，演示教学内容并讲解，中间穿插一些简单的问题，要求学生用"是不是"、"对不对"来作答。在信息呈现的时候，页面容量过大，还没等学生细细品味，甚至有时还没看完所有的信息，页面就已经切换了，更别提对内容的深刻理解了。一节课下来，教师不是根据学生的需求进行教学，而只是在执行预设程序。教师期望学生按课件的设想去从事学习活动，教师的任务就是努力引导学生，直到得出预定结果。总之，目前思想政治课堂已出现了现代媒体代替教师、电脑代替人脑、人机对话取代人际对话的情况，整堂课师生共同被计算机牵着鼻子走，出现了"本末倒置"的现象——"教师"辅助"媒体"，而非媒体辅助教师教学的状况。

【把脉】这类教学给人印象最深的是制作精美的课件，它的确可以吸引学生的眼球，激发学生的学习兴趣。但课堂上的师生互动只是一个简单的游戏，因为所有问题都

是教师事先预设好的、程序化的内容，对于学生而言，上课如同走马观花，缺乏对信息的分析、思考。它只不过将传统的“满堂灌”变成了现代的“机灌”，根本无法起到提高学生素养和能力的作用。当然，随着电脑的广泛应用，确实不需要对一般的知识死记硬背，但这不等于不要对记忆能力进行训练，毕竟人们不可能时时处处都用电脑，而且有许多知识还需要融会贯通、综合应用，不是靠电脑就能解决的；另外，电脑对教学过程中情感的交流以及教师运用自身的魅力对学生所起的潜移默化的作用是无能为力的。因此，如果处处依赖电脑，以人机对话代替人际对话，则会带来缺乏生动活泼的人际对话的课堂生态危机。

【处方】多媒体作为一种教学辅助手段具有先进性，但是它只是一种手段，不能完全取代其他教学方式。任何一种改革，总是原有基础上的“破”和“立”，思想政治教学方法的更新也是这样。我们应该充分考虑学校和学生的实际情况，选取一套符合学生实际、让学生主动学习探究、真正能培养学生创新意识的教学方法。因此，思想政治教学方式的改变，绝不是对以前的教学方式的简单摒弃，而是根据新的形势需要，将各种教学方式进行有机的整合。运用信息技术广泛获取信息教学时，教师必须具备一双慧眼，去伪存真，保证教学中引用信息的科学性。

总之，面对滚滚而至的新课改大潮，面对层出不穷的先进教育理论，我们既不能瞻前顾后、裹足不前，亦不可不加消化地机械运用。任何课改的主张和措施的出现，都必须进行深入的理性思考和实践检验，需要求本探源，追求朴实无华，把握实质精髓，从而达到理想的教学境界。

浅谈听课的误区

河南省巩义市第二高中　张晓洁

智者说:“他山之石,可以攻玉。”唯物辩证法认为:联系构成事物的变化发展。新课程背景下,教师作为教学活动的引导者,不应该孤军奋战、闭门造车。教师之间的交流借鉴必不可少。如集体备课、集体教研、互相听课评课等。通过认真听课以及课下交流,听课者往往受益匪浅,茅塞顿开;授课者也可以完善自己,精益求精。然而,笔者发现,在听课过程中也存在着种种误区,严重影响了预期效果,现列举如下,希望引起大家的重视。

第一,听课之前无准备。

《礼记·中庸》里说:“凡事预则立,不预则废。”听课应该是有准备而来,才能做到有目的、有针对性,才能最大限度地利用有限的时间,发现自己和他人的优势或不足,才能有所收获,不虚此行。而个别教师则认为,所谓听课,就是课堂上的几十分钟,听一听就可以了,根本没必要做准备,甚至连相关的教材、资料都没有带全,课前也从未关注过本节课的内容。这样,会让听课的效果大打折扣。

第二,不听门道听热闹。

听课者大多是内行。应该透过“热闹”听出“门道”才对,可有部分听课者恰恰相反,步入了以下几种误区:

1. 重知识,轻思路。

毫不夸张地说,一堂成功的课就是一项系统工程,对于这项工程应该如何完成,如何做到条理清晰、衔接自然、过程流畅、重点突出,如何让学生的能力得到提高,如何在教学中渗透情感态度与价值观的教育,可以说,创意和思路非常重要。不同教师讲授同一节课，最大的不同就是思路的差异。然而，有的听课者仅仅关注这节课有哪些主干知识，哪些易错、易混、易误点，而不考虑这节课为何要这样组织、安排，效果怎么样，闪光点在哪里，哪里可以做得更好。知识点需要关注，但仅仅关注知识点是远远不够的。

2. 重教师，轻学生。

课堂教学，学生是主体，教师是主导，双方缺一不可。众所周知，内因是事物变化发展的根据。教师所做的一切努力，都必须通过调动学生的积极性，引导学生自觉地动笔、动手、动脑，才能实现每一个学生的全面发展，达到预期目的。一堂课是否成功，要看学生参与的程度，要看学生取得进步的大小。有的听课者非常关注授课教师的语言、板书、教态等，却忽视了学生的反应、学生的活动。其实可以这么说，听课时不关注学生活动的教师，在平时的授课中肯定也没有做到突出学生的主体地位，而是自己扮演了演讲者的角色，学生只是听众而已。毫无疑问，这与新课改理念背道而驰。

3. 重个人，轻合作。

英国文豪萧伯纳说："如果你有一种思想，我也有一种思想，彼此交流，那么，我们每个人就有两种思想了。"课堂上，师生互动是一种交流，生生互动也是一种交流。学生之间的合作和探究可以让他们相互检测和帮助，凝聚集体的智慧，同时也显示出自己的价值，因为这个过程并没有主角和配角的区别。这里的合作可以是同桌之间的、小组内部的、小组之间的互相帮助。谁也不能否认，自学和教师讲解都是重要环节。但有的教师在听课过程中忽略了生生互动这个环节，忽略了这个凝聚学生集体智慧的过程。其实，这个环节比其他环节更能看出学生平时是否养成了良好的习惯，是否具备了相应的沟通能力。而良好的习惯和相应的沟通能力，恰恰是新课程改革的基本要求。

4. 重形式，轻实质。

任何事物都是形式与内容的统一，课堂教学也是如此。内容决定形式，形式是为了更好地服务于内容。有的听课者在听课过程中颠倒了主次，他们认为一堂成功的课，就是学生积极活跃，气氛热烈，环节完整，至于是否实用，学生是否真正取得了进步，则没有注意。如果这样的思想蔓延开来，则不管是对听课教师还是授课教师，都会产生不利影响，甚至会演变成"形式主义"，阻碍教学目标的实现。

5. 重结果，轻过程。

唯物辩证法认为，没有原因的结果是不存在的，量变达到一定程度才能引起质变。因此，素质教育也要有一个"过程控制效应"。我们的目标是实现每个学生的全面发展。要达到这个目标，我们不可能一蹴而就，必须稳扎稳打，一步一步来。每一步都走踏实，走到位。有的听课者有些急功近利，只看重学生回答问题的对错，或者练习时答案的正确率，并以此作为评价这节课的主要依据，这同样是不可取的，会使自己的教学重心出现偏差。

第三,复制照搬他人的教学过程。

借鉴和照搬是两个不同的概念,效果也大相径庭。我们倡导"拿来主义"的借鉴而不是照搬。有的听课者是怀着明确的听课动机来的——"复制回去",还不用备课了,省时又省力,殊不知这样做简直是遗害无穷。听课教师没有经历备课这个过程,没有独立进行教学设计,而是克隆了授课教师的所有设计,他就无法灵活运用及进行即时点拨,只能解决既定的准备好的问题。他没有根据自己学生的实际情况编制相关习题,也无法收到良好效果。

第四,对自己定位不准。

有的听课者是以"专家"的身份来听课,没有把自己和授课教师放在平等的地位,无法平等地和授课教师进行交流和探讨;有些听课者是以"学生"的身份听课,将别人的课看做一面镜子,在听课的过程中,进行深刻的自我反思,查找自身的不足,这无可非议,但听课并不是仅仅来"获取"的,也有责任贡献自己的思考成果与智慧,相互交流,取长补短,以求"双赢"。这两种态度均不可取,一定要避免。

第五,听课效果短暂,昙花一现。

很多听课者虽然也有所收获,但并没有深入挖掘自己的教学潜力,仅仅停留在较浅层次上,无法形成持久动力,更谈不上改进、创新自己的整体思路用以指导教学实践。总之,只有"鱼"而没有"渔",从长远看收效甚微。

笔者认为,在听课过程中若能避开这些误区,听课评课这种交流方式一定能够大放异彩,成为提高教师教学水平的重要平台。

思想品德课教学生活化的几点体会

河南省清丰县城关镇中学　武相华

思想品德课程标准明确指出“初中学生逐步扩展的生活是本课程建构的基础”。当今学生机灵、好动，喜欢新奇事物，缺乏自制能力。空洞的、死板的教育方式已不能打动他们的心灵，他们需要的是新鲜的血液，活灵活现的教育方式，以及和他们心心相通的教师。这就要求教师充分了解学生，把课堂教学与鲜活的生活实际相结合，在思想品德课教学中，应该将学生、课堂、教材与生活实际联系起来，把鲜活世界提供给学生去了解、理解和体验，引导学生在生活中体验，在体验中感悟，在感悟中成长。那么，如何才能做到思想品德课生活化教学呢？

一、新课导入生活化

学生已有的生活经验是基础性资源，是师生课堂交互作用的起点。教学在课首一环就应走进学生的生活世界，要注重呈现相关的生活事实，激活已有的生活经验，让他们从中孕育相应的课题意识。如讲“男生·女生”这一课时，我这样导课：“男生、女生，对我们来说是很熟悉的字眼，但你们想过自己心目中的男(女)生是什么样的吗？今天，我们让男生说说自己心目中最欣赏的女生形象，让女生说说自己心目中最欣赏的男生形象”。同学们的情绪很快被调动起来，课堂在欢快的气氛中进行，孩子们在交流中提高了认识，达到了自我教育的效果。同学们的眼神中更是闪烁着兴奋。

导入课题的常用方法有：呈现具有普遍性思考价值的生活事件的呈现法；让学生与实物见面，调动多种感官并亲自操作，从中孕育直观感受的实物法；以小品等游戏为中介，搭起教学内容通向学生与生活的桥梁的游戏法；引发学生回忆、反思已有生活经验的唤起法；开放地纳入学生的直接经验，让学生倾诉个人生活中的亲身经历和感受体验的倾诉法等。通过多种方法激活学生的思维，调动他们的生活积累，开启新课。

二、教学内容生活化

学生思想品德的形成源于他们对生活的感受、认知、体验和感悟。因此，在教学时，教师要把鲜活的生活素材贯穿于课堂教学中。教师要了解学生已有的生活经验和他们对生活的感受、认识和感悟，注意将已有生活经验与教学内容联系在一起，充分发挥已有生活经验在教学中的作用。

比如，在“笑迎七彩斑斓”的教学中，可以通过学生回忆、交流自己曾经碰到的挫折而产生的种种心理反应，如紧张、消极、烦躁等来加深学生对挫折含义的理解，使课堂教学成为学生交流已有生活经验的过程，成为拓展和深化生活经验、提升能力、创造新生活的过程。既让理论联系实际，又为学生创造了思维的空间；既活跃了课堂气氛，又达到了教学目的。

三、教学方式生活化

教学方式生活化，就是提倡在生活化的情境中学习，让学生活起来、动起来，参加到生活实践中，让他们产生经验与顿悟，在生活实践中学习，在情感体验中学习。所以，在教学工作中应充分考虑学生，不能让学生成为听众，应组织他们多看、多参与合适的活动，让学生真正成为学习的主体，使思想品德教学过程成为学生反复亲历体验的过程。

比如，在学习“学会与父母沟通”时，可先让学生在家与父母沟通，然后在课堂上交流他们与父母沟通中遇到的困难、困惑，再组织讨论，寻找造成与父母沟通困难的原因，探讨如何搭建心灵沟通的桥梁。

又如，在学习“环境状况”这一主题时，可以组织学生走出课堂，走向社会，开展调查活动，看看自己生活的社区有哪些环境问题，想一想这些环境问题对人们的正常生活有什么危害，应该如何解决，并设计一条节约资源、保护环境的公益广告。通过这样一个参与体验的过程，一方面将社会的鲜活材料融进了学校小课堂，消除学生对学科知识的陌生感，从而真正激发了学生的学习兴趣；另一方面也可以培养学生运用所学知识分析、解决实际生活问题的能力，达到知识、能力和情感态度价值观的统一。

四、课后实践生活化

学生的思想品德是在现实生活中自主建构形成的。所以，一节课的课尾不能突然停止，应富有创意地延伸，跟生活接轨。课后实践活动是课堂教学生活化的延伸和拓展，是指导学生从课堂回归生活，用掌握的知识指导现实生活的中介和桥梁。课后实践活动也是让学生用生活印证知识、深化认识的有效手段。因此，在课后，教师应该有目的地要求学生开展采访、调查、访问等实践活动，鼓励学生积极参与社会实践，让课堂教学回归生活，使学生在生活中发现问题，利用掌握的知识指导自己解决问题。

比如，在学习“可持续发展战略”后，布置学生开展课外拓展活动：调查所生活的村庄或小区有哪些卫生死角，找找存在问题的原因，想想解决问题的方法，并设计出实施方案。参与社会生活，不仅使学生的认识得到了深化，而且还培养了学生发现问题、分析问题和解决问题的能力，也让学生养成了良好的学习态度。

总之，思想品德课只有把“生活作为本源，以生活为本”，才能走出单纯的知识灌输、乏味的道德说教的怪圈；只有生活化的思想品德教育活动才能引发学生内心的道德情感、真实的道德体验和正确的道德认识。因此，教师应积极构建生活化的思想品德课堂，让教学源于生活，又回归生活，又高于生活。

我对思想品德课教学板书的认识

河南省延津县僧固乡初级中学　孟祥力

板书是知识的凝炼和浓缩，是课堂教学的缩影，是教学内容的导读图，是知识重点、难点的显示屏。板书是课堂教学的重要组成部分，教师在讲授新内容时，要配合好的板书，引导学生顺着你的思路走，使学生的眼、耳、口、手都动起来，全方位地理解知识。我对板书有以下认识：

一、教学作用

1. 视觉作用

有经验的教师在课堂上对板书的布局、间架结构、色彩都是非常注意的，他们的板书字迹清楚、主次分明、行列适当，一目了然，对于同一内容的板书，不要写了擦、擦了又写，有些板书不止一次用到，就要把它放在恰当的位置上保留下来。好的板书给学生的感受是美观、严谨、大方；好的板书为课堂增添了严肃、整齐、优雅的学习气氛和审美情调。

2. 概括作用

一堂课的教学内容要让学生迅速完整地理解、掌握，精妙的板书是较佳的方法之一。板书是微型教案，是知识最本质、最主要的内容。板书要简明扼要、重点突出，板书要有启发性，要有利于学生思考，符合他们的认知规律。把有联系的知识放在一起，便于对比，有助于找出规律，便于记忆，从而提高学生的理解能力，培养学生的概括能力。

3. 弥补作用

板书是用文字表达的语言，只要不擦掉，便一直呈现在黑板上，能弥补教师讲课的声音瞬间即逝的缺陷，能集中学生的注意力。学生注视板书，思考板书的内容，就能留下深刻的印象，加强记忆。

4. 直观作用

板书具有直观性的作用，它能化难为易，化抽象为具体，往往能抓住关键的字、词，借助数据、案例的配合形象而立体地把教学内容展示出来，使学生对知识一目了然，很轻松地了解知识，掌握知识。

5. 提纲作用

提纲挈领，突出重点。精心设计的板书，应当抓住教材中的关键词语、重点内容和点睛之笔，能高度概括一节课的教学内容，体现教学重点。这样不仅能帮助教师有计划、有重点地完成教学任务，而且对学生掌握课堂全部内容和把握重点能起到积极作用。

6. 理解作用

好板书有助于学生加深记忆和理解。教师把重点内容经过精心概括后写在黑板上，比一味口头重复、强调、提示要好得多。因为教师写在黑板上的字句及其所包含的内容，学生大都能特别注意，理解得深，印象比较深刻；而教师只口头说出，学生即使暂时记住了，也容易忘掉，而且理解得也不深刻。所以，从一定意义上讲，好的板书能直接帮助学生更好地理解和掌握知识。层次清楚、条理分明的板书也为学生做笔记和复习功课提供了极大的方便，从而提高学生的学习效率。

二、板书要求

1. 目的性

板书设计要加强目的性，克服盲目性；要目的明确，重点突出，防止内容过多。一般地说，讲课的重点也应是板书的重点，教学目的应在板书中体现出来。好的板书，能使学生一目了然地看清一堂课的重点是什么。无目的的板书，会影响教师讲课和学生听课的效果。板书设计要符合总的教学目的，体现教学意图，注意教材特点和学生实际；板书与讲述既要紧密结合，又要有明确的目的，这样才能配合讲述的需要，才能较好地完成教学任务。

2. 准确性

板书内容要准确、科学，这是板书设计的最基本要求。要在用字遣词上准确无误，表述科学严谨，还要体现各知识点之间的联系及学科知识的综合性和差异性，否则，便会起反作用，影响教学效果。

3. 简练性

在内容上要体现“精”字，在设计教程中应当抓住最本质、最重要的内容，做到少而精，以少胜多，以简驭繁，这样才能使学生有很深的印象。如果太多、太繁，不但不能收到良好的效果，而且还会占去过多课堂时间，影响教学任务的完成。要在有限的板面上容纳较多的内容，传播更多的信息，这就要求教师在板书内容的选用上下功夫，力求简明、精练，争取用最简洁的文字表达出丰富的内容，要抓重点、抓关键，莫要不分轻重、不分主次，眉毛胡子一把抓，辛辛苦苦写了一黑板，到头来缺少的仍然是重点和关键，势必影响教学效果。

4. 艺术性

板书要在结构布局上合理、讲究，要对黑板上书写的文字、图表、线条作出严密周到的安排，既要符合书写规范要求，格式行款要十分讲究，使整个板书紧凑、匀称、完整、美观、大方，又要有详有略，有主有次；不但可以增加内容的条理性和清晰度，而且有助于培养学生的审美能力。因此，教师在写板书时对书写的位置、字体的大小、间距的宽窄、排列的次序以及标点的运用等细节问题都要周密考虑，合理分配，科学编排，从而收到良好的教学效果。

5. 启发性

板书可以启发学生思维，帮助学生学到课本上学不到的东西，区别对比、发现联想、证明推广、画图设问，调动学生探求知识的积极性。好的板书就是要交给学生一串钥匙，使学生用它打开学习的大门，自己去获取知识，发展知识。

三、板书设计

思想品德课，由于其理论性较强，学生往往感到枯燥乏味，这就要求教师要勤于在板书上下功夫、做文章，推陈出新，使学生有一种耳目一新的感觉，以增强学生学习的“胃口”，使学生“食欲大增”。板书的形式、文字、图表、格式、颜色要灵活多样，既整齐、规范、美观，又有新异奇特之处，使学生感到生动活泼、趣味横生，从而大大调动学生的学习积极性和主动性。

1. 流水式

流水式板书就是把整块黑板当做一个整体，从上到下或从左至右像记流水账似的逐行书写其讲授内容，直到讲授完毕。这样设计的好处是内容具有连贯性，无间无隔，能给人以整体印象。板书时把整块黑板一分为二，划分成左、右两个板块。左边一块为正板，亦可称为“死”板，右边一块为副板，亦可称为“活”板。正板书写章、节及基本内容，副板补充说明正板基本内容所使用的有关数据、符号、图形、案例等。正板书写的基本内容从讲课开始直至讲课结束，不随意擦掉，要保持其完整性。这样既便于学生记录，也便于教师结束本节课时进行小结。副板的内容根据讲课的逐步深入和板面需要可随时擦写（一般待写满后再擦），只要能起到补充说明作用，有利于学生消化理解就算完成了任务。

2. 提要式

提要式板书就是把课文内容的一系列要点从教材中提炼出来，书写在黑板上，这种板书的特点是概括性强。由于板书的内容是教材内容的“纲”，看到这样的板书就可以以纲带目，牵动全篇。有的教材内容要点，作者已在文中作了概括，这样板书时就可以直接引用教材中的语句；有的教材要点并没有作出概括，这样就需要教师用自己的话把它概括出来并板书之。

运用提要式板书应注意两点：一是所作的提要必须准确。这里所说的准确包括两层意思：(1)所选的内容确确实实是本节课的要点，不得有误；(2)板书的语言必须准确。二是所作的提要应具有概括性。这就是说，全课的板书必须能够全面地反映本节课的内容要点。

3. 线索式

思想品德教学具有逻辑性强、线索清晰、纵向贯通、因果明显的特点，阅读时如果把握了教材内容的线索，就可顺利地领会全文。对于这样的章节，就应从它自身的特点出发，采用线索式板书。所谓线索式板书，就是以教材内容的线索作为板书的主体，其他内容书写在与线索相关的位置上，这种板书的特点是线索鲜明、脉络清楚，能够简明扼要地反映本节课的重点，也便于学生理解掌握。

运用线索式板书一定要突出主线，使教材内容的线索成为板书的主体，其他内容切不可喧宾夺主。另外，板书出来的线索越鲜明越好，因为鲜明的板书才会给学生留下深刻的印象。

4. 联系式

使写在黑板上的词语，上一行和下一行之间，左面的文字和右面的文字之间，发生某种联系，具有某种关系，形成表达某种意义的一个整体，这便是联系式板书。这种板书的主要特点就是上下联系和左右联系，黑板上不出现无联系的、孤立的内容。

运用联系式板书一定要做到，板书中上下左右彼此联系的内容，必须如实地、正确地反映事物之间的相互联系，切忌生拉硬扯，牵强附会。

5. 点睛式

点睛式这一命名，是取画龙点睛之意。这种板书要求用最准确、最鲜明的一字、一词或一语，书写于黑板之上，点明教材内容最重要、最关键的核心所在。这一类板书应该像一把钥匙一样，一经写出，就能打开教材内容的理解之门，起到一语中的的作用。由于点睛式板书的要求高，因而它的难度也比较高。这就要求教师不仅要深入地钻研教材，透彻地理解教材，而且还要善于概括，把本节课的教学重点用极精练的语言表述出来。

6. 图表式

以图表的形式表示教材的篇章结构、实例的横向比较、事件的纵向发展等，这便是图表式板书。这种板书的特点是条理层次清晰，事物间的联系和从属关系分明，使学生一目了然。有的章节包括多方面的内容，数据、案例、事件之间的关系也比较复杂，采用图表式板书，既有利于学生全面地把握教材内容的整体，又可区分各种不同情况，提高教学质量。

采用图表式板书一定要做到简明扼要，如果内容过于繁琐，反而效果不好。再者，图表本身的形式越简明越好，层次越少越好，如果图表过于复杂，层次过多，会使学生眼花缭乱，影响教学效果。

7. 综合式

教材内容的情况是多种多样的，有时采用某一种板书形式，还不能准确、全面地反映教学内容，就需要几种板书形式结合起来，配合使用，方能解决问题，这种多种板书形式配合使用的板书，即为综合式板书。

采用综合式板书应以某一种板书形式为主体，其他板书形式作为辅助手段。这样做，有利于突出教材的重点，使其鲜明醒目；这样做，设计板书时思路比较清楚，可避免不同板书形式的相互干扰或杂糅。

8. 层次式

条理清晰，层次分明，行款要整齐匀称。不分条理、杂乱无章地乱写乱画，不仅容易造成教师讲课思维上的混乱，而且非常不利于学生掌握课堂教学的内容。有条有理、整齐匀称的板书则使课堂教学有条不紊，层层深入，便于学生接受，便于学生理解和记忆。

有人形容板书是提纯的金、琢成的玉，既闪闪发光，又匀称晶莹，是较恰当的。课堂板书要求字迹清晰易辨，工整美观，鲜明醒目，力争板面规范化。书写马马虎虎，潦潦草草，既降低教学水平，又给学生造成不良影响。总之，板书和板书设计是一门艺术，只有认真研究，精心设计，才能有高质量的板书，才可能把课上得更好。

浅谈如何做一个让学生喜欢的思想品德课教师

河南省洛阳市第五十八中学　杨爱琴

古人云："亲其师，信其道。"而传统观念当中，思想品德教师却是一个思想僵化、古板的"马列主义老头、老太太"形象，让学生实在无法亲近，更别谈喜欢了。这让我想起了自己初中的思想品德课教师，也想起了自己当时上思想品德课的感觉，那就是枯燥乏味，没劲！所以从自己走上讲台的第一天开始，我就暗下决心，一定要努力成为一个让学生喜欢的思想品德课教师。通过这些年的教学经历，我初步总结了作为一个初中思想品德课教师，要让学生喜欢你，亲近你，进而喜欢你的课，必须具备并提高以下几方面的素质：

一、具有高尚的师德，做学生仰慕的教师

学高为师，德高为范。教育家加尔宁说："教师每天都仿佛蹲在一面镜子里，外面有几百双精明的、富于敏感的、善于窥视出教师优点和缺点的孩子的眼睛，在不断地盯着他。"师德历来都是衡量、评价教师的首要因素，而社会对思想品德教师的师德要求更高，这是学科本身的要求。

现在有些家长，受社会上的不良风气影响，总怕自己的孩子在学校吃亏、不受关注等，于是就给班主任、任课教师送礼，以求自己的孩子得到"特殊"的照顾。每次遇到这种情况，我总是婉言谢绝。因为我觉得作为一名人民教师，尤其是一名思想品德教师，如果我收下家长的礼品，我将无法面对我的学生，我将无法再在课堂上给学生讲做人的道理，我会觉得被别人议论纷纷，我会晚上睡不着觉。当遇上死缠硬磨，执意要你收礼的家长，我会对他说："我宁愿让你心里觉得不安，也不能让自己的良心不安！"只有这

样，我才能堂堂正正地面对我的学生，踏踏实实面对我的职业，才能无愧于这个职业！

除了具备基本的师德修养之外，思想品德教师也应该加强自身世界观、人生观、价值观的培养，应具备健康向上、符合社会主流的价值观。对于初中学生来说，正确人生观培养的关键是正确认识人生价值，正确看待成功。作为思想品德教师要坚持与社会主流的价值观相符合。比如在分析大学生为救落水的农村老汉而献出自己生命的案例时，社会的评价很多，各不相同，但思想品德教师在引导学生分析时就要抓住主流价值观，让学生认识到这种行为是国家法律和社会主义道德所提倡的行为，是弘扬中华民族传统美德的行为，是对生命的敬畏，是对他人的爱心，是高尚道德情操的表现，而不能简单地将生命物质化，不能从纯物化的角度去评价这种行为值与不值。因为所有的生命都是宝贵的，都是值得敬畏的！我们在教学生正确认识人生价值的同时，也应该正确认识自身的价值。对此我在讲"师生关系"一课时说："有人认为教师挣钱少，社会地位低，不风光。可我不这样认为，当我走在校园里、大街上，有学生亲切地向我问好时，我感到骄傲！当我告诉大家做人的道理，大家心领神会时，我自豪！当我被你们喜欢时，我激动！当我被你们尊重与信任时，我高兴！这能说我活得没有价值吗?"话音刚落，学生们就报以雷鸣般的掌声。还有，在学习完人教版八年级上册中"博大精深的中华文化"后，我激动地对学生说："我们中华民族是世界上最优秀的民族之一，如今在国外平均四天就会有一所孔子学院诞生。我们应该为自己是中国人感到无比自豪！在国际交往中，不卑不亢，落落大方，展示一个具有五千年灿烂文化的文明古国的风采！"然后又给他们讲了我国著名生物学家童第周为中国人争光的故事，学生听完同样报以热烈的掌声，我相信这对学生爱国主义情感的培养有极大的促进作用。

作为思想品德教师，加强师德修养，还要注意自己的言行举止、待人接物、衣着发型，注意生活中的"小节"。所谓教育犹如春风化雨，"随风潜入夜，润物细无声"，教师对学生的影响是潜移默化的。如果一个思想品德教师不修边幅、语言粗鲁、举止粗俗，他是没有资格去教育学生的，对学生的影响也是非常不好的。因此，思想品德教师尤其要注意自己的形象，要举止得体、谈吐文雅。

作为思想品德教师，我们要时刻牢记伟大教育家陶行知先生的话："千教万教教人求真，千学万学学做真人。"自己先做真人，再教学生学做真人，时刻不忘提高自己的师德水平，做一个让学生尊重、信任和仰慕的教师。

二、提高专业素养，拓宽知识面，做学生佩服的教师

有不少人认为初中思想品德课专业性不强，甚至还有人认为谁都可以教，这其实是非常错误的，是在用老眼光看待新课程理念下的思想品德课。新的思想品德课涉及心理健康、思想道德、法律知识、基本国情等内容板块，应当说专业性还是比较强的。

在提升业务素养方面要做到专业精，具体地说就是对课程标准了如指掌，对教材之

间的内在联系要清清楚楚，对知识内容的理解要非常透彻，特别是对社会上有争议的知识点，尤其注意要符合科学原则，同时要加强教育理论和心理学等知识的学习，并合理应用这些理论指导教学实际。

此外，思想品德教师还要增强知识广度与宽度，博采众长，成为一个兼容并蓄的“杂家”。思想品德教师承担培养学生思想品德的重任，必须与学生有共同语言，不仅要将本学科知识搞透彻，还要学习其他学科的知识，了解学生感兴趣的东西，了解当今流行的主题。要经常了解时政要闻，适当关注娱乐影视类信息，了解学生关注的话题等。试想：一个既了解中华传统又对当今流行主题侃侃而谈的教师，学生会不佩服吗？一次我课前进教室，一个学生问我一道英语题，我很快就解答出来，学生先是十分惊讶，接着是一片赞誉声；平时我凭借自己比较扎实的语文基础，经常给学生纠正字的发音。比如说，学生在朗诵诗句“明朝散发弄扁舟”时，我马上告诉他们，在这里“扁”应念“piān”，而不是“biǎn”，我又告诉他们为什么这样读；在讲“人人享有人格尊严权”一课的肖像权时，学生都把“肖”读成了第一声，我给他们纠正说应读第四声，学生都不太相信，后来查《新华字典》证明我是正确的，学生都用佩服的目光看着我；在讲隐私权时，我时不时地引用欧美大片中反映这一内容的情节，顺便结合我国的现实情况，作东西方法律方面的对比，让学生体验具备法律意识和知识的重要性，这时学生都热切地望着我，我发现与学生有了思想的碰撞，引发了情感的共鸣，课堂气氛非常热烈，教育效果也好了。类似的例子还有很多，我发现学生越来越信任我，佩服我，喜欢我。也许泰勒的话可以告诉我们增强知识广度与宽度的作用，那就是“具有丰富知识和经验的人，比只有一种知识和经验的人更容易产生新的联想和独到的见解”。

三、提高人格魅力，做学生喜欢的教师

作为思想品德教师一定要有人格魅力，学生才能喜欢你，才能与你进行有效沟通，才能达到教育效果。要提高人格魅力，就要从以下几方面努力：

1. 说话要有感染力，要有真情实感，要激情澎湃，打动人心。

思想品德教师讲课要充满激情，说话要有“煽动性”，要让学生热血沸腾。而一个人说话的效果取决于个人的人格魅力。说话的内容只占30%，语音、语气、语调、神情、动作占8%，而个人魅力却占到了62%！个人魅力是自我修炼的结果，它取决于一个人的人格修养、学识水平、性格特征等。所以，作为思想品德教师，必须进行自我修炼，提高自己的人格魅力。

2. 语言要有幽默感。

幽默能以笑声代替批评，以诙谐化解尴尬。苏联一位诗人说：“教育家最主要的，也是第一位的助手是幽默。”幽默和睿智是孪生兄弟，一个幽默的教师能得到学生的喜欢，在幽默中又让学生学习智慧。我认为要做到幽默，首先这位教师要非常自信，比如

我身边的马燚老师，大家都知道马老师有一个显著的特征——脑袋特别亮。他从不避讳自己的这个特征，甚至常常拿这个自嘲。八年级(1)班的学生非常喜欢马老师，就是因为他特别幽默特别自信。一次，班上同学开辩论会，双方辩手争执不下，谁也不服气谁，眼看辩论会陷入僵局，这时马老师突然问道：你们谁有我的脑门亮？双方学生都不好意思地笑了，化解了僵局，拉近了学生和教师的距离。他还曾在办公室中对我们说，自己“闪亮”登场了，惹得同事们哈哈大笑，在欢笑声中活跃了气氛，拉近了和同事们的距离。去年教师节那天，我在他班上课，课间时候偶然发现在他班的板报中有一个祝福留言栏，其中有这么一条：“愿老师的发型越来越帅！”我一看不禁哑然失笑，乐了老半天！这不正是在说马老师吗？而马老师根本就没有头发！正是由于自信、幽默，善于自嘲这一特质，马老师成为一个师生们都乐于接近的好老师。这就是幽默的力量，它来自一个人的自信，而自信背后又必须有学识、实力等作为支撑。

3. 要善于鼓励表扬。

人类的本质都渴望被肯定，学生也是如此，因而思想品德教师作为学生品德修养的培育者，更要善于运用赏识的法宝对学生的点滴进步给予发自内心的表扬和赞赏，这样非常有利于树立学生的自信心，而教师的期待和赏识正是树立学生的自信心、开启学生潜能之门的金钥匙。思想品德教师应充分发挥表扬和赏识的积极作用，通过欣赏让自己走进学生的心灵。伟大的教育家陶行知先生说过：“其实教育是心心相印的活动，唯独从心里发出来的，才能打到心的深处。”从内心真诚流露出的表扬，能和学生进行心心相印活动。说到这一点，我在对八年级(3)班的教学中有些体会。这是一个令大多数任课教师都比较头疼的班级，课堂纪律乱，学生调皮，还曾经把一个年轻教师气得哭着跑下讲台。可我对这个班的学生从来没有批评过，相反，每节课我都会细心地去挖掘他们表现突出的一面，有时实在找不出，我也会用委婉的语气期待式地提出要求。所以我上的每节课课堂纪律都很好，你能清晰感受到和学生的那种和谐、默契。只要我一进班，全班学生会立刻鸦雀无声，那种尊重和信任让我感动，我能从他们的眼神中看出他们喜欢我。而我也会更加愉悦地面对他们，课堂效果也很好，师生彼此都很愉快，这也许就是鼓励表扬的结果。而原因就是借助真诚的表扬和学生进行了心灵的沟通，达到心心相印的境界。

4. 要善于营造和谐的课堂氛围，构筑师生间情感交流的桥梁。

索利特尔富在他的《教育心理学》中指出：无论何时何地，对学生多一分期待、多一分认真、多一分信任、多一分鼓励，他们同样会给我们多一分的惊喜！我想这就是师生之间的一种情感的交流，这种交流只有在平等、民主的氛围中才会出现。在课堂教学中，我时刻提醒自己注意一言一行，以平等、民主的方式去对待学生，用鼓励性的语言、微笑的表情去激励学生、感染学生，使学生感到愉悦，精神振奋，用自己良好的情感去感染学生，点燃学生思想的火花。另外教师在上课时微小的动作也能消除与学生间的距离。我在布置学生分组讨论后，就会来到他们各小组，认真听并参与其中，甚至还把自己当成其中一员，进行组内发言；看到学生做小动作，我会拍拍他的肩，暗示其改正；与学生谈话时，我会微笑着注视他的眼睛。要让学生知道教师是真心诚意地对待他们，从内心尊重他们、欣赏他们，从而营造了一种和谐的课堂氛围，收到了意想不到的教学效果，大大增进了师生间的情感交流，建立了和谐的师生关系。

美国心理学家罗查斯说："成功的教学依赖于一种真诚的理解和信任的师生关系，依赖于一种和谐安全的课堂氛围。"而这一切的实现都有赖于思想品德教师的自身素质，只有提高了自身素质，才能让学生喜欢你，亲近你，才能取得"亲其师，信其道"的效果。相信我们思想品德课教师只要坚持从提高自身综合素质入手，就一定会赢得学生的信赖，德育主阵地的作用就会发挥得更好！

第二编

学业评价

第一辑　试卷评析

2010 年河南省初中学业水平暨高级中等学校招生考试思想品德 A 卷试题评析

王向阳　窦树东　路文超　张秀菊

一、请你选择(共 20 分)

——认真细致,点滴做起!

▲**单项选择**(4 小题,每题 2 分,共 8 分。下列每小题的四个选项中,只有一项是最符合题意的,请将所选项字母填入题后括号)

1. 2010 年 1 月 11 日,中共中央、国务院在北京隆重举行国家科学技术奖励大会,________和________获得 2009 年度国家最高科学技术奖。【　　】

A. 袁隆平　李振声　　　　B. 王忠诚　徐光宪

C. 闵恩泽　吴征镒　　　　D. 谷超豪　孙家栋

答案:D

评析:科学技术是第一生产力。中共中央、国务院连续多年在北京隆重召开国家科学技术奖励大会,目的在于努力造就世界一流的科学家和科技领军人才,注重培养一线创新人才和青年科技人才,为建设创新型国家和实现全面小康提供智力支撑。本题旨在通过 2009 年获奖者这一榜样力量,激发广大考生见贤思齐,学习优秀科技工作者爱国奉献、顽强拼搏、勇于探索、团结协作的崇高精神,奋力开拓创新,勇攀科技高峰,为中华民族伟大复兴作出新的贡献!

2. 与右图主题相符的法律修正案是　　【　　】

A. 选举法修正案

B. 著作权法修正案

C. 国家赔偿法修正案

D. 保守国家秘密法修正案

答案:A

评析:本题运用漫画这一载体,直观、生动、形象地让广大考生感知选举法修正案的要义,即实行城乡按相同人口比例选举代表,保障公民都享有平等的选举权;各行政区域不论人口多少,都应有相同的基本名额数,都能选举一定数量的代表;人口再少的民族,也要有一名代表。它充分体现了人人平等、地区平等和民族平等的原则,明确取消城乡差别,切实保障人民当家作主。

3. 加强未成年人保护工作至关重要,提高未成年人自我保护能力更是他们健康成长的实际需要。下列未成年人的做法中符合自我保护要求的是　　【　　】

A. 发现有人落水,不顾一切救人　　B. 上下楼梯靠右,轻声慢步缓行

C. 遇到坏人勒索,盲目与其硬拼　　D. 看到没车通过,迅速闯过红灯

答案:B

评析:本题紧密结合中学生的日常生活实际,如"要见义智为"、"要遵守规则"等,确保未成年人做到自我保护,并提高自我保护能力,最大限度地避免意外伤害事件的发生,体现了"考试即生活"的命题理念,彰显了人文关怀。

4. 小明在参加社会实践活动的过程中,收集到了以下宣传标语,其中与"党和国家的生命线、人民群众的幸福线"这一表述相符合的是　　【　　】

A. 坚持统筹城乡发展,全面建设小康社会

B. 坚持优先发展教育,提高中华民族素质

C. 坚持党的基本路线,实现又好又快发展

D. 坚持依法治国方略,保障社会公平正义

答案:C

评析:本题紧扣课程标准,关注重大主题——"党和国家的生命线、人民群众的幸福线",通过小明参加社会实践活动这一平台,将课程标准中的"党的基本路线"、"全面建设小康社会"、"优先发展教育"、"科学发展观"、"依法治国方略"和"社会公平正义"等主干知识与现实生活中的《国家中长期教育改革和发展规划纲要(2010—2020年)》、"三农问题"、"中央一号文件"等重大时政热点问题有机结合起来,既考查了广大考生对主干知识与核心内容的把握,又考查了广大考生对重大时政热点的关注,体现了学以致用、理论联系实际的命题原则。

▲**多项选择**(4 小题,每题 3 分,共 12 分。下列每小题的四个选项中,至少有两项是符合题意的,请将所选项字母填入题后括号。多选、错选均不得分。少选者:若有两个正确选项,只选一项者得 1.5 分;若有三个正确选项,每少选一项即少得 1 分;若有四个正确选项,选三项者得 2 分,选一、二项者均得 1 分)

5. 民以食为天,食以安为先。据报载,中国每年消耗一次性餐盒 150 亿个,然而这些餐盒的合格率却不到一半。不合格餐盒所用塑料,可能是工厂生产的边角料、回收的旧塑料,甚至还可能是医疗垃圾。它们被混合在一起,熔化后挤成长条,再被切成细小的颗粒,最终被制成餐盒,盛满了饭菜并送到我们的面前,甚至还被我们吃进了肚子里。上述情况表明 【 】

A. 部分商家缺乏诚实守信意识和法制观念

B. 部分商家视广大消费者生命健康于不顾

C. 建设资源节约型社会需要发展循环经济

D. 经济建设是我国现阶段一切工作的中心

答案:AB

评析:本题通过对一次性餐盒的聚焦,辅之以漫画的形象告知,揭示了不合格餐盒的"毒"之所在,从而表明了:部分商家缺乏诚实守信意识和法制观念,部分商家视广大消费者生命健康于不顾。由此呼吁人们:关注食品安全,关注生命健康;增强诚信意识,增强法制观念。

6. "溱与洧,方涣涣兮……"《诗经》中记录了溱(zhēn)水和洧(wěi)水曾经的清澈与美丽。经考证,溱水和洧水最终在我省某市西南交汇,现称为双洎(jì)河。而上述曾被《诗经》誉为最美的河,如今却泛起层层白沫,发出难闻的味道。不仅仅如此,事实上,河南近六成的地表水已成为毫无用处的劣Ⅴ类"废水"……这告诉我们 【 】

A. 我国水资源已经完全枯竭　　B. 人与自然之间应和谐相处

C. 我国的环境形势依然严峻　　D. 实施可持续发展任重道远

答案:BCD

评析:本题透过《诗经》中对双洎河的赞美,联系今天双洎河的现实面貌,并由此对河南近六成地表水的透视,引发广大考生对我省乃至我国环境形势的思考,坚定实施可持续发展战略的信念,倡导人们保护环境应从现在做起,从自身做起,从点滴小事做起,让天更蓝、水更清、地更绿,还人们一个清静和谐的生存生活环境。

7. 南水北调大移民,渠首精神铸丰碑。作为南水北调中线工程渠首和主要水源地的河南省淅川县,承担着 15.6 万移民的外迁安置任务,外迁人口居全国第一。为了国家工程建设，该县移民上至耄耋老人，下到学步幼童，毅然泪别故土，迁往他乡——有的亲子相分，无怨无悔；有的抱病前行，义无反顾；有的抛弃蒸蒸日上的产业，损失惨重……如果由你来写关于移民感人事迹的报道，下列标题中可选用的有 【 】

A. 顾全大局——为国分忧担重任　　B. 甘于奉献——割舍亲情别家园

C. 众志成城——爱国情怀谱史诗　　D. 大爱无疆——不顾小家为国家

答案：ABCD

评析：本题以南水北调大移民为载体，捕捉河南省淅川县外迁安置的多种信息，让广大考生置身情境，表达心声，既考查了广大考生运用所学知识认识问题、分析问题、解决问题的能力，又考查了广大考生的情感态度价值观，这正是思想品德教育的出发点和落脚点。材料的鲜活感人和移民工作的“正在进行时”，更彰显了“渠首精神”宝贵的时代效应和深远的社会影响。

8. 融古今中外知识，扬中华民族风采。2009 年《中国大百科全书（第二版）》出版。这部皇皇巨著总计 32 卷、6 万个条目、6000 万字、3 万幅插图、1000 幅地图；它经过了长达 14 年的努力，凝聚了 3 万名学术精英的心血。该书全面系统地反映了人类文明特别是中华文明的优秀成果。这部巨著的问世启示我们 【 】

A. 任何理想实现都离不开艰苦奋斗　　B. 任何事业成功都离不开团结合作

C. 凡事只要经历挫折就一定会成功　　D. 成就一番伟大事业需要坚强意志

答案：ABD

评析：“如果要惩罚一个人，就让他去编百科全书。”西方出版界的这句名言，道出了编纂大型工具书的艰辛。从倡导编纂中国自己的百科全书到第一版的横空出世，再到第二版的与时俱进，前后历时 30 载。作为既具鲜明中国特色和风格，又海纳百川的知识宝库，《中国大百科全书（第二版）》的闪亮登场，是中华民族对人类文明的崭新贡献。在编纂过程中体现出的爱国奉献、团结协作、科学求实、开拓创新的“大百科精神”值得我们永远珍视和传承！《中国大百科全书（第二版）》的问世，给广大考生以很多有益的启示：要靠艰苦奋斗实现理想；要靠团结合作走向成功；要靠坚强意志成就事业……本题采撷鲜活的素材，让广大考生运用主干知识与核心内容做出价值判断，体现了“题在书外，理在书中”的命题原则和思路。

二、请你辨析（10 分）

——辨别分析，感悟明理！

9.

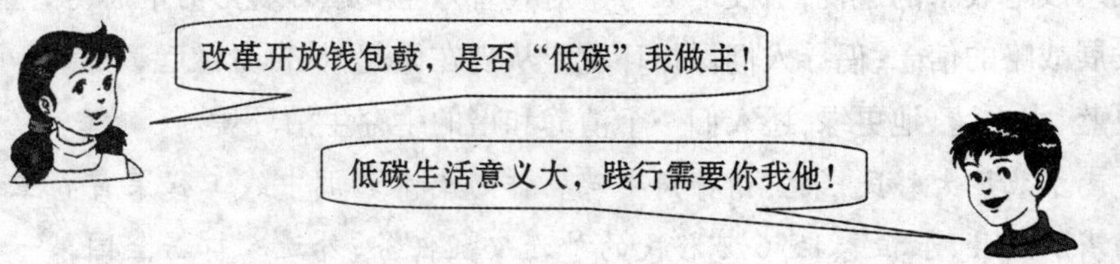

参考答案:(1)改革开放是强国之路。改革开放使我国发生了翻天覆地的变化,广大人民群众生活水平显著提高,总体上已达到小康水平。(2分)

(2)但我国现在达到的小康还是低水平的、不全面的、发展很不平衡的小康。(或:现阶段,我国仍处于社会主义初级阶段。或:现阶段,从总体上看,我国生产力水平还比较低。或:我国自然资源人均占有量少,且许多资源不可再生。或:勤俭节约是中华民族的传统美德。或:艰苦奋斗是成就任何事业必不可少的精神力量。或:要以艰苦奋斗为荣,以骄奢淫逸为耻。)(2分)

(3)践行低碳生活:有利于落实保护环境和节约资源的基本国策(或:有利于增强人们保护环境、节约资源的意识。或:有利于提高人们的节能减排意识);有利于全面贯彻落实科学发展观(或:有利于促进人与自然和谐相处);有利于实施可持续发展战略(或:有利于走可持续发展道路);有利于建设资源节约型和环境友好型社会;有利于在全社会倡导文明健康的生活方式;等等。(4分)

(4)每个公民都要从日常生活的点滴小事做起(或:从自身做起。或:从现在做起),做低碳生活的践行者。(2分)

评析:本题紧紧围绕"低碳生活"这一重大主题展开辩论,主旨鲜明,立意深远。本题层次清晰,富有条理,每一句话都突出表达一种观点:改革开放与人民生活水平不断提高之间的关系;践行低碳生活方式的必要性;低碳生活的重要意义;践行低碳生活需要人人参与。同时,本题贴近学生,贴近现实,贴近生活,广大考生有话可说,有感可发,并具有现实的指导意义和深远的影响作用。

三、请你进行观察与思考(2小题,每题10分,共20分)

——置身情境,表达心声!

10. **镜头一**:五一假期,河南某市人民公园郁金香开得正艳,游人纷纷挤进花圃竞相合影留念,照相机闪烁不停。此时,一个六七岁模样的小女孩,默默地蹲在拍照的众人身后,用稚嫩的小手扶起半倒在地的郁金香,又仔细地刨来新土,重新栽种,后被人们誉为"最美河南女孩"。

"最美河南女孩"默默扶起倒地的花

镜头二:九岁的小葛在放学路上捡了200元钱,在寻找失主的过程中,却迎来了4位"失主"——阿姨A:"这是我在××路上丢的钱",结果路名不对,阿姨低头走开;——阿姨B:"这200元是我的买鞋钱",经核实,阿姨脸红;——叔叔A:"谢谢好孩子,拾金不昧",一盘问,情况不符,叔叔转身离开;——叔叔B:"好孩子,这钱分你一半",小葛无语,陷入沉思……

结合以上镜头,思考下列问题:

(1)镜头一、镜头二共同说明了什么?(4分)

(2)针对上述现象,你有哪些感悟?(三个方面即可。6分)

参考答案:(1)(4分)镜头中未成年人的做法值得称颂;镜头中未成年人的精神风貌值得赞扬;未成年人思想道德建设成效显著;部分公民社会公德意识有待增强;部分公民社会责任感有待增强;部分公民思想道德素质有待提高;需要进一步加强社会主义精神文明建设;需要进一步加强社会公德建设;等等。

(2)(6分)尊重规则,规范行为;爱护自然,保护环境;热爱生命,善待生命;勇担重任,增强社会责任感;拾金不昧,诚实守信;提高自身修养,增强公德意识;成年人要言传身教,以身作则;成年人要言行一致,表里如一;等等。

评析:本题摄取了两组镜头——"最美河南女孩"默默扶起倒地的花;九岁小葛捡200元后迎来4位"失主"。这都是真实的故事,就发生在我们身边。它让我们关注和深思;它给我们感悟和启迪;它让我们体验到社会生活的复杂;它要求我们一定要加强个人品德和社会公德建设,一定要增强公德意识和社会责任感,一定要弘扬真、善、美,鞭挞假、恶、丑,努力形成良好的社会风尚……本题运用的材料鲜活,揭示的社会现象深刻,切入的问题设计新颖,引发人们的多元思考、深入思考,符合"开放性设计试题、开放性设置答案"的开卷考试总体要求。

11. 材料一:2010年5月17日至19日,中共中央、国务院召开新疆工作座谈会,全面总结新中国成立以来特别是改革开放以来新疆发展和稳定工作取得的成绩和经验,进一步明确当前和今后一个时期做好新疆工作的指导思想、主要任务、工作要求,对推进新疆跨越式发展和长治久安作出了战略部署。会议号召我们要坚定信心、振奋精神,举全国之力,为加快建设繁荣富裕和谐稳定的社会主义新疆而努力奋斗。

材料二:"新校园,会有的!新家园,会有的!"2010年4月14日,青海省玉树藏族自治州玉树县发生7.1级强烈地震。在最危急的关头,各民族心连心共克时艰;在最困难的时候,各民族手拉手共建家园;在最需要的日子,各民族肩并肩团结向前。爱心在这里汇聚,信心在这里倍增,"藏汉一家亲"的民族团结之花在这里绽放!

阅读上述材料,思考下列问题:

(1)建设繁荣富裕和谐稳定的社会主义新疆,让新疆各族群众生活越来越美好。请谈谈实现这一奋斗目标的信心来源。(三个方面即可。6分)

(2)维护民族团结,人人有责。对此,你准备怎样做?(两个方面即可。4分)

参考答案:(1)(6分)①党中央、国务院的坚强领导。②我国社会主义制度的巨大优越性。③我国民族区域自治制度的有力保障。④民族平等、团结和共同繁荣的原则和政策。⑤平等团结互助和谐的社会主义新型民族关系。⑥科学发展观的全面贯彻落实。⑦全国各族人民的大力支持。⑧新疆各族干部群众的团结奋斗。⑨改革开放的强大动力。⑩西部大开发的战略机遇。

(2)(4分)①尊重各民族的宗教信仰,尊重各民族的风俗习惯,尊重各民族的语言文字。②增强维护民族团结的意识,积极宣传、自觉拥护党和国家的民族政策。③同各种破坏民族团结的言行作斗争。④各民族同学之间要平等相处,多说有利于民族团结的话,多做有利于民族团结的事。⑤积极为维护民族团结献计献策。⑥努力学习,立志成才,为维护民族团结、促进各民族共同繁荣做贡献。

评析:中共中央、国务院召开新疆工作座谈会和青海玉树地震后的民族大团结的对接,这是一种美妙的组合、巧妙的构思,既符合课程标准的要求,又突出了重大时代主题。让广大考生谈信心来源,更加激发了他们的爱国情怀,更加坚定了他们维护民族团结的自觉性;让广大考生谈维护民族团结的打算和做法,体现了思想品德课"知行统一"的要求,贯彻了思想品德教育中理论联系实际的教学原则。

四、请你参加活动与探索(2小题,每题10分,共20分)

——奋力耕耘,实践创新!

12. **材料一**:为弘扬民族精神和时代精神,在全社会唱响共产党好、社会主义好、改革开放好、伟大祖国好、各族人民好的时代主旋律,近年来,国家和我省开展了一系列加强社会主义核心价值体系建设的群众性爱国主义教育活动。

材料二:2010年3月3日,在河南进京务工人员座谈会上,中共河南省委书记、河南省人大常委会主任卢展工对在外务工的河南人给予高度评价,盛赞这些普普通通的河南人、踏踏实实的河南人、不畏艰难的河南人、侠肝义胆的河南人,以自己的实际行动,充分体现了宝贵的"三平"精神——平凡之中的伟大追求、平静之中的满腔热血、平常之中的极强烈的责任感。

据悉,你校学生会准备举行以"'三平'精神放光芒,中原崛起我有责"为主题的宣传教育活动,请你参与:

(1)近年来,国家和我省开展了哪些有利于加强社会主义核心价值体系建设的相关**评选**活动?(**两种**活动的名称即可。2分)

(2)请参照示例,列举**两位**在相关活动中评选出的**我省**英雄模范人物。(4分)

示例:县委书记的好榜样——焦裕禄(友情提示:与示例重复者不得分)

(3)作为中原儿女,你准备怎样以实际行动成为"三平"精神的践行者?(两个方面即可。4分)

参考答案:(1)(2分)"感动中国"年度人物评选活动、全国道德模范评选活动、"中国好人榜"评选活动、全国"双百"人物评选活动、河南"双60"人物评选活动、"感动中原"年度人物评选活动等。

(2)(4分)略。示例:用特殊材料铸成的钢铁战士——杨靖宇;"为抗日而死,死得光明正大!"——吉鸿昌;文武兼备,一代英才——彭雪枫;骁将英名留陕甘——吴焕先;"狼牙山五壮士"之一——宋学义;德艺双馨的人民艺术家——常香玉;太行公仆——吴金印；农村致富的领头人——史来贺；立警为公，执法为民——任长霞；用一生真情延续诚信——谢延信；当代愚公——张荣锁；平民英雄——魏青刚；自强不息——洪战辉；排爆专家——王百姓；用生命保护百姓——李剑英；钢铁战士——武文斌；神勇武警——李隆；感动总理的女教师——吴玲；“‘80后’最美乡村女校长”——李灵；舍己救人，大写人生——李学生；当代孝子——张尚昀；等等。

(3)(4分)①努力学习，立志成才，报效祖国。②“勿以善小而不为，勿以恶小而为之。”从我做起、从现在做起、从点滴小事做起，培养良好思想品质。③为中原崛起积极建言献策，勇于承担责任。④学习英模事迹，激发爱国情感。⑤积极参加社会公益活动，奉献自己的一片爱心。⑥诚实守信，礼貌待人，展示河南良好形象。⑦孝敬父母，尊敬老师，团结同学。⑧节约粮食，节约水电。⑨爱护环境，珍惜资源。⑩关注河南发展，为中原崛起、河南振兴贡献聪明才智。

评析：本题集结了国家弘扬民族精神、时代精神和我省践行“三平”精神的相关材料，让广大考生回顾加强社会主义核心价值体系建设的相关评选活动，把握时代主旋律，结合学习我省英雄模范人物事迹，增强热爱家乡、增辉中原意识，并由此以实际行动成为“三平”精神的践行者，既关注了重大时代主题，又关注了考生自身发展；既立足于国家大局，又着眼于中原崛起；既突出了能力立意，又强化了情感教育，具有较强的综合性和实践性，从而将正确的价值引导蕴含在鲜活的生活主题之中，通过道德践行促进思想品德的形成与发展，使社会主义核心价值体系的种子深深植根于广大考生的心田中。

13. **材料一**：展示中国发展新貌，荟萃世界文明精华。举世瞩目的中国2010年上海世博会4月30日晚隆重开幕，246个国家和国际组织齐聚黄浦江畔，共同见证这一难忘时刻。上海世博会是继北京奥运会后我国举办的又一国际盛会，也是在世博会159年历史上第一次由发展中国家举办。

EXPO 2010 SHANGHAI CHINA

材料二：上海世博会河南馆以“国之中，城之源”为主题，其标志取名为“龙城”，以印、龙为主要元素，以篆书体“豫”为主体形象，神似人物或一个场景(劳作、唱豫剧)，给人以无限遐想，吻合河南的历史文化背景和世博会以人为本的理念。世博会河南活动周定于7月13日至17日举办，届时将开展一系列活动来宣传河南、展示河南。

HENAN CHINA 中國 河南

“看世博，知世界”活动正在进行中，请你参与并完成下列任务：

(1)请谈谈我国举办2010年上海世博会的重要意义。(两个方面即可。4分)

(2)请推荐两种独具我省特色的展品或项目参加河南活动周。(2分)

(友情提示：可从历史文化类、土特产类、民俗类、知名品牌类等方面入手)

(3)如果有幸参观世博会,你将如何向世人展示中国当代中学生的风采?(两个方面即可。4分)

参考答案:(1)(4分)①有利于展示中华民族5000年灿烂文明。②有利于展示新中国60多年特别是改革开放30多年的辉煌成就。③有利于展示我国各族人民为实现全面建设小康社会目标而共同团结奋斗的精神风貌。④有利于激发全国各族人民的爱国热情,增强民族凝聚力。⑤有利于增强中华民族的自尊心、自信心和自豪感。⑥有利于提升我国的国际地位和国际影响力。⑦有利于促进我国同世界各国各地区的经济文化交流与合作。⑧有利于增进我国人民同世界各国各地区人民相互了解和友谊。⑨有利于促进世界经济全面复苏。⑩有利于展示世界最新科技成果,推动人类发展进步。

(2)(2分)略。示例:历史文化类——甲骨文、司母戊鼎、《清明上河图》、贾湖骨笛、九鼎八簋(guǐ)、陶仓楼、陶院落、陶水管、郑州二七纪念塔、河南博物院青铜神兽、安阳殷墟、洛阳龙门石窟、中国文字博物馆、《大宋·东京梦华》、《禅宗少林·音乐大典》、新郑黄帝故里拜祖大典、姓氏寻根、《易经》、《道德经》、《黄帝内经》、文学豫军等;土特产类——信阳毛尖、中牟大蒜、新郑大枣、开封花生糕、灵宝苹果、西峡猕猴桃、焦作铁棍山药、驻马店小磨香油、原阳大米、滑县道口烧鸡等;民俗类——豫剧、少林功夫、陈氏太极拳、洛阳三彩、开封朱仙镇木版年画、开封汴绣、南阳烙花、禹州钧瓷、汝州汝瓷、宝丰魔术、濮阳杂技、淮阳泥泥狗、浚县泥咕咕、灵宝剪纸、镇平玉雕、民权画虎村等;知名品牌类——宇通客车、郑州日产、新飞冰箱、三全水饺等;其他类——红旗渠、小浪底水利枢纽工程、南水北调穿黄工程、洛阳牡丹、鄢陵花木(卉)等。

(3)(4分)①遵守世博参观礼仪要求,做文明游客。②遵守秩序,自觉排队。③欣赏展品时,遵守相关规定。④观看演出时,不高声喧哗;演出结束后,鼓掌致谢。⑤爱护环境,不乱扔包装盒等废弃物。⑥遇到有人需要帮助时,热心相助。⑦体验未来生活,增强创新精神和实践能力。⑧尊重不同国家、不同地区、不同民族的风俗习惯。

评析:本题将上海世博会和河南馆主题两个材料有机结合起来,将上海世博会标志和河南馆标志完美结合起来,将上海世博会的重大意义和河南活动周的开展有机结合起来,将上海世博会与中学生的行为养成教育巧妙结合起来,既突出了重大时政主题,又突出了河南振兴与中原崛起;既考查了主干知识与核心内容,又考查了广大考生分析问题、解决问题的能力;既关注了材料本身的教育意义,又关注了德育效果的延伸和拓展(河南活动周的开展)。从而突出了热爱祖国与热爱家乡教育的有机结合,实现了书本内外、课堂内外、考场内外教育功能的紧密联系与和谐统一,具有较强的思想性、教育性、开放性、实践性与综合性。

综合上述评析,综观全卷,我们认为,本套试卷严格依据中华人民共和国教育部颁布的全日制义务教育《思想品德课程标准(实验稿)》,符合2010年河南省初中毕业生学业考试思想品德学科《说明与检测》的题型设置与内容要求。注重考查主干知识与核心内容，充分关注重大主题，坚持正确导向，发挥德育功能，贯彻能力立意，科学考查“双基”。充分体现新课程理念，紧密联系生活实际，选取材料鲜活，贯彻“题在书外，理在书中”的命题原则，适应开卷考试的客观要求。对整体预设难度适当提升，注意区分度的有效设置，确保试题设计的科学性、思想性、教育性、基础性、开放性、实践性、人文性、原创性与地域性，同时体现了较强的综合性。确保试题答案设置的科学、准确、严谨、简洁、开放；主观题设问保持一定梯度，符合考生认知特点和思维规律；整套试卷立足河南，胸怀祖国，放眼世界，没有难题、偏题、怪题，并充分注重了试卷内容与形式的完美结合，实现了整体优化。符合国家教育部、河南省教育厅相关文件精神和河南省基础教育教学研究室关于2010年初中学业水平暨高级中等学校招生考试思想品德试题研制工作的具体要求。另外，根据调研反馈情况，本试卷在使用过程中受到了师生、家长和社会各方的高度认同和一致好评。

附：2010年河南省初中学业水平暨高级中等学校招生考试思想品德A卷多项细目表

题号	题型	分值	命题立意及考查目的	考查内容	考点分布
1	单选	2	实施科教兴国和人才强国战略，建设创新型国家	科技·人才（国家科技奖励大会）	时事政治
2	单选	2	实行城乡同票同权，不断增强法制观念	依法治国·人民当家作主（选举法修正案）	时事政治（综合）
3	单选	2	增强自我保护意识，提高自我保护能力	未成年人保护·自我保护（自我保护能力）	成长中的我
4	单选	2	增强对党的基本路线的理解和运用能力	党的基本路线（“三农”·教育·依法治国等）（生命线、幸福线）	我与集体、国家和社会的关系
5	多选	3	树立诚实守信意识，维护自身合法权益	诚信意识·消费者合法权益（毒餐盒）	课标第二、三部分综合
6	多选	3	树立环境保护意识，增强社会责任感	可持续发展战略·保护环境（双洎河污染）	我与集体、国家和社会的关系
7	多选	3	了解移民感人事迹，弘扬民族精神和时代精神	民族精神·时代精神（南水北调中线工程·“渠首精神”）	我与集体、国家和社会的关系
8	多选	3	正确理解艰苦奋斗、团结合作、坚强意志和挫折	艰苦奋斗·团结合作·坚强意志·挫折（《中国大百科全书（第二版）》出版）	课标第一、二、三部分综合

（续表）

题号	题型	分值	命题立意及考查目的	考查内容	考点分布
9	辨析	10	增强节约资源和保护环境意识，倡导低碳生活方式	践行低碳生活（低碳生活）	时事政治·我与集体、国家和社会的关系部分综合
10	观察与思考	10	增强公德意识，陶冶高尚道德情操	社会公德·尊重规则·诚实守信等（扶花女孩·寻找“失主”）	课标第一、二、三部分综合
11	观察与思考	10	畅谈新疆发展成就，唱响维护民族团结之歌	社会主义制度的优越性·民族团结等（新疆工作座谈会·青海玉树地震）	时事政治·我与集体、国家和社会的关系部分综合
12	活动与探索	10	弘扬时代主旋律，加强社会主义核心价值体系建设	社会主义核心价值体系·“三平”精神（“三平”精神）	时事政治·课标第二、三部分综合
13	活动与探索	10	树立世界眼光，激发爱国情感，增强热爱家乡意识	国际地位和国际影响力·民族凝聚力·优秀文化传播·培养世界眼光（世博会·河南馆）	时事政治·课标第一、二、三部分综合

注：

课标第一部分——“成长中的我”

课标第二部分——“我与他人的关系”

课标第三部分——“我与集体、国家和社会的关系”

2010年河南省初中学业水平暨高级中等学校招生考试思想品德B卷试题评析

王向阳　路文超　窦树东　张秀菊

一、请你选择(共20分)

——认真细致,点滴做起!

▲单项选择(4小题,每题2分,共8分。下列每小题的四个选项中,只有一项是最符合题意的,请将所选项字母填入题后括号)

1. 近年来,中国全方位外交取得丰硕成果。2010年3月5日,温家宝总理在十一届全国人大三次会议上作政府工作报告时指出,在对外交往中,我国一贯坚持走________道路。【　】

A. 共同繁荣　　B. 互利共赢　　C. 和平发展　　D. 独立自主

答案:C

评析:试题以近年来中国全方位外交取得丰硕成果为载体,展示了中国始终高举和平、发展、合作旗帜,坚持独立自主的和平外交政策,坚持走和平发展道路,奉行互利共赢的开放战略,推动建设持久和平、共同繁荣的和谐世界的良好国际形象,旨在激发考生热爱社会主义祖国、热爱世界和平的情感,培养正确的价值观。

2. 2010年2月10日,2009年度"感动中国"人物评选活动揭晓,右图中的河南人________当选。【　】

A. 李灵　　B. 王生英

C. 吴新芬　　D. 任长霞

答案:A

评析:试题以李灵当选"2009 年度'感动中国'人物"为载体,具有较强的时代性和浓郁的地方特色,有利于激发考生热爱家乡和为家乡做贡献的思想情感,鼓励莘莘学子自觉投入中原崛起、河南振兴的伟大实践中去。

3. 小明的困惑:"我学雷锋,妈妈说我发神经;我捡垃圾,爸爸说我素质低;我坐车买票,叔叔说我大傻帽。"对此,你应对小明说 【 】

A. "不听长辈言,吃亏在眼前"　　B. "正义心中装,公德不能忘"

C. "谁言寸草心,报得三春晖"　　D. "家庭是港湾,长辈是靠山"

答案:B

评析:帮助学生提高道德素质,形成健康的心理品质,树立法律意识,增强社会责任感和社会实践能力,引导学生追求更高的思想道德目标,形成正确的世界观、人生观、价值观和荣辱观是思想品德教学和考试评价的重要任务。试题以小明所遇到的困惑为载体,深刻揭示了一些不良社会现象,引发考生思考。通过答题培养考生尊重规则、尊重权利、尊重法律、追求公正的情感态度价值观,具有很强的教育性。

4. 一个国家的真正财富是它的全体公民。从汶川地震到玉树地震,"救人! 救人! 第一位的是救人!""只要有一线希望,就要尽百倍努力,决不抛弃、决不放弃!"……党和国家围绕人的生命展开全力救援。这充分体现了 【 】

A. 实现人生价值需要珍爱自身生命　　B. 人类的生命具有独特性和多样性

C. 人的生命既是宝贵的也是脆弱的　　D. 党和国家对人民生命的呵护尊重

答案:D

评析:生命是宝贵的,生命只有一次,生命健康权是最根本的人身权,党和政府对人的生命展开的全力救援,充分体现了党和政府坚持以人为本的执政理念和全心全意为人民服务的宗旨。通过考查有利于进一步增强考生热爱中国共产党、热爱中国特色社会主义的思想情感。

▲**多项选择**(4 小题,每题 3 分,共 12 分。下列每小题的四个选项中,至少有两项是符合题意的,请将所选项字母填入题后括号。多选、错选均不得分。少选者:若有两个正确选项,只选一项者得 1.5 分;若有三个正确选项,每少选一项即少得 1 分;若有四个正确选项,选三项者得 2 分,选一、二项者均得 1 分)

5. 河南是中华民族和华夏文明的重要发祥地,历史底蕴深厚,文化资源丰富。当前,河南正充分发挥这一优势,推动文化发展繁荣,着力建设文化强省。下列能够体现河南建设文化强省的事情有 【 】

A. 中国文字博物馆在安阳开馆

B. 粮食总产量多年居全国首位

C. 中原文化艺术学院动工兴建

D.《梨园春》擂台赛誉满全国

答案:ACD

评析:当今时代,文化越来越成为民族凝聚力和创造力的重要源泉,越来越成为国家实力的重要组成部分,越来越成为综合国力竞争的重要因素。试题以河南文化强省建设所取得的成就为切入点,旨在激发考生作为河南人的自豪感和自信心,增强考生热爱家乡、建设家乡的责任意识,促使考生更加自觉地投身到建设美好和谐新河南的伟大实践中去。

6.“两任村官,六载离家,总是和农民面对面、肩并肩。他走得匆忙,放不下村里道路工厂农田,对不住家中娇妻幼女高堂。那年,村民按下红手印,改变乡村的命运;如今,他们再次伸出手指,鲜红手印,颗颗都是他的碑文。”——生前任安徽省凤阳县小岗村党委第一书记的沈浩被评为 2009 年度“感动中国”人物。以沈浩为原型的电影《第一书记》将于 2010 年 7 月 1 日起在全国上映。沈浩,作为深入学习实践科学发展观活动中涌现出的优秀典型,给人们留下的宝贵精神财富有 【 】

A. 一心为民、服务群众的宗旨意识　B. 解放思想、锐意改革的创新精神

C. 艰苦奋斗、扎根基层的实干作风　D. 任劳任怨、无私奉献的高尚品格

答案:ABCD

评析:试题以 2009 年度“感动中国”人物、深入学习实践科学发展观活动中涌现出的优秀典型沈浩的事迹为背景材料,高立意、低切入,具有鲜明的时代特征。试题旨在增强考生的责任意识,培养考生的创新精神和能力,引导考生努力形成热心公益、奉献社会的高尚品质。

7. 2010 年是“国际生物多样性年”,其主题为“生物多样性就是生命,生物多样性也是我们的生命”。据相关部门统计测算,由于人类的活动和日益加剧的气候变化,目前,地球上的生物种类正在以相当于正常水平 1000 倍的速度消失,全世界约有 3.4 万种植物和 5200 多种动物濒临灭绝。这告诉我们 【 】

A. 保护生物多样性任重道远　B. 生物多样性丧失已成必然

C. 人类无法改变生物多样性　D. 落实可持续发展刻不容缓

答案:AD

评析:热爱生命,爱护自然,保护环境是思想品德课程标准的重要内容之一,也是实践科学发展观的必然要求。试题以“国际生物多样性年”这一鲜活材料为背景,旨在使考生树立人与自然相互依存、和谐相处的生态道德观念,养成保护自然环境的思想意识和行为习惯。

8. 他先后 16 次获各类奖学金或表彰;他是学校的特困生,却连续 4 年推让助学金;

他靠勤工俭学完成学业并资助家庭;他把获得的奖学金和勤工俭学攒下来的钱,捐给地震灾区和白血病患者;他创办"爱心超市",为3700多人送去温暖,让爱心在校园和社会传递……他就是华东交通大学2006级学生徐钢。其感人事迹启示我们 【 】

A. 要以阳光的心态面对困境　　B. 要以顽强的意志自立自强

C. 要以感恩的情怀传递大爱　　D. 要以健全的人格塑造自我

答案:ABCD

评析:"阳光青年"、全国大学生自强之星徐钢的感人事迹告诉我们:人生当自强,在困境面前,如果失去信心和勇气,难免会被生活所抛弃。遇到困难和挫折要以阳光的心态面对,要具备自强的精神和感恩的情怀,要拥有健康的心理和健全的人格,只有这样才能成为一个有益于人民的人。试题以徐钢的感人事迹为背景材料,突出考查核心内容和主干知识,体现教育价值,强化德育功能,充分体现了"题在书外,理在书中"的命题理念。

二、请你辨析(10分)

——辨别分析,感悟明理!

9.

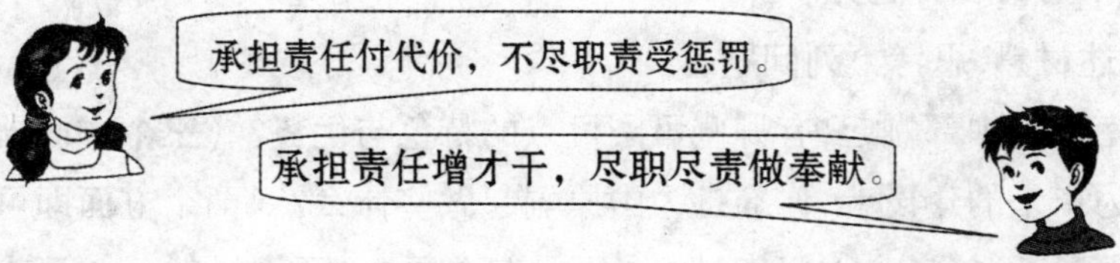

参考答案:(1)承担责任需要付出代价。这些代价既可能是付出时间、精力和金钱,也可能是放弃与责任无关的个人兴趣、爱好和利益,还可能是因做得不好而受到责备、批评和处罚。(3分)

(2)不负责任会给自己带来不利影响,比如:得不到人们的信任;受到道德的谴责,受到法律的惩罚;损害自己所从事的事业;危害他人和社会的利益;等等。(2分)

(3)承担责任会使人增长才干。一个勇于承担责任的人能获得更多机会参加各种实践活动,从多方面获得知识、技能和经验(或:承担责任,往往伴随着获得回报的权利,在承担责任的过程中,会获得新的知识和技能等)。(3分)

(4)每一个人都要增强责任意识,积极承担责任,做一个负责任的公民。(2分)

评分建议:第(1)点答出承担责任需要付出代价的主要表现即可给3分。第(2)点答出不负责任给自己带来的不利影响即可给2分。第(3)点答出承担责任能使人增长才干的主要内容即可给3分。第(4)点答出要做负责任的公民即可给2分。

评析:勇于承担责任,做负责任的公民是思想品德教育的主要任务之一,也是思想品德考试评价关注的重要方面。试题紧紧围绕承担责任付出代价或是增长才干展开辩论,观点鲜明,层次清晰,通过辨析使广大考生进一步增强责任意识,勇于承担责任,做一个负责任的公民。同时,试题的考查有利于培养考生的辨别分析能力和发散思维能力,有利于考生综合素质的提高。

三、请你进行观察与思考(2 小题,每题 10 分,共 20 分)

——置身情境,表达心声!

10. 随着《促进中部地区崛起规划》的公布,地处中部地区的河南迎来了新的发展机遇,中原儿女信心无比。这信心来自多个方面。比如:2009 年,我省 GDP 增长 10.7%(全国为 8.7%)。又比如:河南铁路建设已吹响"冲锋号"——未来几年,郑州到周边省会城市只需两小时,而到达中原城市群任一城市只需半小时。目前,郑(州)西(安)高铁已开始运营,石(家庄)武(汉)高铁河南段建设如火如荼,中原铁路枢纽网正在展示它的独特魅力。再比如……

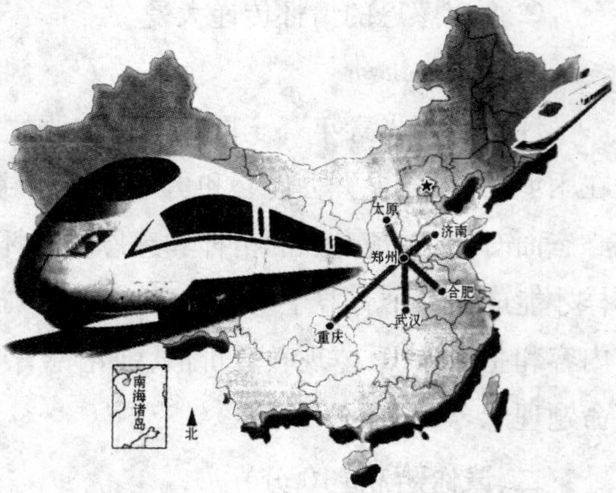

结合上述材料,思考下列问题:

(1)河南领跑中部崛起,有哪些可圈可点的特色与优势?(三个方面即可。6 分)

(2)作为未来的建设者,你准备为中原崛起做些什么?(两个方面即可。4 分)

参考答案:(1)(6 分)①河南地处中原,交通便捷,区位优越。②河南是中华民族的重要发祥地,历史悠久,文化灿烂。③河南是全国重要的经济大省、全国第一粮食生产大省、全国新兴的工业大省、全国有影响的文化大省。④河南有丰富的旅游资源,正在实施"旅游立省"战略。⑤河南人口多,劳动力资源丰富,经培训可转化为巨大的人力资源优势。⑥河南重视加强社会主义精神文明建设,英才辈出。⑦近年来,河南经济建设取得巨大成就,不少经济指标居中部地区乃至全国前列。

(2)(4 分)①努力学习,立志成才,为将来投身于家乡建设做准备。②关注河南发展,积极为中原崛起献计献策。③积极宣传河南发展成就,树立河南良好形象。④树立正确的世界观、人生观、价值观,增强社会责任感。⑤积极参加社会实践活动,不断提高创新能力。⑥爱护环境,节约资源。⑦遵守国家法律法规,做守法护法的好公民。⑧加强自身修养,遵守社会公德。

评分建议:第(1)问答出任意一个方面即可给 2 分,最高给 6 分。第(2)问答出任意一个方面即可给 2 分,最高给 4 分。

评析:试题关注中部崛起这一重大时政主题,强调中原崛起、河南振兴,以河南发展成就为主线,将中部崛起与中原崛起有机结合,将国家发展成就与河南发展态势有机结合,让考生充分认识到河南领跑中部崛起的特色和优势,从而更好地认识河南、了解河南、感知河南、热爱河南，树立河南良好形象，增强为中原崛起、河南振兴做贡献的社会责任感。

11.“红段子”是通过网络、手机等相互传播的内容健康向上、形式短小精悍、效果催人奋进的短信。它不仅包括红色革命段子，还包括生活哲理类、励志类、健康知识类、节日祝福类等段子。一句话，“红段子”就是大家喜闻乐见的、积极健康的短信。

由广东率先发起的“红段子”系列活动，目前已成燎原之势，“红”遍大江南北：重庆开展了“唱红歌、读经典、讲故事、传箴言”活动；辽宁举办了以“发健康短信，扬社会新风”为主题的“红段子”短信大赛活动；在我们河南，也开展了以“红色短信说河南”、“红词红句赞河南”、“红色彩信看河南”为主要内容的“红动新河南”短信文化传播活动……

结合上述材料，思考下列问题：

(1)请谈谈你对开展“红段子”活动的认识。(两个方面即可。4 分)

(2)请你编写一条红色短信，并对所编短信进行简要解析。(要求：主题鲜明，观点正确，积极向上，语言简练。6 分)

参考答案：(1)(4 分)①有利于弘扬爱国主义精神，唱响共产党好、社会主义好、改革开放好、伟大祖国好、各族人民好的时代主旋律。②有利于加强社会主义核心价值体系建设，提升全体公民文明素养。③有利于弘扬中华民族优秀传统文化，激发爱国情感。④有利于弘扬主流文化，引领时代新风。⑤有利于发展先进文化，净化短信文化空间。⑥有利于促进社会主义文化大发展大繁荣。⑦有利于构建社会主义和谐社会。⑧有利于培养高雅的生活情趣，追求积极向上的人生目标。

(2)(6 分)略。红色短信示例：①唱响科学发展主旋律，构建和谐社会新篇章！②高扬爱国旗帜，崇尚爱国精神，坚定爱国之志，践履爱国之行。③我以我心爱祖国，我以我行报祖国！④古老中原，历史悠久；厚重中原，积淀丰厚；文化中原，文明源头；美丽中原，美不胜收；和谐中原，凯歌高奏；魅力中原，争创一流！⑤两大跨越，中原儿女绘宏图；中原崛起，河南人民谱新篇！⑥一点一滴汇聚你我之力，一言一行彰显河南魅力，一举一动弘扬民族精神，一心一意推动中原崛起！⑦与书画为友，与琴棋为伴，与诗词同行，与音乐共舞。⑧只为成功找方法，不为失败找理由。

评分建议：第(1)问答出任意一个方面即可给 2 分，最高给 4 分，若考生从具体做法这一角度回答，也可酌情给分。第(2)问要求主题鲜明、观点正确、积极向上、语言简练，编写一条短信即可给 4 分，对短信进行简要解析即可给 2 分，本设问最高给 6 分，不符合要求者可酌情扣分。

评析:随着人们物质生活水平的提高,人们的精神需求日益增多,弘扬健康主流文化成为时代的要求和人民的心声。试题以全国各地开展“红段子”活动为载体,旨在唱响时代主旋律,加强社会主义核心价值体系建设,弘扬主流文化,引领时代新风,激发爱国情感;通过让考生编写红色短信并对所编短信进行简要解析,提升了考生的品格,考查了考生的综合能力,有利于实施素质教育,促进考生全面发展。

四、请你参加活动与探索(2 小题,每题 10 分,共 20 分)

——奋力耕耘,实践创新!

12. **材料一**:2010 年 3 月 3 日,在河南进京务工人员座谈会上,中共河南省委书记、河南省人大常委会主任卢展工对在外务工的河南人给予高度评价,盛赞这些普普通通的河南人、踏踏实实的河南人、不畏艰难的河南人、侠肝义胆的河南人,以自己的实际行动,充分体现了宝贵的“三平”精神——平凡之中的伟大追求、平静之中的满腔热血、平常之中的极强烈的责任感。

材料二:伟大的时代孕育伟大的精神,伟大的精神推动伟大的实践。“三平”精神是对新时期河南精神的生动描述和最新概括。要实现中原崛起、河南振兴,每一个河南人都应该弘扬和践行“三平”精神,在平凡的岗位上创造不平凡的业绩。

据悉,你校学生会准备举行“弘扬‘三平’精神,争做时代先锋”专题教育活动,请你参与,并完成下列任务:

(1)请你谈谈弘扬“三平”精神对河南振兴的重要意义。(两个方面即可。4 分)

(2)新中国成立以来,我省涌现出了大批英雄模范人物,他们都是践行“三平”精神的典范,请你写出其中的四位。(2 分)

(3)作为中原儿女,弘扬“三平”精神,你会有哪些实际行动?(两个方面即可。4 分)

参考答案:(1)(4 分)①有利于建设社会主义核心价值体系,弘扬和培育民族精神。②有利于展示新时期河南人的精神风貌。③有利于树立河南人的良好形象。④有利于培养中原儿女强烈的社会责任感。⑤有利于形成良好的社会风尚。⑥有利于凝聚人心,为中原崛起、河南振兴提供强大的精神支撑。⑦有利于激发中原儿女干事创业的热情。⑧有利于传承中原优秀文化。

(2)(2 分)略。示例:焦裕禄、史来贺、常香玉、任长霞、吴金印、谢延信、张荣锁、魏青刚、洪战辉、王百姓、李剑英、武文斌、李隆、李灵、李学生、王一硕、赵传宇、裴春亮、周国允、吴新芬、沈战东等。

(3)(4 分)①勤奋学习,增长才干,增强责任意识,勇于承担责任。②提升道德境界,遵守社会公德。③积极参加群众性精神文明创建活动,弘扬社会正气。④学习英模事迹,激发爱国情感,增强为中原崛起、河南振兴做贡献的使命感。⑤积极参加社会公益活动,奉献自己的一片爱心。⑥诚实守信,礼貌待人,展示河南良好形象。⑦孝敬父母，尊敬老师，团结同学。⑧节约粮食，节约水电；爱护环境，珍惜资源。⑨敢于创新，大胆实践，在前进道路上不畏艰险。⑩关注河南发展，为中原崛起、河南振兴积极建言献策。

评分建议：第(1)问答出任意一个方面即可给2分，最高给4分。第(2)问只要符合题意、准确写出一位英雄模范人物的姓名即可给0.5分，最高给2分。第(3)问答出任意一个方面即可给2分，最高给4分。

评析：试题以弘扬“三平”精神为切入点，紧扣时代脉搏，关注重大主题，具有鲜明的时代特征。试题通过谈弘扬“三平”精神对河南振兴的重要意义，来激发中原儿女干事创业的热情，建设社会主义核心价值体系，弘扬和培育民族精神；结合新中国成立以来，我省涌现出的大批英雄模范人物，来坚定弘扬“三平”精神的信心和决心，增强热爱河南、增辉中原意识；强调弘扬“三平”精神应采取的一些实际行动，来引导考生以实际行动成为“三平”精神的践行者。总的来说，试题具有丰富的张力，具有较强的综合性，充分体现了对教学的正确导向功能，整个试题充满朝气和活力。

13. 欢聚世博盛会，共创美好未来。世博会是荟萃人类文明成果的盛会，也是世界各国人民共享欢乐和友谊的聚会。中国2010年上海世博会4月30日晚精彩启幕，246个国家和国际组织齐聚黄浦江畔，共同体验未来美好生活。上海世博会是世博会诞生159年来第一次在发展中国家举办，这既是中国的机遇，更是世界的机遇。世界各国人民一定能够共享一届成功、精彩、难忘的世博盛会。

据悉，你校近期准备出一期“关注世博，参与世博”的主题板报，特邀你做策划人，完成下列任务：

(1)为吸引八方游客参观中国馆，请你设计一条宣传标语。（要求：主题鲜明，观点正确，语言简练。4分）

(2)中国一定会让世界各国人民共享一届成功、精彩、难忘的世博盛会！请你探究：这种信心来自哪些方面？（三个方面即可。6分）

参考答案：(1)(4分)略。示例：难忘世博会，精彩中国馆；情牵世博园，心系中国馆；相约世博会，难忘“中国红”；展示中国发展新貌，共享人类文明盛宴；五千年灿烂文明，十三亿国人愿景；世博会开园迎宾，中国馆见证精彩；159年梦圆中华，精彩荟萃中国馆；开启城市美好新纪元，畅想未来生活新体验；等等。

(2)(6分)①党中央、国务院的坚强领导。②社会主义制度具有集中力量办大事的优越性。③我国的经济实力和综合国力不断增强。④中华民族具有强大的凝聚力和无比的向心力。⑤中华文化博大精深，源远流长。⑥我国的国际地位和国际威望不断提升。⑦一个和平、合作、负责任的大国形象已经为国际社会所公认。⑧中国致力于维护世界和平,促进共同发展(或:中国致力于建设持久和平、共同繁荣的和谐世界)。⑨中华民族历经沧桑而不衰,备经磨难而更强,具有强烈的民族自尊心、自信心和自豪感。⑩全国各族人民的大力支持(或:广大志愿者的积极参与)。

评分建议:第(1)问要求主题鲜明,观点正确,语言简练,设计出一条即可给4分。第(2)问答出任意一个方面即可给2分,最高给6分。

评析:中国2010年上海世博会是继北京奥运会后我国举办的又一国际盛会,也是在世博会159年历史上第一次由发展中国家举办。试题以我国举办2010年上海世博会为切入点,让考生为世博会中国馆设计一条宣传标语,使考生更加关注世博、了解世博、支持世博、参与世博、为世博做贡献;让考生探究中国一定会让世界各国人民共享一届成功、精彩、难忘的世博盛会的信心来源,进一步引导考生关注国家、民族的前途命运,升华考生热爱党、热爱祖国的情感,培养考生的亲社会意识、团结意识、责任意识、奉献精神。试题高立意、低切入、以小见大,充分体现了新课程命题理念,必将对开卷考试提供有益的借鉴。

附:2010年河南省初中学业水平暨高级中等学校招生考试思想品德B卷多项细目表

题号	题型	分值	命题立意及考查目的	考查内容	考点分布
1	单选	2	了解中国外交,树立世界眼光	中国外交成就·和平发展道路(中国外交)	时事政治综合
2	单选	2	展示河南良好形象,激发中原儿女见贤思齐	2010年"感动中国"年度人物(李灵)	时事政治
3	单选	2	增强公德意识,提高道德判断和辨别是非能力,维护社会公平正义	正义·公德("学雷锋")	课标第二、三部分综合
4	单选	2	珍爱生命,尊重生命,善待生命,坚持以人为本	珍爱生命·以人为本(青海玉树地震)	课标第一、三部分综合
5	多选	3	推动文化发展繁荣,着力建设文化强省	中国文字博物馆·中原文化艺术学院·《梨园春》擂台赛(文化强省)	时事政治·我与集体、国家和社会的关系部分综合
6	多选	3	贯彻落实科学发展观,加强精神文明建设,弘扬时代精神	践行科学发展观中的优秀典型:沈浩(沈浩)	我与集体、国家和社会的关系

（续表）

题号	题型	分值	命题立意及考查目的	考查内容	考点分布
7	多选	3	树立全球意识，体会生命可贵	实施可持续发展战略·保护环境（生物多样性）	我与集体、国家和社会的关系
8	多选	3	磨砺坚强意志，塑造健全人格	乐观心态·意志·感恩·健全人格（徐钢）	成长中的我
9	辨析	10	增强责任意识，做负责任的公民	做负责任的公民（承担责任付代价）	我与集体、国家和社会的关系
10	观察与思考	10	增强热爱家乡情感，树立实现中原崛起信心	中原崛起·河南振兴（中部崛起、中原崛起）	课标第一、二、三部分综合
11	观察与思考	10	唱响时代主旋律，加强社会主义核心价值体系建设	弘扬爱国主义精神·弘扬主流文化·引领时代新风（红段子）	时事政治·课标第一、二、三部分综合
12	活动与探索	10	践行“三平”精神，实现河南振兴	社会主义核心价值体系·“三平”精神（弘扬“三平”精神）	时事政治·课标第二、三部分综合
13	活动与探索	10	树立世界眼光，传承中华文明，激发爱国情感	国际地位和国际影响力·民族凝聚力·优秀文化传播·培养世界眼光（世博会）	时事政治·我与集体、国家和社会的关系部分综合

注：

课标第一部分——“成长中的我”

课标第二部分——“我与他人的关系”

课标第三部分——“我与集体、国家和社会的关系”

注重综合　凸显能力

——2010年河南省初中学业水平暨高级中等学校招生考试思想品德试题评析

河南省南阳市宛城区官庄一中　夏光范

2010年河南省中考思想品德试题,集教育性、生活性、综合性、导向性于一体,贯彻思想品德课程标准的基本理念,体现人文性、实践性,落实河南省思想品德中招考试的命题理念和指导思想,体现了思想品德课程的学科价值和时代精神的深刻意蕴,对今后的学科教学工作提供了有益的指导。

一、试题的鲜明特点

1. 坚持正确价值导向,以"认识成就,感受发展"为试题的主旋律

新中国成立以来,尤其是改革开放以来,党和国家各项事业取得了举世瞩目的伟大成就。在这样一个时代背景下,思想品德学科中考试题确定的主题是反映社会的进步、国家的发展。无论是试题情境材料的选取,还是问题的设置,都体现了引导考生关注社会生活的变化、关注社会的进步、关注国家的发展的思想。

整套试题用不同的题型,从不同侧面反映了我国在综合国力的提升、民生的改善、法制的健全、民主的进步、国际地位的提高等方面的成就,"认识成就,感受发展"成为试题的主旋律。

如2009年度国家最高科学技术奖、选举法修正案、南水北调移民精神、改革开放使人民生活水平得到提高、促进新疆发展、玉树抗震救灾、"三平"精神、上海世博会等国家、社会发展过程中的成果和成就,每题都给考生以正确的价值引导,激发他们积极向上的精神。

这样建构试题,符合思想品德学科坚持正确的价值引导的理念,体现了以引导学生做负责任的公民、过积极健康的生活的课程追求，有利于唤起考生的社会责任感。

2. 突出主干知识，全面考查能力

试题全面考查能力，在考查的知识范围内，要求学生在再认和再现的基础上，对有关知识进行转换或者解释、推理。

课程标准对思想品德学科能力的要求是多方面的。着重考查考生的分析问题能力，辨别分析能力，综合运用知识解释、演绎、推理、归纳的能力，践行品德及行为的能力。这些能力对中学生今后的生活和发展具有重要的意义和价值，对思想品德教学具有重要的指导意义。

2010年的思想品德试卷考查的主干知识主要体现在：未成年人的自我保护，党的基本路线，环境资源国情国策，自觉承担社会责任，理想实现与艰苦奋斗，事业成功与团结合作、坚强意志的关系，改革开放是强国之路，践行"低碳生活"理念，自尊自信，交往的品德，社会主义核心价值体系与社会主义精神文明建设，社会主义建设取得巨大成就及其原因，维护民族团结，弘扬和培育民族精神，交往与沟通等主干知识，并将这些主干知识与社会热点和生活热点有机结合，渗透在试题中，体现综合性的命题理念。

3. 具有鲜明的时代特征

2010年中招试卷具有鲜明的时代特征，如国家最高科学技术奖、选举法修正案、校园安全与未成年人自我保护、环境状况、南水北调移民、食品安全、低碳生活、最美"90后"、新疆工作座谈会、青海玉树地震、学习和弘扬"三平"精神、上海世博会等。这些社会热点与所学内容紧密相关，为试卷增添了光彩，突出了思想品德试卷的时代特色。

4. 突出试题的实践性、体验性

思想品德课是为初中学生思想品德健康发展奠定基础的一门综合性课程。引导、帮助学生形成良好的道德品质，感悟人生的意义，逐步形成正确的世界观、人生观、价值观，做负责任的公民是本学科的价值和追求。

新课程理念下课堂学习不再完全是静听、静观、静思的学习，而是在活动、亲历中体验的学习，2010年的思想品德考试内容很好地体现了这一点。试题充满浓厚的生活气息，与学生的生活息息相关，"选身边事，讲身边人"，充满体验性，有利于学生树立正确的价值观，以建设者、主人翁的眼光去正视现实，以提高其参与社会生活的能力。

2010年中招试卷凸显实践性和体验性。在注重对学生分析问题、解决问题能力的考查的基础上，更加注重引导学生自觉践行，具有很强的指引性和教育性，充分发挥了思想品德课程的育人功能。

如，第3题，下列未成年人的做法中符合自我保护要求的是　　【　　】

A. 发现有人落水，不顾一切救人　　B. 上下楼梯靠右，轻声慢步缓行

C. 遇到坏人勒索，盲目与其硬拼　　D. 看到没车通过，迅速闯过红灯

这是一道综合考查考生自我保护能力的单项选择题，其中既考查考生珍爱生命意

识，又考查自救自护能力和规则意识；既引导考生有针对性地对自身行为进行反思、辨别，又引导考生在日常生活中不断增强自我保护意识和能力，发挥了思想品德试卷的育人功能。

再如，第9题，强调践行“低碳生活”理念，落实“低碳生活”行动；第10题，从“最美‘90后’”的两组镜头中，让考生感悟“90后”的良好行为表现，引导考生践行交往的品德、展现自尊自强的品德和高度的社会责任感，摒弃成年人中的不良生活方式和不良行为；第11题的第(2)问要求回答你准备怎样维护民族团结、第12题的第(3)问提出要怎样以实际行动践行“三平”精神、第13题的第(3)问涉及以实际行动展示中国当代中学生的风采，这些设问有利于引导考生积极参与社会生活，在社会生活中完善自己，提升自身生命价值。

5. 关注河南发展，突出地方特色

理论联系实际是思想品德试卷命题的基本导向，也是一贯原则。2010年的试卷同样突出了这一点，试卷关注社会热点，反映重大时事。在关注社会热点的同时，试卷还引导考生关注河南发展，突出地方特色。

如第6题河南水污染问题；第7题南水北调工程河南移民精神；第10题“最美河南女孩”；第12题我省开展的有利于加强社会主义核心价值体系建设的评选活动，列举两位在相关活动中评选出的我省英雄模范人物；第13题推荐两种独具我省特色的展品或项目参加河南活动周；等等。这些试题在紧扣时政热点的同时，立足河南，关注河南发展，非常具有亲近感，有利于引导考生关注河南，关注家乡，增强为家乡发展做贡献的责任感和使命感。

6. 继承中创新

2010年河南省中招思想品德试题在继承以往新课程命题理念、命题原则的基础上进行了再创新。

重大社会热点问题考查方式上的创新。思想品德试题要结合国内外热点选择素材，迎着热点上，这一方向无疑应该坚持，但也不能机械地对待热点、反映热点，不能局限于热点本身的现象或事实，而应透过现象看本质，抓住热点所代表的社会发展方向和潮流，在试卷中灵活多样地反映和体现。

如：观察与思考题第10题：

镜头一：五一假期，河南某市人民公园郁金香开得正艳，游人纷纷挤进花圃竞相合影留念，照相机闪烁不停。此时，一个六七岁模样的小女孩，默默地蹲在拍照的众人身后，用稚嫩的小手扶起半倒在地的郁金香，又仔细地刨来新土，重新栽种，后被人们誉为“最美河南女孩”。

“最美河南女孩”默默扶起倒地的花

镜头二：九岁的小葛在放学路上捡了200元钱，在寻找失主的过程中，却迎来了4位“失主”——阿姨A：“这是我在××路上丢的钱”，结果路名不对，阿姨低头走开；——阿姨B：“这200元是我的买鞋钱”，经核实，阿姨脸红；——叔叔A：“谢谢好孩子，拾金不昧”，一盘问，情况不符，叔叔转身离开；——叔叔B：“好孩子，这钱分你一半”，小葛无语，陷入沉思……

结合以上镜头，思考下列问题：

（1）镜头一、镜头二共同说明了什么？（4分）

（2）针对上述现象，你有哪些感悟？（三个方面即可。6分）

“80后”、“90后”的责任感缺失等问题一度成为社会热点话题，试题对这一社会热点在考查方式上进行了创新，从社会现实中一些成年人责任感缺失、行为不当等现象与“最美‘90后’”形成鲜明对比，引导考生观察思考社会现象，反思自己的责任，感悟自己的责任，自觉践行道德。通过这一考查，将考生所学知识与现实生活中的热点问题联系起来，既考查考生的知识迁移能力、理解感悟能力，又引导考生树立正确的价值观，养成良好的生活方式和行为习惯。

问题基于情境，源于情境，回答问题结合情境是2010年试题的又一创新。如：第10题的第（1）问“镜头一、镜头二共同说明了什么”；第（2）问“针对上述现象，你有哪些感悟”。这就要求考生正确解读材料，并概括出共同点，有针对性地而不是笼统地回答问题，答题信息包含在情境中和对前述问题的回答中。

突出综合性、实践性，这是2010年试题的又一个创新点。综合性是从学生适应社会公共生活和思想品德形成与发展的实际出发，以“成长中的我，我与他人的关系，我与集体、国家和社会的关系”为主线，对“心理健康、道德、法律和国情”等方面的学习内容进行有机整合。既考查考生对所学知识的灵活运用能力，又引导考生道德践行，使考生在学习中形成的知识与技能、过程与方法、情感态度与价值观得到应有的展现。整个试卷大部分试题都具有综合性的特点。如第11题，集“国情、交往的品德、民族政策、交往艺术”等主干知识于一体，使知识考查面更宽广，更鲜明地体现了综合性、实践性的特点。

二、命题理念及试卷结构

1. 命题指导思想与理念

①依据课标，坚持“双开”（开放性设计试题、开放性设置答案），充分体现新课程理念。

②有利于贯彻国家的教育方针，推进素质教育；有利于体现九年义务教育的性质，全面提高教育质量；有利于课程改革，培养学生创新精神和实践能力，减轻学生过重的负担，促进学生生动、活泼、主动地学习。

③强调开放性、应用性和探究性。试题创设情境，设置具有开放性的问题，引导考生在分析中展示观点，在价值冲突中识别观点，在比较鉴别中确认观点，在探究活动中提炼观点，体现了思想品德知识和社会生活相结合的特点。重视对考生分析问题、解决问题能力的考查。注重知识与技能、过程与方法、情感态度与价值观考查的有机结合，注重试题的教育性，发挥考试的教育功能。

④选材体现时代性，结合社会热点问题，引导考生关注自身的发展与国家、人类和世界的命运。

⑤面向学生生活，关注考生成长；注重学科之间的综合，引导考生改变学习方式，培养考生综合分析问题的能力；具有浓郁的地方特色和乡土气息，引导考生关注家乡、热爱家乡。

2. 试卷结构

2010 年河南省中招思想品德试卷满分 70 分。开卷考试，考试时间 60 分钟。

从题型比例上看，本试卷共 13 题，选择题 8 小题共 20 分，非选择题 5 题共 50 分。与往年河南省中招思想品德试卷一致。

从试题难度上看，试题难易度较适中，基础题约占 40%，稍难题约占 40%，难度较大的题约占 20%，难度系数在 0.6 左右。

三、考生失分原因分析

1. 选择题部分总体情况较好，题干中心突出，设问与题干紧密相关，正确选项具有排他性，能较好地考查考生对时政内容以及主干知识的掌握情况。

选择题失分主要在第 4、5、7、8 题上，错误类型主要是误选或漏选。主要原因表现在考生对题干理解不深刻，对题肢的规定性认识不清。如第 4 题，对题干中“党和国家的生命线、人民群众的幸福线”不知道是“党的基本路线”。第 5 题把将回收的旧塑料制成餐盒错误地理解为“发展循环经济”。第 7 题对题肢“大爱无疆——不顾小家为国家”与题干结合进行思考时，做出误判而漏选。第 8 题对题肢“任何事业成功都离不开团结合作”、“凡事只要经历挫折就一定会成功”理解错误，造成误选或漏选。

2. 辨析题的失分点主要是对“改革开放钱包鼓”的原因分析，95% 的同学对这一要点没有进行分析说明；其次失分原因在于对“是否‘低碳’我做主”的理解，没有真正理解“低碳生活作为一种健康文明的生活方式，人人必须做好”，原因分析不透或没有说明原因。本题满分率较低，平均分仅为 4 分左右。

3. 观察与思考题第 10 题，失分的主要原因是审题不清，第(1)问缺乏对情境中现象的比较分析，综合归纳，因而对共同说明的问题表述不准，约 80% 的考生得 0 分。第(2)问是对第(1)问的理解和感悟，因第(1)问没有答出说明的问题，第(2)问的答语就不可能准确和全面。再加上第(1)问分值较大，因此本题平均分在 3 分左右。

第11题第(1)问考生失分较多。主要原因是与常规问法不同,学生对“建设繁荣富裕和谐稳定的社会主义新疆”的“信心来源”不理解,不知道从“党的领导、社会主义制度的优越性、民族区域自治制度、民族政策”等方面作答。

4. 第12题失分主要表现为审题不仔细,对设问中的规定性要求没有准确把握,答非所问。第(1)问,“近年来,国家和我省开展了哪些有利于加强社会主义核心价值体系建设的有关**评选**活动?(**两种**活动的名称即可)”,回答时出现的问题有:写的不是我省和我国的,不是符合社会主义核心价值体系的评选活动而是其他活动;句子表述不完整,“双百人物评选活动”只写“双百”两个字。在回答第(2)问时出现的问题有:只写河南人人名不介绍事迹;写的不是河南人;是河南人但不是评选出来的河南人;名字写错,任长霞写成任常霞等;只写一个评选出的河南人和他的事迹;部分学生写的评选出的河南人的名字生僻,不是经常说的那几位,容易造成改卷教师误判。

第13题失分主要原因在答题语言不准确、不规范,照搬照抄不规范的资料内容。

综上所述,考生在考卷中所反映的突出问题主要有以下几个方面:

1. 主干知识、核心内容掌握不牢固。

例如,关于社会主义核心价值体系的基本内容是什么,很多学生不知道。社会主义核心价值体系的基本内容包括:马克思主义的指导思想、中国特色社会主义的共同理想、以爱国主义为核心的民族精神和以改革创新为核心的时代精神、社会主义荣辱观。

2. 做题方法和技巧有待提高。

例如,辨析题有些考生失分严重。

3. 审题能力和答题能力有待提高。

考生失分很大程度上是因为没看清题目的规定性要求,没按题目要求作答,组织答案的能力差,总结概括能力有待进一步提高。

4. 思维方式、思维能力不强。

一是审题不清,抓不住问题的中心和要点,答非所问,答案针对性不强;二是书面表达乱,层次不清,条理性差;三是回答问题不全面,容易产生片面性。

5. 重辅导资料,轻学科知识的学习和能力的提高。

部分考生平时没把精力和时间放在思想品德的学习上,认为思想品德考试是开卷考试,考前买一些相关的资料就能考高分。其实,由于中招试题的原创性,故任何复习资料都不可能取代扎实的日常学习和认真备考。

四、教学建议

1. 要夯实学科基础知识,注重知识梳理

思想品德实行开卷考试后,试题加大了能力立意、素质立意的考查力度,减少了识记的题量和分值,但是这并不意味着忽视基础知识。知识和能力是辩证统一的,知识是

能力的基础和载体,能力是知识的运用与发展,忽视基础知识就无所谓能力。因此,在日常教学中必须重视基本概念、基本原理、基本观点、基本事实及其相互联系等知识的教学,根据课程标准的要求,夯实学生的知识基础。

重视基础知识,要把重点放在对知识的深刻理解和灵活运用上,不能死记硬背。有的同学不注重对知识的融会贯通和理解运用,忽视对知识的逻辑归纳,忽视有关知识之间的联系,遇到材料新、设问灵活的题型,就一筹莫展。因此教师在教学中,要带领学生对各课、各节的知识点进行梳理,使之系统化、网络化,同时还要打破课与课、节与节和年级知识点的界限,进行横向比较,通过归纳、比较,深刻理解基础知识。

2. 依据课标,注意培养学生思维的发散性和开放性

现行思想品德教科书是一标多本。各地市使用的教科书是不一样的,而省初中毕业学业考试又是统一的,考试命题不可能依据某一版本的教科书,我们的教学当然不能拘泥于某本教科书的固定说法或叙述方式,应牢牢把握课程标准的内容,以"成长中的我"、"我与他人的关系"、"我与集体、国家和社会的关系"为主线,对道德、心理健康、法律和国情等多方面的学习内容进行有机整合,转变教学方式,注意遵循理论联系实际原则和知行统一的原则,采取自主合作,探究学习,这样才能增强学生的解题能力,提高他们的综合素质。

3. 要坚持理论联系实际,提高分析问题的能力

开卷考试重在考查考生的记忆、理解、阅读、审题等能力,在日常教学和学习中一定要把能力的培养和训练放在重要位置,使学生能够举一反三。

在教学过程中,要注重理论联系实际。引导学生结合所学知识,联系社会生活实际以及个人的思想和行动,进行全面思考,提高分析问题、解决问题的能力。教师应做到:

第一,弄清思想品德课程标准规定的"识记"、"理解"、"活动"层次要求。

第二,弄清社会生活中有哪些热点问题。

第三,弄清社会生活中热点问题与我们思想品德课程标准的内在联系。

第四,选取典型材料加强练习,提高综合归纳、概括问题的能力,分析能力,理解感悟能力和知识迁移的能力。

4. 要用好教材,学会查找资料

开卷考试,考生可以查阅资料,独立答题,但不得相互讨论、相互抄袭。有的考生由于对书本知识不熟,考试时无从下手,抄得很多得分却很少,对基础知识理解和掌握好的考生,试题答得好,得分也高,体现了知识与能力的转化。因此,在教学中,要让学生熟读教材,切实掌握好基本概念、基本原理和基本观点,积累丰富的知识。

5. 开展实践活动,拓展学生知识面

在考试中,要想回答好开放性、综合性试题,必须有扎实的知识基础、敏锐的观察力、广博的知识及多角度、多层次思考问题的能力和审题的能力。因此,仅仅拘泥于课堂学习是不够的。现实生活中新近发生的热点时事,既是思想品德教育的良好素材,也是命题的较好素材,对于社会生活中的时政热点问题,教师要抽出时间,着意搜集,通过学生自学感悟、教师点拨讲解,将学生对这些重大时政问题的认识引向深入,从而丰富学生的思想,扩展视野。

6. 让思想品德教学走进生活,走进社会,走进学生的心灵,促进学生品德发展

在组织教学活动时,应当少说空话,将思想品德教学和学生的现实生活密切联系,回归学生生活,回归现实,触及学生的内心世界,影响他们的心灵。

7. 实现思想品德课程的开放性,注重思想品德教学的实践性,"以正确价值引导与自主建构相结合"

思想品德课面向学生的整个生活,开放性体现在,从教科书扩展到所有对学生有意义的题材;课堂从教室扩展到家庭、社区及学生群体的其他生活空间,组织有效的教学活动。

8. 倡导探究性学习方式,注重学习过程和方法

在明确思想品德课程标准具体要求的前提下,要结合教材内容,鼓励学生独立思考、合作探究,为学生提供足够的选择空间和交流机会,能够从各自的特长和兴趣出发,主动经历观察、操作、讨论、质疑、探究的过程,富有个性地发表见解,以利于培养求真务实的态度和创新精神。

总之,河南省中招试题无论是整张试卷的建构,还是各类试题的立意,无论是考查内容的确定,还是问题角度的设置,均考虑到对学科教学的积极引导,因此,教师在今后的教学中要灵活地处理教材,使教学内容与生活实践相结合,落实课程的"三维"目标,促进教学方式和学习方式的实质性变化,让学生活学、学活、会学,提高学习能力,为学生终身学习奠定坚实基础。

“活题”见证精品 “主题”诠释精彩

——2010年河南省中招考试思想品德试卷评析

河南省基础教育教学研究室 沈文中

研读2010年河南省中招考试思想品德试卷,犹如一条清澈见底的小溪从身旁缓缓流过,恰似一股清新怡人之风扑面而来,不禁让人眼前一亮、为之一振。整套试卷可谓材料鲜活,情境新奇,题题皆是精品;整套试卷可谓主题鲜明,文字优美,处处诗情画意。尤其是“活题”与“主题”的美妙组合,更成为2010年河南省中招考试思想品德试卷一道亮丽的风景线。

笔者认为,本试卷之所以能让考生愉悦、教师称道、家长满意,吸引众人眼球,是因为它具有以下四大突出特点:

一、聚焦现实生活,呈现鲜活情境

翻开试卷,映入眼帘的不仅有“2009年度国家最高科学技术奖”的身影,而且有“选举法修正案”的追踪;不仅有“毒餐盒”的现身,而且有“双洎河”的考证;不仅有“南水北调大移民”的感人事迹宣传,而且有“低碳生活”的倡导与践行;等等。所有这些,都让广大考生备感身临其境,备感学有所用,备感思想品德学科关注国计民生,倡导道德践行,引领人生航程;所有这些,也都充分体现了“学习即生活”、“考试即生活”的命题理念,遵循了“题在书外,理在书中”的命题原则,彰显了“开放性设计试题,开放性设置答案”的开卷考试命题总体思路。

二、关注重大主题,突出时代特征

关注重大主题是思想品德学科的使命所在,突出时代特征是思想品德学科的特有属性。2010 年河南省中招考试思想品德试卷主题鲜明、灵魂突出、主线分明，几乎涵盖了现实生活中的所有重大主题：科学发展观、可持续发展战略、低碳生活、民族团结教育、社会主义核心价值体系建设、“三平”精神、中国 2010 年上海世博会等。试卷将重大时政、热点问题、生活实际与学生所学知识有机融合在一起，使考生自觉地将理论与实际联系起来，从而达到了知行统一、学以致用的目的；同时，鲜明的时代特征，能够使考生牢记历史使命，承担社会责任。

三、注重道德践行，彰显人性养育

本套试卷关注考生的健康成长，引导他们积极参与公共生活，注重道德践行，使广大考生通过感悟和体验，实现思想的升华和品德的内化，既考查了考生的知识和能力，又考查了他们的情感、态度和价值观；既弘扬了真善美，又鞭挞了假恶丑；既传承了中华民族的传统美德，又弘扬了时代精神。如让考生谈“未成年人的自我保护”，针对“最美河南女孩默默扶起倒地的花”、“九岁女孩捡了 200 元后迎来 4 位‘失主’”等情形让考生谈感悟，结合“维护民族团结，人人有责”这一话题让考生谈做法，联系“中国 2010 年上海世博会”让考生谈如何向世人展示中国当代中学生的风采等。试卷关注考生发展，注重人性养育，强化德育功能，不仅唱响了时代主旋律，而且能够积极引导考生树立正确的世界观、人生观和价值观，具有较强的指导意义和教育功能。

四、关注中原崛起，突出地域特色

试卷注重选取与河南有关的材料，地域特色浓郁，大大增强了试卷的亲和力与亲切感，自然地激发了考生的兴趣，极大地调动了考生的积极性，增强了他们热爱家乡、建设家乡、增辉中原的社会责任感。如对“我省双洎河”的关注、“我省渠首精神”的宣传、“最美河南女孩”的报道、“三平”精神的践行、中国 2010 年上海世博会河南馆的介绍以及河南活动周的宣传等。

总之，本试卷题题体现课改精神，处处彰显学科属性：不仅关注重大主题，而且贴近学生学习生活实际；不仅具有鲜明的时代特征，而且具有浓郁的地方特色；不仅体现了开卷考试的命题理念，而且洋溢着真诚的人文关怀；不仅图文并茂，而且生动形象。如此的文化盛宴，每一个人都会快乐享用！

让学生回归生活世界

——浅析河南省初中学业水平考试的生活观

河南省济源市教研室　段兴豪

新课程提出了“课程要面向学生的生活世界和社会实践”、“必须尊重学生已有的知识与经验”等理念。可以说，学生的生活经验是教育的起点，学生的生活世界是教育的背景。这种生活即课程、生活即教育的思想，可以称作是课程生活观，这是新课程实现“课程由科学世界回归到生活世界”的一大飞跃。

课程生活观强调教学必须重返生活世界，要联系生活、强调开放。要求增强学习内容的生活化，加强课程与学生生活和现实社会的联系，使学生通过学习和应用，建立起人与社会、人与自然、人与人之间的联系。

考试作为新课程教学评价的重要实现方式之一，按照课程生活观的要求树立考试生活观，即考试要联系生活，实现考试的生活化和开放化。要求考试以课程标准为依据，要关注学生生活、学生的实践能力。突出考试的诊断性功能和发展性功能，考查学生情感态度价值观的发展，和在学习、做人、做事（解决实际问题）、交流等方面的成长。特别是在考试内容方面，要求加强与社会实际和学生生活经验的联系，要把学生的生活内容作为重要的考试资源，多考一些与生活实际问题相关联的、能体现综合应用的、需要创新思维的内容，重视考查学生分析、解决问题的能力。在试题命制过程中，命题者要努力将生活情境重现到试卷上，使考生在身临其境的感觉中，完成知识的应用和能力的展现，感受学有所用，感悟成长快乐。

从近几年河南省初中学业水平暨高级中等学校招生考试来看，思想品德学科试题在很好地体现新课程理念的同时，考试生活观这一理念更加突出。

思想品德因其学科特点，与时代和学生生活结合得非常紧密。综观近几年思想品德学科中考试卷,几乎涉及了当年或当时一段时间内所发生的所有时代焦点和生活热点。笔者以2010年河南省中考试卷A卷试题为例,从六个方面简要分析思想品德学科试卷所反映出来的考试生活观。

第一,关注时政主题。时事政策教育是思想品德学科的内在要求和教学内容的重要补充,是中学生了解、参与社会生活的重要基础。按照课程标准的要求,思想品德学科要结合时政内容开展丰富的教学活动。作为考试评价而言,河南省的中考思想品德试题历来重视重大的时政主题,引导学生关注社会生活,关注国家发展、民族命运,树立社会责任感。如第1题,以2009年度国家最高科学技术奖为背景设题,引导考生关心我国科技发展,树立正确的人生观和价值观,确立远大志向。如第2题以图片的形式,引导考生关注我国民主政治发展进程中的一件大事"农村居民和城市居民同票同权";第4题以模拟参加社会实践活动情境的形式,引导考生加深对党的基本路线的认识。

第二,紧扣时代旋律。弘扬核心价值观,坚持用正确的世界观、人生观和价值观引导与启发学生独立思考和积极实践是思想品德课程的重要任务之一,也是中考思想品德试题的应有之义。如第8题中以凝聚了3万名学术精英的心血、历时14年才得以完成的《中国大百科全书(第二版)》为材料,启发考生思考"理想实现与艰苦奋斗"、"事业成功与团结合作、坚强意志"等之间的关系;第10题以"最美河南女孩"、第12题以"'三平'精神"等材料设题,引导考生感悟社会主义核心价值观,追求真善美,摒弃假恶丑,树立公德心,增强责任感,从一点一滴做起,践行新风尚,有利于学生过健康有意义的生活。

第三,把握社会焦点。我国是一个统一的多民族国家,加强民族团结事关国家的统一、社会的稳定和生活的安宁。2009年8月20日中宣部、教育部和国家民委联合发出了《关于在学校开展民族团结教育活动的通知》,通知要求"将民族团结教育教学内容纳入小学阶段考查和中考、高考及中职毕业考试范围"。所以,民族团结问题始终是我国社会生活的一个焦点问题,也是思想品德考试评价不容回避的一个重要问题。如第11题以"2010年4月14日,青海省玉树藏族自治州玉树县发生7.1级强烈地震"和"2010年5月17日至19日,中共中央、国务院召开新疆工作座谈会"为材料设计试题,使广大考生在进行试题作答过程中,自然而然地加深了对我国的民族政策的理解,增强了维护国家统一、社会稳定的责任感,提高了追求和平、稳定、幸福生活的自觉性,培养了维护民族团结人人有责的意识。

第四,抓住年度热词。每年都有一些年度热词成为中招考试的关注点。2008年的"限塑令"、"奥运",2009年的"整治低俗",2010年的热词毫无疑问是"低碳"、"世博"等。如第9题让考生在对"改革开放与低碳生活"的辨别分析中,感悟"低碳生活意义大,践行需要你我他"的道理。第13题以上海世博会为背景材料,通过让考生"参观世博会",向世人展示中国当代中学生风采的形式,来"争做世博小主人";通过让考生"推荐两种独具我省特色的展品或项目参加河南活动周”的形式,实现了“宣传家乡,热爱河南”的教育目的。真可谓匠心独具。

第五,聚焦生活热点。新课程倡导“生活即教育”,因为生活中蕴藏着丰富的教育资源。很多生活中人们谈论的热点,往往是重要的课程资源。巧妙地选择、合理地利用这些热点资源,常常起到无招胜有招的效果。第5题和第6题分别以考生经常使用的“一次性餐盒”和最为熟悉的“水”为切入点来设计试题,引导考生对身边事件的反思,对学法、守法、护法以及保护水资源、环境等重大问题做出正确选择,符合考生认知特点和品德形成规律,教育效果自然事半功倍。

第六,重现生活情境。理论联系实际是思想品德学科的重要教学原则之一。只有将理论问题与学生可触摸的实际问题相结合,才能有效地实现对学生知识、能力和品德的考查。如第3题就描述了“发现有人落水”、“上下楼梯”、“遇到坏人勒索”、“闯红灯”等四种生活情境;第11题的第(2)问“维护民族团结,人人有责。对此,你准备怎样做”;第13题的第(3)问“如果有幸参观世博会,你将如何向世人展示中国当代中学生的风采”等。这些试题重现与初中学生身心发展和生活能力、生活经验的实际相适应的“真实”情境,从初中学生身边生活选材来设计试题,不仅能够有效考查学生对事件、事物的基本判断,还能够考查学生应用知识和经验去应对现实生活中遇到的问题的能力。同时对学生树立正确的世界观、人生观和价值观有着重要的指导意义,起到了润物无声的作用。

“考试生活观”是河南省近年来初中学业水平考试命题的重要理念和特点之一。它要求我们在实施新课程时,要注意与社会生活紧密结合,让课程成为学生成长过程中重要的经历;要尊重学生已有的知识和生活经验,让学生的生活内容成为重要的课程资源。

教学,不仅仅是知识的传递,也不仅仅是在课堂。在教学过程中,我们要充分考虑学生的情感发展、生活境遇、人生体验的实际,把课本上的理论和现实生活有机结合起来,创设一个个与生活息息相关、饶有兴趣、相互促进的实践性课程,使学生感到学习与现实生活的紧密联系,真正体会到学有所用。

“回归品德,回归生活,培养好公民”是思想品德新课程的重要理念,让学生回归生活世界,课程才能面向生活,才能真正改变学生的学习方式、生活和生存状态。

2010年河南省中招思想品德试题及答卷评析

河南省淮滨县教体局教研室　刘剑锋

近年来，随着新课程改革的推进和逐步深化，河南省中招思想品德试题研制工作在全面贯彻课改理念、逐步实现整体优化、不断实现自我超越的基础上，亮点纷呈，佳作频现。在全国范围内，河南省中招思想品德试题一枝独秀，独领风骚。2010年中招命题在继承的基础上坚持创新、深化改革、与时俱进、不断提高，实现了新的跨越，取得了更大的成功，赢得了社会各界的广泛好评，在为全省初中毕业生奉献了一道精美的创新大餐的同时，也将我省中招思想品德命题工作推向了一个新的更高的境界。

一、试题特点

1. 关注社会热点，体现时代特征

2010年河南省中招思想品德试题较全面地体现了现实生活中的热点问题，党和国家的大政方针，以及当今时代的主旋律和时代发展的潮流与方向，主要包括国家最高科学技术奖、全国"两会"、食品安全、未成年人自我保护、南水北调、可持续发展、低碳生活、未成年人思想道德建设、民族团结教育、社会主义核心价值体系建设、"三平"精神、上海世博会等。

2. 唱响中原之歌，关注河南发展

河南中考考河南，这已成为近几年中考一个不争的事实。打开2010年中考试卷，一股浓郁的河南风味扑面而来。试题关注我省经济建设、文化发展，宣传、贯彻我省的重大决策，讴歌河南人的英勇事迹，树立、维护河南人的良好形象，为河南的发展加油助威，为实现中原崛起鼓与呼。如南水北调中线工程移民精神、河南未成年人思想道德建设、河南英雄模范人物、“三平”精神、世博会河南活动周等内容的引入，增强了试卷的亲和力，增进了学生了解家乡、热爱家乡、建设家乡的思想感情。

3. 尊重主体地位，彰显人文关怀

尊重主体地位，彰显人文关怀是河南省试题的一贯风格。试题把考生作为考试的主人，对考生充满期待和鼓励。精心的呵护、真诚的帮助，使严肃的考场转化为温馨的“港湾”，变成考生展示才艺、表达智慧、抒发情感的缤纷舞台。从卷首的“温馨提示”到每大题的各 8 个字构成的凝练的鼓励语，设问中的黑体字、加点字，再到多数主观性试题设问后加注说明性的“ ×个方面即可”，并注明本问分值，设问后的“友情提示”，这些都有助于考生审题，让考生少走弯路，适时提示了学生答题的角度，从而把考试过程变成一个师生平等对话、相互交流的过程，使考试变得亲切自然、轻松愉快。

4. 强化德育功能，注重道德践行

试卷在方寸之间，通过恰当的方式引导考生树立正确的情感、态度和价值观，强化德育功能，既旗帜鲜明，又注意讲求方式方法，关注考生的健康成长、可持续发展、终身发展，引导他们积极参与公共生活，注重道德践行，通过感悟和体验，实现思想的升华和品德的内化，达到知行统一，弘扬真善美，鞭挞假恶丑，继承传统美德，发扬时代精神，做一个具有优秀综合素质的现代公民。如第 5 题，呼唤诚信；第 6 题，人与自然和谐相处；第 10 题，未成年人思想道德建设与公民思想道德建设；第 12 题，社会主义核心价值体系建设与践行“三平”精神；等等。

5. 题型适当调整，强调能力立意

在相对稳定的前提下，沿用了七年的六大题型 2010 年调整为四大题型，保留了选择题（仍使用单项选择和多项选择），暂停使用概括题和简答题，其考查方式整合后融入观察与思考、活动与探索两大题型中，辨析题保留下来，并增大了分值，还增加了一道观察与思考题。

题型调整后的试题更加注重考查考生在具体情境中运用所学知识认识、分析和解决问题的能力，达到检测和进一步培养各种能力尤其是核心能力的目的，从而把知识与技能、过程与方法、情感态度与价值观这三维目标的考查有机统一起来。如第 10 题，未成年人思想道德建设与公民思想道德建设；第 11 题，民族团结专题——新疆稳定发展与青海玉树地震救援；第 12 题，社会主义核心价值体系建设与践行“三平”精神；等等。

6. 取材源于生活，语言生动优美

试卷所用材料，是在广泛搜集整理原生态材料的基础上，经过精雕细琢，以“生面孔”的形式出现的，并且每题都有坚实、深厚的生活基础，许多情境本身就是社会现实生活中实实在在发生过的，甚至是司空见惯的，因此显得鲜活、新颖，体现了生活化的命题风格。如第 3 题，未成年人自我保护问题；第 5 题，不合格餐盒——食品安全问题；第 10 题未成年人思想道德建设与社会主义精神文明建设问题；等等。

试题在语言的组织和表述方面也颇具特色，达到了凝练、生动、贴切、传神的境界，卷首的温馨提示，题中的正文叙述，题后的真情激励及答案的开放设置，均呈现了这一风格。如第3题、第4题、第7题等选择题的每题四个选项，语言句句对仗，用词讲究；第9题的对话，合辙押韵、朗朗上口。

二、试卷分析

(一)成绩统计

题号	题型	分值	平均得分	得分率	难度系数
1	单项选择	2	2	100.00%	1.00
2	单项选择	2	1.93	96.50%	0.97
3	单项选择	2	2	100.00%	1.00
4	单项选择	2	1.42	71.00%	0.71
5	多项选择	3	2.65	88.33%	0.88
6	多项选择	3	2.67	89.00%	0.89
7	多项选择	3	2.57	86.00%	0.86
8	多项选择	3	2.80	93.33%	0.93
9	辨析	10	5.17	51.70%	0.52
10	观察与思考	10	6.85	68.50%	0.69
11	观察与思考	10	7.78	77.80%	0.78
12	活动与探索	10	7.59	75.90%	0.76
13	活动与探索	10	8.67	86.7%	0.87
合计		70	54.10	77.29%	0.77

(二)答卷分析

第1—4题为单项选择，总分8分，平均得分7.35分，得分率为91.88%。其中：

第1题，内容为纯时政考查，平均得分2分，得分率为100%。

第2题，内容为变式的时政考查，平均得分1.93分，得分率为96.5%。个别考生选择B或C，主要原因在于没有理解图中的“同票同权”的具体内容。

第3题，内容为考查未成年人自我保护，此题较为简单，平均得分2分，得分率为100%。

第4题，内容为考查党的基本路线，平均得分1.42分，得分率为71%。本题失分的原因：一是知识储备不足，关于“党和国家的生命线、人民群众的幸福线”的表述出现在《说明与检测》中，部分考生对这一表述没有注意，或是教师复习教学中的忽视所致；二是概念混淆，没有真正理解“党的基本路线”与“统筹城乡发展”、“依法治国方略”概念之间在内涵、地位、作用、意义上的区别。

第5—8题为多项选择，总分12分，平均得分10.69分，得分率为89.08%。其中：

第5题，考查内容为不合格餐盒——食品安全问题考查，平均得分2.65分，得分率为88.33%。相当多的考生选了选项C，失分的原因主要是审题不清，没有完全弄懂题干和图片所表达的内容和考查的意图，加之解题方法欠缺，从而多选了这一内容本身正确但与题干没有直接关联的选项，导致本题得0分。

第6题，考查内容为河南的水污染问题，平均得分2.67分，得分率为89%。本题的失分表现为漏选D选项或多选A选项，原因是：审题不清，A选项本身的叙述就是错误的，选项D实际上包含了选项C，二者在内容上具有一致性。

第7题，考查内容为南水北调中线工程移民精神，平均得分2.57分，得分率为86%。本题失分的原因是漏选，较多的是漏选C选项，“众志成城”、“爱国情怀”等字眼与题干的必然联系估计考生没有理解到。

第8题，考查内容为《中国大百科全书（第二版）》出版，平均得分2.8分，得分率为93.33%。本题失分现象多种多样，有的多选C选项，有的漏选A选项或B选项，原因还在审题上：一是没审清题肢与题干之间有无关联；二是没审清题肢自身的缺陷（C选项的表述过于绝对）。

第9题为辨析题，考查内容为改革开放与践行低碳生活，总分10分，平均得分5.17分，得分率为51.7%。本题存在的问题：一是对“是否‘低碳’我做主”——践行低碳生活的原因缺乏分析或分析不够到位；二是对“践行需要你我他”的分析比较片面，仅限于中学生自己如何践行低碳生活；三是对“钱包鼓”的理解过于通俗化，语言缺乏学科特征；四是将“低碳”与“节约资源”、“保护环境”、“可持续发展战略”完全等同；五是答题缺乏层次性；等等。

第10题为观察与思考题，考查内容为未成年人思想道德建设与社会主义精神文明建设问题，总分10分，平均得分6.85分，得分率为68.5%。第（1）问中，考生不同程度地存在着对两段材料的实质内容分析不够透彻的现象，把个例当做共性问题，有以偏赅全的现象，如“河南人缺乏思想道德素质”、“我国公民道德水平低”等表述，而没能从材料中找出“两种人”（未成年人和成年人）、“两种思想道德境界”（高与低）。

第11题为观察与思考题，考查内容为民族团结专题——新疆稳定发展与青海玉树地震救援，平均得分7.78分，得分率为77.8%。对民族团结教育这一专题，考生接触已不少，故得分相对较高。但也存在对第（1）问审题不到位的现象，对“信心来源”不知其可；第（2）问中有写维护国家统一、青海玉树抗震救灾的、但没围绕维护民族团结作答的现象。

第12题为活动与探索题，考查内容为社会主义核心价值体系建设活动与践行“三平”精神行动，总分10分，平均得分7.59分，得分率为75.9%。本题所考查的内容，考生有一定的感知,得分率不低。存在的问题有:其一,评选活动的名称表述不完整;其二,列举的模范人物超越河南省的范围,或对模范人物的事迹概括不准确,语言不简练;其三,践行"三平"精神的实际行动过大、过高,或内容空洞,缺乏可操作性。这里既有审题的原因,也有组织语言的能力问题。

第13题为活动与探索题,考查内容为世博会开幕与河南活动周,总分10分,平均得分8.67,得分率为86.7%。失分出现在:第(2)问中推荐的展品或项目不具备河南特色;第(3)问中没能从世博会的参观者角度思考,不少考生从世博志愿者或文化使者的角度作答,缺少公德与礼仪内容,多是宣传与推介内容。

总体来看,考生答卷中暴露出的共性问题有:

(1)对基础知识掌握得不全面、不牢固。

(2)知识迁移能力不强、灵活运用能力不足。考生在具体情境中不能熟练地运用所学知识分析问题、解决问题,往往泛泛而谈,针对性不强。

(3)省情知识在一定程度上缺乏。对我省的经济、历史、地理、文化等区域性、地方特色的信息了解不够。

(4)非智力因素影响得分。表现为审题不够认真、书写不够整洁、语言不够规范等。

三、今后教学与备考的建议

1. 深入研读课标,转变教学观念

课程标准是指导学科教学工作的纲领性文件,在教学中具有"宪法"的地位和作用,是教材编写、教学评估和考试命题的依据。思想品德课教师一定要认真研读课标,读懂、用好、掌握其精髓,用课标的理念、精髓来规范、指导、校正自己的教学行为,并在此基础上深入钻研教材。通过学习,树立新的学生观、教材观、质量观,切实转变教学行为,推动课程改革。

2. 深化校本教研,实现高效教学

必须真正将校本教研制度落到实处,以新课程实施过程中教师自身所面临的具体问题为对象,依靠我们自身的力量,学习新理论,研究新教法、新学法,不断反思教学行为,总结和提升教学经验,增强教育科研能力,为实现高效教学提供技术支撑,增强和提高学科教学的效率、效果、效益。

3. 优化教学方式,落实三维目标

"知识与能力,过程与方法,情感态度与价值观"三维目标能否全面落实是教学及复习备考工作能否取得成功的关键。如果教学中仅限于画几条、背几段、练几套(题),沉迷于教辅或题海,都可能给学生的成绩提升带来负效应。因此,教师在平时教学中要注重教学方式和学习方式的优化,建立民主、平等、和谐的师生关系,让学生真正参与到

教学活动中来，成为学习的主体，让他们在自主、合作、探究的过程中，享受学习的喜悦，品尝成功的欢乐，使知识得到丰富和更新，能力得到提高与拓展，情感态度价值观得以提升。

4. 用活用好教材，广开课程资源

教材不是“圣经”，但教师要用好教材。要确立优秀的教师是“用课程资源教”而不仅仅是“用教材教”的思想。教师要广开课程资源，在生活中要做“有心人”，善于积累，善于思考，小到生活小事，大到国际局势、国家大政方针，都可用于课堂教学中来，使课堂增色，学生增长见识、提高能力，从而达到学以致用的目的。

5. 加强科学训练，提高应试技能

在三维目标的达成过程中，要注重夯实基础知识，要把训练的侧重点放在平时，突出技能训练、思路训练、方法训练。同时，针对学生共性的问题，有针对性地训练学生的审题能力、知识迁移能力、语言组织能力、书写表达能力等，力避低水平的简单重复，不断提升训练的水平，走出复习备考的误区。

6. 加强时政教育，强化学以致用

要深刻认识到时政教育是思想品德课的重要组成部分，进行时政教育是其内在要求。要培养学生立足河南、胸怀祖国、放眼世界的情怀，引导学生关心家乡发展，关心国家大事，关注世界局势。要将时政教育放在平时，融入课堂，与教材理论有机结合，引导学生认识、分析、解决现实生活中的问题，力求做到理论密切联系实际，体现学以致用，突出学科功能。

极目远望　更上层楼

——2010 年河南省中招思想品德试卷评析

河南省许昌市教研室　菅顺德
河南省许昌市十二中　李俊华

2005 年，河南省思想品德学科进入课改实验区中招命题，到 2010 年已走过了六个年头。如果把中招思想品德试卷比喻为一粒种子的话，那么六年来，在课程改革的雨露滋润、浇灌下，这粒种子早已生根、发芽，一年年茁壮成长，如今可谓是枝繁叶茂，硕果累累了。

虽然每一年的中招思想品德试卷呈现在我们面前时都会让我们耳目一新，为之惊叹，但毕竟六年了，对于 2010 年的中招思想品德试卷我们更多了一分期盼，它是否能够超越以前，带给我们新的惊喜呢？我们不免有些担忧。然而，当试卷真的展现在我们面前时，我们先前的一切顾虑不仅荡然无存，而且我们还情不自禁地拍案叫绝了。极目远看，这套试卷无论在整个试题的布局，还是在材料的选取、试题的设计上都更上了一层楼。

一、赏析试卷

1. 大胆改革，力求创新

在继承中前进，在稳定中创新，是我省中招思想品德试卷命题的重要特点。2010 年的思想品德试卷除了集往年命题特色、优势之大成外，还是近六年来变化最大的一次，充分体现了改革创新的精神。从大的方面来看，试卷结构做了重大调整：第一题为选择，分值为 20 分，其中单项选择 4 题共 8 分，多项选择 4 题共 12 分；第二题为辨析，分值由以往的 8 分提高到 10 分；第三题为观察与思考，2 题，每题 10 分，共 20 分；第四题为活动与探索，2 题，每题 10 分，共 20 分。2010 年的中招试卷删减了以往的“简答”、“概括”两个题型，观察与思考由原来的二选一改为两题都做，题型由原来的六道大题缩减为四道大题，15 小题缩减为 13 小题，这样不仅使试卷结构更加简洁清晰，也在一定程度上降低了考生的阅读量、思维量，从题型结构上降低了试卷的难度。具体而言，调整后的试题在设置上更加突出了对考生理解能力、知识迁移能力、分析问题能力、发散思维能力和实践探究能力的考查，给考生提供了一个更大的发展个性的空间和展示能力的平台，由此也增加了整套试题的区分度。

2. 感悟生活，自觉践行

我省中招思想品德命题始终贯彻的理念之一是“考试即生活，考试即教育”，因此试题在设问上也非常注重引导考生感悟生活，自觉践行。非选择题最后一般都落脚到“怎样做”。如：第 9 题辨析题实际是要求考生从日常生活的点滴小事做起，践行低碳生活；第 10 题第（2）问“针对上述现象，你有哪些感悟”实际是让谈如何以实际行动履行对自己、他人和社会的责任；第 11 题的第（2）问是如何以实际行动维护民族团结；第 12 题第（3）问是如何以实际行动成为“三平”精神的践行者；第 13 题的第（3）问是如何以实际行动向世人展示中国当代中学生的风采……这些设问对学生具有很强的教育功能，能够引导学生积极思考怎样做人、怎样做事、感悟生活、感悟人生的价值，唤起自己的责任感，成为一个负责任的好公民，过积极健康的生活。

3. 贴近学生，以生为本

整套试卷运用了文字、图片、漫画、材料等多种表现手法，严肃中透出活泼与清新，符合初中学生的认知特点，有利于缓解考生的心理压力，启迪思维，有利于他们取得好的考试成绩；试题的设问也巧妙结合考生的年龄特点，充分关注考生的生活体验和个性特点，给考生以极大的发散思维和展示个性的空间；试卷中的背景材料文质兼美，既有较高的思想文化含量，又关注当下，不仅能够给考生带来心灵滋养、思想启迪，而且在炎炎夏日，阅读这样的材料犹如饮一杯清茶，可以静心铭志。不仅如此，针对初中学生容易粗心马虎的特点，试题设置时一些重点、关键的词语用了黑体字来表现，而且加了着重号，以引起考生的重视，如：观察与思考第 10 题的第（1）问：镜头一、镜头二共同说明了什么？“共同”二字既是黑体字又加了着重号。活动与探索第 12 题第（1）问：近年来，国家和我省开展了哪些有利于加强社会主义核心价值体系建设的相关评选活动？（两种活动的名称即可。2 分）“评选”和“两种”这两个词语既是黑体字又加了着重号。第（2）问：请参照示例，列举两位在相关活动中评选出的我省英雄模范人物，“两位”和“我省”这两个词语既是黑体字又加了着重号。这样既可以有效避免考生由于马虎大意做错题造成不必要的失分，同时又体现了对考生浓浓的人文关怀。

二、抽样统计与分析

1. 考生总体情况

2010 年许昌市市直及魏都区参加中招考试的考生共 4065 人，其中优秀人数 1188

名，约占29%；及格人数3548名，及格率为87%；最高分70分，最低分8分，平均成绩为50.48分。

2. 抽样试卷统计与分析（共360份试卷）

题号		题型	分值	平均分	得分率	出错率	满分率
一	1	单选	2	1.81	90.6%	9.4%	
	2	单选	2	1.81	90.6%	9.4%	
	3	单选	2	1.96	98%	2%	
	4	单选	2	1.05	52.7%	47.3%	
	5	多选	4	2.6	86.7%	14%	
	6	多选	4	2.43	81.1%	34.7%	
	7	多选	4	2.3	76.7%	56.7%	
	8	多选	4	2.51	83.6%	29.3%	
	小计		20	16.47	82.5%		12.7%
二	9	辨析题	10	3.98	39.8%	98.7%	1.3%
三	10	观察与思考	10	4.97	49.7%	96.7%	3.3%
	11	观察与思考	10	7.23	72.3%	70.7%	29.3%
	小计		20	12.2	61%		1.3%
四	12	活动与探索	10	6.9	69%	75.3%	24.7%
	13	活动与探索	10	8.63	86.5%	31.3%	68.7%
	小计		20	15.53	77.8%		21.3%
合计			70	50.48	72.1%		

3. 考生答题得失分情况统计分析

（1）选择：据抽样调查显示，2010年的选择题考生的得分率在四道大题里排名第二，平均分为16.47分，满分率为12.7%，难度系数是0.83，可以说是难易适中，梯度分明。单选第4题和多选第7题是出错率最高的两道题。单项选择题历来在考试中得分率最高，但是2010年的第4题出错率达到47.3%，也就是说几乎一半的考生都失了分。其实第4题是一道很简单的时政知识与课本知识相结合的题，考查考生对党的基本路线这个知识点的掌握情况。这道题即使学生没有相关的时政知识，如果对党的基本路线相关知识掌握较好，对党的基本路线的重要性理解透彻，也很容易选出正确答案。而考生之所以出错的主要原因是，对党的基本路线相关知识掌握得不好，尤其是对党的基本路线的重要性更是囫囵吞枣地理解，所以对"党和国家的生命线、人民群众的幸福线"这句话无法运用所学知识去理解。另外，如果考生对时政知识掌握得好，就会知道"党和国家的生命线、人民群众的幸福线"这句话是来自胡锦涛总书记在纪念党的十一届三中全会召开30周年大会上的讲话。由此可见,造成此题出错的又一原因是时政知识的欠缺。造成第7题出错率高的原因主要是考生对材料的理解、概括能力差,出现漏选。

(2)辨析:这是一道中招考试常用的典型的对话题。它涉及了2010年的社会热点问题——低碳生活,又涉及了改革开放问题、我国的资源环境国情,它是一道集时政、生活与教材于一体的综合辨析题。所考查的知识既是社会热点又是教材重点。它既是对考生运用所学知识解决问题能力的考查,又是对考生分析辨别能力的考查。通过解题,有利于培养考生的爱国情感,有利于考生对我国基本国情的进一步理解和把握,从而增强社会责任感,践行低碳生活,从我做起。应该说本题涉及的知识在平时的学习中关注率非常高,但是,据抽样调查显示,该辨析题的得分在0—3分的人数占考生总数的47.3%,8分以上的人数占9.3%,平均分为3.98分。几乎有一半的考生得分在3分及以下,优秀人数非常少,得分率依然是各大题中最低的。2010年辨析的分值由以前的8分提高为10分,但是平均分还不及2006年到2008年的平均分(2006年为4.85分,2007年为5.89分,2008年为5.04分)。根据抽样试卷分析,造成考生失分严重的原因主要有以下几点:①没有掌握做题技巧;②部分考生思路混乱,不知所云,照抄照搬资料内容;③知识掌握欠缺,理解分析能力差,表述不到位;④答案要点不全,只答其一,不写其二。第④个原因造成的失分现象最为严重。此题要求考生答出改革开放与人民生活水平提高的关系(2分),“改革开放钱包鼓,是否‘低碳’我做主”这一观点偏颇、错误的原因(2分),践行低碳生活的意义(4分),践行低碳生活的态度(2分)等4个要点。而考生多能答出第1个和第4个要点,对于第2个和第3个要点漏掉的比较多。

(3)观察与思考:第10题的平均分为4.97分,得分率为49.7%,出错率达到96.7%,特别是第(1)问考生的平均分仅为1.25分[第(1)问分值为4分],得分率为31.3%,是所有题中得分率最低的一个小题。在出错考生中有61%的考生得分为0。本题考查的核心知识是思想道德建设,以“最美河南女孩”和“九岁女孩小葛放学路上捡钱寻找失主”的故事两个镜头为背景材料设置问题。以生活情境反映社会背景,让考生去体验、理解生活背后所包含的价值观因素,在体验、理解的基础上分析、思考,形成正确的认识和态度。试题的设计做到了德育立意和能力立意的有机统一。重在考查考生阅读和分析问题的能力。造成考生失分严重的原因主要是:①命题材料看似简单易懂但其所表达的内涵比较隐蔽,学生感到茫然,不知其意,无从下手;②阅读理解能力不强,不会采集有价值的信息素材,分析问题不够深入;③审题能力欠缺,对设问意图不明确,不知道设问中“说明了什么”和“感悟”指向哪些知识,以至于答案五花八门;④答案表述口语化、语言组织缺乏逻辑性、严谨性。

第11题的平均分为7.23分,满分率为29.3%,高于第10题。本题以新疆发展、青海玉树地震等重大时政为背景材料考查民族团结问题。旨在引导考生关注国家、民族的前途命运，升华考生爱党、爱国的情感，培养学生的责任意识，弘扬民族精神。本题所考查的知识也是教师和学生在平时的复习备考中重点关注、反复记忆和练习的。但是第(1)问学生的得分率依然很低，仅为65.3%。究其原因主要在于考生的理解能力差，知识学得过死，不能做到举一反三、触类旁通，对于设问中“请谈谈实现这一奋斗目标的信心来源”无法理解其意图，虽储备了相关知识，却写不到试卷上。

(4)活动与探索：第12题的平均分为6.9分，得分率为69%，此题的第(1)问是让考生列举两种近年来国家和我省开展的有利于加强社会主义核心价值体系建设的相关评选活动；第(2)问是让考生列举两位在相关评选活动中我省的英雄模范人物。可以说这两个设问都非常简单，几乎都是纯粹时政知识的再现，所考查的时政知识也是考生所熟知的，并且两设问中都对关键词语“评选”、“两位”、“我省”进行了着重显示和提醒，以引起考生注意。可是考生失分还是非常严重，第(1)问的出错率为50.7%，在出错考生中有一半以上是0分，第(2)问的出错率也达到了54%。究其原因在于：①考生粗心大意，审题不清，草率作答，造成不必要的失分。如第(2)问让列举我省的英雄人物，却答为：小岗村村民的贴心人——沈浩；杂交水稻之父——袁隆平等，这些人物都不是我省的。②知识欠缺，不解题意，漫天撒网，文不对题，答案表述严重错误。如第(1)问让列举有利于加强社会主义核心价值体系建设相关的评选活动，却答为：中原文化宝岛行活动；手拉手爱心活动等。

第13题以上海世博会及河南馆为背景材料，引导考生关注社会、关注河南，通过畅谈世博会的意义、河南省特色展品的推荐，来培养考生爱国、爱家乡的情怀，同时又拓宽了课本知识，开阔了考生视野。试题设置体现了源于教材又不拘泥于教材的特点。考查意图清楚明了，学生答题时落脚点明确，所以此题学生得分率最高，满分率也最高。

三、对今后教学的启示

1. 重视基础知识的学习，突出核心内容的掌握

尽管我们河南的考试形式是开卷，而且所选用的材料也多以生活中、社会中的一些现象为背景，但“理”在书中，考生要对试题所反映的各种生活现象以及社会现象给予正确的理解、认识和判断，支撑的就是教材中的基础知识，考生只有熟知这些知识，尤其是主干知识与核心内容，才能做到灵活自如地进行知识的迁移、转化和运用，以达到分析问题、解决问题的效果。所以要考出好成绩，教材中的基础知识一定要掌握，核心内容要烂熟于心。

2. 重视方法指导，提高解题能力

近年来中考越来越突出考查考生提取有效信息能力、概括表达能力、运用知识分析解决问题能力、知识迁移能力。因而复习中要对中考的主要题型(辨析题、漫画、图表、材料分析题、情境说明题、实践探究题等)精心设计一些练习，进行科学训练和方法指

导，要引导学生分析每种题型的特点和常见的解题思路。讲评时不要仅仅让学生去记住答案，而是要达到巩固基础知识、掌握正确的解题方法和技巧的目的。通过对我省几次中招试卷的分析发现，辨析题历来是得分率非常低的一题，而得分低的一个最重要的原因就是学生没有掌握做题方法，对题中观点辨不清、析不透，思路模糊，答题时东拼西凑，要点不全，甚至照抄照搬教材或资料。由此可见，方法尤为重要。

3. 必须加强学生的审题训练

审清题是做好题的前提条件。从考生的答卷情况来看，因审题不清造成的失分现象也十分严重。因此，在平时训练中要教会学生怎样审题，以提高审题能力。第一，要学会审材料，能够从材料中提取有效信息并转换成思想品德学科相关术语和内容，了解材料所表达的内涵，找出与教材知识的结合点，从而尽可能避免不解题意，无从下笔。第二，要学会审设问，搞清问题的指向，明白设问的意图。在审设问时要特别注意对问题的琢磨，要抓设问中的关键词、限制语等，避免答非所问。

4. 关注社会热点和焦点

思想品德试卷的命题资料大多来自重大时政和社会热点、焦点问题，因此平时就要把时事政治内容融入教学和学习之中，教材知识要从不同角度紧密联系国际、国内重大时事，结合家庭、学校、社会生活中的现实，提高学生对社会热点问题的关注程度，养成关注新闻、时政的习惯。

5. 教师也要不断学习，拓宽视野

在新课程理念下，中招考试涉及的素材十分宽广，可以说无论国际还是国内所发生的大小事情，还是我们身边的细小变化，只要符合课程要求，都可以作为中招考试的试题背景。这就要求我们在平时的教学中要不断学习，拓宽视野，丰富自己的知识储备。

关注重大主题　突出时代特征

——赏析2010年河南省中招思想品德试卷

河南省信阳市第九中学　李　甫

2010年河南省中招思想品德试卷突出重点，与时俱进，选材鲜活，图文并茂，语言精练，综合性强，开放性强，地方特色浓郁，充分体现了新课程理念，发挥了正确的导向作用。综观整个试卷，从形式到内容，令人赏心悦目，考生做起来得心应手，轻松有趣。

一、关注重大主题，突出时代特征

关注重大主题是思想品德课的使命所在，突出时代特征是思想品德课的特有属性。重大主题主要是现实社会的热点问题，党和国家的大政方针。时代特征就是当今时代的主旋律，就是时代发展的潮流和方向。2010年试卷充分体现了关注重大主题、突出时代特征这一特点。如第1题的“2009年度国家最高科学技术奖”，第2题的“选举法修正案‘同票同权’”，第4题的“党的基本路线”，第5题的食品安全问题，第6题的资源环境问题，第9题的“低碳生活”，第11题的民族关系问题，第12题的“社会主义核心价值体系建设”、“‘三平’精神”，第13题的“上海世博会”等。重大时政、热点问题，就像一条主线贯穿于整个试卷的始终，使考生自觉地将理论与实际联系起来，从而达到了知行统一、学以致用的目的；同时，鲜明的时代特征，能够使考生时刻牢记历史使命，不忘承担社会责任。

二、注重道德践行，强化德育功能

思想性是本学科的根本性质，也是本学科的灵魂所在。本试卷联系考生实际，关注考生的健康成长，引导他们积极参与公共生活，注重道德践行，使考生通过感悟和体验，实现思想的升华和品德的内化，达到知行统一，完全符合新课程的基本理念，使考生树立正确的情感、态度、价值观和人生观，传承中华民族的传统美德，发扬时代精神，做时代新人。如：第9题“低碳生活意义大，践行需要你我他”，第10题第(1)问“镜头一、镜头二共同说明了什么”、第(2)问“针对上述现象，你有哪些感悟”，第11题第(2)问“维护民族团结，人人有责。对此，你准备怎样做”，第12题第(3)问“作为中原儿女，你准备怎样以实际行动成为‘三平’精神的践行者”，第13题第(3)问“如果有幸参观世博会，你将如何向世人展示中国当代中学生的风采”等。本试卷在这方面既旗帜鲜明，又注意讲求方式方法，达到了良好的效果。

三、突出河南省情，彰显地方特色

作为河南的考生，了解河南省情，感受美好河南，会增强对家乡的亲切感和责任感。整个试卷有5道题选取与河南有关的材料及与河南有关的设问，呈现较强的河南地方特色，大大增强了试卷的亲和力，激发了考生的兴趣，调动了考生的积极性，增强了考生的社会责任感，增进了考生了解家乡、热爱家乡、建设家乡的思想感情。如：第6题“溱水和洧水最终在我省某市西南交汇……”，第7题“南水北调大移民……河南省淅川县……”，第10题“最美河南女孩”，第12题“四种河南人”、“‘三平’精神”以及“列举两位……我省英雄模范人物”，第13题“上海世博会河南馆……世博会河南活动周……”及“推荐两种独具我省特色的展品或项目参加河南活动周”设问等。

四、材料新颖、鲜活，语言精练、优美

试卷选用的材料非常新颖、鲜活，每题都有坚实、深厚的生活基础，许多情境本身就是社会现实生活中实实在在刚发生过的，也是考生非常关注的、非常感兴趣的。如第1、2、5、6、7、8、9、10、11、12、13题。

试卷在语言组织和表达方面也颇有特色，达到了精练、生动、贴切、传神的境界。如3—8题的四个选项中，每个选项字数都一样，对仗工整，表达清晰，给人耳目一新的感觉。又如第9题：“改革开放钱包鼓，是否‘低碳’我做主！”“低碳生活意义大，践行需要你我他！”考生读来朗朗上口，颇有诗情画意。这些精美语句的呈现，为试卷增添了一道道亮丽的风景线，使试卷具有了灵动之美，充分展示了独特的学科魅力。

五、坚持活而有度，开放规范统一

本试卷在开卷考试和贯彻新课程理念的前提下，坚持开放性和灵活性的原则，活而有理，活而有度。试题设问科学、合理、开放、巧妙。如第10、11、12、13题等，并且有些设问有友情提示或重点词语加黑加粗，标注着重号，这样，既尊重学生主体地位，又体现

人文关怀。在评分标准方面,既有指令性要求又有指导性意见,既有总体要求又有分类说明和分题评分建议,答案既灵活、开放而又角度多维。尊重考生个性特点,鼓励考生创新。这样,既贯彻了开卷考试的精神和新课程理念,又对评卷工作进行了明确的规范,维护了广大考生的利益,收到了很好的成效。

总之,2010 年河南省中招思想品德试卷,把握时代脉搏,关注重大主题;关心考生发展,注重道德践行;折射河南发展,彰显地方特色;语言精练优美,洋溢勃勃生机。整个试卷充满诗情画意,体现真情厚意,给广大考生留下了美好的回忆。

综合展奇妙　综合出成效

——2010 年河南省中招思想品德试卷综合性之赏析

河南省商丘市第七中学　杨　洋

思想品德课程的基本性质之一是综合性，其基本要求是课程要从学生适应社会公共生活和思想品德形成与发展的实际出发，以成长中的我，我与他人的关系，我与集体、国家和社会的关系为主线，对道德、心理健康、法律和国情等多方面的学习内容进行有机整合。综观 2010 年河南省中招考试思想品德试卷，无论是命题思想还是具体试题，无论是考查形式还是考查内容，无论是客观性试题还是主观性试题，都恰当地避免了立意单一、切入点单一、取材单一、考查角度单一等问题，真正做到了时政与课标、教材内容的有机综合，理论与实践的有机综合，德育与智育的有机综合，语言魅力与思想内涵的机综合，课标中不同内容标准的有机综合，以及德育与生活的有机综合和考查性功能与教育性功能的有机综合。

一、题干材料与漫画的有机综合

2. 与右图主题相符的法律修正案是　　　【　　】

A. 选举法修正案

B. 著作权法修正案

C. 国家赔偿法修正案

D. 保守国家秘密法修正案

答案：A

赏析：本题运用漫画这一载体，直观、生动、形象地让广大考生感知选举法修正案的要义，即实行城乡按相同人口比例选举代表，保障公民都享有平等的选举权（同票同权)。充分体现了人人平等的原则,明确取消城乡差别,切实保障人民当家作主。

5. 民以食为天,食以安为先。据报载,中国每年消耗一次性餐盒150亿个,然而这些餐盒的合格率却不到一半。不合格餐盒所用塑料,可能是工厂生产的边角料、回收的旧塑料,甚至还可能是医疗垃圾。它们被混合在一起,熔化后挤成长条,再被切成细小的颗粒,最终被制成餐盒,盛满了饭菜并送到我们的面前,甚至还被我们吃进了肚子里。上述情况表明 【 】

A. 部分商家缺乏诚实守信意识和法制观念

B. 部分商家视广大消费者生命健康于不顾

C. 建设资源节约型社会需要发展循环经济

D. 经济建设是我国现阶段一切工作的中心

答案:AB

赏析:本题通过对一次性餐盒的聚焦,辅之以漫画的形象告知,揭示了不合格餐盒的"毒"之所在,从而表明了:部分商家缺乏诚实守信意识和法制观念,部分商家视广大消费者生命健康于不顾。由此呼吁人们:关注食品安全,关注生命健康;增强诚信意识,增强法制观念。

二、不同文字材料呈现同一主题的有机综合

11. **材料一**:2010年5月17日至19日,中共中央、国务院召开新疆工作座谈会,全面总结新中国成立以来特别是改革开放以来新疆发展和稳定工作取得的成绩和经验,进一步明确当前和今后一个时期做好新疆工作的指导思想、主要任务、工作要求,对推进新疆跨越式发展和长治久安作出了战略部署。会议号召我们要坚定信心、振奋精神,举全国之力,为加快建设繁荣富裕和谐稳定的社会主义新疆而努力奋斗。

材料二:"新校园,会有的!新家园,会有的!"2010年4月14日,青海省玉树藏族自治州玉树县发生7.1级强烈地震。在最危急的关头,各民族心连心共克时艰;在最困难的时候,各民族手拉手共建家园;在最需要的日子,各民族肩并肩团结向前。爱心在这里汇聚,信心在这里倍增,"藏汉一家亲"的民族团结之花在这里绽放!

阅读上述材料,思考下列问题:

(1)建设繁荣富裕和谐稳定的社会主义新疆,让新疆各族群众生活越来越美好。请谈谈实现这一奋斗目标的信心来源。(三个方面即可。6分)

(2)维护民族团结,人人有责。对此,你准备怎样做?(两个方面即可。4分)

赏析:中共中央、国务院召开新疆工作座谈会和青海玉树地震后的民族大团结的对接,这是一种美妙的组合、巧妙的构思,既符合课程标准的要求,又突出了重大时代主题——民族团结教育。

三、中国2010年上海世博会与河南馆的完美综合

13. **材料一**：展示中国发展新貌，荟萃世界文明精华。举世瞩目的中国2010年上海世博会4月30日晚隆重开幕，246个国家和国际组织齐聚黄浦江畔，共同见证这一难忘时刻。上海世博会是继北京奥运会后我国举办的又一国际盛会，也是在世博会159年历史上第一次由发展中国家举办。

材料二：上海世博会河南馆以“国之中，城之源”为主题，其标志取名为“龙城”，以印、龙为主要元素，以篆书体“豫”为主体形象，神似人物或一个场景（劳作、唱豫剧），给人以无限遐想，吻合河南的历史文化背景和世博会以人为本的理念。世博会河南活动周定于7月13日至17日举办，届时将开展一系列活动来宣传河南、展示河南。

“看世博，知世界”活动正在进行中，请你参与并完成下列任务：

（1）请谈谈我国举办2010年上海世博会的重要意义。（两个方面即可。4分）

（2）请推荐两种独具我省特色的展品或项目参加河南活动周。（2分）

（友情提示：可从历史文化类、土特产类、民俗类、知名品牌类等方面入手）

（3）如果有幸参观世博会，你将如何向世人展示中国当代中学生的风采？（两个方面即可。4分）

赏析：本题将上海世博会和河南馆主题两个材料有机结合起来，将上海世博会标志和河南馆标志完美结合起来，将上海世博会的重大意义和河南活动周的开展紧密结合起来，将上海世博会与中学生的风采巧妙结合起来，既突出了重大时政主题，又突出了河南振兴与中原崛起；既考查了主干知识与核心内容，又考查了广大考生分析问题、解决问题的能力；既关注了材料本身的教育意义，又关注了德育效果的延伸（河南活动周的开展），具有较强的综合性。

四、主干知识与核心内容的有机综合

4. 小明在参加社会实践活动的过程中，收集到了以下宣传标语，其中与“党和国家的生命线、人民群众的幸福线”这一表述相符合的是　　【　　】

A. 坚持统筹城乡发展，全面建设小康社会

B. 坚持优先发展教育，提高中华民族素质

C. 坚持党的基本路线，实现又好又快发展

D. 坚持依法治国方略，保障社会公平正义

答案:C

赏析:本题紧扣重大主题党的基本路线——“党和国家的生命线、人民群众的幸福线”,通过小明参加社会实践活动这一平台,将课程标准中的“全面建设小康社会”、“优先发展教育”、“党的基本路线”、“科学发展观”、“依法治国方略”和“社会公平正义”等主干知识与现实生活中的《国家中长期教育改革和发展规划与纲要(2010—2020年)》、“三农问题”、“中央一号文件”等重大时政热点问题有机结合起来,既考查了广大考生对主干知识与核心内容的把握,又考查了广大考生对重大时政热点的关注,体现了学以致用、理论联系实际的命题原则。

五、重大时政主题与课程标准要求的巧妙综合

9.

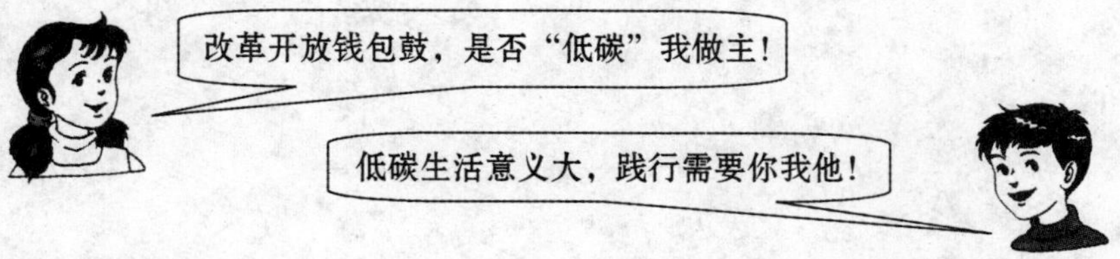

赏析:本题紧紧围绕“低碳生活”这一重大主题展开辩论,从形式的设计上看,这是两种观点的较量,双方各抒己见;这是一个反方与正方辩论的擂台,双方唇枪舌剑;这是一个让学生去评判的舞台,真切、生动、形象,让学生置身情境,表达心声,让学生辨别分析,感悟明理!从素材的整合上看,本题是一道集时政、生活与课标于一身的综合性辨析题。同时,本题因贴近学生,贴近现实,贴近生活,广大考生有话可说,有感可发,具有现实的指导意义和深远的影响作用。

综上所述,本套试卷将课标中的活动建议与重大时政主题有机结合起来;将心理健康、道德、法律与基本国情有机结合起来;将学生实际生活与思想品德课所学内容有机结合起来,将精美漫画与主干知识、核心内容有机结合起来;将成长中的我,我与他人的关系,我与集体、国家和社会的关系有机结合起来;将知识与技能,过程与方法,情感态度与价值观有机结合起来,使整个试卷充满鲜活的生命力和独特的感召力。堪称为一套不可多得的思想品德中招考试经典试卷。

窥一斑而知全豹

——从2010年河南省中招试卷领会思想品德的教学理念

河南省郑州市第六十三中学　张旭东

2010年河南省中招思想品德考试已经尘埃落定,但试卷与试题折射出来的教育思想、教学理念却永放光芒,指导着思想品德教师的教育教学,指导着一届届学生的思想品德课的学习。

2010年河南省中招思想品德试卷整体难易度适中,课本知识和时政热点覆盖面广,如选举法修正案、国家最高科学技术奖、南水北调移民、“低碳”生活、河南最美女孩、新疆工作会议和玉树地震、社会主义核心价值体系与“三平”精神、世博会与河南馆等。贴近考生实际生活和身心发展的特点,结构严谨;突出了河南本土特色,问题设置多样、具体,考生有话可说、有感可发;符合思想品德学科的特点,充分体现了新课程理念,是一份质量很高的中招试卷。

一、浓郁的人文性,跃然纸上

人文性是思想品德学科的重要属性。注重以民族精神和优秀的传统文化培养学生,不断丰富学生的思想情感,引导青少年一代学会关爱和尊重,培育他们追求真善美的高尚情操,这是思想品德课程的重要使命。在试卷中,我们看到了对弱势群体的尊重和关注。如:

第2题:城乡同票同权问题,关注了农民的政治权利问题。

第3题:作为弱势群体的未成年人的自我保护问题,对于即将结束九年义务教育的应届毕业生来说,在中招思想品德的考试中,最后一次受到教育,这也是中招命题人的别具匠心,更体现了他们对未成年人的关心和帮助,让这些孩子们在考试的同时,又受到一次安全教育，使他们能够更加健康地成长。

观察与思考题：河南最美小女孩默默地蹲在拍照的众人身后，用稚嫩的小手扶起倒地的郁金香，又仔细地刨来新土，重新栽种。考生在阅读时，不由自主地受到感染和熏陶，旨在告诉我们生命需要相互尊重，人与自然应该和谐相处。

二、真诚的亲切感，扑面而来

九年寒窗磨利剑，六月沙场试锋芒。每一个走进中招考场的学子无不怀着紧张的心情，但拿到思想品德试卷后，首先映入眼帘的是条理清晰的注意事项和倍加关怀的温馨提示：思想品德课程，关注国计民生，倡导道德践行，引领人生航程。唱响自信之歌，你我相伴前行，发挥最佳水平，祝你走向成功！

这些卷首语，从学科特点联系到考生的心理状态，从理论到实践，考生在阅读的同时，渐渐地放松心情，慢慢地静下心来，调整到最佳考试状态，以便发挥出最好的水平。

整套试卷除了卷首语，还有题首鼓励语，醒目、清晰，关怀备至。比如：

一、请你选择——认真细致，点滴做起！

二、请你辨析——辨别分析，感悟明理！

三、请你进行观察与思考——置身情境，表达心声！

四、请你参加活动与探索——奋力耕耘，实践创新！

三、诱人的文学性，引人入胜

文学性改变了"板起面孔考学生"的传统考试方式，增强了试卷的趣味性和吸引力，那字斟句酌、言简意赅的题中语，那字数相等、工整对仗、布局合理的选项都给人以耳目一新的感觉，让人有一种美的享受。

试卷中的题中语，比如：

第 5 题：民以食为天，食以安为先。

第 7 题：南水北调大移民，渠首精神铸丰碑。

第 8 题：融古今中外知识，扬中华民族风采。

第 13 题：展示中国发展新貌，荟萃世界文明精华。

试卷中工整对仗的选项，比如——

第 3 题：

A. 发现有人落水，不顾一切救人

B. 上下楼梯靠右，轻声慢步缓行

C. 遇到坏人勒索，盲目与其硬拼

D. 看到没车通过，迅速闯过红灯

第7题：

A. 顾全大局——为国分忧担重任

B. 甘于奉献——割舍亲情别家园

C. 众志成城——爱国情怀谱史诗

D. 大爱无疆——不顾小家为国家

四、鲜明的地域性，真实感人

第6题："溱与洧，方涣涣兮……"《诗经》中记录了溱(zhēn)水和洧(wěi)水曾经的清澈与美丽。经考证，溱水和洧水最终在我省某市西南交汇，现称为双洎(jì)河。而上述曾被《诗经》誉为最美的河，如今却泛起层层白沫，发出难闻的味道。不仅仅如此，事实上，河南近六成的地表水已成为毫无用处的劣V类"废水"……这告诉我们【 】

A. 我国水资源已经完全枯竭　　B. 人与自然之间应和谐相处

C. 我国的环境形势依然严峻　　D. 实施可持续发展任重道远

这道题从我们目前所处的生存环境恶化的现状出发，引起考生的深刻反思，我们将何去何从？是只顾眼前、得过且过，还是从长远考虑、为子孙后代着想，做到可持续发展呢？答案是后者，为了人类的未来，我们别无选择，只有走可持续发展道路，做到人与自然和谐相处，那么，作为中学生，在日常生活中，就要注意节约资源，保护环境，不随手扔垃圾，发现有破坏环境的行为要及时举报，做一个负责任的小公民。

第7题：位于南水北调中线工程渠首和主要水源地的河南淅川县，15万多移民，无论做出多大牺牲，毅然泪别故乡，迁往他乡。他们这种顾全大局、甘于奉献、舍小家、保"大家"的精神品质值得我们学习。考生在考试过程中，不由自主地受到了教育，增强了他们的全局观念和奉献精神，从而提升了他们的道德情操。

第10题：河南最美女孩，扶起的不仅仅是倒地的花，更是久违的人们的公德意识、缺失的社会责任感，这足以让人们心灵震撼。同时，一位六七岁模样的小女孩，一位心灵如此美好的女孩，不正是祖国一朵鲜艳的花朵吗？这不仅给人以美的享受，更让人看到了祖国的希望。

当然，还有第12题的"三平"精神、第13题的世博会河南馆等，无一不鲜明地体现了这一特征。

五、通篇的教育性，受益匪浅

思想品德课程的主要任务是引领学生感悟人生的意义，逐步形成正确的世界观、人生观、价值观和基本的是非、善恶观念，学做负责任的公民，过积极健康的生活。2010年的中招思想品德试卷，能够以德育为核心，涵盖了爱国主义教育、节约环保意识教育、高尚情操的培养和教育，民族自尊心、自信心、自豪感教育，民族精神和时代精神教育，社会责任感教育，坚强乐观的人生态度教育等。比如第1、5、6、8、9、10、13题。

当然，除了上述突出特点外，2010年河南省中招思想品德试卷还有诸多其他特点，如综合性、前瞻性、时代性、创新性等。总之，这是一份设计精美、匠心独运、富含教育意义的试卷，通篇散发出美的气息，尤其是其折射出的人文性和时代性对我们思想品德课教师来说，更具有针对性，更具有现实意义和示范、引领作用，这同样也是检验我们日常教育教学的标尺和准绳。如此精美的高质量试卷必将成为思想品德学科课程改革的催化剂，从而推动我省基础教育课程改革又好又快地健康发展。

最后，笔者用一幅楹联概括2010年河南省中招思想品德试卷的主要特点，上联为：书香漫卷处学习生活家国天下事娓娓道来；下联为：诗情画意中关爱人文科学发展观雅致彰显；横批为：中原又出精品。

2010 年河南省中招思想品德试题简析

河南省洛阳市第四十三中学　程中英　谷德如

一、2010 年中招试题的鲜明特点

弘扬时代主弦律：从形式上看，卷面图文并茂，文采飞扬、内涵丰富、情景交融；从内容上看，以社会热点为背景，既从大处着眼注重培养学生的爱国意识、社会责任意识，又从实际出发，倡导践行，真正体现了贴近生活、贴近实际、贴近学生，具有很强的实效性。

地方特色浓郁：综观整张试卷，不惜浓墨重彩描绘河南，彰显了河南地方特色。比如第 6、7、10、12、13 题，分值高达 36 分，分别考查了河南的环境状况、河南的精神文明建设、河南的特色展品。

将社会热点与河南地方特色紧密结合起来，既弘扬了时代主旋律，又彰显了河南地域特色。第 12 题将加强社会主义核心价值体系建设的群众性爱国主义教育活动与“三平”精神紧密结合起来，第 13 题将上海世博会的意义与河南展示自己的特色产品、特色项目结合起来，情景结合，事理交融，给人耳目一新的感受。

贴近学生生活：试题突出对学生的思想道德教育，体现了思想品德教育的实效性。如：第 10 题，镜头一中是一个六七岁模样的小女孩以自己的小手呵护生命，热爱自然，用实际行动来爱自然界美丽的花朵，而不是批评、指责、怒斥、伤心、无所作为，她因此也成为最美河南女孩；部分成年人却只想留下人在花中游的美景与享受，缺少了对自然的真正关心与呵护，缺少应有的社会公德，不能与自然和谐相处。境头二中九岁的小葛拾金不昧，当她面对形形色色见钱眼开的“失主”时，只能无语沉思。这两个镜头一是体

现人与自然的关系,一是体现人与金钱的关系;一方面是小孩子,另一方面是成年人;一好一坏,泾渭分明,跨度如此之大,对比如此鲜明。

二、失分原因

材料跨度大,学生分析概括能力达不到。考试结束后,许多考生反映观察与思考第10题有点难,有点怪,有点不合常规,找不到观察的切入点,想不出思考问题的角度。细阅试卷,仔细揣摩,我们才发现出题的角度无疑是取材于生活,呈现现实生活的真实性,不回避生活的复杂性,引导考生观察生活、思考现实,作出自己的价值判断和明确选择。这道题要求考生从思想品德课四个知识板块:心理品质、道德品质、法律常识、国情国策去思考,并从中归纳出属于思想道德教育的知识板块。很明显,从答题情况看,考生的概括能力还是有些欠缺。对于两个镜头共同说明了什么,考生可能更多的是感到疑惑:这两个镜头哪有共同点啊?孩子纯真高尚,成年人自私冷漠!镜头中所呈现的理论观点恰恰是互相矛盾而不是相同的。沿着这一思路,就应该想到从思想道德这一共同点去分析,而这时的答案也就明朗了:这两个镜头共同说明孩子们的做法应该肯定与弘扬;部分公民的道德素质有待提高;应在全社会加强社会主义精神文明建设;成年人更应该以身作则,以良好的道德行为影响呵护下一代健康成长。而感悟则从中就可以多角度地概括出来,比较容易回答。

总结这道试题,我们认为的确很新、很典型,是2010年中招试题的亮点之一。材料不回避社会中的热点问题,答案看似出人意料又在情理之中,让考生在思考感悟中选择取舍,更有利于培养考生良好的道德品质。

考生对辨析题观点描述不全面,答案迁移能力较弱。对于辨析题,有许多考生不会全方位分析所述观点,容易漏掉知识点,如"是否'低碳'我做主"、"低碳生活意义大"是两个知识点,前者讲原因,后者说作用,而有的考生却一带而过,因而失分。

试卷第11题第(1)问"建设繁荣富裕和谐稳定的社会主义新疆,让新疆各族群众生活越来越美好。请谈谈实现这一奋斗目标的信心来源"。这道题问"信心来源",很新颖,我们平时学习,更多的是思考"新疆取得各方面成绩的原因",其实取得成绩的原因也恰恰是我们的"信心来源",答案稍作迁移,问题便会迎刃而解了。

热点时事掌握不具体。第12题第(2)问"列举两位在相关活动中评选出的我省英雄模范人物"。而许多考生虽然知道人物但不清楚典型事迹中所彰显的美德;或者人物事迹都知道,但不会用精练的短句去概括,这也会造成失分。

与单选题相比,多选题的提炼、分析能力要求更高。多选题第7题的C选项,"众志成城——爱国情怀谱史诗",有的学生认为"众志成城"主要体现在抗震救灾中,而没有意识到15.6万移民为了国家的重点工程,义无反顾、无怨无悔,泪别故土,迁往他乡这当然也是众志成城爱国情怀的具体体现。第8题中D选项也有不少考生漏选,想不到“坚强意志”正是事业成功的重要保证。

三、教学启示

综观试题设置，题目由浅入深，内容层层推进，文字表述极富文采，很好地考查了学生的基础知识和分析问题、解决问题的能力，同时阅读试题本身就是对学生进行思想教育的过程，恰如“好雨知时节，当春乃发生”。同时，对思想品德课教学有很大的启发：

研究课标，吃透教材，夯实基础。所有的时事必然以所学基础知识为依托。如第9题，以当今社会倡导“低碳”生活为切入点，考查改革开放、人民生活水平的提高、我国的基本国情尤其是资源环境国情，还考查了节约资源、保护环境的重要意义以及如何保护环境、节约资源。既有理论支撑，又有实践行动。又如第11题，借建设美好新疆、援助玉树重建之热点，考查建设美好新疆的全方位知识，又有维护民族团结的具体行动要求。因此，在日常教学中，一定要引导学生牢牢掌握基础知识，加强对基础知识的掌握、总结和整合。

研究时事热点，找准切入点，做到全方位多角度，从理论到实践环环相扣、融会贯通。要注意做到三点：一是把握材料本身的关键词、中心主旨，从而找准与相关基础知识的结合点，把握答题的正确方向（通常从心理健康、法律、道德、国情四大领域角度出发，也可以从政治、经济、文化三个角度出发）。二是从是什么、为什么、怎么办三个逻辑层次出发，做到与教材、与学生实际相结合。尤其是“为什么”这个角度，首先考虑到国情、世情、学生本身的实际情况。“怎么办”这个角度是思考问题的落脚点，要考虑到国家、社会、学校、家庭、青少年本身这五个角度。三是灵活运用、举一反三，学会答案迁移（即同样的内容适用不同的问法、不同的设问角度）。

学会选择适当的教学资料，做好三轮复习。繁杂的学习资料大可不必关注，但省基础教研室编写的《说明与检测》必不可少，它可以帮助我们进一步明确考试的指导思想、命题依据、命题基本理念，这既可以重温基础知识，又可以借鉴以往的中招答题方法与内容，更好地反思教学，高屋建瓴地指导自己的复习备考。

三轮复习，第一轮复习，关键是梳理知识体系，掌握重点知识，并通过做典型习题帮助学生初步学会综合运用相关知识点，掌握各类习题的做题方法。第二轮复习，通过热点时事分析、专题讲座帮助学生提高多角度运用知识分析问题、解决问题的能力。第三轮复习，就是借助《说明与检测》，复习巩固所学知识，做一定的模拟题，查漏补缺，提高学生的应考能力。

美丽的思品试卷　幸福的道德成长

——回眸2010年河南省中考思想品德试题

河南省新郑市市直初级中学　许丽娜

综观2010年河南中考思想品德试题，我们不难发现，其最大特征是：贯彻课标要求，体现新课改理念，坚持与时俱进，集创新性、开放性、时代性、地方特色于一体，稳中求变，凸显特色。命题强调能力考查基础上的价值引导，凸显了思想品德课程“以初中学生逐步扩展的生活为基础，引导与启发学生独立思考、积极实践，逐步形成正确价值观念，过有意义的生活”的基本理念。

一、标题设计“亲切化”，引导考生道德成长

温馨提示：“思想品德课程，关注国计民生，倡导道德践行，引领人生航程。唱响自信之歌，你我相伴前行，发挥最佳水平，祝你走向成功。”这些温馨的提示语能够帮助考生感悟思想品德课程的意义，让考生在展示能力与才华的过程中，情感态度与价值观也得到陶冶和培养。同时，这也对考生进行了及时的鼓励，把激励带进了考场。每一道大题的标题都加上了“请你”两个字，体现了以考生为主体，尊重考生，关注每一位考生，让考生成为考试的主人，让自己“融”进试题的具体情境之中，身临其境，以主人的角色来吸纳和处理有关信息材料，产生个人独特的情感体验；同时，也是一种榜样，使学生在生活中能够学会尊重他人。

二、情境设置生活化，引领考生学会生活

人的品德是通过对生活的认识和实践逐步形成的，思想品德课教学必须建立在学生逐步扩展的生活经验的基础上，帮助他们正确认识自我，处理好与他人、集体、国家和

社会的关系,使学生的思想品德能够获得健康发展。2010年河南中考思想品德命题,注重贴近学生生活,以学生的视角来关注现实生活,引领学生感悟人生的意义,逐步形成正确的世界观、人生观、价值观和基本的善恶、是非观念,学做负责任的公民,过积极健康的生活。

1. 关注社会生活中的重大热点问题

2010年思想品德中考命题选材上没有回避国家和社会生活中的重大热点问题,选取了当年的重大热点问题作为时政考查或命题选材的重要内容。如:全国“两会”(选举法修正案)、南水北调工程、上海世博会、国家最高科学技术奖、低碳生活等国家政治、经济、文化、社会生活中的重大热点基本都有涉及。尤其值得关注的是,观察与思考第11题,以新疆的发展与稳定、玉树地震两个热点作为背景材料,把民族团结作为考查重点,很好地落实了2009年7月16日教育部、国家民委印发的《全国中小学民族团结教育工作部署视频会议纪要》的规定,即把民族团结教育纳入小学阶段考查和中、高考及中职毕业考试范围,试题分值不低于政治科目分数的15%。通过巧妙的设问:建设繁荣富裕和谐稳定的社会主义新疆,让新疆各族群众生活越来越美好的信心来源;中学生为维护民族团结准备怎样尽到自己的责任等,使考生在对国家重视并积极推动新疆等少数民族地区发展和稳定政策的体会中,在对玉树地震“藏汉一家亲”、各族人民众志成城共克时艰的感动中,强化民族团结意识,在维护民族团结的具体行动中增强民族责任感。

2. 彰显地方特色

命题在关注国家政治、经济、文化、社会生活中的重大热点问题的同时,还注意选择本地的典型资料。如选择(第6、7题)、观察与思考(第10题)、活动与探索(第12、13题),涉及河南水资源问题、南水北调工程移民、“最美河南女孩”、“三平”精神、上海世博会河南馆等河南特色,引导考生关注身边的生活实际。在彰显地方特色的同时,展示了河南的良好形象,进一步提高了考生对省情的了解、关注,激发了作为中原儿女的自豪感,培养了他们热爱家乡、热爱河南的情怀,也进一步激发了中学生以实际行动传承并弘扬河南精神和为家乡建设做贡献的热情。

2010年河南省中招思想品德试卷达到了这样一种境界:“育人为本,润物无声”,为学生的终身发展搭建了体验幸福与满足的平台,提供了自觉发展与成长的空间。从而为初中毕业生上了最后一堂精彩的思想品德课。

终点又是起点,当我们站在终点处回首的那一刻,新的目标又在向我们招手。目标就是方向,目标就是指南。只有朝着既定的目标,坚定不移地走下去,才能到达成功的彼岸。站在新的起点,向着新的目标奋进,一定会有新的收获!

2011年河南省初中学业水平暨高级中等学校招生考试思想品德B卷试题评析

王向阳　窦树东　王中原　张秀菊

一、请你选择(共20分)

——认真细致,点滴做起!

▲单项选择(4小题,每题2分,共8分。下列每小题的四个选项中,只有一项是最符合题意的,请将所选项字母填入题后括号)

1. 2011年1月30日,《人民日报》刊发________,这是新世纪以来中央指导“三农”工作的第8个一号文件。【　】

A.《国有土地上房屋征收与补偿条例》

B.《中共中央国务院关于加快水利改革发展的决定》

C.《国家中长期教育改革和发展规划纲要(2010—2020年)》

D.《关于进一步加强新形势下农村精神文明建设工作的意见》

答案:B

评析:本题是一道综合性时政题,既关注了《国家中长期教育改革和发展规划纲要(2010—2020年)》的颁布,又关注了《国有土地上房屋征收与补偿条例》的出台,既考查了“三农”问题——《中共中央国务院关于加快水利改革发展的决定》,又考查了精神文明建设问题——《关于进一步加强新形势下农村精神文明建设工作的意见》,充分体现了中招思想品德命题对考生的基本要求:风声、雨声、读书声,声声入耳;家事、国事、天下事,事事关心!

2. 在抗震救灾的最前沿,有他们舍生忘死的人生抉择;在奥运会的赛场上,有他们无私奉献的真诚付出;在世博会的舞台上,有他们互助友爱的青春风采;在祖国需要的每一个地方，处处都有他们的微笑与温暖……2011 年 2 月 14 日，“感动中国”2010 年度人物评选活动组委会授予他们特别奖。他们是　　　　【　　】

A. 中国志愿者群体　　B. 中国慈善者群体

C. 中国大学生群体　　D. 中国农民工群体

答案：A

评析：本题通过一系列的排比句，设置不同的场景，巧妙地揭示了“志愿者精神”的内涵；同时将“志愿者精神”与“感动中国”2010 年度人物评选活动有机结合起来，使时政考查与教材中的重大主题实现完美对接，具有鲜活的时代气息，使广大考生在经过分析与判断之后，收获一份成功与喜悦。

3. 但存方寸土，留予子孙耕。随着经济的快速发展，土地变得越来越金贵。为坚守全国耕地不少于 18 亿亩这条红线，《中华人民共和国国民经济和社会发展第十二个五年规划纲要》明确指出：坚持最严格的耕地保护制度，从严控制各类建设占用耕地。右图中弄虚作假、违规占用耕地的做法有悖于我国的　　　　【　　】

被披上“体育公园”外衣的高尔夫球场

A. 科教兴国战略

B. 中部崛起战略

C. 西部大开发战略

D. 可持续发展战略

答案：D

评析：《中华人民共和国国民经济和社会发展第十二个五年规划纲要》是指导我国经济社会发展的纲领性文件，是未来五年我国经济社会发展的宏伟蓝图，是全国各族人民共同的行动纲领。本题聚焦“十二五”规划中坚守 18 亿亩耕地红线这一重大现实主题，图文并茂地揭示耕地保护的重大意义。“但存方寸土，留予子孙耕”，这既是可持续发展战略的要求，更是我国耕地保护的现实要求。

4. 经国务院批准，自 2011 年起，每年的 5 月 19 日（《徐霞客游记》开篇日）为“中国旅游日”。为了寻访徐霞客足迹，传承徐霞客精神，旅游日当天，来自全国百所高校的 100 名国内大学生和 50 名外国留学生齐聚浙江宁海，沿着古道追寻先人足迹。下列名言警句中能够反映“热爱祖国、献身科学、尊重实践”徐霞客精神的是　　　　【　　】

A. 君子一言，驷马难追　　B. 己所不欲，勿施于人

C. 读万卷书，行万里路　　D. 居安思危，戒奢以俭

答案：C

评析：依托“中国旅游日”，寻访徐霞客足迹，传承徐霞客精神，启迪广大考生以此为契机，要“热爱祖国、献身科学、尊重实践”（徐霞客精神），联系自身实际，“读万卷书，

行万里路"是广大考生的励志名言,又是广大考生的切身需要。本题将时政材料与教材中的主干知识有机统一在一起,着力培养了考生分析问题、解决问题的能力。

▲**多项选择**(4 小题,每题 3 分,共 12 分。下列每小题的四个选项中,至少有两项是符合题意的,请将所选项字母填入题后括号。多选、错选均不得分。少选者:若有两个正确选项,只选一项者得 1.5 分;若有三个正确选项,每选一项得 1 分;若有四个正确选项,选三项者得 2 分,选一、二项者均得 1 分)

5."上网"、"报班"、玩伴少、学习压力大……"90 后"的孩子,呈现出与"70 后"、"80 后"不一样的新"成长的烦恼"。与此同时,不少家长则抱怨如今的孩子"不好管"、"不懂感恩"、"不理解父母"等。针对上述情形,孩子和家长之间应 【 】

A. 相互理解,积极沟通 B. 各执己见,互不相让

C. 顺其自然,各行其是 D. 换位思考,平等交流

答案:AD

评析:触及孩子心灵,促进健康成长。本题真实描述了"90 后"孩子的学习生活状况以及部分家长的真实想法,由此寻找解决亲子关系问题的有效途径:相互理解,积极沟通;换位思考,平等交流。表面上看,这只是一道亲子关系的试题考查,实质上,这是一次化解亲子关系矛盾与摩擦的心理辅导,它充分体现了"学习即生活,考试即生活"的新课程理念,具有较强的人生指导意义。

6. 作文现"网语",表达"键盘化"。"作业写到晚上 11 点,真是杯具!"一位老师感慨:最近批改学生作文,看了半天才看懂,原来"杯具"是"悲剧"的谐音,是时下流行的网络语。还有,"大虾"意指"大侠","餐具"就是"惨剧","童鞋"表示"同学","油墨"即为"幽默"……如果不知道这样的词汇,人家会送你一个词:"OUT"(落伍)!针对上述网络语言冲击规范汉语的现象,我们的正确认识有 【 】

A. 网络语完全可取代规范汉语 B. 网络语现实应用需严加筛选

C. 网络语最好只在网络里使用 D. 规范社会语言环境势在必行

答案:BCD

评析:汉字是中华民族的伟大创造,汉语是我们的国语。本题将考生关注的感兴趣的话题一一呈现,贴近考生、贴近现实,同时将正确的价值判断进行明确表达,让考生去思考,让考生去感悟,考查了考生判断是非的能力,体现了"以考生的全面发展为根本"这一命题理念,展现了"既关注时代主题,又兼顾生活点滴"的独特命题视角。既放眼全局进行宏观思考,又回归现实进行微观聚焦。

7. 一塔耸峙郑东,万福齐臻中原。位于郑州市东南部的河南广播电视塔,又称"中原福塔",塔高 388 米,是河南省地标性建筑,是世界最高钢结构观光塔。其核心景观是 2011 年 4 月 26 日成功申请世界吉尼斯纪录的"锦绣中原"全景画,该画借助声光电的演示,使游客如入天地之中,在 360 度的旋转平台上,感受时空的穿越、古今的交融,

随着形象逼真的画面一一展现,中原大地的锦绣风光和厚重历史尽收眼底。"中原福塔"—— 【　　】

A. 是彰显河南形象的崭新平台

B. 是建设文化强省的亮点工程

C. 是体现厚重河南的鲜活载体

D. 是河南科技成果的全面展示

答案:ABC

评析:"热爱家乡、增辉河南"是近几年河南省中招思想品德命题的一道亮丽风景线。本题透过"中原福塔",让广大考生感受厚重河南,感受文化强省,感受河南形象,进而生发作为河南人的自豪感与成就感,极大激发了广大考生热爱家乡、建设家乡的壮志情怀。

8. 语重心长话希望,殷切期待指方向。2011 年 4 月 24 日,胡锦涛总书记在庆祝清华大学建校 100 周年大会上发表重要讲话,对全国青年学生提出三点希望:把文化知识学习和思想品德修养紧密结合起来;把创新思维和社会实践紧密结合起来;把全面发展和个性发展紧密结合起来。联系中学生实际,我们应该 【　　】

A. 胸怀远大理想,陶冶高尚情操　　B. 坚持终身学习,培养创新精神

C. 注重学以致用,投身社会实践　　D. 做到德才兼备,开发自身潜能

答案:ABCD

评析:由大学生到全国青年学生,由全国青年学生到当代中学生,胡锦涛总书记在庆祝清华大学建校 100 周年大会上发表的重要讲话,是激励全国青年学生积极向上的时代最强音。本题选用的材料鲜活,表达的主题鲜明,既考查和培养了广大考生学以致用的理论联系实际能力,又考查和培养了广大考生的情感态度与价值观,具有较强的指导性与针对性。

二、请你辨析(10 分)

——辨别分析,感悟明理!

9.

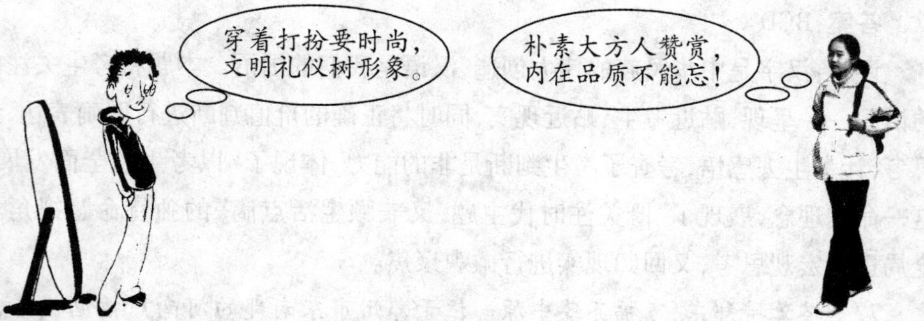

参考答案:(1)中学生注意穿着打扮是青春期心理的正常表现,但过分追求时尚,片面追求外在美,则不符合中学生自身实际,不是文明礼仪的表现,不应仿效和提倡。(或:中学生刻意追求穿着打扮势必会滋长虚荣心理,影响学业和正常人际交往。或:

中学生穿着打扮要得体适度，既能展示青春活力，又不过分张扬。)(3分)

(2)文明礼仪是做人的基本品质，是处理人际关系的一种行为准则和道德规范。(或:文明礼仪是相互尊重、有效沟通、增进友谊的必要条件。或:文明礼仪事关个人修养高低、人际关系质量、社会风气好坏，甚至国家和民族的尊严，绝不是无足轻重的生活小事。或:文明礼仪有助于提升我们的道德水准和精神境界，是优雅风采和高尚品德的具体展示。)(2分)

(3)穿着朴素大方是一种艰苦朴素、勤俭节约的生活作风，是中华民族艰苦奋斗传统美德的具体体现。(或:艰苦朴素是一种思想境界，是一种积极、健康的生活态度，是成就任何事业必不可少的精神力量和崇高美德。或:在新时期，推进现代化建设，更需要大力倡导和发扬艰苦创业精神。或:中学生要理性消费、适度消费，而不能不顾家庭实际与人盲目攀比、铺张浪费。)(2分)

(4)中学生的主要任务是知识学习和品德培养，只有将外在美和内在美有机地统一起来，才能真正展示当代中学生的青春风采。(或:作为当代中学生，要用全面、发展的眼光看待自己，既要注重外在形象，更要注重内在品质。或:作为当代中学生，要通过不断学习提高能力，升华品质，肩负起中华民族伟大复兴的历史使命。)(3分)

评分建议:第(1)点答出对“穿着打扮要时尚”的正确评析即可给3分。第(2)点答出文明礼仪的重要性或作用即可给2分。第(3)点答出朴素大方是艰苦奋斗的体现、艰苦奋斗精神的内涵、艰苦创业精神的意义或中学生应理性消费、适度消费即可给2分。第(4)点答出外在美和内在美有机统一即可给3分，若考生答出一些具体做法(如:培养俭朴的生活习惯、不贪慕虚荣、全面认识自己等)，也可酌情给分。

评析:紧密联系中学生实际——穿着打扮问题，紧紧扣住时代主题——文明礼仪教育，本题将二者巧妙地结合在一起，栩栩如生的人物形象呼之欲出，“百花齐放，百家争鸣”的观点跃然纸上，全面考查了广大考生的是非判断能力，使广大考生在成长的道路上再一次认识自我、审视自我，探索未来的人生道路，塑造全新的自我，既注重外在形象，更注重内在品质，这是社会的要求，更是成长的必然。

三、请你进行观察与思考(2小题，每题10分，共20分)

——置身情境，表达心声!

10. 地动山摇，摇不散中华魂魄；山崩地裂，裂不开万众一心。公元2008年5月12日14时28分，一场里氏8.0级的特大地震强袭汶川。从那一刻起，英雄的中国人民穿越灾难，跨越废墟，共同编织了中国大爱，凝聚了中国力量，见证了中国速度，创造了中国奇迹:从救援到援建，现已基本实现了家家有房住、户户有就业、人人有保障、设施有提高、经济有发展、生态有改善的重建目

灾区新生活

标。

结合上述材料,运用所学知识,思考下列问题:

(1)从毁灭走向新生,从悲壮走向豪迈,走过风,走过雨,四川依然美丽!这一巨大变迁向世人昭示了什么?(三个方面即可。6分)

(2)如果要编一部国人的“5·12”词典,你认为能够启迪**自身成长**的关键词语有哪些?请写出两条。(4分)

参考答案:(1)(6分)必须坚持中国共产党的领导;必须深入贯彻落实科学发展观;必须坚持以人为本、尊重自然、统筹兼顾、科学重建的奋斗目标;中国特色社会主义制度具有巨大的优越性;中华民族具有强大的凝聚力和无比的向心力;社会主义制度具有集中力量办大事的优势;中华民族具有“一方有难、八方支援”的优良传统;全国各族人民具有团结互助、携手同心的大局意识;等等。

(2)(4分)珍爱生命,永不言弃;热爱生命,愈挫愈奋;自立自强,自尊自信;百折不挠,自强不息;知难而进,迎难而上;信念坚定,意志坚强;在挫折中奋进,在逆境中崛起;乐观向上,开拓进取;尊重他人,乐于助人;和衷共济,共克时艰;万众一心,众志成城;热心公益,无私奉献,培养亲社会意识;热爱集体,增强集体主义观念;顾全大局,增强社会责任感;尊重自然,爱护环境;大爱无疆,彰显人间真情;感恩祖国,感恩人民;等等。

评分建议:第(1)问答出任意一个方面即可给2分,最高给6分。第(2)问答出任意一条即可给2分,最高给4分。

评析:生动的材料,让广大考生深受教育;美妙的画面,让广大考生感受美好;巧妙的设问,让广大考生引发思考。“中国大爱”、“中国力量”、“中国速度”、“中国奇迹”,让每一个考生备感华夏儿女之自豪、中国信心之坚定。本题将援建过程与国家力量有机结合起来,将重建目标与美好现实有机结合起来,将国家发展与自身成长有机结合起来,具有较强的时代性、综合性与教育性。

11. **材料一**:中原崛起正春风,河南振兴气势宏。寄托着中原儿女的梦想和希望,凝结着干部群众的实践和汗水,闪耀着社会各界的智慧和关爱,中原经济区建设正式上升为国家战略,列入“十二五”规划纲要。中原经济区是以河南为主体、延及周边,支撑中部,东承长三角,西连大关中,南临长江中游经济带,北依京津冀,具有自身特点、优势独特、经济相联、使命相近、客观存在的经济区域。

材料二:文化孕育精神,精神凝聚力量。《中原经济区建设纲要(试行)》提出,文化是建设中原经济区的强大推动力量,要充分发挥中原文化的优势,建设和谐文化,推动文化创新,形成优势彰显、充满活力、全面繁荣的文化发展新局面,全面提升中原文化的吸引力和影响力。

结合上述材料,运用所学知识,思考下列问题:

(1)中原崛起,文以化之;河南振兴,文以铸之。在历史长河中,中原儿女锻造了哪

些璀璨瑰丽的“中原文化名片”？（两个方面即可。4分）

（2）传承华夏历史文明，打造国人精神家园。面对建设中原经济区的战略机遇，我们靠哪些**精神动力**开启中原崛起、河南振兴的新征程？（三个方面即可。6分）

参考答案：（1）（4分）人物类，如中华民族的人文始祖轩辕黄帝，农民起义领袖陈胜，巾帼英雄花木兰，唐代名将张巡，爱国将领岳飞，思想家李聃、庄周，谋略家王诩（鬼谷子）、苏秦、张仪，军事家吴起，政治家子产、李斯、张良，理学家程颐、程颢、邵雍，名僧玄奘，科学家张衡，诗文大家杜甫、白居易、韩愈，商圣范蠡，医圣张仲景，字圣许慎，画圣吴道子，律圣朱载堉，法圣韩非，酒圣杜康，厨圣伊尹等。标志性文化类，如裴李岗文化、仰韶文化、龙山文化、河洛文化、贾湖骨笛、少林武术、河南豫剧（梨园春）等。科技类，如甲骨文、青铜器、唐三彩、地动仪等。遗产遗址类，如安阳殷墟、洛阳龙门石窟、“天地之中”历史建筑群等。故居旧址类，如中共中央中原局旧址、邓颖超祖居、刘青霞故居、中国工农红军第二十五军司令部旧址等。古籍类，如《诗经》、《易经》、《道德经》、《黄帝内经》等。神话传说类，如女娲补天、夸父追日、大禹治水、愚公移山等。工程及纪念建筑类，如红旗渠、小浪底水利枢纽工程、南水北调中线工程、郑州二七纪念塔、河南博物院、中国文字博物馆等。

（2）（6分）从中华民族的角度看，包括：中国特色社会主义伟大旗帜，马列主义、毛泽东思想、邓小平理论、“三个代表”重要思想、科学发展观，社会主义核心价值体系，社会主义先进文化，社会主义荣辱观，以爱国主义为核心的中华民族精神等。从中原文化孕育出的河南精神看，包括：愚公移山精神，红旗渠精神，焦裕禄精神，“平凡之中的伟大追求、平静之中的满腔热血、平常之中的极强烈的责任感”的“三平”精神，深厚的中原传统文化积淀，“淳朴善良、乐于助人、踏踏实实、诚实守信”的河南人群体美德，“吃苦耐劳、忠于职守、爱岗敬业、无私奉献”的河南人优秀品质，“嫉恶如仇、从善如流、爱憎分明、见义勇为”的河南人高尚情操，“自强不息、知难而进、开拓创新、奋发进取”的河南人价值追求等。

评分建议：第（1）问答出上述类别中的任意一个方面即可给2分，最高给4分。第（2）问无论是从国家角度或者是从河南角度，或者两个角度兼有，只要答出任意一个方面即可给2分，最高给6分。

评析：中原经济区简介，让广大考生深受鼓舞；中原文化优势，让广大考生为之自豪。本题将重大的时政主题与课程标准中强调的核心内容有机结合，以大见小，从文化层面让考生述说“中原文化名片”，明确精神动力，激发广大考生作为河南人的自尊心、自信心与自豪感，进一步增强广大考生实现中原崛起、河南振兴的使命意识。本题具有较强的地域性、综合性与教育性。

四、请你参加活动与探索(2 小题,第 12 题 8 分,第 13 题 12 分,共 20 分)

——奋力耕耘,实践创新!

12. 国以民为本,民以食为天。开门七件事:柴米油盐酱醋茶。食品安全连着亿万家庭,是重大的民生问题。一个时期以来,频频发生的食品安全事件,让我们每一个中国人都陷入了十(食)面埋伏。对此问题,党和国家高度重视,各地各部门密集行动,重拳出击,重典治乱,一场食品安全保卫战已经全面打响。

为了让群众吃得安全、吃得放心,某社区(村委会)准备在近期举办"食品安全专题报告会",请你参加并完成下列任务:

(1)请为本次专题报告会拟定两条宣传标语。(与材料重复者不得分。4 分)

(2)在专题报告会召开期间,请向大家推荐两条有关食品安全的注意事项。(4 分)

参考答案:(1)(4 分)"安以质为本,质以诚为根"、"树立诚信意识,确保食品安全"、"拒绝问题食品,共享幸福生活"、"举报问题食品,维护百姓权益"、"关注食品安全,确保生命健康"、"食品安全连万家,防范需要你我他"、"食品安全齐监管,安全生活每一天"、"食品安全大于天,依法打击是关键"、"严把食品安全关,多措并举重防范"、"筑牢食品安全防线,让老百姓安心放心"、"打击假冒伪劣食品,维护消费者合法权益"等。

(2)(4 分)<u>购买食品时需要注意的事项</u>:消费者尽量要到正规商场购物,确保食品质量;消费者一定要看清食品的生产日期,不能购买过期食品;消费者一定要了解食品的用途、性能和使用方法说明书,确保身心健康;消费者购买食品时一定要索取发票,防患于未然;消费者遇到问题食品时,要及时向有关部门举报;消费者因遇到问题食品发生纠纷时,要依法维权;等等。<u>食用食品时需要注意的事项</u>:生吃瓜果应洗净,用开水烫过或除去皮壳,严防"病从口入";新鲜蔬菜应浸泡多洗,清除农药残留物;慎食生菜、凉菜,食物要煮熟煮透后再吃;不食用腐败变质食品和过期食品;一旦发现食物中毒,要及时到医院诊治;等等。

评分建议:第(1)问答出其中任何一条标语或意思相近的标语即可给 2 分,最高给 4 分。第(2)问无论是从购买食品的角度或者是从食用食品的角度,或者两个角度兼有,只要答出任意一条提示即可给 2 分,最高给 4 分。

评析:关注食品安全,彰显重大民生问题。食品安全连万家,食品安全大于天。在全国上下都在关注食品安全的大背景下,本题图文并茂地将食品安全问题呈现在广大考生面前,让广大考生通过"食品安全专题报告会"这一活动平台,做好策划人,做好宣传员，使广大考生真正成为生活的主人，出谋划策，提出解决问题的有效途径，培养了广大考生的创新精神和实践能力，增强了广大考生的社会责任感和使命感。

13. **材料一**：90 年同舟共济，90 载丰功伟绩。“打天下，坐江山，一心为了老百姓的苦乐酸甜；谋幸福，送温暖，日夜不忘老百姓康宁团圆；老百姓是地，老百姓是天，老百姓是共产党生命的源泉……”这是中国共产党和老百姓之间血肉相连的真实写照。

材料二：90 年峥嵘岁月，90 载光辉历程。从八一枪声到秋收长缨，从井冈号角到长征战歌，从遵义曙光到延安油灯，从西柏坡“两个务必”到天安门城楼庄严宣告……多少次中流击水，多少次力挽狂澜，中国共产党带领全国各族人民战胜各种艰难险阻，谱写了中华民族自强不息、开拓进取的辉煌乐章！

吉鸿昌

杨靖宇

吴焕先

彭雪枫

叶成焕

为庆祝中国共产党成立 90 周年，你校正在举行以“学党史、颂党恩、跟党走”为主题的教育实践活动，请你参加并完成下列任务：

(1)读——品读红色经典：请写出两部红色经典的名称。(2 分)

(2)唱——唱响红色歌曲：请写出两首爱国主义歌曲的名称。(2 分)

(3)看——观看红色影视：请写出两部红色影视的名称。(2 分)

(4)忆——追寻红色记忆：请参照示例，写出“双百”人物中**革命战争年代**涌现出的两位共产党员及其事迹概要。(与示例和材料中出现的人物重复者不得分。2 分)

示例：李大钊——中国最早的马克思主义者。

(5)感——坚定理想信念：再过 4 天就是中国共产党的 90 华诞，请运用所学知识，撰写两则红色箴言，以表达自己的内心感悟。(与材料、设问及前四问所答内容重复者不得分。4 分)

参考答案：(1)(2 分)《战斗的青春》、《红旗飘飘》、《红岩》、《创业史》、《暴风骤雨》、《山乡巨变》、《苦菜花》、《林海雪原》、《敌后武工队》、《野火春风斗古城》、《青春之歌》、《西行漫记》、《铁道游击队》、《红日》、《东方》、《红旗谱》、《烈火金钢》、《铜墙铁壁》、《吕梁英雄传》、《新儿女英雄传》、《平原烈火》、《保卫延安》、《小城春秋》、《三家巷》、《平原枪声》、《星火燎原》、《风云初记》等。

(2)(2 分)《没有共产党就没有新中国》、《党啊，亲爱的妈妈》、《唱支山歌给党听》、《歌唱祖国》、《祖国颂》、《我爱你，中国》、《义勇军进行曲》、《社会主义好》、《东方红》、《春天的故事》、《走进新时代》、《走向复兴》、《黄河大合唱》、《十送红军》、《游击队之歌》、《大刀进行曲》、《松花江上》、《映山红》、《解放区的天》、《学习雷锋好榜样》、《红星歌》、《长江之歌》等。

(3)(2 分)《闪闪的红星》、《地雷战》、《地道战》、《南征北战》、《霓虹灯下的哨兵》、《四渡赤水》、《小兵张嘎》、《狼牙山五壮士》、《开国大典》、《重庆谈判》、《英雄儿女》、《江姐》、《海霞》、《上甘岭》、《洪湖赤卫队》、《烈火中永生》、《战火中的青春》、《智取华山》、《永不消逝的电波》、《平原游击队》、《红色娘子军》、《湘西剿匪记》、《大决战》等。

(4)(2 分)于化虎——全国民兵英雄;马本斋——英雄的回民支队司令员;方志敏——为“可爱的中国”献身;王尔琢——中国工农红军的优秀指挥员;王克勤——爱民模范,杀敌英雄;王若飞——“一切要为人民打算”;邓萍——血洒遵义的青年将领;邓中夏——中国工人运动的杰出领袖;邓恩铭——一生献给工人运动;韦拔群——广西农民运动的先驱;冯平——琼崖革命的先驱;叶挺——在烈火中永生;左权——“名将以身殉国家”;任常伦——胶东抗日英雄;刘伯坚——“生是为中国,死是为中国”;刘志丹——“群众领袖,民族英雄”;刘胡兰——“生的伟大,死的光荣”;江竹筠——激励了几代人的“江姐”;许继慎——中国工农红军的杰出将领;何叔衡——中国共产党的创始人之一;张太雷——“愿化作震碎旧世界惊雷”;李硕勋——铁骨铮铮的优秀共产党员;杨开慧——温婉骄杨,英雄女杰;陈延年——视死如归的革命者;陈潭秋——楚天英杰天山魂;林祥谦——“二七”烈士;罗亦农——中国无产阶级“最热烈的领袖”;罗忠毅——新四军抗日名将;罗炳辉——从奴隶到将军;恽代英——中国青年的楷模;赵一曼——视死如归的抗日女英雄;赵世炎——工人运动的著名领袖;夏明翰——为追求真理凛然就义;钱壮飞——隐蔽战线的无名英雄;黄公略——杰出的红军将领;彭湃——“农民运动大王”;谢子长——陕北红军和苏区主要创建人之一;蔡和森——我党早期重要理论家、宣传家;瞿秋白——伟大的马克思主义者;毛岸英——中国人民志愿军烈士;等等。

(5)(4 分)缅怀先烈伟绩,继承先烈遗志,弘扬先烈精神;无数革命先烈抛头颅、洒热血才换来了社会主义的红色江山,我们一定要珍惜今天来之不易的幸福生活;没有共产党就没有新中国;没有共产党就没有中国特色社会主义;只有共产党才能救中国,才能带领人民实现民富国强;中国共产党是中国特色社会主义事业的领导核心;中国共产党的宗旨是全心全意为人民服务;中国共产党是中国工人阶级的先锋队,同时是中国人民和中华民族的先锋队;中国共产党始终代表中国最广大人民的根本利益;中国共产党是伟大、光荣、正确的党;高举中国特色社会主义伟大旗帜,实现中华民族伟大复兴;党的基本路线是党和国家的生命线、人民群众的幸福线;中国共产党与广大人民群众鱼水情深;我们一定要更加热爱中国共产党,立志成才,报效祖国;我与祖国共奋进,坚定不移跟党走;等等。

评分建议:第(1)问答出一部红色经典的名称即可给 1 分,最高给 2 分。第(2)问答出一首爱国主义歌曲的名称即可给1分,最高给2分。第(3)问答出一部红色影视的名称即可给1分,最高给2分。第(4)问答出一位人物及其事迹概要即可给1分,最高给2分(人物必须是“双百”人物中在革命战争年代涌现出来的共产党员,否则不给分)。第(5)问答出一则红色箴言即可给2分,最高给4分,但红色箴言的内容与本题材料、设问及前四问考生答案重复者不给分。

评析:通过品读红色经典、唱响红色歌曲、观看红色影视、追寻红色记忆、撰写红色箴言等系列环节,全面考查广大考生“学党史、颂党恩、跟党走”这一主题教育实践活动的各个层面,让考生通过自身阅历和生活实践,表达自己对中国共产党的热爱之心、感恩之情,并从中感悟:幸福生活来之不易,书写红色画卷,坚定理想信念,坚定不移跟党走,为实现中华民族伟大复兴而努力奋斗!本题主题鲜明,时代感强,立意高、角度新、挖掘深、落脚实,层次清晰,循序渐进,前呼后应,一气呵成,对核心内容与主干知识的考查具有无与伦比的综合性效果。

综观全卷,2011年河南省初中学业水平暨高级中等学校招生考试思想品德B卷是一套方向正确、导向明确、内涵丰富、启示深刻的试卷。该试卷以科学发展观为指导,围绕社会主义核心价值体系建设,坚持弘扬时代主旋律,彰显课程性质,把握时代脉搏,关注国计民生,强化德育功能,体现地域特色,贴近学生,透视生活,弘扬真善美,鞭挞假恶丑,将道德、心理健康、法律和国情等多方面学习内容有机地结合起来,着重考查主干知识、核心内容和核心能力,注重设置情境、搭建平台、鼓励探究、倡导创新,实现了三维目标考查的有机统一、水乳交融。坚持依据课程标准,充分体现新课程理念,关注考生的全面发展和可持续发展,着眼于对考生综合素质和多种能力的考查,通过考查运用所学知识辨别是非、分析和解决问题的能力,引导广大考生树立正确的世界观、人生观和价值观,增强社会责任感,树立现代公民意识,培养热爱中国共产党、热爱社会主义和热爱家乡的情感,立志成才,报效祖国和人民,建设美好家园,为中原崛起、河南振兴而奉献,为民富国强、民族复兴而奋斗。

总的来看,该试卷符合教育部关于中招考试评价改革的指导意见,符合河南省教育厅相关文件精神,符合河南省基础教育教学研究室关于2011年中招试卷研制工作的总体要求,遵循思想品德课程标准,兼顾各版本思想品德教材的内容体系,贯彻了河南省初中毕业生学业考试思想品德学科《说明与检测》的基本要求,实现了从内容到形式的整体优化,从材料、设问到答案无不令人耳目一新,既做到“严谨务实”,又达到“精品呈现”,整体预设难度在上年的基础上有所提高。全卷体现了较强的时代性、思想性、教育性、基础性、原创性、人文性、综合性、地域性、实践性和引领性。该试卷面世之后,受到了师生、家长和社会各界的广泛认可和一致好评。同时,在全国同类试卷中继续保持了领先地位。

附:2011 年河南省初中学业水平暨高级中等学校招生考试思想品德 B 卷多项细目表

题号	题型	分值	命题立意及考查目的	考查内容	考点分布
1	单选	2	关注“三农”	中央一号文件·水利建设(关注“三农”)	时事政治
2	单选	2	弘扬和讴歌志愿者的奉献精神,见贤思齐	“感动中国”2010 年度人物特别奖(中国志愿者群体)	时事政治综合
3	单选	2	实施可持续发展战略,确保 18 亿亩耕地红线	科教兴国·中部崛起·西部大开发·可持续发展(耕地保护)	时事政治·我与集体、国家和社会的关系部分综合
4	单选	2	热爱祖国、献身科学、尊重实践	知行统一·诚信·尊重他人·艰苦奋斗(中国旅游日)	时事政治·课标第一、二、三部分综合
5	多选	3	正确处理与父母的关系	亲子关系·学会感恩·学会沟通(成长的烦恼)	我与他人的关系
6	多选	3	正确认识网络语言对汉语的冲击,规范汉语	传承优秀文化(网络语言)	我与集体、国家和社会的关系
7	多选	3	展示河南形象、体味厚重河南、落实文化强省战略	河南形象·中原文化·文化强省(中原福塔)	我与集体、国家和社会的关系
8	多选	3	树立远大理想、培养创新精神、坚持终身学习、挖掘自身潜能	远大理想·终身学习·品德修养·创新·社会实践·全面发展·展示个性(三点希望)	课标第一、二、三部分综合
9	辨析	10	青少年健康成长,外在美和内在美有机结合,发扬艰苦奋斗的传统美德	青春期心理·艰苦奋斗·外在美与内在美有机统一·提升文明素质(文明礼仪)	课标第一、二、三部分综合
10	观察与思考	10	增强社会主义信念、坚持党的领导、维护民族团结、弘扬民族精神、培养优秀品格、引导健康成长	党的领导·社会主义制度优越性·中华民族精神·科学发展·自身成长(地震灾区重建成绩斐然)	时事政治·课标第一、二、三部分综合
11	观察与思考	10	增强热爱家乡意识、落实建设家乡行动	热爱家乡·热爱河南·文化强省·精神动力(建设中原经济区)	时事政治·我与集体、国家和社会的关系综合
12	活动与探索	8	增强维权意识和食品安全意识,关注和改善民生	消费者维权意识·维护社会主义市场经济秩序·公平正义(食品安全)	时事政治·课标第二、三部分综合

（续表）

题号	题型	分值	命题立意及考查目的	考查内容	考点分布
13	活动与探索	12	建设社会主义核心价值体系，明确中国共产党的历史地位，增强爱党爱国情感	缅怀革命先烈·追寻红色记忆·抒发内心感悟·珍惜幸福生活（建党90周年）	时事政治·我与集体、国家和社会的关系综合

注：

课标第一部分——“成长中的我”

课标第二部分——“我与他人的关系”

课标第三部分——“我与集体、国家和社会的关系”

2011年河南省初中学业水平暨高级中等学校招生考试思想品德A卷试题评析

王向阳　路文超　窦树东　王中原　张秀菊

一、请你选择(共20分)

——认真细致,点滴做起!

▲单项选择(4小题,每题2分,共8分。下列每小题的四个选项中,只有一项是最符合题意的,请将所选项字母填入题后括号)

1. 2011年3月14日,第十一届全国人民代表大会第四次会议批准了《中华人民共和国国民经济和社会发展第十二个五年规划纲要》。该规划的主题是________。【　】

A. 科学发展　　B. 可持续发展

C. 保障和改善民生　　D. 加快转变经济发展方式

答案:A

评析:试题以2011年3月第十一届全国人民代表大会第四次会议通过的《中华人民共和国国民经济和社会发展第十二个五年规划纲要》为载体,考查考生对"十二五"规划有关知识的掌握情况。这不仅能促进考生了解当前和今后一个时期我国经济社会发展的努力方向,而且能增强考生坚定科学发展,为"十二五"规划做贡献的责任感。

2. 伟大出自平凡。16年间捐出工资总额的一半参加希望工程,20年累计献血6万多毫升(相当于自身血量的10倍)……30年如一日,恪尽职守,爱岗敬业,扶危济困,无私奉献;他所做的每一件好事、每一份奉献,与普通人都那样贴近;他只是一个平凡人,却活出了不平凡的人生……他被人们誉为"雷锋传人",当之无愧地被评为2010年度"感动中国"人物。他就是【　】

A. 孙东林　　B. 郭明义　　C. 王万青　　D. 何祥美

答案:B

评析:试题以"雷锋传人"、2010 年度"感动中国"人物获奖者之一郭明义的事迹为载体,突出思想性。试题的考查有利于增强考生辨别是非、善恶、美丑的能力,引导考生做负责任的公民,很好地落实了思想品德课为祖国培养合格建设者和可靠接班人的育人功能。

3."积极心态像太阳,照到哪里哪里亮;消极心态像阴云,压在心头惹烦闷。"这句话表明　　【　】

A. 心态好坏无所谓　　B. 情绪只有积极性

C. 情绪只有消极性　　D. 情绪是把双刃剑

答案:D

评析:情绪是把双刃剑,既可能使人精神焕发,干劲倍增;也可能使人无精打采,萎靡不振。试题科学考查了"双基",突出考查主干知识、核心内容和核心能力,注重了知识与技能的有机统一。

4. 目前,许多地方政府及其部门为了了解民情、倾听民意、汇聚民智、解决民忧,纷纷建立了"网站"、开通了"微博"、设立了"政务公开栏"等。右图网站"公众互动"栏目对公众反映问题的回复率达到了100%,于是,人们赞扬:"'键对键'如'面对面','实打实'才'心贴心'……"此举有利于　　【　】

A. 公民完全实现个人意愿　　B. 公民直接参与政府决策

C. 公民行使建议和监督权　　D. 彻底消除一切丑恶现象

答案:C

评析:试题关注近年来我国社会主义民主政治建设成就,引导考生依法参与国家政治生活,行使监督权,为我国社会主义民主政治建设的不断进步奉献自己的力量。

▲**多项选择**(4 小题,每题 3 分,共 12 分。下列每小题的四个选项中,至少有两项是符合题意的,请将所选项字母填入题后括号。多选、错选均不得分。少选者:若有两个正确选项,只选一项者得 1.5 分;若有三个正确选项,每选一项得 1 分;若有四个正确选项,选三项者得 2 分,选一、二项者均得 1 分)

5. 随着人民生活水平不断提升,中国已进入大众化旅游时代。目前,中国已成为全球第三大旅游目的地。古老的中原更是引人关注,因为河南既是文化资源大省,又是旅游资源大省,河南旅游事业正在快速发展。经国务院批准,自 2011 年起,每年的 5 月 19 日(《徐霞客游记》开篇日)为"中国旅游日"。设立"中国旅游日"有利于　　【　】

A. 促进中华优秀文化的传承和发展　　B. 提高公民的旅游意识和文明素养

C. 河南省旅游业实现又好又快发展　　D. 彻底改变国人的生活方式和习惯

答案:ABC

评析:中国历史悠久,山河秀美,自然和人文旅游资源极其丰富。改革开放 30 多年来,伴随着中国经济的快速发展,人民生活越来越富裕,旅游业迎来了发展的“黄金期”。设立“中国旅游日”,对于推动旅游业发展、提高公民的旅游意识和文明素质、促进我国优秀文化的传承和发展具有积极作用。试题紧密联系实际,贴近社会生活,贯彻了“学习即生活,考试即生活”的命题理念,充分调动了考生的积极性。

6. 教育部、国家语委近期发布的《2010 年中国语言生活状况报告》指出:青少年汉语表达能力和汉字书写能力正在下降和退化,同时,社会用字比较混乱,有些人完全依赖电脑和手机,与传统汉字渐行渐远……人们对汉语的尊重感、敬畏感在弱化。在我们河南,古有“造字圣人”仓颉(jié)、“文宗字祖”许慎,今有中国文字博物馆,汉字与中原结下了不解之缘。作为炎黄子孙,维护汉字尊严,责无旁贷,这是因为　【　】

A. 汉字是中华民族的伟大创造　　B. 汉字是网络交流中的附属品

C. 汉字是传承中华文化的载体　　D. 网络语言没有任何实际意义

答案:AC

评析:试题以近年来我国青少年汉语表达能力和汉字书写能力正在下降和退化为切入点,考查考生对中华文化的理解和认同,激发考生的民族自尊心和自信心,提高考生的文化认同感和振兴汉语、维护汉字尊严的使命感、责任感。同时,试题突出河南文化资源大省这一基本省情,使考生在考试中感受家乡美好,情感得以升华,从而激发考生树立热爱家乡、奉献家乡的信念和志向。

7. 地是人之母,耕者思良田。作为世界第一人口大国,我国用全球 7% 的耕地养活了世界 22% 的人口,成功解决 13 亿人口的吃饭问题,一直被认为是值得自豪的成就。然而,目前我国人均耕地面积已由 10 多年前的 1.58 亩减少到 1.38 亩,仅为世界平均水平的 40%,18 亿亩耕地红线面临严峻挑战。为此,我国应该　【　】

A. 落实最严格的耕地保护制度　　B. 落实最严格的节约用地制度

C. 杜绝城区改造和房地产开发　　D. 坚决制止违法违规用地现象

答案:ABD

评析:试题以我国人均耕地面积减少,18 亿亩耕地红线面临严峻挑战这一背景材料为载体设置,旨在进一步增强人们保护耕地的意识,从而更加自觉地投身于贯彻落实科学发展观、实施可持续发展战略中去。

8. 依法治国,国泰民安。新中国成立以来特别是改革开放 30 多年来,在中国共产党的正确领导下,中国特色社会主义法律体系已经形成,国家经济建设、政治建设、文化建设、社会建设以及生态文明建设的各个方面实现有法可依。这是我国社会主义民主法制建设史上的重要里程碑。中国特色社会主义法律体系 【　　】

A. 是中国特色社会主义永葆本色的法制根基

B. 是中国特色社会主义创新实践的法制体现

C. 是中国特色社会主义兴旺发达的法制保障

D. 是实现中华民族伟大复兴坚实的法制基础

答案:ABCD

评析:新中国成立60多年来,特别是改革开放30多年来,在建设和发展中国特色社会主义的伟大实践中,中国的法制建设取得了巨大成就,中国特色社会主义法律体系已经形成,我国社会主义法治国家建设迈上新台阶、进入新境界。试题以中国特色社会主义法律体系形成为背景,引导考生增强法制观念,做一个自觉知法、守法的好公民。

二、请你辨析(10分)

——辨别分析,感悟明理!

9.

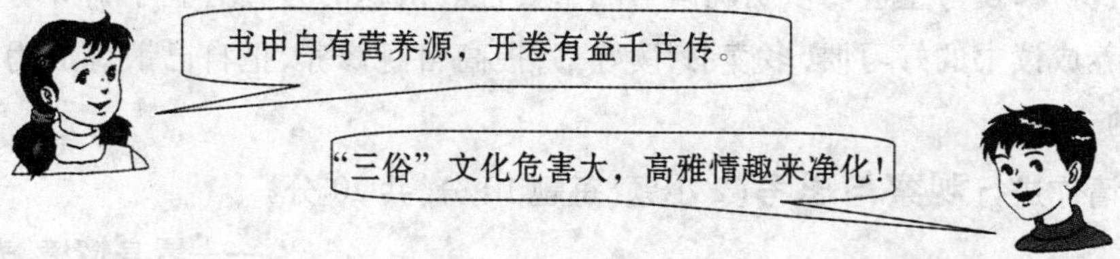

参考答案:(1)书是知识的源泉,书籍是人类进步的阶梯。(或:好书是人的精神食粮,好书是人的良师益友。或:一本好书,会使人终身受益,从中汲取知识营养,指引人们向着积极健康的方向发展。)(2分)

(2)开卷有益是指学习的重要性,是千古以来学习经验的重要总结。个人的成长离不开学习,人类的文明进步同样离不开学习。(或:读书使人获取知识、增长智慧、感悟明理、提高修养。或:学习成就个人的成长和进步,学习推动人类社会的文明和发展。面对快速发展的经济社会环境,"学会学习"、"终身学习"已成为人们的共识。或:人们通过学习掌握一技之长,通过学习提高自己的素质,通过学习升华自己的品质,通过学习吸纳人类积累的智慧和思想,通过学习获得造福社会和完善自我的力量。)(3分)

(3)"三俗"文化是指庸俗文化、低俗文化和媚俗文化。其危害有:严重扰乱正常的社会秩序,败坏社会风气;不利于社会主义精神文明建设的顺利进行;不利于中华优秀文化的继承和发扬;不利于发展社会主义先进文化;不利于构建社会主义和谐社会;不利于社会主义核心价值体系建设;不利于培养青少年正确的世界观、人生观和价值观;等等。因此,"三俗"文化需要全社会加以抵制。(3分)

(4)抵制"三俗"文化的正确方法是以雅反俗、以雅代俗,对各种书籍要进行鉴别,认真选择,读好书不读坏书。(或:高雅情趣与“三俗”文化格格不入。高雅的生活情趣源于对生活的热爱、对生活积极的态度和美的感受。或:在追求高雅生活情趣的过程中,我们的情感总能在无形中受到陶冶,提升为情操。高尚情操的形成,会让我们的生活放射出夺目的光彩。或:高雅的生活情趣有益于个人的身心健康,有利于开发智力、开阔视野,有利于提高文化道德修养,符合现代文明的要求,符合科学精神和科学生活的要求。)(2 分)

评分建议:第(1)点答出书籍对个人成长或人类进步的重要性即可给 2 分。第(2)点答出学习的重要性即可给 3 分。第(3)点答出“三俗”文化的含义给 1 分,答出“三俗”文化的危害(两个方面即可)给 2 分,最高给 3 分。第(4)点答出抵制“三俗”文化的方法、高雅生活情趣与“三俗”文化之间的关系、培养高雅生活情趣的作用或意义中的任何一个方面即可给 2 分。

评析:书籍是人类智慧的结晶。读书决定一个人的修养和境界,关系一个民族的素质和实力,影响一个国家的前途和命运。一个不读书的人、不读书的民族,是没有希望的。这是一道综合性很强的辨析题,试题围绕“开卷有益”还是“开卷无益”这一主题让考生进行辨析,使考生进一步明确读书的重要性。试题的考查有利于引导考生珍惜青春年华,养成读书的好习惯,多读书,读好书,提高自身修养,把自己锻炼成为祖国和人民需要的合格人才。

三、请你进行观察与思考(2 小题,每题 10 分,共 20 分)

——置身情境,表达心声!

10. **材料一**:沧海变桑田,高原今胜昔。“太阳啊!霞光万丈,雄鹰啊!展翅飞翔……翻身农奴把歌唱,幸福的生活万年长……”才旦卓玛深情而嘹亮的歌声陶醉了几代人,唱出了西藏百万农奴翻身得解放、当家做主人的喜悦!

中国藏族演员献艺“西藏文化周”

材料二:风雨一甲子,辉煌六十载。60 年来,西藏经历了从黑暗走向光明、从落后走向进步、从贫穷走向富裕、从专制走向民主、从封闭走向开放的光辉历程,实现了短短几十年跨越上千年的历史巨变。今天的西藏,经济发展、社会进步、文化繁荣、民生改善、民族团结、宗教和谐,正处于历史上最好的发展时期。

结合上述材料,运用所学知识,思考下列问题:

(1)西藏 60 年的沧桑巨变雄辩地证明了什么?(三个方面即可。6 分)

(2)如果你和西藏的同龄人就“纪念西藏和平解放 60 周年”进行网上在线交流,抚今追昔,最能表达你心情的一句话是什么?(要求:主题鲜明,意思完整。4 分)

参考答案:(1)(6 分)必须坚持中国共产党的领导;必须坚持社会主义制度;必须

坚持民族区域自治制度;必须坚持党的基本路线;必须坚持改革开放;必须坚持共同富裕;必须坚持走有中国特色、西藏特点的发展路子;必须坚持民族平等、团结、共同繁荣的基本原则;必须坚持实施西部大开发战略;等等。

(2)(4 分)"60 年巨变,还看今朝"、"60 年沧桑巨变,彰显社会主义伟力"、"腾飞的西藏,巨变愈千年"、"西藏的明天更美好"、"西藏经济富活力,前所未有大跨越"、"赞沧桑巨变,感丰功伟绩"、"伟大的转折,光辉的历程"、"民族情谊深,汉藏一家亲"、"团结互助创伟业,携手同心奔小康"等。

评分建议:第(1)问答出任意一个方面即可给 2 分,最高给 6 分。第(2)问答出主题鲜明、意思完整的一句话即可给 4 分。

评析:2011 年是西藏和平解放 60 周年,西藏 60 年的发展进步,彰显着中国共产党的英明伟大;60 年的沧桑巨变,体现着社会主义制度的无比优越;60 年的历史进程,满载着全国人民的无私援助;60 年的辉煌成就,镌刻着西藏各族人民的不懈追求。试题通过西藏和平解放 60 周年这一重大时政主题,引导考生关注重大主题,关心国家发展进步。试题运用歌曲、网上在线交流等形式,将西藏和平解放 60 年的成就与党的领导、社会主义制度的优越性、民族区域自治制度等主干知识有机结合起来对考生进行思想教育,旨在唱响共产党好、社会主义好、改革开放好、伟大祖国好、各族人民好的时代主旋律,增强考生热爱中国共产党、热爱社会主义制度、热爱民族大家庭、热爱中国特色社会主义的思想感情。

11. 民以食为天,食以安为先。开门七件事:柴米油盐酱醋茶。食品安全是近年来民生领域的热点话题,而频繁发生的食品安全事件却一再地刺激着广大消费者脆弱的神经,人们不断地受到来自问题食品的困扰。

结合上述材料,运用所学知识,思考下列问题:

(1)中国食品安全事件频繁发生的原因有哪些?(三个方面即可。6 分)

(2)食品安全乱象带来的后果有哪些?(两个方面即可。4 分)

参考答案:(1)(6 分)食品行业诚信道德体系建设滞后;部分生产者思想道德素质低下、法制观念淡薄;部分食品生产厂家缺乏责任意识和法律意识;食品行业从业人员素质参差不齐;食品产业大多"门槛"低、分布散、规模小、发展快,管理难度大;我国法律对食品安全案件惩戒威慑力度不大;食品安全监管部门监管不力,监管措施未能及时跟上;食品安全社会监控体系不完善;消费者的防范意识和维权意识不强;等等。

(2)(4 分)直接危害人们的身心健康;严重侵害了人们的知悉真情权、安全保障权、生命健康权；使公众缺乏基本的安全感，产生信任危机，进而败坏社会风气；破坏社会和谐稳定，导致诚信缺失、道德滑坡；损害了其他生产者和经营者的合法权益，破坏了社会主义市场经济秩序；严重影响我国的食品对外贸易和国际形象；等等。

评分建议：第(1)问答出任意一个方面即可给2分，最高给6分。第(2)问答出任意一个方面即可给2分，最高给4分。

评析：民以食为天，食以安为先。食品安全关乎国计民生，关乎人民群众生命健康、社会的稳定与和谐。然而，近年来，食品安全事件多发，三聚氰胺、瘦肉精火腿肠、染色馒头、硫黄生姜等，使百姓对食品安全的信任度大打折扣，这严重危害了人民群众的身体健康，冲击了经济和民生，影响了政府公信力和国家形象。试题关注食品安全这一重大民生问题，弘扬真善美，鞭挞假恶丑，有利于进一步增强广大考生的社会责任感，在社会生活中发现食品安全违法问题时，能积极行动起来，主动向监管部门举报。

四、请你参加活动与探索(2小题，每题10分，共20分)

——奋力耕耘，实践创新！

12. **材料一**：中原兴，中部兴；中部兴，中华兴。中原经济区是以河南为主体、延及周边，支撑中部，东承长三角，西连大关中，南临长江中游经济带，北依京津冀，具有自身特点、优势独特、经济相联、使命相近、客观存在的经济区域。

材料二：宏伟蓝图已经绘就，壮丽前景催人奋进。站在“十二五”新的起跑线上，中原亿万人民在实施中部崛起战略的进程中，正乘着建设中原经济区的强劲东风，加快实现中原崛起。

时代在呼唤，使命在肩头。中原经济区建设牵动着每一位中原儿女的心。据悉，你校团委准备暑期举行以“描绘美好大中原，助力中原经济区”为主题的板报展览评比活动，请你参加：

(1)如果让你筹划该主题板报，你将设计哪些板块？(三大板块标题即可。6分)

(2)中原经济区建设时不我待，人人有责。你能为中原经济区建设做哪些力所能及的贡献？(两个方面即可。4分)

参考答案：(1)(6分)“中原经济区简介”、“中原经济区的战略意义”、“‘三化’协调，科学发展”、“产业变革，引领未来”、“自主创新，引领发展”、“河南的区位优势”、“河南社会主义新农村建设”、“变人力资源为人才高地”、“中原与世界”、“文化之光耀中原”、“建设生态中原”等。

(2)(4分)积极宣传中原经济区建设的相关内容；增强热爱家乡、热爱河南的感情；增强建设家乡、振兴河南的使命感和责任感；为中原经济区建设建言献策；努力学习，全面发展，培养创新精神，为将来投身中原经济区建设奠定坚实基础；等等。

评分建议：第(1)问答出一个板块的标题即可给2分，最高给6分。第(2)问答出任意一个方面即可给2分，最高给4分。

评析:“河南之于中国,如同中国之于世界。河南兴则中原兴,中原兴则中华兴。”“中原经济区关系到全国未来,关系到发展方式转变,关系到中华文化的发展,关系到和谐社会的建设。”试题关注“建设中原经济区”这一社会重大主题,突出河南地域特色,让考生更好地感知河南、认识河南、了解河南、热爱河南、树立河南良好形象。试题的考查有利于培养考生热爱家乡、建设家乡、奉献家乡的思想情感,使广大考生增强为建设中原经济区做贡献的强烈社会责任感。

13. **材料一**:90 年党旗飘扬,90 载铸就辉煌。90 年来,在鲜艳的党旗指引下,中国共产党从小到大,由弱到强,历经艰难险阻,领导中国人民取得了新民主主义革命的彻底胜利、社会主义革命和建设的辉煌业绩、改革开放和现代化建设的伟大成就。这 90 年,是我们党日益发展壮大的 90 年,是党领导中国人民开创历史新篇章的 90 年,是马克思主义中国化取得伟大胜利的 90 年。

材料二:科学发展创伟业,与时俱进谱新篇。“走过了风和雨,走在阳光路上,鸽子用哨音告诉我,幸福在前方!展一幅盛世画卷,阅尽了壮丽辉煌,风景独好的神州,前程多宽广!阳光路上,无限风光,前行的脚步日夜兼程,不可阻挡;阳光路上,旗帜飞扬,科学发展为和谐的中国引领方向……”我们凝望着党旗,崇敬之情油然而生。

为纪念中国共产党成立 90 周年,某社区(村委会)准备举办“话变迁、颂党恩”主题演讲活动,请你参与:

(1)结合社会生活实际,请谈谈你所了解的祖国巨变或家乡变化。(两个方面即可。4 分)

(2)为表达对中国共产党的深厚感情,请你在主题演讲活动纪念簿上写下几句心里话。(三个方面即可。6 分)

参考答案:(1)(4 分)祖国巨变:我国社会生产力、综合国力显著提高;载人航天、探月工程、超级计算机等前沿科技取得重大突破;国防和军队现代化建设取得重大成就;人民生活总体上达到小康水平;教育、科技、文化、卫生、体育事业全面进步;改革开放取得重大进展,社会主义市场经济体制更加完善;我国国际地位和国际影响力显著提高,全方位外交取得重大进展;成功举办了北京奥运会、上海世博会,实现了中华民族的百年梦想;城乡公共体育设施建设加快,全民健身活动蔚然成风;粮食生产连年获得好收成(全国粮食产量实现“七连增”);三峡工程兴建、青藏铁路通车、西气东输与南水北调工程进展顺利;等等。家乡变化:穿衣越来越讲究;餐桌越来越丰富;住房越来越宽敞;交通越来越便利;旅游进入老百姓的生活;手机、电脑成了老百姓的日用品;实现了城乡免费义务教育;取消了延续两千多年的农业税;等等。

(2)(6 分)没有中国共产党就没有新中国;没有共产党就没有中国特色社会主义;只有中国共产党才能救中国,才能带领人民实现民富国强;中国共产党是中国特色社会主义事业的领导核心;中国共产党的宗旨是全心全意为人民服务;中国共产党立党为公、执政为民;中国共产党是中国工人阶级的先锋队,同时是中国人民和中华民族的先锋队;中国共产党始终代表中国最广大人民的根本利益;以经济建设为中心是兴国之要,四项基本原则是立国之本,改革开放是强国之路;党的基本路线是党和国家的生命线、人民群众的幸福线;全面建设小康社会、发展中国特色社会主义,必须深入贯彻落实科学发展观;中国共产党与广大人民群众血肉相连、鱼水情深;中国共产党坚持权为民所用、情为民所系、利为民所谋;中国共产党是伟大、光荣、正确的党;愿中国共产党永葆青春和活力;等等。

评分建议:第(1)问答出祖国巨变或家乡变化中的任意一个方面即可给 2 分,最高给 4 分。第(2)问答出任意一个方面即可给 2 分,最高给 6 分。

评析:纪念中国共产党成立 90 周年是 2011 年党和国家的一件大事,也是对考生进行爱国主义教育、远大理想教育、革命传统教育,帮助考生形成正确的世界观、人生观、价值观的最佳时机之一。试题关注中国共产党成立 90 周年这一重大时政主题,以举办主题演讲活动为载体,引导考生关注国家、民族的前途命运,升华考生爱党、爱中国特色社会主义的情感,培养考生的亲社会意识、团结意识、责任意识。试题贴近考生生活,高立意、低切入,以小见大,充分体现了新课程命题理念,必将对今后开卷考试提供有益的借鉴。

综观 2011 年河南省初中学业水平暨高级中等学校招生考试思想品德 A 卷,尽管是备用试卷,未公开面世,但其指导思想、理念、风格、内涵均与 B 卷高度一致,与 B 卷同质、等值。充分体现素质教育的精髓,充分彰显新课程理念。符合教育部和河南省教育厅关于中招学业评价改革的文件精神,符合河南省基础教育教学研究室的命题要求,是一套集思想性、教育性、人文性、开放性、综合性、时代性、前瞻性、地域性、原创性、实践性于一体的高质量试卷。试卷突出思想品德学科特点,注重价值引导,强调能力立意,体现教育价值,渗透人文关怀,强化德育功能;突出时代特征,关注社会生活,贯彻"考试即生活"的命题理念,干预生活、参与生活、反映生活、透视生活,增强生活气息;关注重大主题,反映国计民生,凸显地域特色,关注热点,兼顾"冰点",弘扬真善美,鞭挞假恶丑;科学考查"双基",培养核心能力,把爱国主义教育和热爱家乡教育紧密地结合起来,使三维目标的考查有机统一、水乳交融;试题精心设计,大胆创新,思路新颖,视角独特,取材鲜活,设问奇巧,参考答案贴切、丰富、开放,对今后思想品德学科教育、教学、教研工作具有积极而深刻的启迪、引领和导航作用。

附:2011 年河南省初中学业水平暨高级中等学校招生考试思想品德 A 卷多项细目表

题号	题型	分值	命题立意及考查目的	考查内容	考点分布
1	单选	2	贯彻落实科学发展观	“十二五”规划主题及主线(科学发展)	时事政治
2	单选	2	学习模范人物,建设精神文明	“感动中国”2011 年度人物(郭明义)	时事政治综合
3	单选	2	学会调节和控制情绪,保持乐观心态	情绪的多样性(情绪是把双刃剑)	成长中的我
4	单选	2	我国社会主义民主政治建设成就	社会主义民主政治不断进步·行使监督权(网络问政)	课标第二、三部分综合
5	多选	3	传承中华民族的优秀文化、提高公民文明素质、促进公民生活质量的不断提高	中华民族优秀文化传承·公民文明素质提高·旅游业又好又快发展·培养高雅生活情趣(中国旅游日)	课标第一、三部分综合
6	多选	3	了解汉语生活状况,维护汉字尊严,提高文化认同感	民族文化·汉语生活状况·中原文化·重拾汉字之美(汉字与网络语言)	我与集体、国家和社会的关系
7	多选	3	实施可持续发展战略,确保 18 亿亩耕地红线	可持续发展·坚持耕地保护的基本国策·节约用地(耕地保护)	我与集体、国家和社会的关系
8	多选	3	加强法制观念,推进依法治国,建设社会主义法治国家	依法治国·建设法治国家(中国特色社会主义法律体系形成)	我与集体、国家和社会的关系
9	辨析	10	发展社会主义先进文化,培养高雅生活情趣,多读书,读好书	发展社会主义先进文化·开卷有益·社会主义精神文明建设·高雅生活情趣(反“三俗”文化)	课标第一、三部分综合
10	观察与思考	10	畅谈西藏 60 年发展成就,唱响维护民族团结之歌	社会主义制度的优越性·维护民族团结·坚持党的正确领导(西藏和平解放 60 周年)	时事政治·我与集体、国家和社会的关系综合

（续表）

题号	题型	分值	命题立意及考查目的	考查内容	考点分布
11	观察与思考	10	增强维权意识和食品安全意识,加强公民思想道德建设,增强社会责任感	消费者维权意识·维护社会主义市场经济秩序·思想道德建设·责任意识(食品安全)	时事政治·课标第二、三部分综合
12	活动与探索	10	增强热爱家乡意识,落实建设家乡行动,增强责任意识	热爱家乡·热爱河南·建设家乡·振兴河南(建设中原经济区)	时事政治·我与集体、国家和社会的关系综合
13	活动与探索	10	建设社会主义核心价值体系,坚定跟共产党走中国特色社会主义道路的信念和决心	祖国巨变·家乡变化·热爱党、相信党、跟党走(建党90周年)	时事政治·我与集体、国家和社会的关系综合

注：

课标第一部分——“成长中的我”

课标第二部分——“我与他人的关系”

课标第三部分——“我与集体、国家和社会的关系”

2011 年河南省中招思想品德 A 卷试题评析

河南省南阳市宛城区官庄一中　夏光范

一、请你选择(共 20 分)

——认真细致,点滴做起!

▲单项选择(4 小题,每题 2 分,共 8 分。下列每小题的四个选项中,只有一项是最符合题意的,请将所选项字母填入题后括号)

1. 2011 年 3 月 14 日,第十一届全国人民代表大会第四次会议批准了《中华人民共和国国民经济和社会发展第十二个五年规划纲要》。该规划的主题是________。【　　】

A. 科学发展　　B. 可持续发展

C. 保障和改善民生　　D. 加快转变经济发展方式

答案:A

评析:科学发展观是我国当前经济社会发展的重要指导方针,是发展中国特色社会主义必须坚持和贯彻的重大战略思想。以科学发展为主题是时代的要求,以加快转变经济发展方式为主线是推动科学发展的必由之路。“十二五”规划首次明确提出以科学发展为主题,成为纲要的最鲜明特征,也成为继承“十一五”科学发展思路基础上的最大创新。本题以“十二五”规划纲要确定的主题为时政考查内容,引导考生关注国家大事,关心国家发展,帮助考生认识“十二五”规划纲要的主题、主线,增强科学发展意识,为实现“十二五”发展目标做出新的贡献。

2. 伟大出自平凡。16 年间捐出工资总额的一半参加希望工程,20 年累计献血 6 万多毫升(相当于自身血量的 10 倍)……30 年如一日,恪尽职守,爱岗敬业,扶危济困,无私奉献;他所做的每一件好事、每一份奉献,与普通人都那样贴近;他只是一个平凡人,却活出了不平凡的人生……他被人们誉为“雷锋传人”,当之无愧地被评为2010年度“感动中国”人物。他就是 【　】

A. 孙东林　　B. 郭明义　　C. 王万青　　D. 何祥美

答案:B

评析:榜样的力量是无穷的。本题以2010年度“感动中国”人物郭明义的感人事迹为载体,以时政方式,考查考生对“感动中国”人物的认识,引导考生见贤思齐,学习“感动中国”人物的先进事迹,不断提高自身素质,增强社会责任感,爱岗敬业,助人为乐,服务人民,奉献社会。

3.“积极心态像太阳,照到哪里哪里亮;消极心态像阴云,压在心头惹烦闷。”这句话表明 【　】

A. 心态好坏无所谓　　B. 情绪只有积极性

C. 情绪只有消极性　　D. 情绪是把双刃剑

答案:D

评析:本题紧扣课程标准,用通俗易懂的谚语说明“情绪具有积极和消极两方面的影响”,不同的情绪产生不同的影响,引导考生正确认识和对待情绪,善于调控自己的情绪,保持乐观向上的精神状态。

4. 目前,许多地方政府及其部门为了了解民情、倾听民意、汇聚民智、解决民忧,纷纷建立了“网站”、开通了“微博”、设立了“政务公开栏”等。右图网站“公众互动”栏目对公众反映问题的回复率达到了100%,于是,人们赞扬:“‘键对键’如‘面对面’,‘实打实’才‘心贴心’……”此举有利于 【　】

A. 公民完全实现个人意愿　　B. 公民直接参与政府决策

C. 公民行使建议和监督权　　D. 彻底消除一切丑恶现象

答案:C

评析:通过网络问政、开通政府网站或博客,已成为政府接受公众监督、公民表达诉求和有序参与政治生活的有效形式,具有重要的现实意义。本题以文字说明并配以漫画形式呈现背景材料,让考生置身情境,考查考生对公民通过网络参与政治生活的意义的理解和认识,引导考生积极参与国家政治生活,关注社会,关心家乡,更好地适应社会发展要求,融入社会,争做合格公民。

▲**多项选择**(4小题,每题3分,共12分。下列每小题的四个选项中,至少有两项是符合题意的,请将所选项字母填入题后括号。多选、错选均不得分。少选者:若有两个正确选项,只选一项者得1.5分;若有三个正确选项,每选一项得1分;若有四个正确

选项,选三项者得 2 分,选一、二项者均得 1 分)

5. 随着人民生活水平不断提升,中国已进入大众化旅游时代。目前,中国已成为全球第三大旅游目的地。古老的中原更是引人关注,因为河南既是文化资源大省,又是旅游资源大省,河南旅游事业正在快速发展。经国务院批准,自 2011 年起,每年的 5 月 19 日(《徐霞客游记》开篇日)为“中国旅游日”。设立“中国旅游日”有利于　【　　】

A. 促进中华优秀文化的传承和发展　　B. 提高公民的旅游意识和文明素养

C. 河南省旅游业实现又好又快发展　　D. 彻底改变国人的生活方式和习惯

答案:ABC

评析:本题将“中国旅游日”与河南“旅游立省”战略两大社会热点对接,考查考生的发散思维能力,引导考生关心国家大事,关注国家发展,关心家乡建设,感悟设立“中国旅游日”对文化发展、公民素质的提高以及河南经济社会发展的影响,帮助考生形成正确的情感态度价值观,引导考生实现“过积极健康生活”的愿望和要求。

6. 教育部、国家语委近期发布的《2010 年中国语言生活状况报告》指出:青少年汉语表达能力和汉字书写能力正在下降和退化,同时,社会用字比较混乱,有些人完全依赖电脑和手机,与传统汉字渐行渐远……人们对汉语的尊重感、敬畏感在弱化。在我们河南,古有“造字圣人”仓颉(jié)、“文宗字祖”许慎,今有中国文字博物馆,汉字与中原结下了不解之缘。作为炎黄子孙,维护汉字尊严,责无旁贷,这是因为　【　　】

A. 汉字是中华民族的伟大创造　　B. 汉字是网络交流中的附属品

C. 汉字是传承中华文化的载体　　D. 网络语言没有任何实际意义

答案:AC

评析:中华文化博大精深,源远流长。汉字作为中华文化的组成部分,是世界文化百花园中一朵璀璨夺目的奇葩。但随着信息技术的发展,人们更多地借助键盘书写、表达,“提笔忘字”已成为普遍的社会现象,绵延数千年的汉字书写与运用在今天受到冲击。本题以“汉字的现状”为载体,既考查考生运用知识认识问题、分析问题、解决问题的能力,又考查考生的情感态度价值观,引导考生增强保护中华优秀传统文化的责任感,用实际行动规范使用汉字,维护汉字的尊严。

7. 地是人之母,耕者思良田。作为世界第一人口大国,我国用全球 7% 的耕地养活了世界 22% 的人口,成功解决 13 亿人口的吃饭问题,一直被认为是值得自豪的成就。然而,目前我国人均耕地面积已由 10 多年前的 1.58 亩减少到 1.38 亩,仅为世界平均水平的 40%,18 亿亩耕地红线面临严峻挑战。为此,我国应该　【　　】

A. 落实最严格的耕地保护制度　　B. 落实最严格的节约用地制度

C. 杜绝城区改造和房地产开发　　　　D. 坚决制止违法违规用地现象

答案：ABD

评析：我国是一个"资源大国"，但按人均资源占有量我国又是一个"资源小国"。资源的不合理开发和利用，加剧了资源短缺。耕地是中华民族赖以生存和发展的重要资源，然而违法违规乱占耕地现象时有发生，守护好"18 亿亩耕地"这条红线面临严峻挑战。为此，党和政府采取多种措施，实施严格的耕地保护制度。本题紧扣课程标准，以"我国的耕地资源现状"为背景，考查考生对国情、国策的认知水平，引导考生关注国情、了解国策，激励考生增强资源节约意识、环境保护意识，用实际行动节约资源，保护环境。

8. 依法治国，国泰民安。新中国成立以来特别是改革开放 30 多年来，在中国共产党的正确领导下，中国特色社会主义法律体系已经形成，国家经济建设、政治建设、文化建设、社会建设以及生态文明建设的各个方面实现有法可依。这是我国社会主义民主法制建设史上的重要里程碑。中国特色社会主义法律体系　【　】

A. 是中国特色社会主义永葆本色的法制根基

B. 是中国特色社会主义创新实践的法制体现

C. 是中国特色社会主义兴旺发达的法制保障

D. 是实现中华民族伟大复兴坚实的法制基础

答案：ABCD

评析：中国特色社会主义法律体系的形成，是中国特色社会主义民主法制建设史上的重要里程碑。对实现依法治国、保障公民权利、促进国家各项事业发展、实现中华民族的伟大复兴具有重要而深远的影响。本题通过对"中国特色社会主义法律体系形成"的意义的考查，帮助考生认识法律的作用，增强法制观念，提高遵纪守法的自觉性。

二、请你辨析(10 分)

——辨别分析，感悟明理！

9.

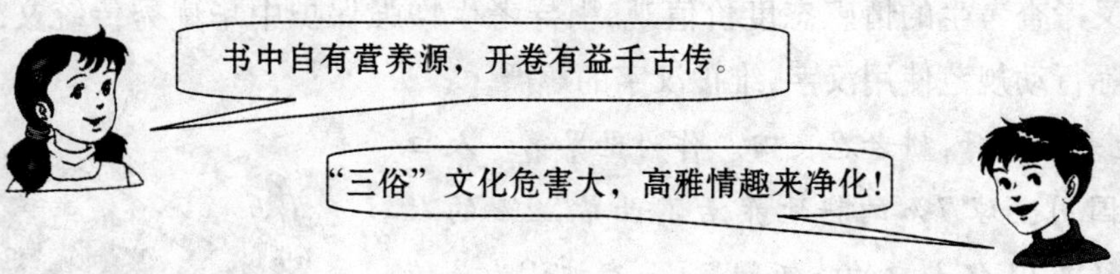

参考答案：略。

评析：本题紧扣课程标准，围绕"读书学习"这一考生生活主题展开讨论，目的非常明确。通过试题使考生明确了好书的重要影响、读好书的重要性、"三俗"文化的危害、培养高雅生活情趣、抵制"三俗"文化等观点。本题贴近社会现实，贴近考生生活，让考生有话可说，有感而发，帮助考生理解和认识读好书对其健康成长的重要影响，认清

“三俗”文化的危害，自觉培养高雅生活情趣，形成高尚情操，抵制“三俗”文化，对考生今后的学习生活具有重要的指导意义和深远的影响。本题改变了过去“正误交叉”的试题呈现模式，一方面引导考生全面认识问题，培养全方位思考问题的能力；另一方面降低辨析题的难度，让考生在轻松中考试，发挥考生的真实水平。

三、请你进行观察与思考（2 **小题，每题** 10 **分，共** 20 **分**）

——置身情境，表达心声！

10. **材料一**：沧海变桑田，高原今胜昔。“太阳啊！霞光万丈，雄鹰啊！展翅飞翔……翻身农奴把歌唱，幸福的生活万年长……”才旦卓玛深情而嘹亮的歌声陶醉了几代人，唱出了西藏百万农奴翻身得解放、当家做主人的喜悦！

中国藏族演员献艺“西藏文化周”

材料二：风雨一甲子，辉煌六十载。60年来，西藏经历了从黑暗走向光明、从落后走向进步、从贫穷走向富裕、从专制走向民主、从封闭走向开放的光辉历程，实现了短短几十年跨越上千年的历史巨变。今天的西藏，经济发展、社会进步、文化繁荣、民生改善、民族团结、宗教和谐，正处于历史上最好的发展时期。

结合上述材料，运用所学知识，思考下列问题：

（1）西藏 60 年的沧桑巨变雄辩地证明了什么？（三个方面即可。6 分）

（2）如果你和西藏的同龄人就“纪念西藏和平解放 60 周年”进行网上在线交流，抚今追昔，最能表达你心情的一句话是什么？（要求：主题鲜明，意思完整。4 分）

参考答案：略。

评析：格桑花开，雪山昂首。2011 年 5 月 23 日是西藏和平解放 60 周年纪念日。西藏和平解放，对于国家而言，意味着祖国大陆的统一，边防的巩固；对藏族老百姓而言，意味着旧时代的结束、新生活的开始。西藏和平解放打破了西藏社会长期停滞落后的局面，在西藏各族人民心中播下了光明和希望的种子。本题以歌词、图画和文字说明形式呈现，构思巧妙，生动活泼，感人至深，既符合课标要求，又突出时代主题，让考生置身情境，表达心声，感悟西藏 60 年的发展成就，激发考生爱党、爱国、爱社会主义的情怀，坚定维护民族团结、国家统一的自觉性；并结合“与藏族同龄人在线交流”这一生活场景，让考生表达自己的心情，不仅让他们有话可说，而且体现了“以学生逐渐扩展的生活为基础”的课程理念，体现“考试即生活”的命题理念。

11. 民以食为天，食以安为先。开门七件事：柴米油盐酱醋茶。食品安全是近年来民生领域的热点话题，而频繁发生的食品安全事件却一再地刺激着广大消费者脆弱的神经，人们不断地受到来自问题食品的困扰。

结合上述材料，运用所学知识，思考下列问题：

(1)中国食品安全事件频繁发生的原因有哪些？(三个方面即可。6分)

(2)食品安全乱象带来的后果有哪些？(两个方面即可。4分)

参考答案：略。

评析：本题以“开门七件事”和漫画的形式呈现，勾画出了一幅生动的生活场景图，自然引发考生对食品安全事件频繁发生的一系列思考：为什么我国食品安全事件频繁发生？问题食品对公民个人、国家和社会产生着怎样的危害？怎样才能遏制食品安全事件的频繁发生？我们怎样才能避免问题食品的危害？让考生在鲜活的情境中，体会社会生活的复杂性，感悟现实问题的严峻性，引导考生增强公民道德意识和社会责任感，增强明辨是非能力，树立正义感，弘扬真善美，鞭挞假恶丑。

四、请你参加活动与探索(2小题，每题10分，共20分)

——奋力耕耘，实践创新！

12. **材料一**：中原兴，中部兴；中部兴，中华兴。中原经济区是以河南为主体、延及周边，支撑中部，东承长三角，西连大关中，南临长江中游经济带，北依京津冀，具有自身特点、优势独特、经济相联、使命相近、客观存在的经济区域。

材料二：宏伟蓝图已经绘就，壮丽前景催人奋进。站在“十二五”新的起跑线上，中原亿万人民在实施中部崛起战略的进程中，正乘着建设中原经济区的强劲东风，加快实现中原崛起。

时代在呼唤，使命在肩头。中原经济区建设牵动着每一位中原儿女的心。据悉，你校团委准备暑期举行以“描绘美好大中原，助力中原经济区”为主题的板报展览评比活动，请你参加：

(1)如果让你筹划该主题板报，你将设计哪些板块？(三大板块标题即可。6分)

(2)中原经济区建设时不我待，人人有责。你能为中原经济区建设做哪些力所能及的贡献？(两个方面即可。4分)

参考答案：略。

评析：中原崛起正当时，河南发展乘东风。建设中原经济区是河南全省人民的热切期盼，是加快中原崛起、河南振兴的必然选择，也是国家发展的客观需要。备受海内外关注的“中原经济区”被正式纳入《全国主体功能区规划》，上升到国家战略层面。建设中原经济区在“十二五”期间乃至更长的时间，河南都必须坚持走一条不以牺牲农业和粮食生产为代价的“三化”协调、科学发展之路，为全局发展做出新的更大贡献。建设中原经济区，我们都是主人翁。作为未成年学生，为中原经济区发展做贡献的主要方式，就是更好地宣传中原经济区发展战略，努力学习，提高自身素质，为将来参与中原经济区建设奠定基础。本题以主题板报这一实用宣传形式，引导考生认识中原经济区建设的意义以及怎样更好地建设中原经济区，帮助考生增强热爱家乡、建设家乡的责任感，为加快构建中原经济区建设做出自己的贡献。

13. **材料一**：90年党旗飘扬，90载铸就辉煌。90年来，在鲜艳的党旗指引下，中国共产党从小到大，由弱到强，历经艰难险阻，领导中国人民取得了新民主主义革命的彻底胜利、社会主义革命和建设的辉煌业绩、改革开放和现代化建设的伟大成就。这90年，是我们党日益发展壮大的90年，是党领导中国人民开创历史新篇章的90年，是马克思主义中国化取得伟大胜利的90年。

材料二：科学发展创伟业，与时俱进谱新篇。"走过了风和雨，走在阳光路上，鸽子用哨音告诉我，幸福在前方！展一幅盛世画卷，阅尽了壮丽辉煌，风景独好的神州，前程多宽广！阳光路上，无限风光，前行的脚步日夜兼程，不可阻挡；阳光路上，旗帜飞扬，科学发展为和谐的中国引领方向……"我们凝望着党旗，崇敬之情油然而生。

为纪念中国共产党成立90周年，某社区（村委会）准备举办"话变迁、颂党恩"主题演讲活动，请你参与：

（1）结合社会生活实际，请谈谈你所了解的祖国巨变或家乡变化。（两个方面即可。4分）

（2）为表达对中国共产党的深厚感情，请你在主题演讲活动纪念簿上写下几句心里话。（三个方面即可。6分）

参考答案：略。

评析：走过春和秋，走上阳光路。90年来中国共产党领导全国人民推翻压在中国人民头上的"三座大山"，建立了新中国，走上了社会主义康庄大道，改变了旧中国贫穷落后的面貌，走向繁荣富强。为激发各族人民的爱党、爱国情怀，全国各地、社会各界举行各种形式的纪念活动，表达全国各族人民对党的热爱之情。本题将党90年来的辉煌业绩、庆七一漫画、歌曲《阳光路上》等材料巧妙组合，将社区（村委会）活动与青少年参与演讲活动结合起来，将家乡巨变与青少年对党的领导的感悟结合起来，将思想品德主干知识、核心内容与情感态度价值观的培养结合起来。既体现时代主题，又体现思想品德课程功能，既考查了考生参与社会生活实际的基本素养，又考查了考生分析问题、解决问题、了解社会现实的能力。将爱党、爱国情感与课堂教学、社会教育紧密联系在一起，实现思想品德课程的思想性、教育性、实践性、综合性的和谐统一。

问渠那得清如许　为有源头活水来

——2011年河南省中招考试思想品德A卷试题评析

河南省平顶山市教研室　张秀菊

河南省平顶山市第四十四中学　董建新

品味2011年河南省中招思想品德试卷A卷,家事、国事、天下事,事事关心,焦点、热点、鲜亮点,点点皆有。在这里,时政搭台,知识唱戏,时政激活了知识,知识演绎了时政。在这里既有浓郁的生活气息和乡土芬芳,又有强烈的时代感。可谓是相得益彰,和谐统一。

从命题理念及依据来看,2011年河南省中招考试思想品德试卷A卷严格依据课标,坚持"双开"(开放性设计试题、开放性设计答案),紧紧围绕社会热点,突出思想性,彰显人文性,充分体现新课程理念,科学控制客观题比重,着重考查主干知识、核心内容及核心能力,富有时代性和浓郁的乡土气息,且呈现形式多样,视角新颖,重视应用,凸显能力,渗透德育,让人回味悠长。

一、请你选择(共20分)

——认真细致,点滴做起!

▲单项选择(4小题,每题2分,共8分。下列每小题的四个选项中,只有一项是最符合题意的,请将所选项字母填入题后括号)

1. 2011年3月14日,第十一届全国人民代表大会第四次会议批准了《中华人民共和国国民经济和社会发展第十二个五年规划纲要》。该规划的主题是________。【　　】

A. 科学发展　　　　B. 可持续发展

C. 保障和改善民生　　　　D. 加快转变经济发展方式

答案:A

试题特点:“十二五”规划纲要的实施是我国2011年政治生活中的一件大事,对于夺取全面建设小康社会新胜利,发展中国特色社会主义伟大事业,具有十分重要的意义。“十二五”规划纲要以科学发展为主题,是时代的要求,关系改革开放和社会主义现代化建设全局。设置该题意在考查考生对国家重大时事的关注程度。

解题指导:此题不仅仅是考查纯粹的时政知识点,还考查考生对“十二五”规划纲要的理解,解答此题时首先要抓住“‘十二五’规划纲要”这一中心词,而后要落脚到“主题”上,明白“主题”的意思,这时可以联系所学知识分析四个答案,“发展”是解决我国所有问题的关键,“十二五”规划纲要实质上就是指导中国科学发展的纲领性文件,所以主题就是“科学发展”。“加快转变经济发展方式”是“十二五”规划纲要的主线;“保障和改善民生”是“加快转变经济发展方式”的根本出发点和落脚点;“可持续发展”是“加快转变经济发展方式”的重要着力点。故答案选A。

2. 伟大出自平凡。16年间捐出工资总额的一半参加希望工程,20年累计献血6万多毫升(相当于自身血量的10倍)……30年如一日,恪尽职守,爱岗敬业,扶危济困,无私奉献;他所做的每一件好事、每一份奉献,与普通人都那样贴近;他只是一个平凡人,却活出了不平凡的人生……他被人们誉为“雷锋传人”,当之无愧地被评为2010年度“感动中国”人物。他就是【　　】

A. 孙东林　　B. 郭明义　　C. 王万青　　D. 何祥美

答案:B

试题特点:2011年2月14日晚,2010年感动中国人物评选活动揭晓,中央电视台现场直播。开展“感动中国”人物评选活动有利于加强精神文明建设,有助于构建和谐社会。此题以“感动中国”人物为素材,意在考查考生对这些先进人物的了解和相关社会热点的关注。

解题指导:做此题时要牢牢抓住“雷锋传人”这一中心词,一提到雷锋,大家就会明白他肯定是一个平凡的人做了很多好事,这就是传达给考生的有效信息。孙东林、孙水林被誉为“信义兄弟”,王万青是扎根草原的医生,何祥美被誉为“三栖尖兵”,郭明义被誉为“雷锋传人”。故答案选B。

3. “积极心态像太阳,照到哪里哪里亮;消极心态像阴云,压在心头惹烦闷。”这句话表明【　　】

A. 心态好坏无所谓　　B. 情绪只有积极性

C. 情绪只有消极性　　D. 情绪是把双刃剑

答案:D

试题特点:此题运用比喻句来描述情绪的两面性,意在引导考生要辩证地看待情绪。

解题指导:做此题时要抓住“积极”、“太阳”、“亮”及“消极”、“阴云”、“烦闷”几组反义词,通过这些反义词可以看出情绪具有两面性,是把双刃剑。故答案选 D。

4. 目前,许多地方政府及其部门为了了解民情、倾听民意、汇聚民智、解决民忧,纷纷建立了“网站”、开通了“微博”、设立了“政务公开栏”等。右图网站“公众互动”栏目对公众反映问题的回复率达到了 100%,于是,人们赞扬:“‘键对键’如‘面对面’,‘实打实’才‘心贴心’……”此举有利于 【 】

A. 公民完全实现个人意愿　　B. 公民直接参与政府决策

C. 公民行使建议和监督权　　D. 彻底消除一切丑恶现象

答案:C

试题特点:此题以当前“飘红”的网络问政为素材,佐以漫画图片,图文并茂,题在书外,理在书中,重在考查“批评建议权”这一核心知识,从而引导学生学以致用。

解题指导:做此题最好利用“排除法”,即排错取正。首先分析四个答案,A 选项说法太绝对,错在“完全”这个词上;B 选项错在“直接”上;D 选项夸大了此举的作用,错在“彻底消除一切”上。所以答案只能选 C。

▲**多项选择**(4 小题,每题 3 分,共 12 分。下列每小题的四个选项中,至少有两项是符合题意的,请将所选项字母填入题后括号。多选、错选均不得分。少选者:若有两个正确选项,只选一项者得 1.5 分;若有三个正确选项,每选一项得 1 分;若有四个正确选项,选三项者得 2 分,选一、二项者均得 1 分)

5. 随着人民生活水平不断提升,中国已进入大众化旅游时代。目前,中国已成为全球第三大旅游目的地。古老的中原更是引人关注,因为河南既是文化资源大省,又是旅游资源大省,河南旅游事业正在快速发展。经国务院批准,自 2011 年起,每年的 5 月 19 日(《徐霞客游记》开篇日)为“中国旅游日”。设立“中国旅游日”有利于 【 】

A. 促进中华优秀文化的传承和发展　　B. 提高公民的旅游意识和文明素养

C. 河南省旅游业实现又好又快发展　　D. 彻底改变国人的生活方式和习惯

答案:ABC

试题特点:旅游是社会进步、人民生活水平提高的标志,近几年旅游业不断升温,旅游与经济、文化密不可分,相辅相成,相得益彰。此题以当前的热点话题“旅游”为背景,结合我省旅游特色,引出“中国旅游日”,意在考查考生对设立“中国旅游日”的积极作用的认识,引导考生多角度、深层次思考问题。

解题指导:做此题时要展开联想,考虑到旅游与文化、经济、文明素质、生活方式、生活水平等的内在联系。设立“中国旅游日”足以说明国家对旅游业发展的重视,也表明这将有助于优秀文化的传承,促进旅游业的发展,提高公民的旅游意识和文明素质,改变生活方式等。D 选项说“彻底改变”是夸大了设立“中国旅游日”的作用,故不能选。

答案为 ABC。

6. 教育部、国家语委近期发布的《2010 年中国语言生活状况报告》指出：青少年汉语表达能力和汉字书写能力正在下降和退化，同时，社会用字比较混乱，有些人完全依赖电脑和手机，与传统汉字渐行渐远……人们对汉语的尊重感、敬畏感在弱化。在我们河南，古有“造字圣人”仓颉(jié)、“文宗字祖”许慎，今有中国文字博物馆，汉字与中原结下了不解之缘。作为炎黄子孙，维护汉字尊严，责无旁贷，这是因为【　　】

A. 汉字是中华民族的伟大创造　　B. 汉字是网络交流中的附属品

C. 汉字是传承中华文化的载体　　D. 网络语言没有任何实际意义

答案：AC

试题特点：汉字是中华民族的优秀传统文化，是中华文化的瑰宝。河南是中华文化的重要发祥地，河南文化底蕴丰厚，源远流长。但是当今青少年汉语表达能力和汉字书写能力正在下降和退化，人们对汉语的尊重感、敬畏感在弱化。针对这种情况，命题者特意以此材料为素材，来唤醒人们要维护汉字尊严，深入认识汉字的意义，同时也引导考生爱家乡、爱河南，可谓独具匠心。

解题指导：此题问的是作为炎黄子孙，维护汉字尊严，责无旁贷，这是为什么？做此题要先明白问的是什么，而后利用“排除法”，分析四个选项：B 选项不但本身说法不对，而且恰恰与主题相悖，即便是考生不知对错，但从内容上认真推敲也能排除。D 选项完全否定了网络语言的作用，也是不正确的。作为多项选择题，已经排除了两个选项，剩余的两个选项肯定是正确的了。故答案选 AC。

7. 地是人之母，耕者思良田。作为世界第一人口大国，我国用全球 7% 的耕地养活了世界 22% 的人口，成功解决 13 亿人口的吃饭问题，一直被认为是值得自豪的成就。然而，目前我国人均耕地面积已由 10 多年前的 1.58 亩减少到 1.38 亩，仅为世界平均水平的 40%，18 亿亩耕地红线面临严峻挑战。为此，我国应该【　　】

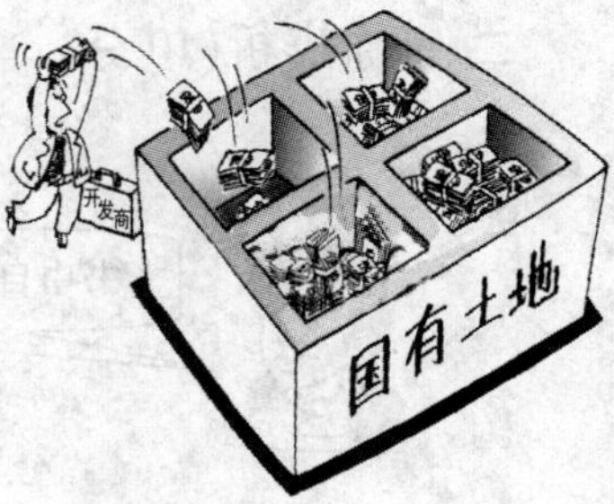

A. 落实最严格的耕地保护制度　　B. 落实最严格的节约用地制度

C. 杜绝城区改造和房地产开发　　D. 坚决制止违法违规用地现象

答案：ABD

试题特点：此题以耕地面临严峻挑战这一事实为素材，警示人们要有危机感，要提高认识，保护耕地。意在考查考生的思辨能力，引导考生想办法、提建议、出主意。

解题指导：做此题时要结合生活实际，找出切实可行的办法。C 选项杜绝城区改造和房地产开发显然不妥，尤其是“杜绝”一词更是不符合实际，过于偏激。而 A、B、D 三个选项结合社会实际，都是切实可行的办法。故选 ABD。

8. 依法治国,国泰民安。新中国成立以来特别是改革开放30多年来,在中国共产党的正确领导下,中国特色社会主义法律体系已经形成,国家经济建设、政治建设、文化建设、社会建设以及生态文明建设的各个方面实现有法可依。这是我国社会主义民主法制建设史上的重要里程碑。中国特色社会主义法律体系【　】

A. 是中国特色社会主义永葆本色的法制根基

B. 是中国特色社会主义创新实践的法制体现

C. 是中国特色社会主义兴旺发达的法制保障

D. 是实现中华民族伟大复兴坚实的法制基础

答案:ABCD

试题特点:中国特色社会主义法律体系已经形成,这是我国社会主义民主法制建设史上的重要里程碑,具有十分重要的意义。此题意在引导考生关注这一重要时事,同时考查考生对依法治国的理解程度,尤其是对中国特色社会主义法律体系重要性的理解。

解题指导:做此题时首先要抓住"中国特色社会主义法律体系"这一中心语句,进而思考"中国特色社会主义法律体系"的形成对国家性质、国家发展、民族复兴等有哪些重要意义,然后结合四个选项逐一分析,因为中国特色社会主义要永葆本色,需要建立在"中国特色社会主义法律体系"的基础上,所以A选项说是根基是正确的;中国特色社会主义创新实践在法制方面的具体体现就是"中国特色社会主义法律体系",所以选B;国家要想兴旺发达,实现伟大复兴,稳定是前提,那么要保障国家稳定、长治久安就离不开法律,所以"中国特色社会主义法律体系"是保障和基础。故答案选ABCD。

二、请你辨析(10分)

——辨别分析,感悟明理!

9.

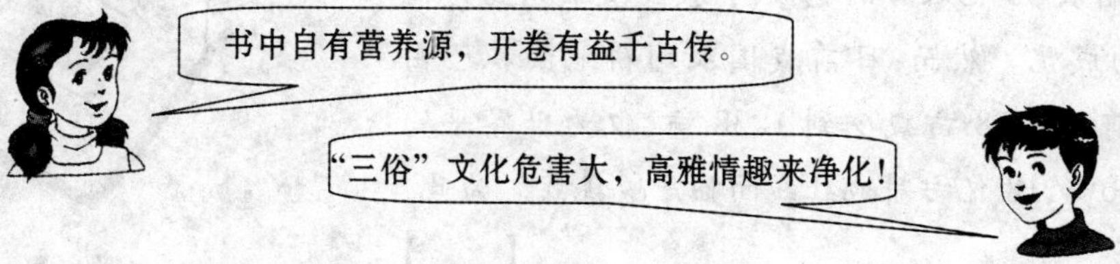

参考答案:略。

试题特点:此题社会热点与生活实际巧妙结合、浑然天成,贴近考生生活实际,让考生有话可说、有理可辩,同时也有适当的思维难度,更为别致的是此题语言别具风格、简约明了、清新流畅,而且朗朗上口,俨然是一首押韵的小诗。考生置身于这样优美的语言氛围中,紧张的情绪自然会得以缓解。

解题指导:辨析题是思想品德考试中的一个难点,也是考生比较惧怕的一种题型,容易失分,但如果掌握了做题方法就会柳暗花明、事半功倍。像这样的对话式辨析题是近两年比较流行的形式,做这样的辨析题的一般方法是:"一找、二抓、三析、四结、套三

W。”

“一找”即从四个分句中分别找出中心词。

“二抓”即从四个分句中抓住辨点(是或否)。

“三析”即运用所学知识进行分析。

“四结”即作总结(含如何做)。

“套三W”即在分析时套用what(是什么),why(为什么),how(怎么做)。

中心词	辨点	分析
1. 书、营养	是有营养	书籍对个人成长的重要性what(是什么)
2. 开卷有益	是有益	学习的重要性what(是什么)
3. “三俗”、危害	是大	“三俗”的含义、危害what(是什么),why(为什么)
4. 高雅情趣	是要用	抵制“三俗”文化的方法how(怎么做),简单总结

通过这样分解,考生会觉得层次比较分明,题自然会变得容易了,思维豁然开朗,同时分四步又不易漏知识点,这样一来,辨析题的得分率自然就会提高了。

三、请你进行观察与思考(2小题,每题10分,共20分)

——置身情境,表达心声!

10. **材料一:**沧海变桑田,高原今胜昔。“太阳啊!霞光万丈,雄鹰啊!展翅飞翔……翻身农奴把歌唱,幸福的生活万年长……”才旦卓玛深情而嘹亮的歌声陶醉了几代人,唱出了西藏百万农奴翻身得解放、当家做主人的喜悦!

中国藏族演员献艺“西藏文化周”

材料二:风雨一甲子,辉煌六十载。60年来,西藏经历了从黑暗走向光明、从落后走向进步、从贫穷走向富裕、从专制走向民主、从封闭走向开放的光辉历程,实现了短短几十年跨越上千年的历史巨变。今天的西藏,经济发展、社会进步、文化繁荣、民生改善、民族团结、宗教和谐,正处于历史上最好的发展时期。

结合上述材料,运用所学知识,思考下列问题:

(1)西藏60年的沧桑巨变雄辩地证明了什么?(三个方面即可。6分)

(2)如果你和西藏的同龄人就“纪念西藏和平解放60周年”进行网上在线交流,抚今追昔,最能表达你心情的一句话是什么?(要求:主题鲜明,意思完整。4分)

(1)**参考答案:**略。

试题特点:加强民族团结、促进各民族共同繁荣是思想品德教学的重中之重。此题属于民族团结范畴,是当前社会关注的一个热点问题。2011年适逢西藏和平解放60周年,是我国政治生活中的一件大事。试题以西藏巨变为典型素材,意在引导考生树立牢固的民族团结意识，让考生明白西藏发生巨变靠的是什么，使考生更加热爱党、热爱社会主义、热爱国家，更加坚定改革开放的信心，同时又有针对性地考查考生分析问题、概括归纳知识的能力。此题具有典型的时代性、深刻的思想性。

解题指导：首先要认真阅读材料，仔细审题，找出材料与设问的对应点。材料一采用歌词描述藏族同胞翻身做主人的喜悦，材料二主要表明了西藏发生了翻天覆地的变化。其次要提出西藏巨变证明了什么，回归教材，运用发散性思维，多角度思考，先想一想西藏发生巨变的原因，如是在谁的领导下，坚持了什么制度、什么原则、什么路线等，一般的考生几乎都能想到。再次要集中思维，整理答案。要做到层次分明，运用术语，紧扣主题。知道了原因，"证明了什么"这一答案也就明朗了。

(2)**参考答案**：略。

试题特点：此题以"纪念西藏和平解放60周年"为主题，以互联网为媒介，引导考生发自肺腑地谈感慨，说出最能表达自己心情的一句话，既有时代感，又显得真诚亲切，可谓匠心独具。

解题指导：做此类题，首先明白该问题的主题是什么，而后围绕主题，联系自己所学知识，富有文采地写出符合题意的答案即可。注意要主题鲜明、表述完整。

11. 民以食为天，食以安为先。开门七件事：柴米油盐酱醋茶。食品安全是近年来民生领域的热点话题，而频繁发生的食品安全事件却一再地刺激着广大消费者脆弱的神经，人们不断地受到来自问题食品的困扰。

结合上述材料，运用所学知识，思考下列问题：

(1)中国食品安全事件频繁发生的原因有哪些？（三个方面即可。6分）

(2)食品安全乱象带来的后果有哪些？（两个方面即可。4分）

(1)**参考答案**：略。

试题特点：食品安全是近年来民生领域的热点话题，尤其是2011年，问题食品屡屡曝光。食品安全事关民生大计，党和政府高度重视，采取了一系列有效措施维护食品安全，努力为消费者营造一个安全放心的消费环境。此题选取这一热点话题，既凸显时政性，又贴近考生日常生活，让考生有话可说，而且能够很好地引导考生多角度思考问题、分析问题，让考生明白食品安全事件频繁发生的原因及食品安全乱象带来的后果，从而树立食品安全意识。可谓一箭双雕，妙哉、巧哉。

解题指导：做此题时首先明白该题的中心词是什么，即"食品安全"，而后看该题问的是什么，即食品安全事件频繁发生的原因，接着就要联系现实，结合所学，分层次思考原因,可从生产者、经营者、消费者、国家、社会这五个层面进行分析。这样一来,答案就近在眼前了。

(2)**参考答案**:略。

试题特点:食品安全成为老百姓热议的焦点话题,谈论的问题一般不外乎三个方面:原因、危害、如何做。尤其是谈到危害,老百姓更为关注,有点不知所措,忧心忡忡。此题以食品安全乱象带来的后果为设问,引发考生思考,让考生深入了解食品安全乱象带来的危害,从而唤起人们对食品安全的重视。此题以热点时政为切入点,使考生所学知识与生活实际巧妙融合,立意深刻,发人深省。

解题指导:做此题时首先要明白设问,即食品安全乱象带来的后果有哪些,换句话说其实就是问食品安全乱象带来的危害有哪些,一看到"哪些"一词,考生就应明白不止一个方面,至少是两个方面,此时要结合所学知识,联系实际,多角度思考。食品安全问题基本不外乎"假冒伪劣、违禁添加剂"等,一提到这些词,我们就应该联系到生命安全、消费者权益、社会公德(诚信)、社会秩序等知识点,最后分层次、有条理地组织答案即可。

四、请你参加活动与探索(2 小题,每题 10 分,共 20 分)

——奋力耕耘,实践创新!

12. **材料一**:中原兴,中部兴;中部兴,中华兴。中原经济区是以河南为主体、延及周边,支撑中部,东承长三角,西连大关中,南临长江中游经济带,北依京津冀,具有自身特点、优势独特、经济相联、使命相近、客观存在的经济区域。

材料二:宏伟蓝图已经绘就,壮丽前景催人奋进。站在"十二五"新的起跑线上,中原亿万人民在实施中部崛起战略的进程中,正乘着建设中原经济区的强劲东风,加快实现中原崛起。

时代在呼唤,使命在肩头。中原经济区建设牵动着每一位中原儿女的心。据悉,你校团委准备暑期举行以"描绘美好大中原,助力中原经济区"为主题的板报展览评比活动,请你参加:

(1)如果让你筹划该主题板报,你将设计哪些板块?(三大板块标题即可。6 分)

(2)中原经济区建设时不我待,人人有责。你能为中原经济区建设做哪些力所能及的贡献?(两个方面即可。4 分)

(1)**参考答案**:略。

试题特点:2011 年中原经济区上升到国家战略层面,这是我国经济领域中的又一大事,事关国家区域经济布局,事关中原崛起和中部崛起。此题重点突出地方特色,弥漫着浓浓的乡土芬芳,而且具有很强的时政性,设问独具匠心。

解题指导:做此题时首先要明白问题的主题是什么,即"描绘美好大中原,助力中原经济区",而后看设问,即"筹划该主题板报,你将设计哪些板块"。这时要考虑到黑板报这一独特格式，所谓板块就像一篇文章中的几个小标题。比如本篇文章的题目是“描绘美好大中原，助力中原经济区”，那么关于这篇文章都有哪些主要内容，用小标题的形式写出即是本题答案。

（2）**参考答案**：略。

试题特点：此题以中原经济区建设为素材，以你能为中原经济区建设做哪些力所能及的贡献为设问，意在增强考生爱家乡、爱河南的情感，同时让考生增强建设家乡、振兴河南的使命感和责任感，激发考生的学习动力及创新意识，为中原崛起、祖国振兴奠基。

解题指导：“中学生如何做”是广义的设问，而此题缩小了范围，即为中原经济区建设做哪些力所能及的贡献。针对这一设问，考生首先要明白问题的主体是中学生，即中学生应该如何做，比如努力学习、立志成才、报效家乡；培养创新精神；保护环境，节约资源；遵守社会公德；爱党、爱国家；尊敬师长、尊老爱幼；增强热爱家乡、热爱河南的感情；增强建设家乡、振兴河南的使命感和责任感；为中原经济区建设建言献策；等等。而此答案要围绕中原经济区建设这一主题，这时就要进行针对性的筛选，离题远的去掉，符合题意的保留，即积极宣传中原经济区建设的相关内容；增强热爱家乡、热爱河南的感情；增强建设家乡、振兴河南的使命感和责任感；为中原经济区建设建言献策；努力学习，全面发展，培养创新精神，为将来投身中原经济区建设奠定坚实基础；等等。

13. **材料一**：90 年党旗飘扬，90 载铸就辉煌。90 年来，在鲜艳的党旗指引下，中国共产党从小到大，由弱到强，历经艰难险阻，领导中国人民取得了新民主主义革命的彻底胜利、社会主义革命和建设的辉煌业绩、改革开放和现代化建设的伟大成就。这 90 年，是我们党日益发展壮大的 90 年，是党领导中国人民开创历史新篇章的 90 年，是马克思主义中国化取得伟大胜利的 90 年。

材料二：科学发展创伟业，与时俱进谱新篇。“走过了风和雨，走在阳光路上，鸽子用哨音告诉我，幸福在前方！展一幅盛世画卷，阅尽了壮丽辉煌，风景独好的神州，前程多宽广！阳光路上，无限风光，前行的脚步日夜兼程，不可阻挡；阳光路上，旗帜飞扬，科学发展为和谐的中国引领方向……”我们凝望着党旗，崇敬之情油然而生。

为纪念中国共产党成立 90 周年，某社区（村委会）准备举办“话变迁、颂党恩”主题演讲活动，请你参与：

（1）结合社会生活实际，请谈谈你所了解的祖国巨变或家乡变化。（两个方面即可。4 分）

（2）为表达对中国共产党的深厚感情，请你在主题演讲活动纪念簿上写下几句心里话。（三个方面即可。6 分）

（1）**参考答案**：略。

试题特点：建党90周年是党和国家政治生活中的一件大事，也是2011年时政新闻中的重大主题，举国欢庆。90年天翻地覆，90年岁月沧桑，90年旌旗猎猎，90年风驰浪卷，在中国共产党的领导下，国家发生了巨大的变化。此题以建党90周年重大时政为背景材料，紧扣时代、贴近生活、与时俱进，通过让考生了解祖国巨变或家乡变化，进一步激发考生的爱党、爱国热情。

解题指导：此题以祖国巨变或家乡变化为设问，答题时首先要回归生活，分层考虑，即从政治、经济、科技、文化、体育、外交等方面考虑；如果从家乡的变化谈，要考虑到衣、食、住、用、行等。

（2）**参考答案**：略。

试题特点：此题选取材料具有很强的时政性，而且语句优美，如同一首颂歌，简约而又严谨、流畅而又磅礴。设问是"为表达对中国共产党的深厚感情，请你在主题演讲活动纪念簿上写下几句心里话"，这种方式富有亲和力，选材与设问相得益彰、精妙绝伦。

解题指导：做此题时首先要明白的是要让考生表达对党的深厚情感，中心词是共产党，设问是爱党的心里话，这就提醒考生要紧紧围绕坚持中国共产党的领导来思考问题，实际上就是要歌颂共产党，而后回归教材，联系所学知识点，如中国共产党的指导思想、地位、性质、基本路线等。最后分层次整理答案即可。

"问渠那得清如许？为有源头活水来。"单纯的书本知识脱离了时政，就是死水一潭，书本知识与时政嫁接，就会鲜活起来，有了灵性。2011年河南省中招思想品德试卷与教材内容和时政内容浑然天成，如同让考生透视一个社会万花筒，让师生体验扑面而来的新鲜感、时代感、厚重感和生活气息。这就是今后思想品德教学的一个风向标，广大思想品德教师要立足课标、关注热点和焦点、捕捉新信息、确立新思路，引导学生关注社会发展、关心家乡变化，增强学生热爱家乡的情感、亲社会的责任感，引领学生的心灵向真、向善、向上、向美，最终实现知识、能力、情感三维目标培养的和谐统一。

完美呈现　魅力绽放

——论2011年河南省中招思想品德试卷的十个“统一”

河南省郑州市金水区教育发展研究中心　范君召

2011年河南省中招思想品德试卷让人耳目一新、眼前一亮。从形式来看,图文并茂,语言优美,言简意赅,句式结构统一,热点、热词涌现,背景材料鲜活;从内容来看,关注国计民生,体现重大主题,贴近学生生活,关注家乡建设,突出主干知识,重视能力考查。总体上,2011年河南省中招思想品德试卷质量较高,区分度强,很好地发挥了学业考试评价的功能。具体来讲,做到了十个“统一”:

一、原创性和科学性的统一,突出“新意”和“权威”

原创精神是任何事物富有生命力和成长力的重要源泉,能不能原创则看其是否植根于社会实践。科学性则强调所命试题需要尊重规律、尊重课标、尊重事实、尊重实际、尊重考生。基于实践、生活的原创必定使试卷充满亮点,基于规律、基于实际的科学必定使试题效度更高、质量更佳。

2011年河南省思想品德试卷中的每一道题都是精心打造的,从筛选材料到设问要求以及参考答案的制订,都浓缩着命题组集体的智慧、功夫和实力。试题既不折不扣地贯彻执行课程标准精神,又突破了教材版本的体系束缚;既不偏不倚地凸显时政热点和重大主题,又十分巧妙地创设情境和考查能力;既传承了近几年来中招考试的经验和优点,又不断地推陈出新,融入新的元素。

从材料背景看,平时的复习备考中,都关注到了灾区重建、中原崛起、食品安全、建党90周年等重大主题,但中招试题在背景材料、命题载体、呈现形式、能力要求等方面进行了全新的改造和优化。比如,观察与思考第10题的第二问:“如果要编写一部国人的‘5·12’词典，你认为能够启迪自身成长的关键词语有哪些？请写出两条。”其实就是：“5·12”后灾区重建家园给我们的精神财富或人生启迪是什么？只不过是要求用“关键词语”的形式来表述而已。还有第11题的第二问：“面对建设中原经济区的战略机遇，我们靠哪些精神动力开启中原崛起、河南振兴的新征程？”本题换一种说法就是从宏观层面（国家）和微观层面（河南），我们需要坚持、继承、弘扬和坚守的精神旗帜、民族精神、时代精神和文化品格。但考生往往因为受平时习惯性思维的束缚，面对新的呈现形式而手足无措，答非所问。还有活动与探索的第13题，建党90周年这一重大主题，师生准备都相当充分，但由于设问角度的调整，能力要求的变化，不少考生在备考时忽视了对热点问题分析的全面性、系统性和整体性，结果在面对“写出‘双百’人物中革命战争年代涌现出的两位共产党员及其事迹概要”的设问时，感到无从下手，同时，回答的内容都不符合题意要求，答案五花八门，让人啼笑皆非。

中招考试结束后，很多老师和学生都有同样的感触：每一道题都是第一次见到，在繁多的复习资料里根本找不到相似的题目，即使有与重大时政背景材料相近的，但设问角度、呈现方式、答案组织等都独具匠心，既出乎意料，又在情理之中。教过九年级思想品德课的老师都深有体会：只有在平时的教学中，贯彻课标精神，追求课程价值，广开课程资源，创造性地实施教学，以开放的视野，回归生活的理念，来建构学科知识，突出能力本位，才能在学业考试评价中把学生引领到更高境界。

原创是命好题的灵魂，科学是命好题的罗盘。有原创性的铺垫，命题就不会固守传统；有科学性的保障，命题才不会随意化；原创性确保了命题的新意、亮点，科学性确保了设计的准确、规范。

二、地域性和时代性的统一，突出“本土”和“国情”

中招考试是义务教育在初中阶段的学业水平测试，要求考生达到国家规定的学业基本水平，虽不同于高考，但事实上也兼具一定的选拔功能，其学业成绩为普通高中的录取提供参考依据。我国有的地方以地市为单位组织命题考试，有的是全省统一命题组织考试，对于河南而言，属于后者，这保证了学业水平测试从命题、评估、实施等方面更加统一、科学、规范。

“河南试题考河南”已经成为思想品德学科同仁的一种共识，其实这种共识再一次强化了中招考试的地域性、本土化和关注家乡等价值追求。比如，“中原福塔”、“中原经济区”、“厚重河南”、“河南精神”等，这些主题既呈现了河南蓬勃发展的良好势头，又召唤着莘莘学子积极投身家乡建设，为建设新河南建功立业。而时代性强调关注国计民生，体现国情国策，围绕重大主题，凸显时代特征，增强爱国情怀。比如，第8个“中央一号文件”、“耕地保护制度”、“中国旅游日”、“汶川灾区重建”、“食品安全”、“建党90周年”、“胡锦涛总书记的‘三点希望’”等重大主题都凸显着时代的要求，激励着新一代积极投身社会主义现代化建设的热潮之中，为中华民族的伟大复兴而勇于承担应有的社会责任和历史使命。

地域性和时代性不是割裂的，而是统一的。正如歌曲《国家》里所唱的："……都说国很大，其实一个家；一心装满国，一手撑起家；家是最小国，国是千万家；在世界的国，在天地的家；有了强的国，才有富的家……"地域性强调关心家乡建设和发展，属于"家"的层面，对于我省而言，就是中原经济区和中原崛起战略；时代性强调关注国情国策、方针政策，关注中部崛起和上升为国家战略层面的中原经济区；作为河南的一员，积极承担建设家乡的责任和使命，本身就是报效祖国和回报社会的一种爱国行为，两者是统一的。"本土"是站在部分的角度来看问题，"国情"是站在整体的角度来通盘考虑。"家"与"国"是不可分割的，本土情怀和爱国热情是统一的。

三、规范性和开放性的统一，突出"坚守"和"灵活"

规范性是强调从命题的素材、图片（或漫画）的选择、设问的角度、答案的组织、评分的细则等方面体现规范、权威。开放性是强调命题载体的广度、设问的多角度、答案的多层次等方面，要求高屋建瓴、高瞻远瞩，以开阔的视野来把握并进行整体上的优化。

比如，从规范性的角度来看，选择题的选择肢的每一项从字数到排版，试卷呈现出统一、美观、整齐的特点；背景材料皆用楷体字，选择肢内容用宋体字，增强了对比度，使考生便于区别题干和选项；对于观察与思考、活动与探索的设问都规定了答案的"几个"方面要求，使考生避免在一道题上投入过多时间，使答案过长过多，影响其他题的解答；在答案的组织上，特别给出了相关的温馨提示："与材料、设问重复者不得分"，"示例"以及有些关键信息标志着重符号等都体现了试卷研制的精细化、规范性。从开放性的角度来看，我们看到命题载体取材广泛，有的来自报刊杂志，有的来自电视媒体，有的来自史书典籍，还有的来自相关学科领域；从答案组织角度来看，辨析题的四个答案要点，每一个都有不同的表述方式，经常使用"或"，体现答案的多元化，鼓励考生创新和多角度思考问题。观察与思考、活动与探索每一设问都有多种答案表述，比如，第11题（观察与思考）的第1问："在历史长河中，中原儿女锻造了哪些璀璨瑰丽的'中原文化名片'？"从答案的表述来看，有人物类、标志性文化类、科技类、遗产遗址类、故居旧址类、神话传说类、工程及纪念建筑类等。这样的设计给考生思维发散的空间，使不同学习状态的考生基于现有的知识储备和经验积累都能有话可说，从而创造性组织自己的答案。

2011年中招思想品德试卷从规范性的角度来看，呈现出精益求精和细致入微的特质；呈现出科学严谨和准确无误的品质；呈现出内容与形式、材料与设计、试题与答案的和谐统一。坚守着科学的命题思想、坚守着课程的价值追求，坚守着评价的先进理念，对思想品德教学起着引领、辐射和导向作用。从开放性的角度来看，呈现出灵动性和丰富性的统一、广泛性和深刻性的统一、理论性和实践性的统一、文本“黑白版”和图文并茂的“彩色版”的统一。

四、人文性和实践性的统一，突出“人本”和“践行”

人文性是思想品德课程的重要特征，强调把感性的生活作为课程设置的脉络，体现生活逻辑，围绕成长中的“我”所逐步拓展的社会生活作为命题的出发点和落脚点。人文性强调以人为本，尊重学生的个性特点和认知规律，从学生成长发展的角度来设计，最大限度地体现关爱、尊重、呵护，让学生把做题变成了一种人与人的对话、收获着精神成长和价值引领。

比如，试卷开头的温馨提示：“思想品德课程，关注国计民生，倡导道德践行，引领人生航程。唱响自信之歌，你我相伴前行，发挥最佳水平，祝你走向成功！”这些话语既画龙点睛地描绘出课程的核心价值，又饱含深情地寄语考生走向成功之路；既显性地进行着考场上的心理调适，拉近了试卷与考生的距离，又传递着一种无形的声音，使严肃的考试变成一种对话和交流。每一类题型后面都有一句提示语，比如“认真细致，点滴做起！”“辨别分析，感悟明理！”“置身情境，表达心声！”“奋力耕耘，实践创新！”等，既为考生指出了题型的定位和要求，又为考生做题给出了注意事项；既对考生审题避免步入误区进行提醒，又为考生缓解考试压力，给予信心和力量。命题背景材料精心设计，选择肢内容高度概括，问题设问的表述也文采飞扬，读起来朗朗上口，具有很强的文学韵味，在阅读文本的过程中，就是一种精神享受和思想教育，体现着课程的价值追求。比如，“在抗震救灾的最前沿，有他们舍生忘死的人生抉择；在奥运会的赛场上，有他们无私奉献的真诚付出；在世博会的舞台上，有他们互助友爱的青春风采……”、“但存方寸土，留予子孙耕”、“一塔耸峙郑东，万福齐臻中原”、“语重心长话希望，殷切期待指方向”、“地动山摇，摇不散中华魂魄；山崩地裂，裂不开万众一心”、“中原崛起正春风，河南振兴气势宏”、“中原崛起，文以化之；河南振兴，文以铸之”、“传承华夏历史文明，打造国人精神家园”、“国以民为本，民以食为天”、“90 年同舟共济，90 载丰功伟绩”、“90 年峥嵘岁月，90 载光辉历程”等。

课程的核心理念之一是强调学以致用，注重社会实践体验，把所学知识内化为品格，把信仰提升为品质，使学生真正学会生活，学会生存，懂得成长，理解生命，从思想层面走向实践层面，从内化走向外显，从理性走向践行，从思维走向存在，从行动走向建构自我，以行为见证成长，为人生树起灯塔，为生活点亮火把。比如，选择题第 4 题能够反映“热爱祖国、献身科学、尊重实践”的徐霞客精神的选项里，“读万卷书，行万里路”就是强调实践精神，在实践中发现真理，追求真理。选择题第 8 题里的选择肢“注重学以致用，投身社会实践”也是强调这一理念。活动与探索第 13 题的设问，读、唱、看、忆、感都体现了在行动中建构精神品格，把知识的积淀外化为具体的行动。

人文性把考生的权益放到突出的地位，发挥评价的引领、影响、服务功能；实践性把考生带入生活，在生活中健康成长，全面发展，走向成功。

五、思想性和综合性的统一，突出“格调”和“形式”

思想性是思想品德课程性质“四性”里的第一性，思想性强调命题的高度和境界，体现国家的意志和核心价值体系，践行课标的精神和追寻课程的目标，真正把学生作为成长中的生命个体，按照他们的成长需要、心理需求来优化评价体系，站在培养人、塑造人、完善人的角度来设计，做到了富有远见卓识，为培养人才发挥了较好的导向功能。从整张试卷看，每一道题的背景材料、图片漫画的选择、选择肢角度、设问方向、答案组织等都体现了课程的价值引导功能。比如第5题，不少家长在抱怨如今“90后”的孩子“不好管”、“不懂感恩”、“不理解父母”等，在选择肢中进行潜移默化的价值引领，树立平等观念，学会换位思考、理解包容等，材料表现了父母与子女的关系，实际上是处理好人与人的关系，要求考生学会尊重、理解、宽容他人等。第8题关于胡锦涛总书记的“三点希望”，从背景材料到选择肢内容，体现着学科的核心能力——综合探究能力、创新思维能力和社会实践能力，又强化着对青年一代的理想教育、学习型社会终身学习的要求、育人为本德为首的《国家中长期教育改革和发展规划纲要（2010—2020年）》精神等。

综合性体现学科间的渗透和交叉。每一门学科都在一定程度上与其他学科有着这样或那样的联系，思想品德学科既有其本身的学科体系和结构，又有与历史、地理、语文等相关学科不同程度的交融和渗透，命题的某一背景材料很难说它属于哪个学科，但在设问中能够体现学科的价值取向。比如，活动与探索第13题，“从八一枪声到秋收长缨，从井冈号角到长征战歌，从遵义曙光到延安油灯，从西柏坡‘两个务必’到天安门城楼庄严宣告……”其背景表面上看是历史领域，但其设问角度又体现着思想品德学科的方向。选择题第4题，关于每年5月19日“《徐霞客游记》开篇日为‘中国旅游日’”，表面上看是有关地理学科相关知识的，但巧妙、独到的设问角度，使问题回归到学科的课程价值追求上来。选择题第6题，材料背景一看像是语文题，“杯具”是“悲剧”的谐音、“大虾”意指“大侠”、“餐具”就是“惨剧”、“童鞋”表示“同学”、“油墨”即为“幽默”等，但在设问时又回归到网络交往和社会交往语言的规范性上来，这既贴近学生的生活，又符合课标确定的核心内容。

思想性确保了试卷的“格调”和“定位”，综合性使试卷“形散而神不散”。

六、规律性与伸张性的统一，突出“定力”和“张力”

规律性强调“万变不离其宗”，其一切思路、变数、创新等都是对命题规律的尊重和运用，也强调对它的传承和认同。命题规律强调在命题过程中一贯的、共性的、稳定的风格和范式。从规律性来看，题型的定位准确，发挥了应有的功能，贴近了考生实际，凸显了学科价值，“学习即生活，考试即生活，题题皆生活”得到了全面的演绎和呈现。

伸张性强调命题者对现有命题方式的突破和创新，革故鼎新，推陈出新，其表现在材料的选择上，既有文本，又有图片；既有时政方面的，又有社会关注的；既有本学科的，又有跨学科的；既有对教材的运用，又有对课程资源的拓展；既有宏观层面的，又有微观层面的；既有理论层面的，又有实践层面的。比如，选择题第 2 题不再是以前直白式的时政题，而是在时政背景下进行考查，引领平时时政学习；不再是单一的，而是追求全方位的、立体的、多角度的，真正来建构学生成长中所需要的知识体系。辨析题（第 9 题）背景材料里的人物形象，对话人物中的小男生形象呈现得特别具体和直观，其神态、表情、动作、装扮等与其话语十分吻合。

规律性保证了试卷能够秉承命题的科学思想，定位准确，有定力，不背离或迷失自我；而伸张性则体现了试卷的张力、灵动和流畅，不拘一格，不落窠臼。

七、内在美与外在美的统一，突出“深度”和“美度”

内容决定形式，但形式也会影响内容。内容的境界、高度直接影响试题的格调、定位和水准，形式的完美、装扮也会影响到试题美度，也决定试卷能否达到理想水平。内容美来自立意的深刻性，定位的准确性，材料的新颖性；外在美来自对材料的优化和重组，对细节的打磨和雕琢，对创意的论证和包装。比如，2011 年中招试卷中选用漫画、图片、照片共计 10 幅，漫画《被披上“体育公园”外衣的高尔夫球场》、关于食品安全“防腐剂、增味剂”的漫画，图片《灾区新生活》等非常新颖、生动，为试卷增色，富有新意，使内容更加立体呈现，在某种程度上更好地帮助考生走进生活，去分析问题和解决问题。2011 年的河南省中招思想品德试卷可谓题题经典。其形与神实现了完美的统一，文与图实现了天然的融合。

八、动态性与生成性的统一，突出“变化”和“亮点”

动态性强调对时政材料的筛选和处理，把最新的、最贴近生活的、最感人的、最体现课程要求的、最有影响的重大时政进行科学处理，追求其材料的鲜活性，有的内容甚至延续到中招考试之后，其动态性确保了命题的鲜活性、时代感和真实感。比如，所选择的背景材料“中国旅游日”、“中原福塔”、“清华大学建校 100 周年大会”等，都是在考试前较短时间内所发生的，足以看出试题的鲜活度，紧密围绕现实生活，保证了试题的新意。

生成性强调命题过程的创造性，把智慧的火花融入到命题的每一环节、细节和点滴之中。比如，对背景材料的截取、优化、加工，一组组排比句式的呈现，把零散的文本变成了一气呵成的优美文字；图片的精心挑选，既使背景材料立体呈现，又使试卷图文并茂,生动活泼;设问角度的独特的表达,突出考查考生思维能力和综合素养。

九、常态性和前瞻性的统一,突出"稳定"和"方向"

常态性强调的是对社会热点问题的持续关注,对关乎国计民生的大事的持续跟进,使考生在真切的生活体验中建构知识,积累经验,明辨是非,扬善向上,以积极的心态和勇于担责的勇气投身社会实践,构建和谐社会。

比如,食品安全问题一直很热,其原因一是它贴近学生生活,二是它关系百姓生命健康,三是与社会诚信和市场经济不完善有关,四是坚持贯彻落实科学发展观等。

2011 年河南省中招思想品德试卷活动与探索第 12 题:"国以民为本,民以食为天。开门七件事:柴米油盐酱醋茶。食品安全连着亿万家庭,是重大的民生问题。一个时期以来,频频发生的食品安全事件,让我们每一个中国人都陷入了十(食)面埋伏……"

食品安全成为常考常新的热点。2011 年 4 月 14 日,温家宝总理在同国务院参事和中央文史研究馆馆员座谈时讲话指出:"近年来相继发生'毒奶粉'、'瘦肉精'、'地沟油'、'染色馒头'等事件,这些恶性的食品安全事件足以表明,诚信的缺失、道德的滑坡已经到了何等严重的地步。"随后,我国有关部门对制造销售"瘦肉精"和"地沟油"的犯罪嫌疑人进行了严惩,以确保食品质量安全。

比如,可持续发展问题。其原因是科学发展观是统领经济社会发展全局的战略指导思想,而可持续发展是科学发展观的基本要求之一。

2011 年河南省中招思想品德试卷选择题第 3 题:但存方寸土,留予子孙耕。随着经济的快速发展,土地变得越来越金贵。为坚守全国耕地不少于 18 亿亩这条红线……

被披上"体育公园"外衣的高尔夫球场

前瞻性强调的是所考查的热点、所关注的焦点,往往是在事物刚露端倪时就能预见其强大的影响力和社会关注度,未来将在一段时间内无论是新闻媒体还是党和国家的重大会议都会有明确的回应,或者是在国家政策出台、法律法规的制定或完善上都有跟进。2011 年河南省中招考试试题具有很强的前瞻性和方向性,其背景材料往往能够折射出社会发展的趋势和主流,有的是一部精神史诗,弘扬正气,砥砺壮志,激发力量,催人奋进;有的体现的是社会道德风尚,符合主流价值,引领道德践行;有的是生动的法制课堂,弘扬法治精神,做合格公民;有的是关于国计民生,体现科学发展,把握时代脉搏。

比如,2011 年河南省中招思想品德试卷第 13 题,关于建党 90 周年和"双百"人物这一热点的关注，是因为"双百"人物身上的革命精神、民族气节和高尚品格，是中华民族宝贵的精神财富，是一部可歌可泣的精神史诗，是一座永垂不朽的精神丰碑，符合了社会的主流价值，成为中华儿女开辟新征程、创造新生活的精神动力。从2011年2月以来，中央主要媒体和各省区市党报、主要都市报联合推出大型人物专栏《"双百"人物中的共产党员》，此栏目陆续刊发173位"双百"人物中的共产党员的先进事迹。在中国共产党成立90周年大会上，胡锦涛总书记强调指出："在庆祝中国共产党成立90周年的时刻，我们深切怀念为中国革命、建设、改革，为中国共产党建立、巩固、发展作出重大贡献的毛泽东、周恩来、刘少奇、朱德、邓小平、陈云等老一辈无产阶级革命家，深切怀念为创立、捍卫、建设新中国而英勇牺牲的革命先烈，深切怀念近代以来为中华民族独立和解放而顽强奋斗的所有先驱。他们为祖国和民族建立的丰功伟绩永垂史册！"这也从一个侧面充分地肯定了"双百"人物的先进事迹和崇高精神。

常态性与前瞻性不是绝对的，常态性的热点之所以能保持持久的鲜活度和生命力，是因为它符合了社会发展的方向，体现了最广大人民群众的根本利益；而前瞻性的热点从初露端倪到社会关注，往往需要经过一个过程，从没有引起注意到普遍重视，从个别区域性问题到整体全局性问题，从暂时的短发性问题到未来持续性问题，都会把前瞻性的热点转化为常态性的事件。所以，对于常态性热点中凸显的稳定性，要看到方向、趋势；对前瞻性事件中凸显的方向性，要看到共性、本质。

十、唯一性与辩证性的统一，突出"准确"和"全面"

唯一性强调知识的权威性、绝对性，答案的准确性、严密性，材料的规范性、科学性，而不是模棱两可、似是而非的东西；唯一性强化客观题答案的一元性、肯定性、绝对性、准确性，是不容许有任何知识上的纰漏、细节上的马虎、选项上的模糊，任何一个知识点、答案上的瑕疵都会影响试卷的权威性、科学性，降低其效度和质量。

辩证性强调全面观、两点论的思维方式，使思维更加缜密，逻辑更加清晰，论证更加完整，考查更加全面。辩证思维能力是科学的思维方式，在人的成长发展中，遇到的各种问题都需要辩证思考，既要看到好的一面，又要看到坏的一面；既要看到长处，又要看到短处；既要看到利的一面，又要看到弊的一面；既要看到积极的一面，又要看到消极的一面；等等。要求学生在辩证的思考中学会选择，学会做出最优的选择，两害相权取其轻，两利相权取其重。辩证思维突出一分为二、发展眼光、立体多元。

2011年河南省中招思想品德试卷从背景材料的选取，哪怕一项选择肢的设计、一个设问角度的呈现、一个答案要点的组织、一张图片的使用等都经过了反复推敲、酝酿和加工，确保了字字准确无误，句句结构完整，段段层次清晰，题题无懈可击，做到了科学而又精准。同时，设问角度、答案组织等更加注重辩证思维能力的培养，让考生全面地认识问题、分析问题并解决问题。

总之,2011 年河南省的中招思想品德试卷,命题立意深远,学生做题的过程就是一次潜移默化的思想教育过程,也是一次建构自我精神家园的生命之旅;命题创意丰富,学生拿到试卷,跃动着亲切、轻松、愉悦的神情,体验着思想品德学科独特的魅力和风采,激发着向上、向善、向美的道德力量和生活情愫;命题载体唯美呈现,有的读起来朗朗上口,有的看起来生动鲜活,有的文字饱含着哲理,有的浓缩着深情厚意,有的传递着人间真情,有的挥洒着天地大义,有的传承着不朽的革命精神,有的启迪着成长的智慧,有的揭示着生活的真谛。同时,又很好地处理了定力与张力的关系,收与放的关系,课标与教材的关系,理性与感性的关系等。一句话,2011 年河南省中招思想品德试卷发挥了学科应有的功能和价值,彰显了学科的独特魅力和育人优势,为学生的成长和发展作出了很好的引领和导航,也为广大教师的教学实践提出了一系列值得深思的新课题。

在路上，我们一起成长

——2011年河南省中招思想品德试卷评析

河南省许昌市教研室　菅顺德
河南省许昌市十二中　李俊华

凝结学者的智慧，牵系师生的情肠，在一年又一年老师、学生、家长和社会的关注中，在新课程理念的指导下，在课改的道路上，河南省进行课改实验区思想品德中招试卷命题，已经走过7个年头了。年年岁岁考相似，岁岁年年题不同。虽说只是一张试卷，但却承载着太多太多的重负。它是检测教师教学效果的尺子，是探视考生心智的窗口，是引领课堂改革的航标，是折射时代发展的镜子……回顾7年来那张张中招思想品德试卷，每一次，它带给我们心灵深处的那份感动和震撼都让我们久久不能释怀。它用那一道道灵动的试题记录着课改道路上点点滴滴的进步。在这7年里，我们有幸和它一起体味着课改的无限风采和知识的无穷乐趣，在课改的道路上，我们一起成长。

一、赏析试卷

1. 稳中求进，不断创新

创新是一份试卷永葆生命力的法宝。试题不创新就会陷入僵化、老化，从而失去生命力。2011年河南省中招思想品德试卷在保持试题模式总体稳定的基础上，继上年的大胆创新之下，又有了新的探索和尝试。其主要体现在两个方面：一是赋分与设问的变化。每一年的中招考试试题活动与探索题总分是20分，两道小题分别是10分，每道小题的设问基本上是两问或三问，但是今年却打破人们的思维定势，虽然总分依然是20分，但是第12题却是8分，第13题是12分。在设问上，也进行了大胆改革，第13题的设问为五个。这些变化使得整张试卷形式更加新颖活泼、生动灵活。同时，试题通过这种呈现方式的调整，意在引导我们平时的教学不要追求形式上的相似，而是更多地关注以培养学生发散思维和探究能力为目标的教学。二是问题表述的创新。如第10题，第一问："从毁灭走向新生，从悲壮走向豪迈，走过风，走过雨，四川依然美丽！这一巨大变迁向世人昭示了什么？"第二问："如果要编一部国人的'5·12'词典，你认为能够启迪自身成长的关键词语有哪些？"第11题第一问："中原崛起，文以化之；河南振兴，文以铸之。在历史长河中，中原儿女锻造了哪些璀璨瑰丽的'中原文化名片'？"第二问："传承华夏历史文明，打造国人精神家园。面对建设中原经济区的战略机遇，我们靠哪些精神动力开启中原崛起、河南振兴的新征程？"这种设问方式追求的不仅仅是形式的开放，更是思想内涵的提升，并且使得设问波澜乍兴。改变了以往那种语言简单、平铺直叙、过于直白的设问方式，不仅有利于提升学生的文化素养，也有利于培养学生的阅读理解分析能力，同时使得整张试卷更具有意境美。

2. 强化综合，内涵丰富

本套试卷的综合性突出体现在三个方面：

一是考查要素的全面性。试题涵盖了心理、道德、法律、国情等方面的内容，对学科主干知识进行了精心整合。同时无论是时事新闻还是社会热点都是考查的对象，充分体现"社会大教材，生活大课堂"的命题理念。考查呈现多维、立体、发散特点；知识的考查从过去的孤立、静态转变为联系、动态。这就要求考生更多地拓展自己的知识体系，拓宽自己的视野。

二是试卷体现了学科交叉，具有一定的综合性。首先，试卷设置在语言表述上大量运用语文上的修辞方法，排比、对仗语句随处可见。同时通篇大量运用富有激情的文学语言。如"在抗震救灾的最前沿，有他们舍生忘死的人生抉择；在奥运会的赛场上，有他们无私奉献的真诚付出；在世博会的舞台上，有他们互助友爱的青春风采……"；"一塔耸峙郑东，万福齐臻中原"；"地动山摇，摇不散中华魂魄；山崩地裂，裂不开万众一心"；"中原崛起正春风，河南振兴气势宏"；"传承华夏历史文明，打造国人精神家园"……这些语言不仅振奋人心，同时荡涤心灵。其次，在考查的知识上，不是单纯考查思想品德知识，而是把这些知识的考查与历史、语文等学科糅合在一起。如观察与思考第10题设问(1)："从毁灭走向新生，从悲壮走向豪迈，走过风，走过雨，四川依然美丽！这一巨大变迁向世人昭示了什么？"设问(2)："如果要编一部国人的'5·12'词典，你认为能够启迪自身成长的关键词语有哪些？"第11题设问(1)："中原崛起，文以化之；河南振兴，文以铸之。在历史长河中，中原儿女锻造了哪些璀璨瑰丽的'中原文化名片'？"设问(2)："传承华夏历史文明，打造国人精神家园。面对建设中原经济区的战略机遇，我们靠哪些精神动力开启中原崛起、河南振兴的新征程？"在这些设问中，如果不能正确理解"昭示"、"启迪自身成长的关键词语"、"锻造"、"中原文化名片"、"精神动力"、"开启"等这些关键性词语、语句的含义，就无法正确答题。另外，活动与探索题第13题的设问(1)至(4)可以说既是时政知识的考查又是历史知识的考查。由此可见,这套试卷要想考出好成绩,不仅要有本学科的知识,还要具备一定的语文功底和历史知识。

三是学习方法与学习要求的综合。试题设置既引导考生重视教材文本,又要关注材料收集,学会探究问题,同时更加突出知识与能力、过程与方法、情感态度与价值观的有机统一。多途径引导学习,体现学习方法与学习要求的综合。

3. 注重思维,提升能力

整套试卷从考生答题角度的巧拙、认识的高下上检验考生的学识素养,从文化积淀、思维品质上鼓励创新,考生不仅要有"善"与"恶"、"对"与"错"的二重思维,也要有"横看成岭侧成峰"的多元思维,更要有"具体问题具体分析"的辩证思维。

(1)以知识的迁移和灵活运用为核心,考查考生思维的灵活性。如第3题,通过对《中华人民共和国国民经济和社会发展第十二个五年规划纲要》关于保护耕地信息的提取以及对漫画寓意的理解,从而考查考生对可持续发展战略知识的灵活运用情况。

(2)以材料的多样性、客观性,思维过程的发散性、自主性以及答案的开放性,来考查考生思维的创新性。比如第11题题干给出了两则关于中原崛起的材料,材料具有多样性;设问是开放的,给考生留下了广阔的思维空间;答案不是唯一的,考生只要能结合题意,从不同角度列举都可。试题体现了原则性和灵活性的和谐统一,有助于考生创新思维的发挥、能力的提高。

二、抽样统计与分析

1. 考生总体情况

2011年许昌市市直及魏都区参加中招考试考生共4336人,其中优秀人数995名,约占23%;及格人数3560名,及格率为82%;最高分68分,最低分2分,平均成绩为48.8分。

2. 抽样试卷统计与分析(计360份试卷)

题号		题型	分值	平均分	得分率	出错率	满分率
一	1	单选	2	1.64	82%	18%	
	2	单选	2	1.93	96.7%	3.3%	
	3	单选	2	1.65	82.7%	17.3%	
	4	单选	2	1.39	69.3%	30.7%	
	5	多选	3	3	1	0	
	6	多选	3	2.44	81.3%	49.3%	
	7	多选	3	0.77	25.6%	76.7%	
	8	多选	3	2.71	90.4%	28%	
	小计		20	15.5	77.7%		9%
二	9	辨析题	10	4.25	42.5%	1	0
三	10	观察与思考	10	7.73	77.3%	74%	26%
	11	观察与思考	10	5.21	52.1%	97.3%	2.7%
	小计		20	12.94	64.7%		1.3%
四	12	活动与探索	8	6.52	81.5%	74%	26%
	13	活动与探索	12	9.79	81.6%	80%	20%
	小计		20	16.31	81.55%		8%
合计			70	48.8	72.1%		0

3. 考生答题得失分情况统计分析

根据考生答卷抽样情况，现将各题得失分具体情况简要分析如下。

(1)选择：

根据这几年中招考试考生的答题情况分析可知，选择题既是考生容易得分的题，又是考生容易失分的题。看似简单的一道题，稍有不慎，就会选错，造成失分。因此，选择题实际上也成为拉开考生成绩档次的题型。2011 年试卷选择题除单选的第 1、2 题外，基本上都是以知识为依托考查考生的理解和归纳总结能力，考查课本知识点的只有单选的第 3 题，所以选择题的考查对考生提出的要求也越来越高。据抽样调查显示，选择题学生的得分率在四道大题里排名第二，平均分为 15.5 分，满分率为 9%，难度系数是 0.78。与 2010 年相比，考生成绩有所下降(2010 年平均分为 16.47 分)，试题难度略有上升(2010 年难度系数为 0.83)，可以说试题难度设置更加合理，有利于体现中招考试的选拔功能。单选题的第 4 题和多选题的第 7 题是出错最严重的两道题。单选题第 4 题的题干表述让选出下列名言警句中能够反映“热爱祖国、献身科学、尊重实践”徐霞客精神的是什么，正确答案为 C(读万卷书，行万里路)，错选考生几乎无一例外地选了答案D(居安思危，戒奢以俭)。实质上这是一道很简单的题，只要考生理解什么是“尊重实践”以及“读万卷书，行万里路”、“居安思危，戒奢以俭”这两句名言的含义即能选出正确答案。但是这道题的出错率居然达30.7%，错选的原因毫无疑问是学生的综合素养不高，文学修养欠缺。多选题的第7题平均分仅为0.77分，得分率为25.6%，出错率为76.7%。这道题也很典型，出错考生几乎都是多选了答案D（河南科技成果的全面展示），正确答案是ABC。这道题是以“中原福塔”的相关知识为背景材料，主要考查考生对材料中有效信息的提取能力以及理解概括能力。错选的原因是没有认识到“中原福塔”虽是河南高科技成果的体现，但却不是河南科技成果的全面展示，犯了以偏赅全的毛病，这也是学生在平时做题中容易出现的问题。

（2）辨析：

辨析题是全国大部分省市中考思想品德试卷中常用的一种题型。它不仅可以考查考生对基础知识的掌握和运用程度，而且可以考查考生的分析、思辨能力，是一种综合性相当强的题型。这种题型难度大、要求高、干扰性强，因而成为各省市常用的为高一级学校选拔人才、提高考试区分度的一种很有价值的题型。综观近几年的中考思想品德试题，辨析题的突出特点越来越表现为观点正误混杂，合理成分与不合理成分并存，辨中有辨，辨中套辨。因此，要想得高分确属不易。据抽样调查显示，2011年的辨析题平均分为4.25分，虽比上年略高（上年平均分为3.98分），但是综观学生试卷，存在的问题还是比较多的。其一，这道辨析题的切入点虽贴近考生实际，但因其所牵涉知识跨度大、知识点多，部分考生知识薄弱，缺乏分析、概括、综合能力，很难全面组织答案，所以造成答案要点不全。其二，从答题情况看，考生的语言表述能力不强，废话多，有效信息少，虽有其意，却答不到点子上。其三，部分考生存在认识模糊问题，对某些现象是非不明。其四，缺乏一定的解题技巧，思路不清，因此答案东拉西扯、七拼八凑、颠三倒四、不知所云。这些问题也可以说是历年辨析题中考生出现的惯性问题，应该引起我们的重视。

（3）观察与思考：

第10题的平均分为7.73分，得分率为77.3%，满分率为26%。本题以学生所熟知的汶川地震及灾后重建相关内容为背景材料设置问题。选材内容对学生的人生观、情感态度价值观、科学思想的形成起着潜移默化的影响，可见命题人的缜密设计。试题考查的知识是老师和学生平时所熟知的，因此只要理解设问意图，就很容易得分。造成部分考生失分的原因在于理解能力差，提取有效信息能力不强。如：不知道设问（2）中的“启迪自身成长的关键词语有哪些”是让答什么，所以很多考生在做答的时候不是写词语，而是答怎么做。

第11题平均分为5.21分，得分率为52.1%，出错率为97.3%，出错率仅次于辨析题，得分率也是除辨析题外最低的一道题。本题是一道非常经典而且精致的地方特色试题，它把中原崛起这一重大热点主题与河南的历史文化优势紧密结合，关注我省经济文化的发展，通过考查考生对河南省情的了解以及精神文明建设的成绩，引导考生注重日常生活的积累，要关心、了解家乡的特色文化，关注家乡的发展变化，让考生稚嫩的心紧跟家乡前进的脚步，在耳濡目染中产生一种作为河南人的自豪感，形成把家乡建设得更美好的决心、信念，最终使这种对家乡的热爱升华为对祖国的热爱，思想得到净化和洗礼。应该说这道题所涉及的主题和知识都是老师和学生复习备考中高度关注、反复练习的，造成考生失分严重的主要原因在于：①此题的两个设问比较含蓄，题干比较长，用词文学味浓，干扰信息较强。②部分学生提取有效信息的能力差，找不到答题的突破口，抓不住问题中的关键词语，造成答非所问。如：设问(2)让答“是什么”，而失分考生多答成“怎么做”。③理解能力差，缺乏语文素养。部分学生虽然能提取有效信息，但是对于设问中的关键词语“锻造”、“中原文化名片”、“精神动力”等不明其意，因此无从下手，虽贮备有相关知识，却写不到试卷上，非常可惜。

(4)活动与探索：

第12题平均分为6.52分，得分率为81.5%，满分率为26%，也是得分率和满分率比较高的一道题。该题以我国当前严重的食品安全问题这一重大热点为背景材料，重点考查考生对消费者知识的掌握情况，积极引导学生关注食品安全、主动投身到食品安全保卫战中，承担起对自己、对社会的责任，培养亲社会行为。从答题情况看，学生对活动的宣传标语、消费的相关知识及解决食品卫生安全问题的方法掌握得比较牢固。个别学生失分的原因主要在于思路狭窄、答题的角度过于单一。

第13题以中国共产党成立90周年为主题，以“学党史、颂党恩、跟党走”为主线设置了“读、唱、看、忆、感”五种活动，为考生搭建起自我教育的平台，同时所考查的知识很宽泛，每个学生基本上都有内容可写。试题充分体现了思想品德学科所具有的时代性和教育价值立意的命题思想，同时又使思想品德学科与其他学科知识紧密结合，具有很强的综合性，富有生命力和感召力；并且在活动中可以增强学生对党的了解、感受党的恩情、激发对党的热爱之情、坚定对党的信念，最终内化为自觉行动，树立远大的理想，为党的事业而努力奋斗。试题设置形式新颖、内涵丰富，可谓匠心独具。此题设问(1)(2)(3)(5)答题情况非常好，设问(4)却成为本张卷子主观性试题得分率最低的一道题，其分值为2分，考生平均得分为0.67分，得分率为33.7%，51%的学生为0分。在抽查的试卷中，有些考场此题全军覆没，都是0分。这道题是一道比较简单的时政知识及历史的再现题，要求考生写出两位“双百”人物中革命战争年代涌现出的共产党员及其事迹概要，且给出了答题示例。造成此题失分的原因主要是：试题设问虽然简单，但是其所考查的知识却属于热点中的“冰点”，在平时的复习备考中很少引起教师和学生的注意，所以有相当一部分学生根本不知道“双百”人物都有谁，更谈不上写出革命战争年代的“双百”人物，因此学生在列举时是五花八门，尽已所知往上写，如林则徐、常香玉、毛泽东、周恩来、朱德、雷锋、焦裕禄、任长霞等，甚至有些学生干脆不写。还有个别学生虽然能够勉强列举出一个符合题意要求的人物,但因其缺乏相应的历史知识,在对人物事迹简要概括时所写答案描述不准,造成不必要的失分。

三、对今后教学的启示

1. 强化课程意识,用活教科书

新课程有一个关键的概念,就是"课程资源",教科书只是教学的工具,知识的载体。在教学中教师对教材的理解、运用和发挥,不仅直接影响着教学质量,而且还可以在潜移默化中引导和促进学生发散思维、有效学习。教师应有课程意识。首先,"吃透"教材,准确把握教材内容脉络。教师只有吃透教材,明白教材编写意图,才能做到心中有数,收放自如,教给学生科学的学习方法。其次,"补充"教材,定好教学的起点和目标。思想品德课与实际生活密切联系,教材之外有许多重要信息,教学中应将其引入课堂,使现有的课本与课外材料相互补充,来实现既定教学目标。再次,"更新"教材,适应学生的学习过程。教师可以根据教学的实际需要、特定的场景来灵活设计教学内容,切实将思想品德教学与学生思想、生活实际需要紧密结合,以培养学生正确的情感、态度、价值观。

2. 重视知识积累,提高阅读理解能力

通过分析试卷可知,考生存在的一个最突出的问题就是阅读理解能力非常欠缺,由此导致无法明确试题设问意图而造成的丢分现象非常严重。所以,提高学生的阅读理解能力显得尤为紧迫。"胸藏万汇凭吞吐,腹有诗书气自华。"重视知识的积累,是提高阅读理解能力的关键,如果没有丰富的知识作支撑,那么提高阅读理解能力也只能是一句空话。由于思想品德课具有综合性强的学科特点,所以我们在平时积累知识时不仅要求学生掌握本学科的基本知识、基本观点、基本理论,而且还要加强语文学科的阅读积累以及其他相关学科的人文、历史、地理知识的积累等。只有这样才能做到厚积薄发,准确把握试题设问的意图,下笔如有神。

3. 重视时政学习,关注"热点",兼顾"冰点"

关注"热点",兼顾"冰点",弘扬真善美,鞭挞假恶丑,体现时代性,注重地域性,是中招思想品德试卷的命题指导思想。因此在平时的教学过程中,就要做到结合所学知识,联系生活实际,尤其是学生的生活实际,把社会生活中的重大事件,热点、焦点,融入教学和学习之中,注意寻找契合点,多角度、多层次去分析,同时要兼顾热点背后的"冰点",全面把握时政知识,扩大学生的知识面,拓宽学生视野。

4. 注重审题训练,提升解题能力

综观近年来河南省思想品德中招试题,我们不难发现,主观性试题的设问越来越表现出这样的特点:题干表述丰富,干扰信息较多,文学意味较浓,设问方法创新。因此,对考生提出的要求也就越来越高。而考生因审题能力欠缺造成的失分现象也越来越严重，如2011年观察与思考的第10题、第11题，表现尤为突出。审好题是做好题的关键，考生要想得高分，必须加强审题训练，提升自己的解题能力。①要学会审材料，能够从材料中提取有效信息并转换成学科术语和内容，了解材料所表达的内涵，找出与教材知识的结合点，做到心中有数，为答好题做准备。②要学会审设问，这一点尤为关键。第一，学会筛选信息，提取关键信息，把设问简单化。如观察与思考第10题设问(2)："传承华夏历史文明，打造国人精神家园。面对建设中原经济区的战略机遇，我们靠哪些精神动力开启中原崛起、河南振兴的新征程?"其关键信息就是"我们靠哪些精神动力开启中原崛起、河南振兴的新征程?"这样就把设问简单化了。第二，弄清设问意图。再复杂的设问也无非是从"是什么"、"为什么"、"怎么做"三个角度来设置问题的，所以我们要通过关键词语弄清题中是让从哪个角度思考答案。如第10题设问(2)中，我们通过"我们靠哪些精神动力"这些关键词语所透露的信息知道答题的角度是"是什么"。第三，找出关键词，理解答案的具体要求。如本设问中，我们可以通过关键词语"精神动力"知道这道题最终是让考生写出中原崛起的精神动力都有哪些。至此，一个复杂的设问就变得非常清楚明了，剩下的就是考生根据自己掌握的相关知识准确作答了。通过这种方法，我们可以快速、有效地提高学生的审题技巧，提升解题能力。

课程改革任重而道远，勿观望，勿徘徊，勤钻研，多探索，有识之士共同努力，学科同仁一起成长，相信路上的风景一定会更壮丽、更秀美！

试卷本天成　妙手偶得之

——赏析2011年河南省中招考试思想品德试卷

河南省平顶山市教研室　张秀菊

河南省平顶山市第四十四中学　董建新

2011年河南省中招考试思想品德试卷严格依据课标,坚持“双开”(开放性设计试题、开放性设计答案),紧紧围绕社会热点,突出思想性,彰显人文性,充分体现新课程理念,科学控制客观题比重,着重考查主干知识、核心内容及核心能力,富有时代感和浓郁的乡土气息,且呈现形式多样、视角新颖,重视应用、凸显能力,渗透德育,可谓是试卷本天成,妙手偶得之,让师生回味悠长。

一、内容结构——布局科学、比例适当、难度稍增

从内容结构来看,2011年河南省中招考试思想品德试卷考查2010年部分国内重要时事及2011年1月至3月的国内重要时事内容约占6%,七年级内容约占21%,八年级内容约占33%,九年级内容约占40%。与2010年相比,题量、分值基本稳定,难度稍有增加。

二、语言风格——清新质朴、明快恢宏

品读2011年河南省中招考试思想品德试卷,时而如同漫步田间,清新芬芳,时而如同峡谷漂流,磅礴恢宏。如辨析题(第9题)中人物甲:“穿着打扮要时尚,文明礼仪树形象。”人物乙:“朴素大方人赞赏,内在品质不能忘。”语句简约明了,清新质朴,尾字押韵,读起来朗朗上口,让考生一目了然,顿感亲切。第13题材料“打天下,坐江山,一心为了老百姓的苦乐酸甜;谋幸福,送温暖,日夜不忘老百姓康宁团圆;老百姓是地,老百姓是天,老百姓是共产党生命的源泉……”这段材料选自歌曲《江山》,歌词质朴纯真,

明快流畅，考试如同欣赏音乐，考生置身于这样优美的语言氛围中，心情自然就会放松很多。再如第10题材料："地动山摇，摇不散中华魂魄；山崩地裂，裂不开万众一心。公元2008年5月12日14时28分，一场里氏8.0级的特大地震强袭汶川。从那一刻起，英雄的中国人民穿越灾难，跨越废墟，共同编织了中国大爱，凝聚了中国力量，见证了中国速度，创造了中国奇迹：从救援到援建，现已基本实现了家家有房住、户户有就业、人人有保障、设施有提高、经济有发展、生态有改善的重建目标。"如同歌曲的高潮，语句厚重恢宏、大气磅礴，让考生心灵受到震撼，情感得以升华。2011年试卷的语言宛如一首歌曲，轻柔与激昂交相辉映，又如一篇清新质朴、明快恢宏的抒情散文，让考生回味悠长。

三、命题内容——鲜明时代感、浓郁家乡情

2011年中招思想品德试卷的命题内容，从选择题的第8个中央"一号文件"和"感动中国"2010年度人物评选，到保护耕地资源、"中国旅游日"的设立、河南地标"中原福塔"、清华大学百年校庆、中小学文明礼仪教育、网络语言的流行与泛滥、"90后"特征、汶川重建、中原经济区战略、食品安全、建党90周年，可以说几乎所有的题型都是以2010年及2011年重大时政热点为切入点，贯穿始终。品读整份试卷，可以说是家事、国事、天下事，事事关心，焦点、热点、鲜亮点，点点皆有。问渠哪得清如许，为有源头活水来！在这里，时政搭台，知识唱戏，时政激活了知识，知识演绎了时政。"中原福塔"、中原经济区战略出自河南、来自家乡，突出地方特色，弥漫着浓浓的乡土芬芳，而且具有很强的时代感。

四、主观题的设问形式——曲径通幽，别有洞天

2011年中招思想品德试卷试题让考生看起来似曾相识，做起来顿感迷茫，一旦绕过屏障，却有一种"曲径通幽，别有洞天"的感觉。

例如，第10题第(1)问：从毁灭走向新生，从悲壮走向豪迈，走过风，走过雨，四川依然美丽！这一巨大变迁向世人昭示了什么？第(2)问：如果要编一部国人的"5·12"词典，你认为能够启迪自身成长的关键词语有哪些？第11题第(1)问：中原崛起，文以化之；河南振兴，文以铸之。在历史长河中，中原儿女锻造了哪些璀璨瑰丽的"中原文化名片"？第(2)问：传承华夏历史文明，打造国人精神家园。面对建设中原经济区的战略机遇，我们靠哪些精神动力开启中原崛起、河南振兴的新征程？第13题第(5)问：再过4天就是中国共产党的90华诞，请运用所学知识，撰写两则红色箴言，以表达自己的内心感悟。

在这里"昭示"显得生涩，不是那么直白，"昭示"的本意是"明白宣示或显示"。其实也就是常规设问中的证明、说明、表明的意思。一谈到证明、说明、表明这些词，考生

都不陌生，平时做题时经常遇到。“启迪”的同义词即启发、启示，在平常做题中，考生经常会见到这些词，它们的意思比较直接，容易理解。“箴言”一词，其本意是“规劝的话”，平时很少用到，“红色箴言”意思是爱国的、追忆先烈的、祝福党的、赞颂社会主义的语句，类似平常所说的红色短信。“中原文化名片”其实就是河南典型的、具有代表性的、有名气的、有特色的文化品牌，它是一个广泛概念。“精神动力”一词更是令不少考生在考场上有些紧张，其实精神动力是相对于物质基础而言的，简而言之即精神力量，属于精神文明范畴，即精神指导、鼓舞、鞭策等。像这些词，一旦不理解，最好的办法是找同义词替代，当然这些词语需要考生具备较强的语文基本功来转化其意思。

五、给师生的启迪——依据课标、瞄准热点、关注家乡，交叉渗透

2011 年中招思想品德试卷给人无限启迪，作为一线思想品德课教师要从试卷中洞察信息，2012 年中招备考要紧扣课标，与时俱进，瞄准网络、报纸、电视等媒体报道的社会热点，尤其要强烈关注河南重大时事，积极搜集整理，开设课堂时政专栏，引导学生剖析。另外，要善于进行学科交叉整合，在思想品德课教学中贯穿历史、语文知识，有针对性培养考生理解能力、应变能力、知识迁移能力、知识储备能力。

科学发展正当时　又见思品靓中原

——2011年河南省中招思想品德试卷评析

河南省商丘市第一中学　王嘉惠

岁岁中招，今又中招。当时间定格在2011年6月26日上午10时，当莘莘学子满怀虔诚地接过这份考卷，我们再次为试题研制者的匠心独运所震撼，再次为他们的妙笔生花之功所折服。鲜活的时政资讯、鲜明的时代特色、优美的语言文字，带给广大师生全新的体验和感悟。现将心中的震撼和感动涂写出来，以期与各位同仁共勉。

笔者认为，2011年河南省中招思想品德试卷的鲜明特征至少有如下几点：

一、图文并茂，彰显时代元素

思想品德是一门与时代合拍共舞的学科，紧扣时代发展脉搏是思想品德命题的突出特点。课程标准明确规定："初中学生逐步扩展的生活是思想品德课程建构的基础。"依据这一规定，"学生逐步扩展的生活"也理应成为中考命题的重要依据。那么，生活在21世纪的这些"90后"们，有着哪些不同于前辈的特征呢？毋庸置疑，"逆反"、"新新人类"、"信息时代的优先体验者"等词语都是"90后"闪耀的符号。

怎样做到试题内容和学生成长现实的最佳契合，我们从试卷中可以清晰地感受到试题研制者的良苦用心。例如试卷第6题涉及的网络语言、第9题形态逼真的"时尚小帅哥"要酷等，无不在有意识地贴近学生生活，触动学生心灵。我们以第6题为例说明之。

6. 作文现"网语"，表达"键盘化"。"作业写到晚上11点，真是杯具！"一位老师感慨：最近批改作文，看了半天才看懂，原来，"杯具"是"悲剧"的谐音，是时下流行的网络语。还有，"大虾"意指"大侠"，"餐具"就是"惨剧"，"童鞋"表示"同学"，"油墨"即为

“幽默”……如果不知道这样的词汇，人家会送你一个词：“OUT”（落伍）！针对上述网络语言冲击规范汉语的现象，我们的正确认识有 【　　】

A. 网络语完全可取代规范汉语　　B. 网络语现实应用需严加筛选

C. 网络语最好只在网络里使用　　D. 规范社会语言环境势在必行

需要指出的是：“杯具”、“大虾”、“餐具”、“童鞋”、“油墨”……这些令许多成年人不知所云的“网语”，在孩子们的生活中则是司空见惯、信手拈来；“服装个性化，头发造型化……”这些家长心目中和“好孩子”不着边的形象，却是他们向往和追逐的装扮。如果我们还端着师道尊严的架子对之避而不谈，甚至压根不了解这些“时代元素”，孩子们肯定会告诉你：“对不起！我们不属于同一个世界。”这样以来，所谓的“以人为本”，所谓的“一切为了学生”等，必将在顷刻间沦为空谈。

一个令所有老师和家长感动的事实是，试题研制者不但没有忽视孩子成长过程中不断涌现的“时代元素”，而且还如此真实地还它们以生活的本色，试题字里行间都洋溢着平等和谐的芳香。如果你亲历了学生答题的那一刹那，如果你观察足够细致，你会惊喜地发现，当这些“时代元素”“高调”地走进学生的视线，他们仿佛一下子变得“低调”了。“这些‘网语’都是正确的吗？我们应该怎样使用？……”这里尽管没有任何呆板的说教，孩子们却开始了和自己的心灵对话。

从某种意义上讲，学生因成长而困惑，同时又因困惑的良好跨越而成长。尽管促使学生健康成长的因素有许多，但最根本的动力，是学生自身通过接受品德教育内化而成的自觉感悟。我们坚信，一份考卷，一道考题，一次反思，便是一次刻骨铭心的成长！

二、创设情境，指导学生生活

新课程理念认为：思想品德是生活的需要，它源于生活而又反过来指导生活。一切追求美好生活的人都应该从内心深处欢迎而不是拒绝一切合理的行为规范。人们的生活经验也表明，教育只有通过生活才能发出力量而成为真正的教育。那么，如何通过一张试卷检测学生的生活能力，进而为他们的成长指点迷津呢？笔者认为，创设情境以指导学生生活是该试卷的又一特色。这一特色，在试卷的第5题、第10题之（2）问、第12题、第13题均有鲜明的体现。我们以第5题为例说明之。

5.“上网”、“报班”、玩伴少、学习压力大……“90后”的孩子，呈现出与“70后”、“80后”不一样的新“成长的烦恼”。与此同时，不少家长则抱怨如今的孩子“不好管”、“不懂感恩”、“不理解父母”等。针对上述情形，孩子和家长之间应 【　　】

A. 互相理解，积极沟通　　B. 各执己见，互不相让

C. 顺其自然，各行其是　　D. 换位思考，平等交流

在现实世界中，成长的烦恼是每个人走向成熟过程中的必修课。试卷巧妙整合了学生的生活现实，生动再现了学生“成长的烦恼”以及由此引发的“亲子冲突”，体现了

“学习即生活”、“考试即生活”的理念。

试题设计的匠心之处在于,这样的情境创设不但给学生提供一次直面自我的机会,更重要的是对他们的道德水准进行了一次神圣检阅。面对“亲子矛盾”,自己曾经“各执己见,互不相让”?曾经“顺其自然,各行其是”?曾经“互相理解,积极沟通”?曾经“换位思考,平等交流”?学生答题的过程,表面看似平静如水,实则他们的内心已起伏不定,因为这些选项,如同成长岁月里的一面镜子,还过去以原状。忆往昔峥嵘岁月,对过还是错过?喜过抑或忧过?……总之,经历这样一番自我剖析,学生们已经再次迈上了成长的快车道。

一张考卷所能展示的内容当然是有限的,但笔者认为这种对话带给学生的震撼和启迪却可以无限延伸。在以后的亲子交往乃至整个成长过程中,他们会因为这样的内省而日臻成熟。

三、人文滋养,塑造精神家园

毋庸置疑,思想品德课程是为初中学生思想品德健康发展奠定基础的一门综合性必修课程,思想性是该学科最鲜明的特征。作为对学生进行综合性评价的重要载体,该试卷在对学生进行精神引领方面可谓匠心独运。这一特点在试卷的第2题、第4题、第8题、第10题、第11题之(2)问、第13题均有具体体现。现举例如下:

先看第2题:

2. 在抗震救灾的最前沿,有他们舍生忘死的人生抉择;在奥运会的赛场上,有他们无私奉献的真诚付出;在世博会的舞台上,有他们互助友爱的青春风采;在祖国需要的每一个地方,处处都有他们的微笑与温暖……2011年2月14日,“感动中国”2010年度人物评选活动组委会授予他们特别奖。他们是 【　　】

A. 中国志愿者群体　　　　B. 中国慈善者群体

C. 中国大学生群体　　　　D. 中国农民工群体

再看第8题:

8. 语重心长话希望,殷切期待指方向。2011年4月24日,胡锦涛总书记在庆祝清华大学建校100周年大会上发表重要讲话,对全国青年学生提出三点希望:把文化知识学习和思想品德修养紧密结合起来;把创新思维和社会实践紧密结合起来;把全面发展和个性发展紧密结合起来。联系中学生实际,我们应该 【　　】

A. 胸怀远大理想,陶冶高尚情操　　　　B. 坚持终身学习,培养创新精神

C. 注重学以致用,投身社会实践　　　　D. 做到德才兼备,开发自身潜能

再看第10题：

10. 地动山摇，摇不散中华魂魄；山崩地裂，裂不开万众一心……从那一刻起，英雄的中国人民穿越灾难，跨越废墟，共同编织了中国大爱，凝聚了中国力量，见证了中国速度，创造了中国奇迹……

设问(1)：略

设问(2)：如果要编一部国人的"5·12"词典，你认为能够启迪**自身成长**的关键词语有哪些？请写出两条。(4分)

对于初中学生来说，无论是良好道德品质的养成还是人文精神的习得，离开现实的支撑始终都是一句空话。没有学生的内心感悟，品德教育的成就充其量就是概念性的存在。

以上题目在背景材料的运用上，充分尊重学生的主体地位，最大限度地体现人文关怀，大量工整对仗的排比句的运用，让整张试卷流光溢彩，学生宛如徜徉于文学艺术的殿堂。

感动中国的"志愿者群体"，让学生读懂了什么是奉献与担当；胡总书记的殷切期待，让学生读懂了什么是信念与理想；国人的"5·12"词典，让学生读懂了什么是自信勇敢，什么是大爱无疆……一个个鲜活的典例，一幅幅感人的画面，"大社会"在无声中走进了学生的"小心灵"。一次触动就是一次收获，一次交流犹如一次新生，于是，他们的精神家园愈加丰满，奋斗目标愈加明确——勇担时代责任，立志报效祖国！这些热情似火的青春少年，将不再是"口头的巨人，行动的矮子"！

四、文化名片，扮靓厚重中原

笔者始终认为，思想品德教育的灵魂所在，就是引领学生做到"风声雨声读书声，声声入耳；家事国事天下事，事事关心"。作为一门育人功能极强的学科，培养学生热爱家乡的情感，引导他们关注家乡的发展，是本学科义不容辞之责任。故此，突出地方特色一直是河南省中考思想品德学科命题的显著特征。翻开过去几年的中考试卷，河南的经济发展、民主法制、社会建设、生态文明、民风民俗、名人佳话等纷至沓来，浓郁的乡情每每使人备感清新秀美、真切流畅、温暖亲切。

那么，如何在过去考查的基础上推陈出新，如何避免试题落入寻常和平淡，试题研制者颇下了一番功夫。同样是浓浓家乡情，同样是古朴中原风，打开2011年的试卷，我们欣喜地看到了一张张闪光的"文化名片"。我们以第7题和第11题说明之。

7. 一塔耸峙郑东，万福齐臻中原。位于郑州市东南部的河南广播电视塔，又称"中原福塔"，塔高388米，是河南省地标性建筑，是世界最高钢结构观光塔。其核心景观是2011年4月26日成功申请世界吉尼斯纪录的“锦绣中原”全景画，该画借助声光电的演示，使游客如入天地之中，在360度的旋转平台上，感受时空的穿越、古今的交融，随着形象逼真的画面一一展现，中原大地的锦绣风光和厚重历史尽收眼底。“中原福塔”——【 】

A. 是彰显河南形象的崭新平台

B. 是建设文化强省的亮点工程

C. 是体现厚重河南的鲜活载体

D. 是河南科技成果的全面展示

11. **材料一**：中原崛起正春风，河南振兴气势宏。寄托着中原儿女的梦想和希望，凝结着干部群众的实践和汗水，闪耀着社会各界的智慧和关爱，中原经济区建设正式上升为国家战略，列入“十二五”规划纲要。中原经济区是以河南为主体、延及周边，支撑中部，东承长三角，西连大关中，南临长江中游经济带，北依京津冀，具有自身特点、优势独特、经济相联、使命相近、客观存在的经济区域。

材料二：文化孕育精神，精神凝聚力量。《中原经济区建设纲要(试行)》提出，文化是建设中原经济区的强大推动力量，要充分发挥中原文化的优势，建设和谐文化，推动文化创新，形成优势彰显、充满活力、全面繁荣的文化发展新局面，全面提升中原文化的吸引力和影响力。

结合上述材料，运用所学知识，思考下列问题：

设问(1)：中原崛起，文以化之；河南振兴，文以铸之。在历史长河中，中原儿女锻造了哪些璀璨瑰丽的“中原文化名片”？

试卷的第7题，通过具体翔实的数据材料，生动展示了“中原福塔”的雄伟壮观，令人叹为观止；第11题第(1)问的设置，更是意味深长：“中原崛起，文以化之；河南振兴，文以铸之。在历史的长河中，中原儿女锻造了哪些璀璨瑰丽的‘中原文化名片’？”表面上看，以上题目都是对学生所学知识的考查，其实这一过程更是河南形象的深度宣传。于是，组织答案的过程中，学生内心会不由自主地泛起“主人”的兴奋与自豪。这样摄人心魄的材料，这样匠心独运的问题，必将激发学生内心热爱家乡的情感，唱响中原崛起、河南振兴的主旋律，他们便是最值得期待的主人。

总之，2011年河南省中招思想品德试卷充分彰显新课程理念，植根于学生成长现实，紧扣时代发展脉搏，图文并茂，神采飞扬，生动流畅，大气磅礴。试卷所彰显出的无与伦比的德育优势，将“品德教育养育学生身心”的功能演绎得格外精彩、格外传神、格外深远！

最后，笔者想用一副楹联，概括本套试卷的特点，这就是：紧扣主题，突出主线，方寸间亦诗亦画，展江山万里民生多锦绣；转变方式，科学发展，抬望眼风生水起，看河南思品今又靓中原！

我眼中的2011年河南省中招思想品德试卷

河南省郑州市第五十七中学　杨巧玲

如果说2011年河南省中招思想品德试题给众多考生最深刻的感受是“灵活”，那么，作为本学科教师的笔者却从这份试卷中品读到诸多的“味道”。

一、2011年试卷的语言风格——简约而又严谨、流畅而又磅礴

例如，单项选择第2、3、4题，多项选择第5、6、7、8题，题肢一般都不超过12个字。在“中原福塔”（第7题）中，题肢是这样设置的：“中原福塔”是——A. 彰显河南形象的崭新平台；B. 建设文化强省的亮点工程；C. 体现厚重河南的鲜活载体；D. 河南科技成果的全面展示。在清华大学百年校庆（第8题）中，题肢是这样设置的：中学生应该——A. 胸怀远大理想，陶冶高尚情操；B. 坚持终身学习，培养创新精神；C. 注重学以致用，投身社会实践；D. 做到德才兼备，开发自身潜能。

这样的设计看起来如同欣赏一件玉雕，随处可见“雕塑家”精雕细琢的良苦用心，但却没有一处生硬不和谐的地方。我想，这种简约而又严谨的语言风格不仅仅是为了追求视觉的美感，更重要的是为了减少考生的阅读障碍，提高做选择题的速度。这无形中彰显了试题研制者浓浓的人文关怀，渗透了思想品德学科的精神归旨——以人为本。

无论是客观题还是主观题，前面设置的背景材料读起来更是流畅而又磅礴。你看——关于志愿者群体（第2题）是这样描述的：在抗震救灾的最前沿，有他们舍生忘死的人生抉择；在奥运会的赛场上，有他们无私奉献的真诚付出；在世博会的舞台上，有他们互助友爱的青春风采；在祖国需要的每一个地方，处处都有他们的微笑与温暖……关于中原经济区（第11题）是这样呈现的：中原崛起正春风，河南振兴气势宏。寄托着

中原儿女的梦想和希望，凝结着干部群众的实践和汗水，闪耀着社会各界的智慧和关爱，中原经济区建设正式上升为国家战略。尤其是辨析题（第9题）中人物甲："穿着打扮要时尚，文明礼仪树形象。"人物乙："朴素大方人赞赏，内在品质不能忘。"双方亮出的观点不仅通俗明了，而且朗朗上口，俨然是一首押韵的小诗。

这样的语言读罢仿佛让自己尽情地呼吸着来自大自然略带树木、泥土味道的清爽空气，思维的积极性、活跃性在瞬间被激发开来。不难想象，考生置身于这样优美的语言氛围中，紧张的情绪自然会得以缓解，在毕业和升学考试中营造这种"心理效应"值得推崇。

二、2011年试卷的命题内容——富有强烈的时代感、浓郁的生活气息和乡土芬芳

例如：从选择题的第8个中央"一号文件"和"感动中国"2010年度人物评选对时政知识的考查，到以保护耕地资源、"中国旅游日"的设立、河南地标"中原福塔"、清华大学百年校庆、中小学文明礼仪教育、网络语言的流行与泛滥、"90后"特征、汶川重建、中原经济区战略、食品安全、建党90周年等重大时政热点、重大主题为载体，贯穿于各类题型中。

浏览这些题目如同让自己透视一个社会万花筒，因为这里浓缩了天下时事的精华，让师生有一种扑面而来的新鲜感、时代感、厚重感和生活气息。

除了给人这种直观的感受外，以大量的时政热点为载体来命题的这一倾向，还兼具以下这些特点。第一，体现了鲜明的学科特点——紧扣时代、与时俱进。第二，体现新课程标准的学习目标——培养学生用所学知识来分析、解决现实问题的能力。通过中招考试这个平台考查学生理论联系实际的能力，更能引导学生平时关注社会发展、重视家乡建设，增强学生热爱家乡的情感、亲社会的责任感，引领学生的心灵向真、向善、向上、向美，最终实现知识、能力、情感三维目标的统一。第三，体现了教学中结果与过程的一致性。试题研制者不回避重大时政、热点，可谓"试卷上所呈现的就是师生平时所关注的"。这给教师的日常教学提供了明确的导向。

三、2011年试卷的提示信息——形式多样、富有亲和力

例如卷首的温馨提示：思想品德课程，关注国计民生，倡导道德践行，引领人生航程。唱响自信之歌，你我相伴前行，发挥最佳水平，祝你走向成功！尽管这个温馨提示从2005年就开始在中招思想品德试卷上出现，但对每年的考生来说依然是全新的感觉。就如同寒冷的冬日有人泡上一杯热气腾腾的奶茶并送至眼前，温暖的感觉油然而生。捧在手中，细细品尝，"幸福指数"油然提升。

再如紧跟在每种题型后面有针对性的提醒：选择题为"认真细致，点滴做起"；辨析

题为“辨别分析，感悟明理”；观察与思考题为“置身情境，表达心声”；活动与探索题为“奋力耕耘，实践创新”。这些鼓励语，都极具亲和力。

而且这些提示信息的形式也在不断丰富和发展。由单一的文字提示、加注标点符号（括号、着重号），发展到对设问中的某些关键词进行字体变化。例如，第10题的第（2）问：你认为能够启迪**自身成长**的关键词语有哪些？请写出两条；第11题的第（2）问：面对建设中原经济区的战略机遇，我们靠哪些**精神动力**开启中原崛起、河南振兴的新征程？（三个方面即可）在这两道题中对关键词语的提示就运用了多种形式，避免了考生的视觉疲劳，有助于考生直接入题，少走弯路。甚至在辨析题中，对双方的观点配以具有视觉冲击力的漫画，笔者认为，这一创意能有效地帮助考生准确审题，把握辨点。这些细节无一不体现试题研制者对考生的充分尊重和深切关爱。

四、2011年试卷主观题的设问形式——稳中求变，不落窠臼

2011年试卷上出现了多个“非常规”的设问。面对这些设问，如同置身于旖旎的风景中，忽然眼前出现一块屏障，不免有点急躁和抱怨。但绕过屏障，却有一种“曲径通幽，别有洞天”的感觉。也许这就是让考生感觉“灵活”的原因所在。

例如，第10题第（1）问：从毁灭走向新生，从悲壮走向豪迈，走过风，走过雨，四川依然美丽！这一巨大变迁向世人昭示了什么？第（2）问：如果要编一部国人的“5·12”词典，你认为能够启迪自身成长的关键词语有哪些？第13题第（5）问：再过4天就是中国共产党的90华诞，请运用所学知识，撰写两则红色箴言，以表达自己的内心感悟。

在这里，“昭示”一词就不是那么直白，其实就是常规设问中的“证明”、“说明”、“表明”的意思；“启迪”，即是常规设问中的“启发”、“启示”；“箴言”一词，也是平时很少用的，“红色箴言”是一个热点词语，类似红色短信，表达对党的祝福、赞颂等。总之这些词语需要考生具备较强的语文基本功来转化其意思。

再如，第11题第（1）问：中原崛起，文以化之；河南振兴，文以铸之。在历史长河中，中原儿女锻造了哪些璀璨瑰丽的“中原文化名片”？第（2）问：传承华夏历史文明，打造国人精神家园。面对建设中原经济区的战略机遇，我们靠哪些精神动力开启中原崛起、河南振兴的新征程？在这里，“中原文化名片”事实上就是河南的文化品牌，但部分考生被“名片”一词搞晕。“精神动力”一词更是令不少考生在考场上“忐忑”不安。事实上这类似于平时练习中的设问：建设中原经济区需要我们发扬哪些精神？如果说“中原文化名片”是来自媒体的词语，部分考生视野狭窄、不懂其义，可以理解，那么“精神动力”一词却是九年级课本中精神文明建设的重要知识点，考生为这个设问而“忐忑”，就有些不可思议了。

这些灵活的设问是对考生理解能力、应变能力、知识迁移能力以及学科交叉整合能力的全面考查，也是试题研制者追求创新、别具匠心、不落俗套的一种精神和理念的体

现。也许这种创新目前会遭到来自某些方面的抱怨甚至诟病,需要试题研制者具有不畏风险、坚韧不拔的意志力。但创新的意义是深远的,因此我欣赏创新者给人带来的亮点、惊叹和挑战,而不支持"守旧"者和"复制"者带来的"你好我好他也好"的"皆大欢喜"。

五、2011 年试卷主观题的答案设置——体现多元性、开放性

既然试卷的命题角度、设问思路环环相扣、灵活多变,那么试题答案自然也是多元、开放的。因此,大多数主观题都给出了诸多方面的参考答案(一般都给出 10 至 20 条答案),最后还要写上"等等",而且还有这样的提醒:"考生答案若与本答案不一致时,只要符合题意,言之有理,均可酌情给分。"即使学生平时发怵的辨析题,每个辨点中的答案也是多元化的。这样宽泛的评分标准,对考生来说便于得分,不至于禁锢学生的思维,充分体现了以人为本、倡导创新、和谐发展的时代要求。

总之,品味 2011 年的河南省中招思想品德试卷,犹如观看一场精彩迷人的巴黎时装秀。这里既有传统因子与时尚元素的巧妙混搭,又有高超设计与俊美风姿的雅致彰显。在这里,继承与创新达到了和谐统一,改革与发展实现了完美演绎。

求新求变,精彩纷呈

河南省焦作市基础教育教学研究室 梅连贤

一年一度的中考过去了,综观2011 年河南省思想品德试卷,不难发现这份试卷从形式到内容,亮点纷呈,给人耳目一新的感觉,凝结着命题者的智慧和汗水,反映了思想品德学科命题导向。具体来说,这份试卷的亮点有以下方面:

一、材料鲜活,时代性强

通览整份试卷,不难发现试卷处处留下了鲜活的时代印迹。从国家、社会生活角度来看,有中央一号文件、感动中国十大人物评选、清华大学百年校庆、汶川地震灾后重建援建三周年、食品安全问题、纪念中国共产党成立90 周年。从学生生活角度来看,有中学生成长烦恼、网络语言、穿着打扮等。整份试卷精心选材,反映了时代脉搏,聚焦了时代热点,唱响了时代强音。

二、设问巧妙,规范性强

2011 年中考思想品德试卷稳中求新求变,其中比较明显的变化、突出的亮点是创新设问方式,限定问题角度,考查学生独立思考能力。如第10 题第(2)问:如果要编一部国人的"5·12"词典,你认为能够启迪**自身成长**的关键词语有哪些?请写出两条。第11 题第(2)问:传承华夏历史文明,打造国人精神家园。面对建设中原经济区的战略机遇,我们靠哪些**精神动力**开启中原崛起、河南振兴的新征程?第13 题第(4)问:追寻红色记忆:请参照示例,写出"双百"人物中**革命战争**年代涌现出的两位共产党员及其事迹概要。(与示例和材料中出现的人物重复者不得分)这些设问以黑体字加着重号的形式限制问题角度，打破了以往“大而全”的设问方式，让人耳目一新，有效地避免了盲目猜题、押题现象，对指导今后教学复习工作具有重要意义。

三、语言优美，可读性强

整份试卷，语言优美，精练准确，反映了命题者深厚的文字功底。从客观题角度来看，除时政第 1 题外，其他 7 题四个供选选项言简意赅，对仗工整；从主观题看，精心组织，加工材料，字斟句酌，遣词炼句。如辨析题第 9 题“穿着打扮要时尚，文明礼仪树形象；朴素大方人赞赏，内在品质不能忘”，第 10 题“地动山摇，摇不散中华魂魄；山崩地裂，裂不开万众一心”，第 13 题“90 年峥嵘岁月，90 载光辉历程”，等等，无一不是匠心独具、精心雕琢的结果。

四、凸显省情，地域性强

关注省情，是历年中考的重要导向之一，试卷多处聚焦省情，关注河南。如第 7 题以“中原福塔”为载体考查文化强省，第 11 题以中原经济区为载体考查中原文化，第 13 题展示五位河南英雄人物，激励学生学习先进人物精神，增强自豪感、自信心等，这样处理有利于引导学生关注河南、热爱家乡，增强奉献河南的信念和决心。

五、重视文化，养育性强

思想性、人文性是思想品德学科的重要特点，处处洋溢的人文气息、时时彰显的育人理念，是试卷的一道亮丽风景。感动中国志愿者群体，践行徐霞客精神，正确认识网络语言，图文并茂的“中原福塔”，文明礼貌礼仪，中原文化名片，纪念建党 90 周年的读、唱、看、忆、感活动，这些有意无意点缀的文化元素，使整份试卷增色添彩、底蕴深厚。这样设计突出文化考查，注重人性养育，符合新课改精神。

真实 殷切 豪迈

——2011年河南省初中学业水平暨高级中等学校招生考试思想品德试卷赏析

河南省济源市教学研究室 段兴豪

打开2011年河南省初中学业水平暨高级中等学校招生考试思想品德试卷,总感觉是在欣赏一首名曲:在这首曲子里,时而描绘学生生活,旋律真实而简洁;时而洋溢着殷切的乡情,旋律舒缓而深情;时而展示成就、憧憬未来,旋律激昂而豪迈……此曲旋律多变却不失和谐,曲终掩卷又让人回味无穷。

一、情境真实

思想品德课程是一门以初中生生活为基础的综合性必修课,初中生逐步扩展的生活是本课程的基础。人的思想品德是在对生活的认识、体验、认同和感悟过程中逐步形成的,只有如此才能实现品德内化于心、外践于行。

"学习即生活"——"要面向丰富多彩的生活,善于开发和利用初中学生已有的生活经验,选取学生关注的话题,围绕学生在生活实际中存在的问题,坚持正面引导,帮助学生理解和掌握社会生活中的思想要求和道德规范。"因此,贴近实际、贴近生活、贴近学生,帮助学生解决在成长过程、生活实际中所遇到的问题、困惑,就成为本课程教学的重要原则。

"考试即生活"是我省初中学业水平暨高级中等学校招生考试思想品德学科命题的重要理念。要践行这一理念,就要努力在试题中反映中学生的真实生活,使学生在真实的情境当中身临其境地正确认识、分析、解决真实的问题,从而体会知识的价值和力量,感受能力提升的快乐和成就,收获精神上的满足和自豪,在考试中实现另一种成长。

如第5题关于"90后"的"成长的烦恼"及与家长的冲突,第6题关于"网语"现象,第9题关于"时尚"、"礼仪"、"内在品质"的话题,第12题是关于考生所熟知的食品安全问题,第13题从读经典、唱红歌等方面来设计题目,把中学生身边真实的生活、熟悉的话题作为考试素材和材料情境,让考生备感亲切,有话说、有感悟。考生在完成试题的同时,也在反思着自己的言行,体验着心灵的碰撞,感悟着成长的喜悦。思想品德学科寓"学"于生活、寓"考"于生活,使考生在不知不觉中理解和掌握社会生活中的品德要求和道德规范,其教育效果扎实、深入、有效。真可谓润物于无声、化教以无形。

二、乡情殷切

思想品德新课程要求,课程资源开发和利用要因地制宜,即"要从当地和学校实际出发,重视对本土资源尤其是农村乡土资源的开发和利用,就地取材,发挥本土资源的优势和独特价值"。中华文明历史悠久,中原文化丰富厚重。突出地方特色,体现浓郁的乡土气息,引导学生知家乡、爱家乡,增进学生对家乡的了解,培养学生热爱家乡、建设家乡的思想感情,一直是我省思想品德中考试卷的一大特色。

本卷的试题更是洋溢着浓郁的乡土气息和殷切的爱乡之情。

如第7题中的河南广播电视塔,试题从体现厚重文化、展现家乡成就的"中原福塔"入题,让考生在感受"中原福塔"之美的同时,也憧憬"塔福中原"。第11题中由首次被提升为国家战略的中原经济区入题,巧妙地从"中原文化名片"、"中原崛起的精神动力"来设计题目,一方面宣传了河南厚重的历史文化和鲜活的时代精神,另一方面也体现了期待家乡更大发展的殷切之情。

这些紧紧围绕乡土乡情来命制的题目,体现了命题者精深的命题智慧,反映了命题者拳拳的爱乡之情,表达了命题者对考生传递热爱家乡、奉献故里、建设中原的殷切之意。考生在答题过程中进一步感受到了家乡之美,激起了爱家乡的情感,同时,一种作为河南人自豪、骄傲的情感也油然而生。

三、未来豪迈

思想品德课程的任务是:引领学生了解社会,参与公共生活、热爱生命、感悟人生,逐步形成正确的世界观、人生观、价值观和基本的善恶、是非观念,过积极健康的生活,做负责任的公民。所以,关注国计民生,从社会生活中寻找品德教育的材料是思想品德学科考试的重要原则。把握时代脉搏,关注重大主题,体现时代生活,是思想品德学科学业水平测试的使命所在。将当前我国社会主义经济、政治、文化、社会等领域的重大成就作为命题材料引入试卷,使每一个考生感受着祖国的巨大发展、家乡的可喜变化,从而激发为中华民族伟大复兴而努力的志向,做有责任、有担当的合格公民,是2011年河南省初中学业水平暨高级中等学校招生考试思想品德试卷的又一重要特点。

如第2题以"感动中国"的中国志愿者群体为材料,让考生感受责任与奉献。第7

题以世界最高钢结构观光塔——“中原福塔”为材料，让考生感受河南形象、河南文化与河南发展。第 10 题以汶川大地震灾后重建和援建为背景，向世人昭示社会主义制度优越性的同时，让考生感悟中国大爱、中国力量、中国速度和中国奇迹。第 11 题以中原经济区建设列入国家“十二五”规划并正式上升为国家战略为话题，激发考生对家乡发展的憧憬和对未来的向往，增强考生作为河南人的自尊心、自信心和自豪感。第 13 题以中国共产党建党 90 周年为背景材料，引导考生通过“读、唱、看、忆、感”等活动形式来缅怀先烈伟绩，继承先烈遗志，弘扬先烈精神，坚定理想信念，做一个爱党、爱国、爱人民，勇于承担起历史使命、报效祖国的合格公民。

未来的豪迈要建立在今天的成就之上。考生在感受时代发展的同时，感悟着自己的使命和成长，从而也实现着自己思想的升华和品质的内化，增强着爱党、爱国、爱人民，承担历史使命的自觉性和为祖国未来发展贡献力量的豪迈之情。

总之，2011 年河南省初中学业水平暨高级中等学校招生考试思想品德试卷，既体现了“学习即生活，考试即生活”的命题思想，又体现了“回归品德，回归生活，培养好公民”的课程理念。整份试卷设情境话生活，身临其境，可亲可感；讲变化谈乡情，感情浓郁，深情缱绻；看成就论未来，大气磅礴，奔放豪迈。2011 年河南省初中学业水平暨高级中等学校招生考试思想品德试卷可以说是一份使考生知而有思，思而有悟，悟而有用的经典试卷。

格调雅致　取向精准

——2011 年河南省中招思想品德试卷评析

河南省郑州市二七区教学研究室　郭淑琴

2011 年河南省中招思想品德试卷在连续几年稳步发展的基础上，继承了切中重大主题、贴近学生生活、发挥德育功能、注重能力培养、关注考生发展、语言生动优美、追求形式美与内容真的完美结合等特色，还有一些突出的优点，具体表现在以下几个方面：

一、格调雅致

1. 语句推敲打磨，精练准确、熠熠生辉

粗略翻阅整张试卷，3000 余字，给人的第一感觉是：字字珠玑、掷地有声。细细品读，更觉每一字、每一句都是经过精雕细琢、推敲打磨过的。其不仅形式上对仗、整齐，而且表述上准确、精准，意蕴上醇厚、隽永，整体给人熠熠生辉、优雅高贵的质感。

8 道选择题几乎每一题的四个选项都做到了整齐对仗，同时表述又准确贴切，毫无古板造作之感；辨析题的两句话不仅押韵，而且紧贴学生生活，符合辨析题的命题要旨；后面的四道大题更是突出彰显了字字句句典雅锦绣的特点，不仅读起来朗朗上口、备觉精彩，还打造了一批值得品味和琢磨的精彩“名句”，比如：“地动山摇，摇不散中华魂魄；山崩地裂，裂不开万众一心”、“从毁灭走向新生，从悲壮走向豪迈，走过风，走过雨，四川依然美丽”、“中原崛起正春风，河南振兴气势宏”、“文化孕育精神，精神凝聚力量”、“中原崛起，文以化之；河南振兴，文以铸之”、“90 年同舟共济，90 载丰功伟绩；90 年峥嵘岁月，90 载光辉历程”等。

2. 图文有机搭配，相得益彰、和谐有序

本套试题的图画与上年相比虽没有增加，但形式上有了一些变化，用图的目的性更加富有内涵和意义。“中原福塔”、“灾区新生活”和吉鸿昌等英雄人物的照片鲜活地再现了文字材料中对相关内容的描述，起到了对文本有机补充的作用；辨析题的两幅图片与文字表述融为一体，形成了直观形象的对话场景，一如真实情境再现，有利于学生在答题时置身其中进行思辨和分析解答；第 12 题的漫画反映了解决食品安全问题的重要性、必要性和紧迫性，以及党和国家高度重视食品安全问题的及时性。

如此用图艺术既增添了试卷的活泼感，也缓解了学生的紧张情绪，同时使得试卷的品位得以提升、格调更显雅致。

3. 设问匠心独运，别具一格、不落俗套

随着我省思想品德开卷考试从内容到形式上的不断成熟与完善，从学校到社会上对其的研究也在不断深化与发展。与此同时也出现了大量的“备考秘籍”、“速查手册”、“热点解读”等教辅资料，这就不可避免地给中考命题带来了极大的难度。在“备考秘籍”等书中，凡是社会热点都被命过题；凡是能想到的角度在其中几乎都能找到、都被罗列了出来。而中招命题要求必须回避成题，不得与社会上已有的试题重复。如此一来，中招命题的难度可想而知。

2011 年的试卷既没有回避热点，又没有与已有试题重复，最主要的原因在于设问的别具一格和匠心独运。比如“汶川地震三周年”、“中原经济区”、“食品安全”、“建党九十年”这几个热点，几乎人人都知道是热点，要考试，但没有人能猜到“汶川地震三周年”的设问是：四川三年巨大变迁向世人昭示了什么？如果要编一部国人的“5 · 12”词典，你认为能够启迪自身成长的关键词语有哪些？当然，这一问题也不存在故意刁难学生的倾向，仔细推敲，其实还是在问：四川的变化说明了什么？我们应该传承四川灾后重建中体现的哪些精神品质？另外还有第 11 题的两问、第 13 题的第(5)问均有这样的鲜明特点。

而且，这样的设问不仅仅起到了回避成题的作用，更重要的是提升了试卷的层次，增添了试卷的优雅感和美感。

二、取向精准

1. 素材选取力争精益求精，贴近时代、以生为本

13 道中考思想品德试题中，每一道题的背景材料都是经过精心选取的，可谓精益求精。其共同的特点是贴近时代、关注生活、以生为本。同时，每一素材都尽可能地体现综合性和整合性。

特别值得一提的是第 5 题的亲子关系在新时代面临的新问题、第 6 题的网络语言对规范汉语的冲击等素材和视角的选择，给人紧跟时代脉搏、走进学生心灵的感觉。这样的选材和考题不仅新颖、抢眼，而且容易引起学生的共鸣，更重要的是能够帮助学生解疑释惑、明辨是非，对相关问题形成正确的认识和看法。这样的命题取向可以说精准地凸显了思想品德学科的人文性、思想性、实践性等特征。

2. 考查内容切中德育主旨，勇担责任、德育为先

思想品德学科是德育主渠道，承担着不可取代的育人功能。河南的思想品德中考试卷一直重视育人作用。本套试卷更是凸显了这样的特征。整套试卷在尊重学生认知规律与特点的前提下，以灵活多样的方式考查、培养、提升学生热爱祖国、热爱党、热爱家乡的情感和价值取向，以及从自身做起，养成文明礼仪、遵纪守法、关爱他人、热心公益、积极向上、创新发展的良好行为习惯和具体实践能力。这些良苦用心，充分显示了试题研制者强烈的育人为本、德育为先的责任感和使命感，也有益于思想品德学科教学回归生活、回归并充分发挥其德育主渠道的作用。

3. 考查目标着眼价值引导，弘扬主旋律、发展为要

2011 年的思想品德试题整张卷子给人一种扑面而来的“真善美”取向。从对河南“中原福塔”的赞颂，到对祖国灾后重建辉煌业绩的展示，再到中原经济区的美好愿景描述、中国共产党九十年光辉历程的精彩回眸，无一不给人以欣欣向荣、生机勃勃之感。这既符合中国迅速崛起于世界的当前时代大背景，也切合思想品德学科弘扬主旋律，培养学生健康向上的世界观、人生观、价值观的价值引导功能和取向，更重要的是这样的试题对于促进学生的成长与发展起到了重要作用，有利于深化他们对思想品德学科的认识，形成关注国家民族命运、关心社会发展的强烈责任感，增强主人翁意识，成为社会需要的栋梁之才。

总之，2011 年的河南省中招思想品德试卷无疑是鲜亮的、成功的，不仅传承了新课程思想品德开卷考试的优秀做法，而且有所创新、有所发展，必将为本学科今后的课堂教学改革及学业评价改革起到引领、促进和推动作用。

靓图与美文辉映　人文共育德一体

——浅析2011年河南省中招思想品德试卷

河南省第二实验中学　王中原

一年一度的中招考试落下帷幕，从总体上看，2011年河南省中招思想品德试卷突出了新课程理念和要求。题目设计结合国情、省情以及学生生活实际，既突出思想品德与时俱进的时代性，又突出了河南地方特色，凸现了生活性、人文性。

1. 语言精美，多采用诗句或整齐短语，言简意赅，且体现了中华文化的博大精深

不仅试卷的材料，而且选项及设问大多采用了言简意赅的四字短语或对仗工整的诗句，不但概括性强，使整套试卷简洁、流畅，而且语句优美，体现了汉字之美，展示了中华文化的魅力。

首先，本试卷材料大多以诗句开头，如"但存方寸土，留予子孙耕"（第3题）、"一塔耸峙郑东，万福齐臻中原"（第7题）、"语重心长话希望，殷切期待指方向"（第8题）、"地动山摇，摇不散中华魂魄；山崩地裂，裂不开万众一心"（第10题）、"中原崛起正春风，河南振兴气势宏"（第11题材料一）、"文化孕育精神，精神凝聚力量"（第11题材料二）、"国以民为本，民以食为天"（第12题）等七处，词句对仗工整，富有诗意。这种以诗句开头的方式也使整套试卷文学色彩浓厚，可读性强，体现了中华文化的博大精深。

其次，选择题选项及问答题的设问也大量采用了对仗的语句或经典的诗句，如第4题的选项"君子一言，驷马难追"、"己所不欲，勿施于人"、"读万卷书，行万里路"、"居安思危，戒奢以俭"、第8题的"胸怀远大理想，陶冶高尚情操"及第11题的第一问"中原崛起，文以化之；河南振兴，文以铸之"、第二问"传承华夏历史文明，打造国人精神家园"等，以及简短的四字短语，如"相互理解，积极沟通"、"各抒己见，互不相让"等，读起来不仅朗朗上口、言简意赅，而且给人以清新之感。在网络语言、不规范用语泛滥的当代社会，以精美的语言让学生体会汉语的独特韵味，于无声处以浓厚的中华文化滋养了学生的心灵，陶冶了学生的情操。

其他如第13题，设问前的动词“读、唱、看、忆、感”凸显在试卷之中，使题目富有动感。

2. 突出河南的本土化特色，引导学生热爱家乡，增强作为河南人的社会责任感

一是选择题第7题，以2011年成功申请世界吉尼斯纪录的“中原福塔”作为背景材料，占总分值的4.2%，不但引导考生更加深入了解家乡，而且增强了他们作为河南人的荣誉感与自豪感。

二是主观题中的第11题，直接以中原经济区来考查关于“中原文化名片”以及关于中原崛起精神动力，占总分值的14%，让学生关注河南的经济发展优势，同时彰显河南浓厚的文化魅力。以上共占全卷分值的18%。在关注时政热点的同时，立足河南、关注河南，一是引导学生关注中原建设和发展，二是引导学生要以弘扬中原优秀人物精神、传承传统文化为荣，引导学生热爱家乡，并增强作为河南人的社会责任感。

三是最后一题，以照片的方式展示了河南省五位在革命年代的著名共产党员——慷慨高歌“恨不抗日死，留作今日羞。国破尚如此，我何惜此头”的抗日名将吉鸿昌；创建了东北抗日联军，冰天雪地、弹尽粮绝、孤身一人同大量敌人周旋而牺牲的民族英雄杨靖宇；创建鄂豫皖根据地、为革命牺牲一家六口的革命烈士吴焕先；被毛泽东、朱德誉为“共产党人的好榜样”、抗日战争中新四军牺牲的最高将领彭雪枫；八路军优秀指挥员、抗日名将叶成焕。他们作为中原大地的优秀儿女，为了共产主义的信仰，在抗日战争及同反动派的斗争中抛头颅、洒热血，体现了河南人民热爱祖国、热爱人民，追求真理，不怕牺牲的顽强精神，是我们河南省宝贵的精神财富。

3. 表现形式多样，图文并茂，直观形象，吸引学生的兴趣

全套试卷共六处使用照片或图片，直观形象，引人入胜。如第3题以漫画的形式揭露“被披上‘体育公园’外衣的高尔夫球场”这种滥用耕地的违法行为，漫画中一大片青青草地前高尔夫球洞与“体育公园”的招牌并排而立，明明是高尔夫球场，却挂着“体育公园”的牌子，辛辣地讽刺了这种滥占耕地的可耻现象。同样采用漫画形式的还有第12题，各种各样的食品添加剂堆积在盘中，令人战战兢兢，不知所措，揭露了当前食品安全的严峻现状。

再如辨析题的设计，一方是打扮入时、正照镜子的时尚青年，另一方是穿着朴素、背着双肩背包的女孩，对比鲜明，改变了以往的以一个男孩一个女孩头像简单呈现的方式，更加直观地表达了材料信息。再辅以文字“穿着打扮要时尚，文明礼仪树形象”、“朴素大方人赞赏，内在品质不能忘”，引导考生思考外在美与内在美的关系，树立正确的审美观及价值观，同时也培养学生思辨的能力，摒弃传统的“非好即坏，非此即彼”的武断观念和思维模式，更加深入地理解辩证唯物主义思想，并应用唯物辩证法分析、处理生活实际问题。

又如，第 7 题的“中原福塔”和第 10 题的“灾区新生活”前后交相辉映，前者直观真实地反映了中原地区的快速发展，彰显了河南形象；后者载歌载舞的场景突出反映了汶川特大地震重建后人民的幸福生活。置身于这些新闻图片情境，容易引起考生心灵的共鸣，引导他们表达心声。

4. 提示语的设置，体现以人为本的理念，给考生以人文关怀

试卷开始的温馨提示“思想品德课程，关注国计民生，倡导道德践行，引领人生航程。唱响自信之歌，你我相伴前行，发挥最佳水平，祝你走向成功”，六字八句，格式类似律诗，读起来朗朗上口，且又画龙点睛，不但概括了该套试卷的思想脉络及核心理念，也集中反映了初中思想品德教育教学的内涵和宗旨。

每道大题之后也设置了针对性的提示语，不仅提示了考生本道大题需要注意的方面，也显示了该题的特点，点出了该题的设计意图及考查目的，同时给考生以温暖亲切的感觉。比如第一题选择题之后的提示语“认真细致，点滴做起”，提醒学生选择题需认真细致，从细节着眼；另外虽然选择题分值不高，但失分积少成多，所以也非常重要，凡事从点滴做起，选择题更需要细致与耐心。这些提示语有助于缓解学生的考试紧张情绪，进而更容易以轻松的心理状态投入答题。

总之，阅完试卷，仿佛进行了一次涤荡心灵的文化之旅、激情盎然的红色之旅、拳拳赤诚的家乡之旅、呵护备至的人文之旅。

2011 年河南省中招思想品德试卷分析及对策

河南省孟州市城伯镇中　王丹丹

2011 年河南省中招思想品德试卷紧扣时代脉搏，关注社会热点、重大主题和学生生活实际，注重精神引领和文化渗透，引导考生关注社会、深入生活，注重对考生综合素质、核心能力的考查，着意对考生人生观、价值观的引导，是一份集开放性、时代性、地域性、应用性、探究性、创新性于一体，能促进教师教学和学生学习及品行发展与提高的试卷。

试卷更加注重了对“文化”和“精神”的考查，旨在提升考生的精神境界和道德素养。知识覆盖范围广，可以有效地考查考生对主干知识的掌握情况。同时，试卷重在考查考生对知识的迁移、生成和应用能力，考查考生在具体情境中运用所学知识认识、分析和解决问题的能力，已经不仅仅是简单地考查“这些知识和技能是什么”，而是重点放在了“这些知识和技能对我们的成长和发展发挥什么作用和怎样发挥作用”的考查上。

在对重大时政和社会热点的考查上，也与往年略有不同。试卷主要考查了“三农”问题、感动中国人物、“十二五”规划、汶川灾后重建、中原经济区、食品安全、建党 90 周年等重大时政问题，但重点不是放在对重大时政与常规考点的结合点上，而是更多地关注考生，注重落实到考生身上，引导其形成正确的价值取向。比如：汶川灾后重建，直接联系学生自身成长去写；中原经济区，与中原文化、精神动力相联系；建党 90 周年，与红色经典、红色歌曲、红色影视和革命英雄人物等文化内容相联系，最后让学生去表达爱党、爱国的情感等。而对代沟、网络语言、穿着打扮等当前学生中出现的热点问题的特别关注，也让我们看到了试卷对关注学生生活实际和帮助学生形成正确价值取向的重视。

另外,2011 年河南省中招思想品德试卷除了持续注重对考生读题、分析、综合、理论联系实际等基本能力和材料对应知识点、多角度分析问题等学科能力的考查之外,更加注重了对综合运用知识点和知识内化为行为能力等方面的考查。并且,在设问上完全打破常规,设问更为巧妙,角度也更为细化,这就需要考生极为用心、细致地来阅读题目、分析问题。

同时,考试也凸显了学生存在的一系列问题,如:基础知识掌握不牢固,语言表达不规范、不到位,审题不清,层次混乱,缺乏合理结构,过分依赖资料,答题错位等。下面,本文针对考生答题存在的具体问题逐题进行分析。

一、选择题

单选题整体难度不大,紧密联系了社会热点和重大时政。前两道仍为时政题,分别考查关于“三农”问题的中央一号文件和感动中国人物,绝大部分考生对此非常清楚,所以,得分率相对较高。而后两道题也较为简单,分别联系“十二五”规划和中国旅游日进行考查,学生可以轻松地找到正确的答案。

多选中出错最多的是第 7 题的 D 选项。“中原福塔”是河南科技成果的展示,但不能说是“全面展示”,所以,应该排除。而学生却由于没有能够做到读题细致到词,导致错选。这种情况的障碍设置也是最为常见的。所以,平时学生的做题训练和技巧掌握必须到位。

二、辨析题

2011 年河南省中招思想品德试卷辨析题紧密联系初中生的身心特点、生活实际,紧跟时代步伐,同时,设计既新颖又洋溢着时代气息,无论学习成绩高低,初中学生都对“穿着打扮”、“文明礼仪”、“外在美与内在美”等问题感兴趣,愿意主动参与其中,纷纷发表自己的看法。此题看似简单,但答起来却没有那么容易,所以易得分,却不易得高分。

存在问题 1:辨点寻找不全。它综合了七年级到九年级的多个知识点,如文明礼仪、艰苦奋斗、合理消费、内在美与外在美的联系等,知识跨度大,综合性强,加上考生分析能力的欠缺,第一和第三个辨点找不出来。

存在问题 2:辨点分析不清。有些考生找到了辨点,可是却不会分析。第一个辨点“穿着打扮要时尚”,需要分析穿着打扮的优点或弊端。第二个辨点“朴素大方人赞赏”,需要学生联系勤俭节约、艰苦朴素、适度消费等主干知识来回答。可是,考生在分析时,却不知如何入手。

存在问题 3:运用知识生搬硬套。在分析第二个辨点“文明礼仪树形象”时,考生没有把知识点进行筛选和整合，而是把文明礼仪的相关内容大段大段地写了上去，这种简单罗列知识点的做法显然是错误的，完全没有注意到联系题目去进行有效的分析。所以，答题时必须扣题，紧密联系材料，理论联系实际进行分析。

存在问题4：层次混乱，缺乏结构。有的考生答题缺乏必要的结构，语言组织混乱，没有层次，极易使阅卷老师产生视觉疲劳，分不清答题层次，造成不必要的失分。

存在问题5：大白话答题。有的考生运用知识不是生搬硬套，就是通篇用大白话答题。说明学生对基础知识掌握不扎实，连主干知识都缺乏识记。

所以，对于辨析题的训练，平时一定要注意让学生掌握方法。找准辨点，理清层次，合理结构，分析完整，格式规范。

三、观察与思考

第10题从汶川地震灾后重建这一时政入手，第一问考查的其实就是汶川地震后的巨大变化说明了什么道理，但把“说明”换成了“昭示”这个词语，走出了常规的问法，考生答题就变得漫无目的、不知所云了。可见，以后教学也要走出常态，不能用格式化的教学局限了学生的思维，而应让学生敢于思考、善于思考，甚至多让学生自己去出题目。同时，这道题目要求回答出三个角度，比如，从不同主体的角度，分为：国家、全国各族人民、灾区人民这三个方面。但不少学生分不清角度，因分析不全面而失分。所以，平时一定要注重多层次、多角度分析问题的学科能力训练。

第10题第二问把重大时政与考生自身相结合，注重学生的感悟、获得，最后落实到考生自己身上。题目“你认为能够启迪自身成长的关键词语有哪些”，其实问的是对自身成长的启示，但不少考生没有读懂。主要原因是他们只联系了灾后重建这个事件本身，而没有把握住加点的关键词“自身成长”这个侧重点。其实，只要考生注意到了这一点，都是可以回答出来的。比如，不少考生回答“一方有难，八方支援”、“天地无情，人有情”等，但这些都偏离了问题的核心。所以，再一次看到了细致读题、把握好关键词的重要性。

第11题考查“中原经济区”这一重大时政，充分体现河南特色。就知识点本身而言是相当简单的，但由于问法的变化、重点词语的特殊设置，使得此题成为本张试卷得分率最低的一道题目。第一小题中的“中原文化名片”，第二小题中的“精神动力”，这两个词语难住了不少考生。由于读不懂题目，所答非所问的现象最为突出。此外，一些考生只抓住了“文化”与“中原”这两个关键词中的一个，答案出现边缘化，不符合答题要求。所以，抓住关键词一直是做题、审题的重点。

四、活动与探索

第12题考查食品安全这一重大时政问题。题目设置极为巧妙，使考生变换不同的角色，第一小题当宣传员，第二小题做消费者，激发兴趣，换位思考。整道题目的设置并不难，但考生答题的情况并不理想。

第12题(1)中书写宣传标语是思想品德学科的一个基本题型，考生写得却并不好。标语需要严谨、精练、规范、具有号召性，但却出现了以下问题：1. 标语语文化。如："人是铁，饭是钢，饭里有毒怎能尝?""不是鸦片让我们成了东亚病夫，而是食品让我们成了东亚病夫。"2. 所指不明，缺少关键词。如："信用第一，诚信为本"；"保护消费者权益，人人有责"。在这些标语中，"食品安全"这个关键词并无体现。3. 表述不完整。如："食品安全，从我做起"可改为"维护食品安全，从我做起"；"关注食品安全"可改为"关注食品安全，维护生命健康"。4. 口语化严重。如："身体是革命的本钱，不要让有毒食品把我们害了"。5. 表述冗长。如："为了群众的利益、安全，不使用添加剂，让人们吃得放心安全"。6. 所指局限性太强。如："打击地沟油，人人齐努力"；"化学火锅真害人，大力整顿靠大家"。7. 用疑问语气写标语。如："食品有害了，人们的生命还安全吗?"8. 表意不准确，有争议。9. 标语加书名号等。可见，规范答题很重要。而这更需要平时认真地学习和扎实地训练。

第12题(2)中也出现了一系列问题：首先，这道题是让考生给大家推荐两条有关食品安全的注意事项，出题意向是在"消费者应注意什么问题"上，应更侧重于实际、具体、生活化的内容。但考生却没有深入分析题目，而是干脆把国家、生产经营者、消费者这三个角度的答案直接搬了上去。不能不说考生做题太缺乏思考，太过于依赖现成参考资料了。

第13题，把"建党90周年"和"双百人物"这两个重大时政放在一块对考生进行考查，让考生充分感受了一次红色盛宴。而且这道题需要考生具有丰富的知识储备，对考生的眼界、综合素质都是一个很好的考查，真正体现了素质教育的要求。

前四道小题，是让考生写出一系列的红色经典、红色歌曲、红色影视、革命英雄人物，对考生的知识储备确实是一个挑战。考生普遍答得不错，但也存在着一些问题。比如：有的考生列举的不是典型的、耳熟能详的著作、歌曲、影视、人物的名称。其中第四小题设置了一些障碍，导致不少考生因读题不仔细而失分。这两个人物需要是"双百人物"、"革命战争年代"的、"共产党员"，条件设置较多，哪个关键词抓不住都会失分，不少考生会顾此失彼。比如：有的考生写毛泽东、周恩来，有的写谢延信、任长霞，而这些都没有完全符合所设置的条件。所以，这道题目考生失分也就很多。最令人头痛的是，有的考生好不容易知道是哪些人物了，却把人名写错了，真是让人备感遗憾。可见，功在平时，成在细节。

第5小题，没有多大难度。但是考生只注意到了"表达自己的内心感悟"，而没看到是用"红色箴言"来撰写，导致大白话连篇，结果不得分或少得分。还有些考生没有注意到这里的主体应是"中国共产党"，而不是"国家"。那么，如此回答就不符合题意了。所以,认真读题决不可忽视。

综上所述,考生答题存在的主要问题及对策列举如下:

一、知识体系没有建构,综合运用能力不足

如:第二大题辨析,需要综合运用七、八、九三个年级的知识点,跨度大,综合性强,考生由于平时缺乏对知识的梳理和合理建构,致使缺乏必要的思维能力,看到这样的题目一下子就懵了,不知如何下手,导致整理的答案也是乱七八糟,语无伦次。包括第10、第11这两道大题,综合性也颇强,考生思维的跨度达不到那个层次,下笔就会慌张,答题就会散乱,缺乏层次,回答不全面等。所以,平时除了让学生对基础知识进行理解、掌握之外,还要及时地帮助学生梳理知识脉络,建构知识体系。只有做到这些,才能具备完成这些综合性题目的基本前提。接着,就要对学生进行综合运用知识点的能力训练,不能总是训练单一知识点的题目。也只有这样,才能使学生自信地应对这些综合性越来越强的题目。

二、审题不清

这主要有以下几个方面原因:1. 过分依赖资料,缺乏深入思考。2. 读题不够细致,导致分析答题疏漏。3. 不注意抓关键词,导致答题偏颇。4. 忽视问题陷阱,疏忽导致失分。针对此类问题,平时,我们应注意帮助学生养成认真审题、细致析题的良好习惯,让学生学会审题。只要题审清楚了,一般都不会失分。

三、答题方法欠缺

主要表现在:1. 具体到各个题型的不同答题方式不会灵活选择。2. 不能对题目做到精准地把握。3. 多角度、全面地分析问题还比较欠缺。4. 合理的结构和清晰的层次还不够注意等。这些都需要平时扎实地做题训练和不断地进行方法指导,以及复习时对题型的专项训练。只有这样,学生才能形成较为成熟、稳固的做题能力。

四、不适应答题卡这一新型考试方式

本次考试,焦作地区考生第一次使用答题卡来进行答题,考试形式新颖、方便,也更有利于后期试卷的评改和保障阅卷的更加公平公正。但是,一些考生却明显表现出了不适应。比如:考生先前答错了,就把错误的答案划掉,又在其他地方写上,可却不是后期电脑扫描的固定地方。所以,阅卷老师看不到就没办法给分。还有的考生把上、下两道题目答案的位置写反了,然后用箭头把它们颠倒过来。可是,电脑却扫描不到,阅卷老师又如何给他分数?所以,这种答题错位的现象应该绝对避免。因此,教师一定要帮助学生掌握正确填写答题卡的方法,避免上述情况的出现。

总之，通过对2011年河南省思想品德中招试卷及答题情况分析可知，中招考试对综合素质的考查和知识储备要求越来越高，同时，题目的设置也越来越巧妙和细化。这就要求我们以后的教学要更多地关注和培养学生这些方面的素质。但是，不管试卷如何变化，只要把握住了思想品德课教学的大方向，严格遵循教育教学规律，注重对学生综合素质的培养，平时让学生把知识掌握牢固，注重建构知识体系，掌握做题方法，形成良好的做题习惯，那么，就可以从容应对每一次考试。

时尚与灵动，外在美与内在美的和谐统一

——浅析2011年河南省中招考试思想品德试卷

河南省实验中学　杜　晓

作为一名长年在毕业班教学的教师，经常会听到学生和家长对各科考试及其试卷的评价，很多人认为：试卷是死板的，考试是乏味的。但对于2011年河南省中招考试思想品德试卷，大家的感觉是耳目一新的：真灵活，真新鲜，生活化，润物细无声等。2011年河南省中招考试思想品德试卷，我的感觉就是一个美丽和魅力兼具的教师：时尚与灵动，外在美与内在美的和谐统一。作为河南省中学思想品德课程最权威、最正式的评价方式，它对中学思想品德教师的教育教学和学生的学习训练起到了非常好的引领作用。

首先，从形式上看，她是时尚的、亲切的、大气的，富有艺术美感。

一、她所有的着装无不透露出时代感和新鲜感，引领时代潮流，关注时政热点。第8个中央"一号文件"、"感动中国"2010年度人物评选、保护耕地资源、"中国旅游日"的设立、"90后""成长的烦恼"、网络语言的流行与泛滥、河南地标"中原福塔"、清华大学百年校庆、中小学文明礼仪教育、汶川重建、中原经济区战略、食品安全、建党90周年等重大时政热点贯穿于各类题型中，具有鲜活的时代气息；各种生动形象的插图和漫画的使用，使其图文并茂，更具美感和震撼力。她就像是一场充溢着时尚元素的服装秀，光彩照人、赏心悦目，让无数粉丝羡慕、追随。她引领着中学教师和学生转变传统教育教学观念和学习观念，切不可"两耳不闻天下事，一心只读圣贤书"。正所谓"风声、雨声、读书声，声声入耳；家事、国事、天下事，事事关心"。

二、她言谈间充满人性关怀，给人以和蔼可亲的感觉。温馨提示，娓娓而谈，简约的48个字，浓缩了初中思想品德教育的核心内容，饱含对国家的关注、对人生的关注、对树立考生主体意识的关注，让考生在看到试题的同时，能够有效舒缓紧张情绪，就像一

句轻声细语的叮嘱，让人振奋，树立信心！“请你选择——认真细致，点滴做起！”、“如果要编一部国人的‘5·12’词典，你认为能够启迪**自身成长**的关键词语有哪些？请写出两条。”加粗的字体，放大的字号，着重号的使用，温馨的提示语，都让人备感亲切，充分体现了“以生为本”的理念。绝不像某些“专家”那样，故意设置一些并非知识、能力方面的陷阱，以学生疏忽大意、上当受骗为能事；故意板起一副高高在上的面孔，文字冰冷生硬，内容抽象空洞。此外，所有试题的材料用楷体，设问用宋体，选择题的选项要么句式整齐划一，要么由短及长排列，细微处皆见其人文关怀，良苦用心可见一斑。

三、她举手投足简单但不失大气，彰显深厚的文化内涵。“一塔耸峙郑东，万福齐臻中原。”“中原崛起正春风，河南振兴气势宏。寄托着中原儿女的梦想和希望，凝结着干部群众的实践和汗水，闪耀着社会各界的智慧和关爱，中原经济区建设正式上升为国家战略，列入‘十二五’规划纲要。”“90 年峥嵘岁月，90 载光辉历程。从八一枪声到秋收长缨，从井冈号角到长征战歌，从遵义曙光到延安油灯，从西柏坡‘两个务必’到天安门城楼庄严宣告……多少次中流击水，多少次力挽狂澜，中国共产党带领全国各族人民战胜各种艰难险阻，谱写了中华民族自强不息、开拓进取的辉煌乐章！”背景材料就像是一首首美妙的诗歌，对偶、押韵、排比，朗朗上口。可以想象，考生品读这样的试卷，就仿佛置身于林间小道，静心悠然，既享受着文字之美、之流畅，又深受思想熏陶和情感教育。此外，选择题的题肢简单明了，除第一题外，每个选择题的选项不超过 12 个字，而内涵又极其丰富。这样一来，阅读量少了，而知识面更宽了，考生思维的积极性、跳跃性得以调动，思考的广度得以拓展，深度得以挖掘。这不正是“随风潜入夜，润物细无声”吗？

其次，从内容上看，她是灵动的、乡土的、生活化的，富有思想和情感。

一、她充满灵气和动感，具有创新精神。思想品德试卷以大量本年度的时政热点为载体来命题，又是开卷考试，题目难免让备考者押中，这也正是“考场速查”、“应考秘籍”之类的应考资料大卖热销的原因之一。如何设计题目，才能既在情理之中——符合课程标准和中考要求，又在意料之外——不落窠臼、不落俗套？她做到了，她打破定势，通过创新的思维、灵动的语言，给人耳目一新的感觉。乍一看，难！题目都没见过。仔细审题，妙！教材有据可查，学生有话可说，可谓曲径通幽、柳暗花明。例如：第 10 题第一问“这一巨大变迁向世人昭示了什么？”第二问“如果要编一部国人的‘5·12’词典，你认为能够启迪自身成长的关键词语有哪些？”第 11 题的“中原文化名片”、“精神动力”，第 12 题的“注意事项”，第 13 题的“红色箴言”等。这些设问方式新颖、巧妙、灵活、独具匠心，要求学生在认真审题、理解题意、知识储备丰富的基础上，整合迁移知识，灵活作答。同时，答案设计倡导和鼓励多元而不唯一，鼓励学生创新思维，充分体现了素质教育的要求。这种灵活和动感，打破了开卷考试“只要带的资料齐，就能考高分”的谬论，给“临时抱资料”者以当头棒喝——所答非所问。正所谓差之毫厘，谬以千里。

当分数不给力时，追悔莫及。

二、她释放着厚重的乡土气息和浓郁的爱国情怀。“热爱家乡、增辉河南”是近几年河南省中招思想品德命题的一道亮丽风景线。“中原福塔”——感受厚重河南文化；“双百”人物中革命战争年代涌现的河南人——感悟先烈榜样力量；中原经济区——激发振兴河南情怀，厚重的乡土气息，鲜明的地域特色，引导考生关注家乡，热爱家乡，建设家乡。同时，震后重建——感受“中国大爱”、“中国力量”、“中国速度”、“中国奇迹”；食品安全——关注重大民生问题；建党 90 周年——品读红色经典、唱响红色歌曲、观看红色影视、追寻红色记忆、撰写红色箴言，紧扣时代脉搏，浓郁的爱国情怀，引导考生关注国家大事、热爱伟大祖国、为中华民族的伟大复兴贡献力量。这种引领作用正渗透了思想品德教育的特点，潜移默化，“春风化雨，点滴入土”。

三、她是生活化的，富有思想和情感的。她尽量贴近考生的生活和思想实际，关注考生健康成长，渗透思想品德教育。“90 后”成长的烦恼——触及孩子心灵，找寻解决亲子矛盾的方法；作文现“网语”，表达“键盘化”——引导中学生正确对待网络语言，规范使用汉语；胡锦涛总书记在庆祝清华大学建校 100 周年大会上的讲话——语重心长话希望，殷切期待指方向；穿着打扮问题——文明礼仪教育，要求青少年塑造全新的自我，既注重外在形象，更注重内在品质。这些无不体现着“学习即生活，考试即生活”的新课程理念，突出对学生的情感教育及综合素质的培养。初中学生逐步扩展的生活是思想品德课程建构的基础。她把教材知识与学生生活结合起来，将正确的价值引导蕴涵在鲜活的生活主题之中。学生通过对问题情境的分析、判断、推理，进行分析思考、体验创造、实现情感升华，有效避免了教学、考试“两张皮”现象，让思想品德课教学“回归生活，回归品德”。

总之，品读 2011 年河南省中招考试思想品德试卷，犹如欣赏一个美丽和魅力兼具的教育者，她楚楚动人、落落大方，展示着优雅的外在形象，同时，她活力四射、老练持重，浑身闪烁着理性和智慧的光芒，彰显着高洁的内在素质，可谓“清水出芙蓉，天然去雕饰”，使人心旷神怡、如沐春风。她给我们带来的惊喜、震撼和遐想几乎不胜枚举，她是一个几近完美、值得让人醉心倾力追求的时代偶像。

精巧别致　匠心独具

——2011年河南省中招思想品德试卷命题特点评析

河南省实验中学　孙晓瑞

2011年河南省中招考试思想品德试卷，延续了稳中有变、凸显特色的风格，试卷整体给人更加清新宜人的美感，犹如一幅优美的画卷，无论是题目命制还是答案设计，都精巧别致、匠心独具。在这张试卷中，继承与创新达到了和谐统一，学科特色与时代脉搏完美对接，简约而立体地呈现了思想品德学科的特色。下面让我们具体品读一下试卷的命题特点。

一、精心雕琢　语言华美

也许在很多人的感觉中，思想品德学科也就是大家所说的“政治”，往往意味着单调乏味甚至是呆板。而这张试卷不言自明地打破了这一不科学的传统认识。思想品德学科绝不是单调地说教，而是可以在诗意中，“关注国计民生，倡导道德践行，引领人生航程”，从而，让考生在这样的语言氛围中“唱响自信之歌，发挥最佳水平”，相伴前行，走向成功。

具体来看，无论是客观题还是主观题，题干材料语言精练流畅，特别突出的是部分题目题干的第一句，对仗工整，简洁明快，凸显主题。例如：选择题的第3、7、8题，“但留方寸土，留予子孙耕”、“一塔耸峙郑东，万福齐臻中原”、“语重心长话希望，殷切期待指方向”等，诗句直指我国耕地保护制度、“中原福塔”、胡锦涛总书记的三点希望这三个热点，点出了命题导向和材料主旨。更有“地动山摇，摇不散中华魂魄；山崩地裂，裂不开万众一心”、“中原崛起正春风，河南振兴气势宏”、“文化孕育精神，精神凝聚力量”、“90年同舟共济，90载丰功伟绩”、“90年峥嵘岁月，90载光辉历程”等，凝练的语句，不胜枚举。考生通过诗句享受着语言美带来的感官享受，同时也激发了思维的积极性和活跃性。

题肢选项更是规整严谨、言简意赅，考生感受视觉美感的同时，有效地降低了阅读量。例如，选择题第6题：A. 网络语完全可取代规范汉语；B. 网络语现实应用需严加筛选；C. 网络语最好只在网络里使用；D. 规范社会语言环境势在必行。字数相同，语言精练。活动与探索题第13题的设问中，读——品读红色经典，唱——唱响红色歌曲，看——观看红色影视，忆——追寻红色记忆，感——坚定理想信念。一气呵成，整齐划一！同时，通过这一系统考查，也利于考生更加坚定"学党史、知党情、跟党走"的信念。

二、灵活创新　设问奇巧

由于实行开卷考试，给中招试卷的命制提出了更高的要求，不能落入窠臼，而本试卷灵活创新，设问十分巧妙，令人耳目一新。这也对考生的审题能力、知识迁移能力以及知识的储备整合能力提出了更高的要求。

通观试卷主观题的设问，乍一看，考生可能会觉得有些难度。以观察与思考题为例，关于汶川重建的第10题，设问为：(1)从毁灭走向新生，从悲壮走向豪迈，走过风，走过雨，四川依然美丽！这一巨大变迁向世人昭示了什么？(2)如果要编一部国人的"5·12"词典，你认为能够启迪自身成长的关键词语有哪些？请写出两条。很多考生被"昭示"、"启迪"这样的设问迷惑，一叶障目，不分表象和本质。其实，对于汶川重建热点，学生常见的设问是：汶川由毁灭到新生的转变中，这样的中国大爱、中国力量、中国速度、中国奇迹说明/表明/证明了什么？汶川重建给我们青少年哪些启示？通过认真审题，抓住题旨，考生就会发现，原来曲径通幽，在这个新问法背后别有洞天。

关于中原崛起、中原经济区的第11题，设问为：(1)中原崛起，文以化之；河南振兴，文以铸之。在历史长河中，中原儿女锻造了哪些璀璨瑰丽的"中原文化名片"？(2)传承华夏历史文明，打造国人精神家园。面对建设中原经济区的战略机遇，我们靠哪些精神动力开启中原崛起、河南振兴的新征程？对于中原崛起热点，之前中招考试已经考过，特别是2010年的B卷中，更是对中原崛起考了一道大题，题目设问已经很巧妙。而2011年，"中原经济区"这一热点，如果不考不足以体现思想品德学科的使命。再次考，对命题者的设问水平提出了新的挑战。当我们看到上述两问时，不得不惊叹命题者的匠心独运，将创新能力发挥到了新的高度！考生对于问河南省有哪些发展优势或者特色等并不陌生，对于中原经济区的建设中需要我们发扬哪些精神也很熟悉，但是"中原文化名片"、"精神动力"两个词，的确体现了设问的巧妙。这就要求备考过程中要以多变应善变，思维要开放、灵活。

三、精挑细选　时政性强

思想品德考试涉及的时政范围相对较广，时政热点较多。试卷不回避热点，并且能够在繁多的热点中精心挑选出最能达到考查目的的热点。而考生通过平时对这些时政热点的关注与积累,理论联系实际,做到了学以致用,提升了分析问题的能力。

试题涉及关注“三农”的中央一号文件(第1题)、“感动中国”2010年度人物特别奖获得者中国志愿者群体(第2题)、“十二五”规划纲要中的耕地保护(第3题)、“中国旅游日”(第4题)、“中原福塔”(第7题)、胡锦涛总书记的三点希望(第8题)、抗击汶川特大地震3周年(第10题)、建设中原经济区(第11题)、食品安全(第12题)、建党90周年(第13题)等时政热点,充分体现了思想品德学科的时效性,也给教师的日常教学指引了方向,即思想品德学科在教学过程中要渗透时政教学,要将时政与教材知识结合起来,使学生在日常学习中做到“家事,国事,天下事,事事关心”;同时,把理论联系实际贯穿始终,使教材基础知识在解读时政中“活”起来,从而提升学生理解问题、分析问题的能力,达到本学科的教学目的,完成学科使命。

四、精巧融汇　综合性强

该试卷坚持依据课标,贯彻新课改理念,注重对考生多种能力的考查,使考生的综合素质得以呈现。课标包括三部分内容:“成长中的我”、“我与他人的关系”、“我与集体、国家和社会的关系”。考查范围比较宽泛,对知识点的覆盖要求比较高。整张试卷,没有哪个题目是单一地考查某一个知识点的,充分做到了对核心知识、重点考点的综合考查。例如观察与思考第10题,综合考查了增强社会主义信念、坚持党的领导、维护民族团结、弘扬民族精神、培养优秀品格、引导健康成长等课标要求,这既是课标三部分内容的有机结合,也是对教学的有效指导:要求学生依据课标要求,夯实知识基础,构建知识体系,同时强化课内外知识的结合,使学生在具体事例的运用中积极探究体验,提升探究能力。注重引导学生运用所学基础知识进行综合性的思考探究,强化分析问题、解决问题的能力。

五、贴近生活　关注家乡

试卷充分贯彻了“回归品德,回归生活,培养好公民”的新课程理念,践行“学习即生活,考试即生活”的课改方向,以学生的全面发展为根本,既关注时代主题,考查高屋建瓴的国家大事,又兼顾生活点滴,考查贴近生活的文明礼仪,使试卷由点到面、由浅入深,构成一个和谐的整体。

选择题第2题,弘扬和讴歌志愿者的奉献精神,有利于考生在生活中见贤思齐,努力践行,在奉献中提升自身价值;第4题,对徐霞客精神的认识,有利于学生发扬“热爱祖国、献身科学、尊重实践”的精神,做到知行统一,艰苦奋斗;第5题,考查成长中的烦恼,正确处理与父母的关系,要求学生学会感恩、学会沟通;第8题,胡锦涛总书记的三点希望,要求青年学生也包括中学生在日常生活中注意提高文化知识学习能力、思想品德修养水平、创新思维能力和社会实践能力，注重全面发展和彰显个性的统一；等等。让学生于生活的点滴中树立正确的人生观、价值观，引导考生树立正确的价值取向。

特别想要突出说明的是辨析题。“穿着打扮要时尚，文明礼仪树形象”，“朴素大方人赞赏，内在品质不能忘”，像一首小诗的双方观点中，中学生应该怎么做跃然纸上。考生在对青少年健康成长、外在美与内在美的有机结合、发扬艰苦奋斗的传统美德、提升文明素质等的辨析中，对自己在日常生活中的行为对错有了更加深刻的认识，试题贴近生活，透视生活，让考生在正确的自我评价标准中健康成长。

在反映社会生活中出现的反面事例时，试题切实贯彻了反面事例正面引导的方针，例如选择题第3题，被披上“体育公园”外衣的高尔夫球场，这是弄虚作假、违规占用耕地的行为，但是题目设置为这个错误做法“有悖于”我国的可持续发展战略，从而做到了从正面引导考生。再比如活动与探索第12题，2011年食品安全问题频发，暴露了社会中不和谐的因素，而题目从党和政府重拳出击、重典治乱，全面打响食品安全保卫战作为切入点来考查。特别是第(2)问，让考生推荐有关食品安全的注意事项，是对考生在日常生活中购买食品时或者食用食品时需注意事项的考查，贴近生活，考生有话可说，同时正面引导，增强维权意识。

生活在中原大地的中学生，应该关注家乡发展，了解省情，热爱家乡，增辉河南，用自己的实际行动为家乡发展作贡献。题目立足河南省情，通过第7题对“中原福塔”的考查，展示河南形象，体味厚重河南，落实文化强省战略；通过观察与思考第11题对中原经济区的考查，增强热爱家乡意识，落实建设家乡行动，增强在建设中原经济区过程中的使命感。彰显地方特色的同时，展示了河南的良好形象，进一步引导考生对省情的了解、关注，作为中原儿女而自豪，也进一步激发了中学生以实际行动传承并弘扬河南精神，为家乡建设作贡献的热情。

综观整张试卷，围绕社会主义核心价值体系建设，从政治、经济、文化、社会等多方面把握时代脉搏，寓人文性、创新性、时政性、综合性、生活性于一体，充分展示了课改理念与课改后更加富有开放性的命题理念与创新成果，是一套综合性强并对今后的思想品德教学有着积极引领和导向作用的试卷。

亮点频频闪现，凸显引领功能

——研读2011年河南省中招思想品德试卷有感

河南省光山县司马光中学　肖　兵

翻开2011年河南省中招考试思想品德试卷，精彩亮点，频频闪现：鲜活的选材和巧妙的设问回避了已出现的任何资料成题，不给投机之人任何可乘之机；多元又规范的评分标准，既方便教师评卷，又制约给分的随意性，还彰显了以学生为本的理念；精美的总领句既便于学生审题，又增强了材料的可读性、趣味性；图文并茂的设计展示了独特的学科魅力；整齐对仗的选项赋予考生美的享受；卷首的"温馨提示"和不同题型的提示语给考生以人文关怀……这些亮点展示了河南省初中思想品德课程改革的累累硕果，更凸显了试卷对课程改革发展和师生成长的引领作用。

一、引领思想品德教育回归

命题依据课标，彰显课程性质。本试卷的命题依据为2003年5月公布的《全日制义务教育思想品德课程标准（实验稿）》，仔细研读课标不难发现：涉及法律和政策的理论知识（即政治内容），以"了解、知道、体会、感受"的要求居多，而"理解、掌握"的要求甚少；但是涉及心理、道德和法律常识（即思想品德内容），却以"认识、理解、学会、培养和掌握"作为要求。可见，初中思想品德课程的本质功能主要是思想品德教育，并非政治教育。当然，有些人把这门课称之为"初中政治"也是不妥的。

重考思想品德，引领德育回归。本卷内容涉及课标三大板块20多条"内容标准"，覆盖面大。其中，第一板块有：青春期心理、应对挫折、磨砺意志、认识自我、全面发展、展示个性、珍爱生命、自尊自信、自立自强、明辨是非、自我保护；第二板块有：亲子关系、诚实守信、尊重他人、文明礼仪、合理消费、消费者维权意识；第三板块有：学习压力、团结就是力量、文化认同感、社会责任感、公平正义、党的领导、核心价值、社会主义市场经济秩序、社会主义制度优越性、可持续发展战略、科教兴国战略、西部大开发战略、中华民族精神、传承优秀文化、创新精神、艰苦奋斗精神、远大理想、终身学习。此外，还考查了重大时政、活动积累、家乡建设和中原文化相关知识，例如“三农”文件、中国志愿者、中部崛起、中原崛起、文化强省、缅怀先烈、红色文化等。所考内容深刻联系考生的思想品德和思想觉悟。这种评价导向必将引领本课程回归其思想品德教育功能，从而推动新课程改革向纵深发展。

二、引领素质教育有效推进

试卷命题指导思想坚持推进素质教育，培养学生的创新精神和实践能力；命题原则也要求切实体现素质教育和新课程改革精神，充分发挥思想品德课的德育功能。所以，试题内容以全新的形式呈现：多考点、多板块内容有机结合，多角度、多方面知识巧妙融合，多视角、多层次考查核心能力。要使学生做好这样的试题，落实新课改精神，推进素质教育，是唯一出路。虽然少数教师和很多学生还心存“素质教育就是不考试、不做作业”的错误认识，但从备考过程来看，广大师生还是尽力总结分析问题、解决问题的方法技巧，提高分析问题、解决问题的能力，预测考试热点和冰点，搜集可能会考的学校生活和家庭生活、个人活动和社会活动的相关资料，积累相应的知识，为充足准备应考材料想尽了办法、绞尽了脑汁。这些做法看起来是在应付考试，其实也在提高师生素质。平时教学就应该坚持这些做法，比如：让文明礼仪教育进课堂，组织汶川地震 3 周年纪念活动、建党 90 周年庆祝活动和爱国主义教育读书活动，组织学生参观爱国主义教育基地，组织食品安全教育活动等，师生活动经常化，重大活动主题化，做好相关知识积累，既是推进素质教育的好举措，又能解决应考担心的实际问题。

三、引领教师更新教学理念

试题独具匠心，注重教育引导。试卷考查考生的思想品德和思想觉悟，点多面宽，综合考查；注重考能力，弱化背知识；既考课内知识，也考课外知识；既考课本知识，也考活动积累；既考重大时政，也考中原文化；考试形式为开卷，学生可自带参考资料，而试题选材和设问坚持原创，回避了任何现成资料和试题；答案设置既有开放性，又有规定性，限制随意性。试题本身更加关注考生成长和终身发展，坚持对考生进行思想品德教育和人生观、价值观引导，“考试即生活”、“回归品德，回归生活”的新课程理念跃然纸上。

教师更新理念，力求知识、能力双赢。试题特点决定任何一位教师要想教出好学生、教出好成绩，必须改变“重教书，轻活动”的认识，改变“死教书，教死书”的做法，改变“死记硬背，机械训练”的现状，走出“背教材，题海战，猜押题，查资料”的误区，彻底摒弃“轻思想，重政治”的旧思想，彻底转变“轻能力，重知识”的旧观念。教师应倡导学生主动参与、乐于探究、勤于动手，培养学生的搜集和处理信息能力、获取新知识能力、分析和解决问题能力、交流与合作能力、参与社会实践能力和承担责任能力。教学过程中，教师应正确使用教材、活用教材，课堂坚持创新，开拓学生视野；引导教育学生关注社会现实，参与社会实践；关注家乡变化，参与家乡建设；关注重大时政，了解世事国情；关注自身生活，解决成长困惑；正视社会现象，明辨是非善恶；积极主动锻炼，加强知识积累。总之，教师要将新课程理念贯彻于平时教学和中招备考的始终。

四、引导学生积极健康成长

关注考生成长，突出行为引导。我省思想品德中招试题的思想性、时代性、实践性、综合性、开放性特点，明确引导考生提高自身素质和能力，争做文明学生，誓当“四有”公民。比如，试卷第 1、2 题考时事政治，引导考生关注重大时政；第 3 题关于违规开发，第 4 题关于国务院批准“中国旅游日”，第 8 题关于清华大学百年校庆，这些背景资料引导考生关注国家建设、重要政策和重大社会活动；第 5 题考亲子关系处理，第 6 题考网络语言使用，第 9 题考穿着打扮辨析，引导考生明辨是非，关注自己的生活，做文明学生；第 7 题介绍“中原福塔”，第 11 题考“中原文化名片”和中原崛起的精神动力，引导考生关注家乡文化、家乡变化，参与家乡建设；第 10 题借汶川地震后的重建成就考查国家发展和自身成长有关知识，引导考生饮水思源、懂得感恩、热爱生活、珍爱生命；第 12 题考食品安全问题，引导考生注重自我保护，提高安全意识和生活技能，真正成为生活的主人；第 13 题通过庆祝建党 90 周年主题活动考 5 个小题，引导考生关注、参与重大活动，提高自身素质，坚定理想信念，为实现中华民族伟大复兴而努力奋斗！

能力立意鲜明，给力全面发展。选择题结果是客观的，而过程却是主观的，除时政题外，没有一道题是简单的知识选择和正误选择，都需要阅读、理解、分析，这必然促进考生提高自己的阅读能力、理解能力和分析能力；辨析题四个层次，四个考点，这必然促进考生增强辨别能力、分析能力和归纳总结能力；观察与思考和活动与探索题巧妙的设问，也必然促进考生提高审题能力、语言表达能力和自身综合素质。图文并茂的材料、温馨的提示和整齐的选项也会引导考生做一个细心人、有心人。

总之，试卷的诸多亮点凝聚着命题者精益求精、开拓创新、追求卓越的精神，试题的思想精髓引领着全省师生沿课改的正确方向不断迈进。乘着新课程改革的强劲东风，迈开攻坚克难的坚实步伐，广大同仁一定能与时俱进，培养出新时代需要的优秀人才！

2011 年河南省中招思想品德试卷新看点

河南省孟州市城伯镇中　王丹丹

近年来,河南省中招思想品德试卷命题组不断努力,深入探索,勇于创新,打造出了一份份语言简洁优美、形式丰富多样、地域特色鲜明、题型规范完备、试题新颖开放、关注社会热点、回归生活本真、贴近学生实际、强化德育功能、兼顾不同学情、难易设置适中的试卷。这些试卷集时代性、思想性、开放性、地域性、应用性、探究性、原创性于一体,越来越呈现精品化。但与往年相比,2011 年的试卷以全新的命题理念、独特的视角,给了我们更多惊喜、更多启迪。

一、凸显综合性

试卷对知识考查的综合性越来越强。

首先是课本知识的综合。不仅仅是对某个单一知识点的考查,也不仅仅局限在某块知识的综合运用上,而是对从七年级到九年级整个初中阶段所学知识的综合运用能力的考查。如:第二大题辨析,它综合了从七年级到九年级的多个知识点,如文明礼仪、艰苦奋斗、合理消费、内在美与外在美的联系等,知识跨度大,综合性很强。还有第 10、11 题,综合性也很强。所以,平时教学除了让学生对基础知识进行理解、掌握之外,还要及时地帮助学生梳理知识脉络,构建知识体系。只有这样才可能具备这种综合运用知识的能力。

然后是学科知识的融合。生活本身就不分学科,考试也应体现综合性,只有这样,才能真正使知识为生活实际所用,体现学为所用的目的。如:第 4 道选择题中选项的设置“君子一言,驷马难追;己所不欲,勿施于人;读万卷书,行万里路;居安思危,戒奢以俭”，考生要想选择出正确的选项，就需要首先理解这些名言警句，而这与语文中的语言文字的理解能力又息息相关。再比如，一些题目中设问的关键词“昭示、文化名片、精神动力、红色经典、箴言”等，它们都需要考生具有良好的语言文字功底。还有最后一题与历史知识的融合等，都属于这种情况。高中会有大综合，其实从初中就开始让学生感受并明白知识的综合性又有何不可？各个学科之间的知识本身就是相互融合、不可分割的，所以，给学生一个这样的引导，是非常有益的。

再者是课内外知识的融合。命题者能够大胆地突破学科界限，并跨越课内外知识的边界去命题，着实让人佩服和感叹。如：“文化名片”这个词，有的老师说，它是来自媒体而不是来自课本的，命题者这样设置就显得为难学生了。请问，为什么考试非要处处依赖课本呢？这样不更能引导学生走出课本、关注社会吗？还有，最后一题让学生写出一系列的红色经典、红色歌曲、红色影视、特定人物，对学生的知识储备确实是一个挑战。对于红色经典和特定人物等的列举，有的考生说，课本上根本就没学过！这样说岂不可笑？这难道不是身为一个中国人、一个中学生应该知道的吗？所以，这种从课内延伸到课外的考查，不仅能考查出学生的水平，还能很好地引导学生关注社会，关注生活。

二、强化教育性

其教育性最明显地体现在德育功能上。首先是体现在对学生热爱祖国、热爱家乡情感的熏陶和培养上。国家对“三农”问题的持续关注，“感动中国”人物群像，第十二个五年规划的重要决定，汶川灾后重建取得的重大成果，国家对食品安全问题的重视，建党 90 周年的辉煌成就等，这一系列重大事件的呈现，给考生展示了一个欣欣向荣、积极向上的社会态势，一个光辉、伟大的祖国形象，并为考生营造了一个浓郁的爱党、爱国的氛围。同时，材料展示的“中原福塔”的耸立，中原经济区的建设，一系列中原英雄模范人物，这些都会使考生马上升腾起对祖国和家乡的热爱之情，并会为自己作为一个中国人、作为一个河南人由衷地感到自豪，进而也会使考生产生建设祖国、回报家乡的强烈的责任感和使命感。

其教育性还体现在对考生成长和发展的引导和帮助上。比如：第 5 道选择题，针对现在孩子和家长之间出现的代沟问题，启发考生思考应该如何解决；第 6 道选择题，让考生思考应如何认识和对待网络语言；第 8 道选择题，针对胡锦涛总书记对全国青年学生的三点希望，结合自身思考我们中学生应该如何做；第二大题辨析，对待穿着打扮和内在美、外在美关系的认识；第 10 题，“5 · 12”关键词语对自身成长的启迪等。这一系列题目的设置，无不紧密联系考生实际，有效指导考生生活，看似是在让考生答题，但实际上是让考生积极参与生活，解决实际问题。这充分体现了“学习即生活，考试即生活”的新课程理念，具有较强的人生指导意义。

三、彰显人文性

人文性体现在试卷的语言到内容再到形式上，所营造的浓浓的人文氛围上，以及对学生的人文关怀上。

首先是语言上。如：第 2 题（选择），“在抗震救灾的最前沿，有他们舍生忘死的人生抉择；在奥运会的赛场上，有他们无私奉献的真诚付出；在世博会的舞台上，有他们互助友爱的青春风采；在祖国需要的每一个地方，处处都有他们的微笑与温暖……”；第 3 题（选择），“但存方寸土，留予子孙耕”；第 4 题（选择），“为了寻访徐霞客足迹，传承徐霞客精神”；第 7 题（选择），“一塔耸峙郑东，万福齐臻中原”；第 8 题（选择），选项为“胸怀远大理想，陶冶高尚情操；坚持终身学习，培养创新精神；注重学以致用，投身社会实践；做到德才兼备，开发自身潜能”；第 9 题（辨析），“穿着打扮要时尚，文明礼仪树形象。朴素大方人赞赏，内在品质不能忘”；第 10 题（观察与思考），“地动山摇，摇不散中华魂魄；山崩地裂，裂不开万众一心……从那一刻起，英雄的中国人民穿越灾难，跨越废墟，共同编织了中国大爱，凝聚了中国力量，见证了中国速度，创造了中国奇迹：从救援到援建，现已基本实现了家家有房住、户户有就业、人人有保障、设施有提高、经济有发展、生态有改善的重建目标”，等等，几乎每道题、每句话都经过了千锤百炼，已经达到了精美绝伦、流光溢彩的地步。考生是在考试，却更像是畅游于文学的殿堂，享受着丰盛的文化大餐。在网络语言混乱、不规范用语泛滥的今天，更能使考生对比感受到中华文化的博大精深和恒久魅力，进而使考生摒弃庸俗，向往高雅。

然后，在内容的选择上，命题者尽量选取那些贴近考生实际、他们正困惑并期待解决的问题，让考生去思考和分析，这样更能对考生成长和发展起到促进作用。如：“90 后”孩子上网、报班、玩伴少、学习压力大，呈现出与以往孩子不一样的“成长烦恼”和心理问题，针对这种情况，孩子和家长之间更应做到什么？现在孩子作文现“网语”，表达“键盘化”，网络语言被孩子们广泛地使用在现实生活中，不仅对规范汉语产生冲击，而且可能造成文字交流障碍和文化倒退，针对这个问题到底应该如何认识和看待？再比如：第二大题专门针对孩子们中普遍存在的过分注重穿着打扮问题让考生进行辨析，正确看待穿着打扮，并应注重内在美的提升。这些材料不仅饱含时代气息，而且是广大考生迫切想知道、急需给予正确引导的问题，可见，试卷重视对考生价值取向的引导，可谓处处都体现着对考生浓浓的人文关怀，时时为考生的成长和发展着想。

最后是形式上。整份试卷，无论是从开头，还是到每道大题，以至每道小题和答案的设置，均可谓用心良苦。首先是试卷开始的温馨提示：“思想品德课程，关注国计民生，倡导道德践行，引领人生航程。唱响自信之歌，你我相伴前行，发挥最佳水平，祝你走向成功！”诗一般的语言如同涓涓溪流给考生以亲切之感，仿佛是一位长者饱含慈祥的目光，给考生以信心和力量，从而使考生缓解紧张情绪，轻松、快乐地进入考试。然后是每道大题后面的提示语:“一、请你选择——认真细致,点滴做起！二、请你辨析——辨别分析,感悟明理！三、请你进行观察与思考——置身情境,表达心声！四、请你参加活动与探索——奋力耕耘,实践创新!”这些语言不仅切合每道题目的特点,而且可以有效地给考生以提醒,使之感受到浓浓的人性关怀。接着是对题目中一些关键词的特殊设置和答题要求的小括号提醒式,如“10.(2)如果要编一部国人的‘5·12’词典,你认为能够启迪**自身成长**的关键词语有哪些？请写出两条。11.(1)中原崛起,文以化之;河南振兴,文以铸之。在历史长河中,中原儿女锻造了哪些璀璨瑰丽的‘中原文化名片’?(两个方面即可。4分)(2)传承华夏历史文明,打造国人精神家园。面对建设中原经济区的战略机遇,我们靠哪些**精神动力**开启中原崛起、河南振兴的新征程?(三个方面即可。6分)13.(4)忆——追寻红色记忆:请参照示例,写出‘双百’人物中革命战争年代涌现出的两位共产党员及其事迹概要。(与示例和材料中出现的人物重复者不得分。2分)”等。这些设置可以有效地避免学生的视觉疲劳,帮助考生准确审题,快速答题。包括图文并茂的设计,直观形象,不仅激发了考生做题的兴趣,而且有效地帮助考生理解了题意,同时,也使试卷呈现了多姿多彩的态势。还有答案的设置,其开放的答案、灵活的评分标准,都给考生以温暖的关切。

四、追求创新性

河南省中招思想品德命题一直坚持原创性原则。而2011年的试卷,在原创的基础上,更注重提升试卷的品质,进行了更多、更大胆的创新和尝试。

1.设问的巧妙

2011年试卷在对问题的设置上,问法完全打破常规,显得更为巧妙。如:第10题从汶川地震的灾后重建这一时政入手,第一问考查的其实就是汶川地震后的巨大变化说明了什么道理,但把“说明”换成了“昭示”这个词语,打破了常规的问法,就使考生不得不进一步理解、分析、迁移、思考,这可以很好地考查考生细致读题、理解问题、分析问题的能力。第10题中第二问的设置很巧妙,首先是把重大时政与考生自身相结合,注重考生感悟、获得,最后落实到考生自己身上;然后把“此事对青少年的启示”换成了“你认为能够启迪自身成长的关键词语有哪些”,问法的巧妙再一次突破了问题设置的常规化,使考生不得不进一步思考“启迪自身成长”是什么意思,进而迁移问题,知道其实问的就是给自己的启示。第11题考查的是“中原经济区”这一重大时政,充分体现河南特色。就知识点本身而言是相当简单的,但由于问法的变化、重点词语的特殊设置,使得此题成为本次考试得分率最低的一道题目。其中第一问中的“中原文化名片”,第二问中的“精神动力”,这两个词语难住了不少考生。第12题考查的是食品安全这一重大时政问题。题目设置极为巧妙,使考生变换不同的角色,第一问中当宣传员,第二问中做消费者,激发兴趣,换位思考。从中可见命题者的良苦用心以及对此份试卷所付出的大量心血。

2. 角度的细化

此份试卷一改往日的常规角度，打破了人们的惯性思维，不再从人们所熟悉的角度泛泛发问，而是只抓住一两个关键点，有针对性地去设问。这样可以使考生更深入的去思考某个问题，体现思考深度，提高了解决问题的实效。比如：第 12 题的第二问：在专题报告会召开期间，请向大家推荐两条有关食品安全的注意事项。这类题目，大家一直觉得肯定会问各方面应如何做，而本道题目却一反常态，问题的角度更为细化，其实出题意向是“消费者应注意什么问题”，而且应是更侧重于实际、具体、生活化的内容。但如果考生不仔细、深入地分析题目，就会把国家、生产经营者、消费者这三个角度的答案直接搬上去。这也在启示我们，一定要认真读题，细致分析，千万不要过于依赖现成答案了。还有第 13 题的第四问，不是单一问“双百人物”、“革命战争年代中的人物”、“共产党员”，而是问“双百”人物中“革命战争年代”涌现出的两位“共产党员”，还要有事迹概要，并且不得与示例和材料中出现的人物重复。如此多的条件设置，如此细化的角度，确实很能考查考生的实际水平。这也是在引导考生要认真读题，细致析题，是在告诉广大师生，没有模式，没有常规，不要循规蹈矩，要大胆创新，敢于突破，从而培养创新思维意识，提高自主创新能力。命题者这些大胆的举措，确实让人感叹，着实让人佩服。

五、重视指导性

此份试卷让我们审视、分析、感叹的同时，更引发了我们一系列的思考。综观整份试卷，命题者对教师应该如何更好地教和学生应该如何更好地学，有着深入地思考和准确的定位，对此，从整份试卷的字里行间都可以极为深切地感受到。

1. 掌握主干知识，培养核心能力

试卷已经实现了从“应试”到“应用”的转变，突出考查核心内容和核心能力，并且由过去的过多强调知识考查到现在的知识与技能、过程与方法、情感态度与价值观考查的有机统一、水乳交融。但对这些的考查早已不是死记硬背、照搬复制就可以解决问题的了，而是需要真正理解、掌握主干知识，能够科学、灵活地运用知识，能够运用所学来分析、解决实际生活中的问题。既然考试在明确地告诉我们，已经不是考查“这些知识和技能是什么”，而是考查“这些知识和技能对学生的成长和发展发挥什么作用和怎样发挥作用”，考查对知识的理解、应用能力，以及是否真正内化为自身的营养元素，提升了自己的思想，规范了自己的言行，所以，平时的教学决不能只为应对考试，而应是为了学生的终身发展，提高学生的综合素质。学生素质提高了，成绩自然就上去了，这二者不是矛盾的。在平常的教学中，我们应该坚持“学习即生活”、“学是为了用”的理念，努力教给学生真正有用的知识。

2. 重视思想引领和品行发展

整份试卷从头到尾无不在努力给考生营造一种正面的、积极向上的氛围，充分发挥试卷的德育功能，使考生在思索和整理中，不断提升自己的思想，规范自己的言行。其实，我们思想品德课程的主要任务不正是这些吗？可是，学生的这些内在的情感、思想和素质不是三两天就能提高的，需要的是平时不断地引领和潜心教育、积极影响，所以，还是功在平时，从平时的每节课、每个言行的接触开始影响和教育，使学生的思想得以提高，品行得以健康发展。

3. 引导学生关注社会，深入生活

整份试卷持续关注社会热点和重大时政，有鲜明的时代特色和地域特色，同时，也更多地关注学生实际和学生生活。而这些东西是包罗万象的，不是靠考前突击就可以完全知晓和深刻领会的。所以，平时一定要引导学生关注社会，了解社会的变化、发展，做到"家事、国事、天下事，事事关心"，教师也要不断地做好时政渗透，从平时的点滴做起，培养学生关注社会的意识，增强其社会责任感。同时，也要关注学生生活，平时就经常引导学生参与生活，发现问题，并试着运用所学分析和解决问题。

4. 注意及时梳理知识，构建知识体系

题目日趋综合，这就要求学生不能仅仅停留在对单一知识点的理解和应用上，而是要对整个初中阶段所学知识有一个整体的认知和把握，有一个清晰的知识结构，把书本越学越薄，把这些知识内化为自己的东西，而且形成体系，这样把握起来才能更有针对性，应用起来也才能更方便。而这就需要平时注意及时梳理知识，构建知识体系。

5. 拓宽知识面

整份试卷对于不同学科知识的融合，对于课内外知识的共同关注，对于不同知识不拘一格的考查，都给我们敲响了警钟：教育不是为了培养只读课本、封闭于校园生活的书呆子，而是要培养眼界宽广，会学巧用，关注社会，了解生活，热爱家乡，奉献社会，着眼未来，建设祖国的新一代的社会主义事业接班人的。所以，学生当然也要学会走出校园，深入生活，了解社会，有选择地广泛摄取，开阔眼界，丰富知识，全面发展。

6. 摆脱对资料的依赖

整份试卷在面对社会上各种参考资料的围追堵截的同时，毅然决然地坚持原创，同时又轻松地回避了社会上惯用的出题套路，锐意创新，寻求突破。这启示我们：不要照抄照搬，不要把大量的时间浪费在如何用现成的答案来套用题目上，不要舍本逐末。我们的教育教学应该使学生真正地学到有用的、能够影响学生终身发展的、指导学生解决实际问题的知识和本领，并为把学生培养成为一个健康、积极、正直、有为的优秀人才而努力。

等闲识得东风面　万紫千红总是春

——感悟于2011年河南省中招思想品德试卷

河南省郑州市第七中学　赵　钦

品味2011年河南省中招思想品德试卷，再次感受到强烈的时代脉搏，聆听到中华民族的正气之歌，体味到中国文字的韵律之美，唱响了回归育人本质的旋律，激发了思想品德课堂创新的热情。分析试卷新特点，寻求教学新思路，又成为当务之急。

2011年河南省中招思想品德试卷充分坚持了思想品德学科的思想性、人文性、实践性、综合性，做到了图文并茂，取材鲜活；养育人性，鼓励探究；精品呈现，设计新颖，展现出大家风范的独特魅力。

首先，展现语言魅力，激发爱国情感。考生怀着紧张的心情面对试卷，映入眼帘的却是行云流水般的语言，它不是刻意雕琢却文采飞扬，不是着意追求却意韵天成。从提示语到背景资料，无不流淌着朴素、自然之风，读起来，跌宕起伏，给人以节奏韵律美；看起来，工整对仗，给人以流畅简洁美，使考生在美的感受中化解紧张，平静心情，尽快进入答题状态。例如："在抗震救灾的最前沿，有他们舍生忘死的人生抉择；在奥运会的赛场上，有他们无私奉献的真诚付出；在世博会的舞台上，有他们互助友爱的青春风采；在祖国需要的每一个地方，处处都有他们的微笑与温暖"（第2题），"地动山摇，摇不散中华魂魄；山崩地裂，裂不开万众一心"（第10题），"从那一刻起，英雄的中国人民穿越灾难，跨越废墟，共同编织了中国大爱，凝聚了中国力量，见证了中国速度，创造了中国奇迹：从救援到援建，现已基本实现了家家有房住、户户有就业、人人有保障、设施有提高、经济有发展、生态有改善的重建目标"（第10题），"90年同舟共济，90载丰功伟绩"（第13题）等，像这类语言，信手拈来，朗朗上口，启迪思维，激发兴趣，回味无穷。

其次，探寻独特角度，推敲命题设问。自开卷考试以来，学科教师都在总结做题规律，教给学生应对各种题型的套路，这与课标的要求背道而驰。中招考试作为教学的指挥棒，其质量直接关系到教学的发展方向。本试卷在关注学科主干知识和核心能力的考查的同时，强调考查获取和解读信息的能力、描述和阐释事物的能力。在多个试题的设问角度方面都大胆、巧妙地进行了创新，考生答题的过程就是结合具体材料、运用所学知识理解生活、认识社会、思考问题、解决问题的过程，进而反映出考生的综合学习能力。

例如：第10题(1)：从毁灭走向新生，从悲壮走向豪迈，走过风，走过雨，四川依然美丽！这一巨大变迁向世人昭示了什么？(2)如果要编一部国人的"5·12"词典，你认为能够启迪**自身成长**的关键词语有哪些？请写出两条。

第11题(1)：中原崛起，文以化之；河南振兴，文以铸之。在历史长河中，中原儿女锻造了哪些璀璨瑰丽的"中原文化名片"？

像这类设问打破了以往常规的设问模式，使人耳目一新，能激起考生灵动的思绪，能考查考生的文化底蕴、人文素养以及思维的综合性。

再次，关注重大主题，彰显时代特征。把握时代主旋律，充分关注社会生活，这既是思想品德学科课程性质的要求，也是中招考试的活力源泉。2011年试卷充分展现社会热点，如"中原经济区建设正式上升为国家战略，列入'十二五'规划纲要"(第11题)、"食品安全问题"(第12题)、"中国共产党成立90周年"(第13题)等，同时，兼顾当代社会生活的"冰点"，如"感动中国"2010年度人物评选活动组委会授予他们(志愿者)特别奖(第2题)、"18亿亩红线"(第3题)、"中国旅游日"(第4题)、"中原福塔"(第7题)、"汶川地震3周年"(第10题)等，这些选材既从国家社会层面出发，又贴近考生、贴近生活、贴近社会，立意高远，"帮助学生树立责任意识和积极的生活态度，引导学生做负责任的公民，过积极、健康、有意义的生活"，帮助学生理解和掌握社会生活的要求和规范，提高学生承担社会责任的自觉性和社会适应能力。

在今后的复习备考过程中，把握好正确的方向、运用科学的方法指导学生学习，会取得事半功倍的效果。

第一，以课标为准绳，促进学生全面发展。

作为一线教师，直接面对学生，要树立高度的责任意识，要在有限的时间内实现高效教学；要牢牢把握课标，坚持以课标为准绳，以学生的生活为基础，以学生的发展为动力，善于把国家的重大方针、政策、活动与学生的生活实际相联系，通过多种形式创设情境，引导学生参与、体验、探究、合作、讨论、调查等，突出课程的思想性、人文性、实践性、综合性，引导学生树立积极向上的生活态度和正确的价值观，促进学生全面发展。

第二，以创新为原则，紧紧把握时代特征。

2011年试卷非常明显地体现出创新性和时代性特征，这既是命题的原则，也是今后复习备考的关键。

作为一线教师,要善于从权威报刊中寻找鲜活素材,从学生生活实际中寻找成长话题,紧跟时代步伐,紧扣时代脉搏,关注重大主题,有些长效热点、重大热点,例如“两会”、全国科学技术大会、“感动中国”人物评选、重大工程、食品安全等在经济、政治、文化等方面具有重大影响的要持续关注,对新出现的热点要注重积累。同时,要善于培养学生的创新意识,要以开放的眼光重新审视时政素材,能够突破固有的思维习惯,善于从崭新的角度对其进行分析,引导学生以开阔的视野、敏锐的视角观察、思考社会热点问题。

第三,以发展为目标,不断彰显中原文明。

河南省中招思想品德试卷,在试题选材方面比较注重突出家乡河南的热点问题,特别突出河南特色,突出河南在经济、政治、文化等方面的发展变化,特别是把河南省作为历史文化大省、经济大省在为促进经济和社会发展所采取的重大举措和取得的重大成就作为素材,设计问题,引导学生关注家乡的建设与发展,培养责任感,增进家乡情,感受家乡的美好,进而把对家乡的爱与对国家的爱有机地结合起来。所以,我们在关注国内外重大新闻事件的同时,更要关注河南的发展变化与成就。例如河南在中原经济区发展中的重大成就、突出的精神文明建设成果、英雄模范人物、党和国家领导人对河南发展的重视等都可以作为背景材料,通过问题的设置,引导学生多角度、全方位地进行思考,然后设计一些既与材料有关又与教材相联系的问题进行分析,找出回答问题的“点”,这样就利于提高分析问题、解决问题和发散性思维的能力,考查学生的情感、态度、价值观。

第四,以夯实基础为关键,持续提高教学实效。

虽然开卷重在考查学生的各种能力,但是能力提高依赖于知识的积累,无论中考题型如何变化,问法如何新颖,但都是以课程标准为依据的,其答案都可以在教材中找到知识的支撑点,即“题在书外,理在书中”。而且根据考生试卷反馈的信息可以看出,基础知识薄弱也是造成失分的一个重要原因。因此,引导学生梳理知识,构建完整的知识体系,熟记重要的知识点,并通过做题来加深对这些基本知识的理解和掌握,这样就可以为考试时灵活运用知识、多角度地思考问题打下一个良好的基础。

方向已指明,思路要创新。作为一线教师,要“等闲识得东风面”,依据新课标,贯彻新理念,确立新思路,坚持以学生为本,立足于学生的发展,把握德育方向,突出时代特点和地域特色,创造性地使用教材,重视学生能力的培养,积极促进道德践行,引导学生关注生活、关注社会,做到知行统一,回归“育人”这一本质特征,真正开创“万紫千红总是春”的新局面。

思想品德中考试卷研制工作的几个关键问题

河南省基础教育教学研究室　王向阳

教学评价是教研工作的重要组成部分，而相对于省、市（地、州）教研工作来说，其中的考试评价尤其是中招考试评价当属重中之重，在目前高中尚未普及的情况下，这项工作对日常教学发挥的独特导向作用丝毫不容忽视。初中毕业生学业考试是义务教育阶段的终结性考试，目的是全面、准确地考查初中毕业生在学科学习方面所达到的水平。考试结果既是衡量学生是否达到毕业标准的主要依据，也是高中阶段学校招生的重要依据之一。

本文试就在思想品德中招考试（以下简称“中考”）试卷研制中的几个关键问题进行一些探讨。

一、明确指导思想

第一，试卷研制必须有利于全面贯彻党和国家的教育方针，实施素质教育；有利于体现义务教育的性质、全面提高教育质量；有利于推进基础教育课程改革、培养学生的创新精神和实践能力，减轻学生过重的负担，促进学生生动、活泼、主动、健康地学习。

第二，试卷研制必须坚持理论联系实际，强调探究性和应用性，加强与学生生活和社会实际的联系，重视在具体情境中综合运用所学知识分析问题、解决问题能力的考查。着重考查主干知识、核心内容和核心能力，并注重知识与技能、过程与方法、情感态度与价值观考查的有机结合。引导学生树立正确的世界观、人生观和价值观，从而增强思想品德教学的针对性、实效性和主动性。

第三，试卷研制必须体现时代性，适当结合社会热点问题，引导考生了解中国国情、关注国内外形势，关注国计民生，增强社会责任感，树立现代公民意识，培养爱国主义和热爱家乡的情感。

第四，试卷研制必须突出思想性，彰显人文性，增强实践性，体现综合性。充分体现新课程理念，对日常教育教学工作起到积极的引领和导向作用，为本学科新课程的全面深化打下良好基础。

二、贯彻科学理念

第一，依据课标，注重“双基”，联系实际，难易适度，考查能力，关注发展，养育人性，提升品格。

第二，彰显课程性质，注重价值引导，强调能力立意，体现教育价值，渗透人文关怀，强化德育功能。

第三，关注“热点”，兼顾“冰点”，弘扬真善美，鞭挞假恶丑；体现时代性，注重地域性。在突出思想性的基础上，增强实践性、综合性和开放性。努力实现从“应试”到“应用”的转变，突出考查核心内容和核心能力，坚持“科学考查双基”，严格控制纯知识性或机械记忆类的试题，力求跳出“教教材、背教材、考教材”的怪圈。

第四，关注重大主题，突出地方特色。创设情境，搭建平台，鼓励探究，倡导创新，挖掘潜能，展示个性。

第五，照顾不同学情，扩大选择空间，坚持活而有度，开放规范统一。摒弃“死记硬背”、“生搬硬套”，杜绝繁、偏、怪题，充分尊重考生的主体地位和个性特点，引导他们学会学习，健康成长，帮助他们实现自主发展、可持续发展。

第六，按照“回归生活，回归品德”的要求，贯彻“考试即生活”的命题理念，干预生活、参与生活、反映生活、透视生活，增强生活气息，卷面生动活泼，材料新颖鲜活，设问适切恰当，努力营造和谐的考试氛围，充分调动考生的积极性。

第七，充分关注国计民生，培养社会责任感，注重知识与技能、过程与方法、情感态度与价值观考查的有机结合、水乳交融。

第八，考查特点呈现多维、立体、发散；学科知识的考查从过去的孤立、静态转变为联系、动态；命题构思追求高立意、低切入，大处着眼、小处着手。

第九，打破思维定势，加大改革力度，实现从内容到形式的整体优化。改善平铺直叙、平淡无奇的传统试卷结构，使试卷多姿多彩，喜闻乐见，引人入胜。

第十，贯彻国家关于自主创新的方针，坚持原创性原则不动摇，坚决回避社会上已出现的各种现成参考题、模拟题、练习题等。对日常教育教学工作起到积极的正确的引领、示范和导向作用。

上述各项命题理念之间相互关联、互为补充、环环紧扣、有机统一，形成了一个系统的命题理念体系，在思想品德中考试卷研制工作实践中共同发挥着合力和导向作用。

三、确保试卷质量

对于思想品德学科的试卷来说，紧密联系实际，是其生命所系，关注重大主题，是其使命所在，突出地方特色，是其活力之源。一份优秀试卷，必须做到：导向正确，理念先进，主题突出，主线分明，结构合理，图文并茂，开合有度，引人入胜，语言优美流畅，卷面美观大方，选材鲜活生动，内涵丰富厚重，贴近生活实际，注重道德践行，突出时代特征，奉行自主创新。

总之，要充分体现方向性、科学性、思想性、人文性、教育性、综合性、实践性、地域性、基础性、引领性、时代性、前瞻性。

做好中考试卷研制工作是一项系统工程，需要各个方面密切配合。整个试卷研制过程可以这样描述："广征博采，条分缕析，各抒己见，缜密论证，集思广益，尊重真理，反复推敲，逐题命制，字斟句酌，千锤百炼，全面把握，整体优化，专家审题，领导审核，精益求精，最终定稿。"

这其中每一个重要环节都必须严肃认真地做好工作，比如：

第一，严格遴选命题人员和审题专家。其基本要求是：思想觉悟高，业务水平高，保密意识强，遵纪守法，作风正派，责任心强，服从领导，善于合作，熟悉学科课程标准和各种版本教材，能够准确把握中考试题的难度、信度、效度和区分度，确保试题无方向性、科学性、知识性错误。建议各命题组织单位（或同级教育行政部门）平时建立人才库，上述人员均从人才库中随机抽选、确定。命题人员和审题专家一经确定，均要分别进行专门培训。

第二，实行严格的审题制度。实践证明，凡优秀试卷都是集体智慧的结晶，这其中不仅命制试题非常重要，而且审题同样非常重要，而审题主要由专家审题与领导审题结合进行，试卷研制成熟以后，先由学科内专家进行审阅，全面把关，再由相关教育行政部门和教研部门的领导进行审核，逐题通过。专家审题主要把质量关，领导审题主要把方向关。经过这两次审题，试题质量将会有进一步的保证。

第三，全面把握命题技术和技巧。一是对各种题型的特征和功能要了如指掌，科学选用适当的题型来呈现试题。目前，常用的题型一般为：填空、连线、判断改错、选择（包括单项选择和多项选择）、概括、简答、辨析、材料分析（分析说明）、观察与思考、讲述与评论、活动与探索、小论文等。二是确立精品意识，坚持原创性原则不动摇，立意要深远，设计要科学，构思要奇巧，不落俗套，整套试卷既要有较广的覆盖面，又要着重考查主干知识、核心内容和核心能力。三是要充分占有材料，在此基础上，精心选取最合适的内容进行优化改造，达到新颖、权威、鲜活、典型。其中，名言警句、诗词、标语、对联、图表、数据等均可入题。同时，精心锤炼语言，达到生动、优美、流畅，文约义丰。四是客观题的选项表述要准确、贴切、无歧义，主观题的设问应呈现一定的梯度，由浅入深,有思维内涵,符合认知规律,并体现一定的开放性。五是参考答案和评分标准的研制与试题的研制同等重要,主观性试题的参考答案应适当宽泛一些,有一定的覆盖面,评分标准既要有指令性意见又要有针对性、可操作性较强的评分建议,使评卷人有所遵循。六是试题材料与试卷长度要依据考试时间适当确定,既不能太长也不能太短,太长则累赘、烦琐,增加阅读量,太短则不能充分体现题意,影响考生把握信息、打开思路。七是关注细节,精准呈现。对于每一图文数字、标点符号,每一字、词、句,均须仔细推敲,认真核准,消灭差错,对于每道题均须反复论证,不断修改,对于每套试卷均须千锤百炼,整体优化,直至满意。在此过程中,要始终以怀疑的眼光与批判的精神来对待每一命题元素和命题步骤。八是认真研制好备用卷。众所周知,每套中考试卷背后必然同时有一套备用卷,备用卷与正卷同等重要,不容忽视。备用卷的指导思想、理念、风格、内涵等应与正卷保持一致,整卷应与正卷同质、等值。

此外,根据思想品德中考命题实践,笔者总结出了一些行之有效的做法,名之为“命题要诀”,这就是“十找”:“课标里面找考点,教材里面找观点,时政里面找热点,报刊(权威报刊)里面找素材,相关资源找链接,核心内容找综合,生活里面找依据,现象里面找本质,理念(命题理念)里面找支撑(遵循),精神(党的路线、方针、政策)里面找方向。”古人云:运用之妙,存乎一心。笔者相信,只要业内广大有识之士潜心钻研、用心践行,就一定能研制出亮点闪烁、异彩纷呈、有口皆碑、无懈可击的中考试卷来。

思想品德、思想政治学业评价试卷需要达到的境界

河南省基础教育教学研究室　王向阳

1. 定位科学，方向正确，前瞻性明，指导性强。
2. 思想性深，人文性浓，实践性重，综合性广。
3. 稳定性好，开放性高，地域性显，时代性彰。
4. 以人为本，价值引领，养育人性，润泽生命。
5. 能力本位，立意高远，平中见奇，匠心独具。
6. 植根生活，观照生活，贴近生活，回归生活。
7. 意料之外，情理之中，内涵丰富，经典原创。
8. 准确无误，严谨规范，结构合理，张弛有度。
9. 浑然天成，生机勃勃，师法自然，美轮美奂。
10. 主题鲜明，生动形象，文约义丰，适切恰当。
11. 主线分明，格调清新，质朴厚重，不偏不倚。
12. 注重双基，难易适度，三维和谐，潜移默化。
13. 视角新颖，鲜活生动，形神兼备，回味无穷。
14. 活力四射，立体多元，秀外慧中，典雅端庄。
15. 多姿多彩，灵动深邃，意象万千，文采飞扬。
16. 亮点纷呈，风采独秀，楚楚动人，芬芳绽放。
17. 发人深省，令人震撼，引人入胜，催人向上。
18. 图文并茂，气势恢弘，诗情画意，优美流畅。
19. 思路独特，设计精妙，注重践行，学以致用。
20. 理念先进，情真意切，关注发展，导航成长。

第二辑 典题赏析

紧扣时代脉搏 引领课改航向

——近年来河南省中招思想品德试题前瞻性例谈

河南省中牟县第二初级中学 路文超

认真研读近几年河南省中招思想品德试卷，深深地为其广阔视野、远见卓识所折服，试题紧扣时代脉搏，关注社会发展，透视生活真谛，体现未来发展，具有很强的前瞻性，深受广大师生的喜爱和社会各界的广泛好评，它必将对思想品德教育、教学、教研工作起到正确而深远的引航导向作用。

例 1.（2011 年河南省中招思想品德 B 卷第 3 题——单项选择）

但存方寸土，留予子孙耕。随着经济的快速发展，土地变得越来越金贵。为坚守全国耕地不少于 18 亿亩这条红线，《中华人民共和国国民经济和社会发展第十二个五年规划纲要》明确指出：坚持最严格的耕地保护制度，从严控制各类建设占用耕地。右图中弄虚作假、违规占用耕地的做法有悖于我国的 【 】

被披上“体育公园”外衣的高尔夫球场

A. 科教兴国战略

B. 中部崛起战略

C. 西部大开发战略

D. 可持续发展战略

答案：D

试题评析：试题聚焦“十二五”规划中坚守 18 亿亩耕地红线这一重大现实主题，图文并茂地揭示保护耕地的重大意义，激发考生为实施可持续发展战略作贡献的积极性。

例 2.（2011 年河南省中招思想品德 A 卷第 7 题——多项选择）

地是人之母，耕者思良田。作为世界第一人口大国，我国用全球 7% 的耕地养活了世界 22% 的人口，成功解决 13 亿人口的吃饭问题，一直被认为是值得自豪的成就。然而，目前我国人均耕地面积已由 10 多年前的 1.58 亩减少到 1.38 亩，仅为世界平均水平的 40%，18 亿亩耕地红线面临严峻挑战。为此，我国应该 【　　】

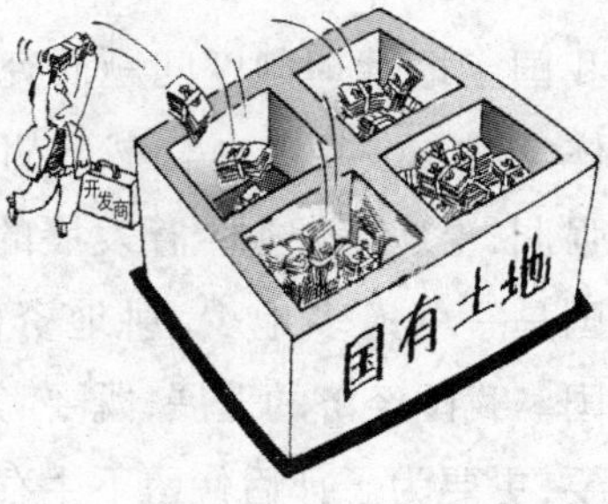

A. 落实最严格的耕地保护制度　　B. 落实最严格的节约用地制度

C. 杜绝城区改造和房地产开发　　D. 坚决制止违法违规用地现象

答案：ABD

试题评析：试题以我国人均耕地面积减少，18 亿亩耕地红线面临严峻挑战这一背景材料为载体设置，旨在进一步增强人们保护耕地意识，从而更加自觉地投身于贯彻落实科学发展观、实施可持续发展战略中去。

令人瞠目的“高尔夫走廊”

相关链接：2011 年 6 月 29 日《人民日报·海外版》报道：为合理利用和保护土地资源，遏制高尔夫球场的盲目建设，2004 年，国务院办公厅下发了《关于暂停新建高尔夫球场的通知》，叫停了新高尔夫球场建设。然而，2004 年的禁令发布后，特别是最近一个时期，一些地方无视国务院通知，违规建设高尔夫球场（禁令之后全国又建了 400 多家）。目前，全国近 600 个高尔夫球场里，正规审批的只有 10 个左右。换言之，那些张贴在公路两边的“高尔夫度假村”广告、那些毗邻在高档居住社区旁边的“高尔夫乐园”，原来多是违法违规之身。目前，中国耕地面积仅为 18.26 亿亩，人均 1.38 亩，然而浪费土地、非法占用土地的事例却屡禁不止，事实上，大多数高尔夫球场往往打着体育公园、生态园、休闲园、绿化项目的旗号，占用大量耕地和林地资源。如果再这样下去，子孙后代吃什么？人们担忧着！

关于高尔夫球场祸福之争早已有之，其负面效应不言而喻：比如一般而言，建设高尔夫球场要将原先土地上的植被置换成专用草坪，还要持续不断地施肥及喷洒农药。高尔夫球场占地广，占用良田，破坏耕地，而且高尔夫球场耗水量大，再加上每年喷洒在高尔夫球场草坪上的农药多达 50 多种，会对地下水造成污染，更重要的是，单一的大量的草坪和草种不仅不会产生人类所需要的氧气和水分，在长时间的累加后还会放大负面效益。

2011 年 8 月 23 日，中共中央政治局就完善我国土地管理制度问题研究进行第三十一次集体学习。中共中央总书记胡锦涛在主持学习时强调，土地是人类生存发展的重要物质基础。我国是一个人多地少、耕地资源稀缺的发展中大国。我国经济的发展，既要考虑满足当代人的需要，更要为子孙后代留下生存发展空间。建立和完善最严格的土地管理制度，坚持节约集约用地，是贯彻落实科学发展观的题中之义，是确保国家粮食安全的战略举措，是造福子孙后代、实现中华民族伟大复兴和永续发展的长远大计。要落实节约优先战略，进一步完善符合我国国情的最严格的土地管理制度，坚持各类建设少占地、不占或少占耕地，以较少的土地资源消耗支撑更大规模的经济增长；坚持经济效益、社会效益、生态效益协调统一，不断提高土地利用效率；坚持统一规划、合理布局，促进区域、城乡、产业用地结构优化；坚持当前与长远相结合，提高土地对经济社会发展的保障能力，努力建设资源节约型、环境友好型社会。

例 3.（2010 年河南省中招思想品德 A 卷第 7 题——多项选择）

“南水北调”大移民，渠首精神铸丰碑。作为“南水北调”中线工程渠首和主要水源地的河南省淅川县，承担着 15.6 万移民的外迁安置任务，外迁人口居全国第一。为了国家工程建设，该县移民上至耄耋老人，下到学步幼童，毅然泪别故土，迁往他乡——有的亲子相分，无怨无悔；有的抱病前行，义无反顾；有的抛弃蒸蒸日上的产业，损失惨重……如果由你来写关于移民感人事迹的报道，下列标题中可选用的有【　　】

A. 顾全大局——为国分忧担重任　　B. 甘于奉献——割舍亲情别家园

C. 众志成城——爱国情怀谱史诗　　D. 大爱无疆——不顾小家为国家

答案：ABCD

试题评析：试题以“南水北调”大移民为载体，捕捉河南省淅川县外迁安置的多种信息，让广大考生置身情境，表达心声，既考查了广大考生运用所学知识认识问题、分析问题、解决问题的能力，又考查了广大考生的情感态度与价值观。

相关链接：“南水北调”工程是功在当代、惠及子孙的千秋伟业。河南省淅川县是“南水北调”中线工程的渠首，也是“南水北调”丹江口库区河南省移民的唯一迁出地。按照河南省委、省政府提出的“四年任务，两年完成”的目标计划，全县农村移民在两年内全部迁出。搬迁安置的力度、规模和强度在新中国水利移民史上少见。面对艰巨的历史重任，淅川人义无反顾。他们胸怀祖国建设，以大局为重，把国家利益放在第一位，冒严寒、战酷暑，服从安排，为顺利完成移民搬迁奠定了坚实的基础。

2011 年 8 月 25 日,随着河南省淅川县最后两个村庄的顺利搬迁,河南省“南水北调”丹江口库区外迁移民集中搬迁工作基本完成,河南“南水北调”中线移民工程完美“收官”,创造了世界移民史的奇迹,为举世瞩目的“南水北调”中线工程实现顺利通水打下了坚实的基础,在全国树立了良好的表率。

例 4.(2010 年河南省中招思想品德 B 卷第 7 题——多项选择)

2010 年是“国际生物多样性年”,其主题为“生物多样性就是生命,生物多样性也是我们的生命”。据相关部门统计测算,由于人类的活动和日益加剧的气候变化,目前,地球上的生物种类正在以相当于正常水平 1000 倍的速度消失,全世界约有 3.4 万种植物和 5200 多种动物濒临灭绝。这告诉我们　　【　　】

A. 保护生物多样性任重道远　　B. 生物多样性丧失已成必然

C. 人类无法改变生物多样性　　D. 落实可持续发展刻不容缓

答案:AD

试题评析:热爱生命、爱护自然、保护环境是思想品德课程标准的重要内容之一,也是实现科学发展观的必然要求。试题以“国际生物多样性年”这一鲜活材料为背景,旨在使考生树立人与自然相互依存、和谐相处的生态道德观念,养成保护自然环境的思想意识和行为习惯。

相关链接:地球之所以美丽,不仅在于人类创造的文明,更在于其他生物带来的多样性和丰富性。然而,每年有 1300 万公顷的森林消失;1/4 的哺乳动物、1/8 的鸟类和 1/3 的两栖动物面临灭绝;物种灭亡的速度超过其自然繁殖的 1000 倍。不能说这是我们一手造成的结局,但却是我们必须正视的现实。2010 年是“国际生物多样性年”,我国成立了由 25 个部门为成员的国际生物多样性年国家委员会(2011 年更名为中国生物多样性保护国家委员会,成为常设机构),制定了活动方案,组织实施了系列活动。2010 年 9 月,国务院审议通过了《中国生物多样性保护战略与行动计划(2011 年至 2030 年)》,2011—2020 年又被联合国确定为“联合国生物多样性十年”。

2011 年 7 月 8 日,由中国生物多样性保护与绿色发展基金会、中国战略与管理研究会联合发起的响应《中国生物多样性保护战略与行动计划(2011—2030 年)》大会在北京召开,大会全力推动实施联合国生物多样性保护战略规划,落实我国生物多样性保护战略与行动计划。

例 5.(2011 年河南省中招思想品德 A 卷第 6 题——多项选择)

教育部、国家语委近期发布的 2010 年中国语言生活状况报告指出:青少年汉语表达能力和汉字书写能力正在下降和退化,同时,社会用字比较混乱,有些人完全依赖电脑和手机,与传统汉字渐行渐远……人们对汉语的尊重感、敬畏感在弱化。在我们河南,古有“造字圣人”仓颉(jié)、“文宗字祖”许慎,今有中国文字博物馆,汉字与中原结下了不解之缘。作为炎黄子孙,维护汉字尊严,责无旁贷,这是因为　　【　　】

A. 汉字是中华民族的伟大创造　　B. 汉字是网络交流中的附属品

C. 汉字是传承中华文化的载体　　D. 网络语言没有任何实际意义

答案:AC

试题评析:试题以近年来我国青少年汉语表达能力和汉字书写能力正在下降和退化为切入点,考查考生对中华文化的理解和认同,试题的考查有利于激发考生的民族自尊心和自信心,提高考生的文化认同感和振兴汉语、维护汉字尊严的使命感、责任感。同时试题突出河南文化资源大省这一基本省情,使考生在考试中思想得到升华,从考试中感受到河南的美好,从而激发考生热爱家乡、奉献家乡的思想情感。

相关链接:书法是中华民族的文化瑰宝,是人类文明的宝贵财富,是素质教育的重要内容。通过书法教育对中小学生进行基本书写技能的培养和书法艺术欣赏,是传承中华民族优秀文化,培养爱国情怀的重要途径;是提高学生汉字书写能力,培养审美情趣,陶冶情操,提高文化修养,促进全面发展的重要举措。

2011 年 8 月,教育部对中小学开展书法教育提出指导意见。意见指出,随着信息技术的迅猛发展以及电脑、手机的普及,人们的交流方式以及学习方式都发生了极大的变化,中小学生的汉字书写能力有所削弱,为继承与弘扬中华优秀文化,提高国民素质,有必要在中小学加强书法教育。意见还指出,在义务教育阶段,三年级至六年级的语文课程中需每周安排一课时书法课。

2011 年 9 月 16 日,中国书法家协会主席张海在与郑州大学美术学院新生进行面对面的交流时强调,电脑没有完全影响到人们对书法的兴趣,只是导致一部分人书写能力下降,电脑不会冲击书法的未来。

例 6.(2010 年河南省中招思想品德 B 卷第 11 题——观察与思考)

“红段子”是通过网络、手机等相互传播的内容健康向上、形式短小精悍、效果催人奋进的短信。它不仅包括红色革命段子,还包括生活哲理类、励志类、健康知识类、节日祝福类等段子。一句话,“红段子”就是大家喜闻乐见、积极健康的短信。

由广东率先发起的“红段子”系列活动,目前已成燎原之势,“红”遍大江南北:重庆开展了“唱红歌、读经典、讲故事、传箴言”活动;辽宁举办了以“发健康短信,扬社会新风”为主题的“红段子”短信大赛活动;在我们河南,也开展了以“红色短信说河南”、“红词红句赞河南”、“红色彩信看河南”为主要内容的“红动新河南”短信文化传播活动……

结合上述材料,思考下列问题:

(1)请谈谈你对开展“红段子”活动的认识。(两个方面即可)

(2)请你编写一条红色短信,并对所编短信进行简要解析。(要求:主题鲜明,观点

正确,积极向上,语言简练)

参考答案:(1)①有利于弘扬爱国主义精神,唱响共产党好、社会主义好、改革开放好、伟大祖国好、各族人民好的时代主旋律。②有利于加强社会主义核心价值体系建设,提升全体公民文明素养。③有利于弘扬中华民族优秀传统文化,激发爱国情感。④有利于弘扬主流文化,引领时代新风。⑤有利于发展先进文化,净化短信文化空间。⑥有利于促进社会主义文化大发展大繁荣。⑦有利于构建社会主义和谐社会。⑧有利于培养高雅的生活情趣,追求积极向上的人生目标。

(2)略。红色短信示例:①唱响科学发展主旋律,构建和谐社会新篇章!②高扬爱国旗帜,崇尚爱国精神,坚定爱国之志,践履爱国之行。③我以我心爱祖国,我以我行报祖国!④古老中原,历史悠久;厚重中原,积淀丰厚;文化中原,文明源头;美丽中原,美不胜收;和谐中原,凯歌高奏;魅力中原,争创一流!⑤两大跨越中原儿女绘宏图,中原崛起河南人民谱新篇!⑥一点一滴汇聚你我之力,一言一行彰显河南魅力;一举一动弘扬民族精神,一心一意推动中原崛起!⑦与书画为友,与琴棋为伴,与诗词同行,与音乐共舞。⑧只为成功找方法,不为失败找理由。

试题评析:随着人们物质生活水平的提高,人们的精神需求日益增多,弘扬健康主流文化成为时代的要求和人民的心声。试题以全国各地开展“红段子”活动为载体,旨在唱响时代主旋律、加强社会主义核心价值体系建设、弘扬主流文化,引领时代新风、激发爱国情感;通过让考生编写红色短信并对所编短信进行简要解析,提升了考生的品格,考查了考生的综合能力,有利于实施素质教育,促进考生全面发展。

相关链接:2010年10月,由《光明日报》与中国移动共同举办的第一届中国移动杯“谁不说咱家乡好”全国“红段子”征文大赛正式启动,2011年1月活动结束。活动共征集来稿26414条,累计参与短信总量超过2000万条,参与独立用户近300万人,转发覆盖客户数超过1000万人。活动引导群众创作和转发文字优美、雅俗共赏的文明短信,抒发对家乡的真挚情感,进而倡导健康向上的手机文化。2011年6月28日,大赛颁奖典礼在北京圆满结束,131个奖项各有所属。同日,第二届“晒晒咱的好日子”全国“红段子”有奖征文大赛启动,活动旨在发动普通百姓以创作和转发轻松活泼、喜闻乐见的红色短信,歌颂伟大祖国繁荣昌盛,赞美和谐幸福的好日子。

例7.(2008年河南省中招思想品德B卷第14题——活动与探索)

2008年5月12日14时28分,四川汶川发生了里氏8.0级特大地震!数万人不幸遇难!数百万人失去家园!突如其来的巨大灾难,牵动了全中国,震惊了全世界!一场抢救群众生命、抗击地震灾害的斗争,在中华大地迅速展开:党和政府坚持以人为本,把抢救人的生命放在第一位;人民子弟兵上演“生死突击”,在人民最需要的地方发挥最关键的作用;共产党员、白衣天使、专业救援队、广大志愿者为灾区人民撑起一片天;灾区群众用勇敢、执著、坚毅和博爱书写着中华民族在大灾大难中的自强史……灾难无情,人间有爱,爱的传递铸就了坚不可摧的精神长城!

救灾一线的人民战士

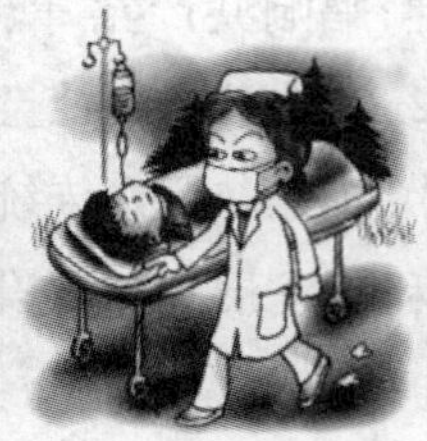

救死扶伤的白衣天使

真诚服务的志愿者

四面八方的爱心汇聚

某中学九年级(2)班正在举行“情系抗震救灾,弘扬民族精神”主题班会,请你参与探究以下问题:

(1)正在进行的抗震救灾行动体现了中华民族的哪些民族精神?(两个方面即可)

(2)你打算怎样以实际行动弘扬抗震救灾精神?(三个方面即可)

参考答案:(1)①万众一心,众志成城。②一方有难,八方支援。③和衷共济,共克时艰。④团结互助,勇往直前。⑤患难与共,风雨同舟。⑥以人为本,生命至上。⑦大公无私,舍己为人。⑧不怕疲劳,连续作战。⑨携手同心,共渡难关。⑩迎难而上,百折不挠。⑪顽强拼搏,自强不息。⑫热心公益,服务社会。⑬坚定信心,敢于胜利。⑭具有强烈的社会责任感,不计代价与回报。⑮无私奉献,真诚关爱。⑯奋不顾身,舍生忘死。⑰天下兴亡,匹夫有责。

(2)①以力所能及的方式帮助身边需要帮助的人。②勇于战胜困难和挫折。③积极参加公益活动。④团结同学,与同学和谐相处。⑤利用节假日参加志愿者活动。⑥向灾区捐款捐物,表达爱心。⑦珍爱生命,提升生命价值。⑧培养自立自强精神。⑨关爱他人,与人为善。⑩关注灾后重建,为灾后重建出谋划策。

试题评析:试题把四川与中国、中国与世界紧密结合起来,把中招考试与重大社会热点紧密结合起来,把思想品德教育牢牢置于丰富的社会实践沃土之中,将伟大的民族精神和时代精神有机结合起来,犹如高山上清澈见底的一泓清泉,荡涤着人们的心灵;恰似大海中光芒四射的一座灯塔,引领着人们的航向,引领人们进行价值判断,引领人们进行理性思考,引领人们进行精神升华!

相关链接:2008 年 6 月 30 日,胡锦涛同志在抗震救灾先进基层党组织和优秀共产党员代表座谈会上的讲话强调指出,在同特大地震灾害的艰苦搏斗中,我们的民族和人民展示出了十分崇高的精神。这就是万众一心、众志成城,不畏艰险、百折不挠,以人为本、尊重科学的伟大抗震救灾精神。抗震救灾精神,是爱国主义、集体主义、社会主义精神的集中体现和新的发展,是我们党和军队光荣传统和优良作风的集中体现和新的发展,是中华民族民族精神在当代中国的集中体现和新的发展。

例 8.(2008 年河南省中招思想品德 A 卷第 14 题——活动与探索)

在体育竞技的赛场,有他们任劳任怨、活跃忙碌的身影;在抗击雪灾的一线,有他们破冰开路、勇往直前的身影;在抗震救灾的现场,有他们舍生忘死、全力救援的身影;在西部贫困地区的学堂,有他们呕心沥血、挥洒汗水的身影……快乐在微笑中传递,真诚在帮扶中见证,精神在服务中升华,生命在奉献中闪光。他们,都有一个共同的名字——志愿者!

据悉,你校团委、学生会决定联合开展一次“我志愿、我奉献、我快乐”社会实践活动,请你参与并完成以下任务:

精神家园,共享共建——

(1)你认为志愿者身上有哪些值得我们学习的精神品质?(两个方面即可)

见贤思齐,贵在参与——

(2)作为新一代青少年,我们应如何弘扬志愿者精神?(三个方面即可)

参考答案:(1)①舍己为人,无私奉献。②热心公益,服务社会。③帮助他人,快乐自己。④履行社会责任,不计代价与回报。⑤强烈的社会责任感。⑥热情服务,真诚待人。⑦与人为善,互助友爱。⑧团结协作,共同进步。⑨积极向上,追求卓越。⑩爱心献社会,真情暖人心。

(2)①积极参加社会公益活动。②力所能及地为他人提供帮助和服务。③刻苦学习,努力掌握为人民服务的本领。④关爱他人,助人为乐。⑤团结友爱,与人为善。⑥服务社会,无私奉献。⑦锻炼自己,提高服务社会的能力。⑧在社会实践中磨砺意志、经受锻炼。⑨关爱集体,自觉维护集体荣誉。⑩培养社会责任感。通过多种渠道了解志愿者事迹、宣传志愿者事迹,带动更多的人成为志愿者。

试题评析:随着我国社会的不断发展进步,“志愿者”一词逐渐为人们所熟悉,志愿者活动也已经成为我们生活中普遍演绎和备受关注的一种现象。该题没有局限于某一种志愿者现象进行分析,而是整合了各种各样的志愿者事例,综合分析他们的精神实质,并引导考生向他们学习。这样的设计提升了试题的高度和境界,也结合了课标中的“亲社会行为”、“热心公益,服务社会”等相关内容,既考查了考生在这一方面的三维目标达成情况,也有利于他们在今后的生活中进一步自觉践行志愿者精神,做一个时代需要的好公民。

相关链接:2008 年 10 月 6 日,中央精神文明建设指导委员会印发《关于深入开展志愿服务活动的意见》。意见指出,要坚持以邓小平理论和“三个代表”重要思想为指导,深入贯彻落实科学发展观,紧紧抓住社会主义核心价值体系建设这个根本,贴近实际、贴近生活、贴近群众,广泛普及志愿理念,大力弘扬志愿精神,着力壮大志愿者队伍,着力完善志愿服务体系，着力建立志愿服务社会化运行模式，推动志愿服务有一个新的更大发展，使更多的人成为志愿者，使更多的志愿者成为良好社会风尚的倡导者，成为社会主义精神文明的传播者、实践者。

2010 年 11 月，中国志愿服务基金会、《光明日报》、中国文明网、人民网、新华网、光明网和央视网七家单位联合启动全国百名优秀志愿者网上推荐活动。活动集中展示了我国近年来志愿服务工作的成绩，有力地推动了志愿服务事业深入健康发展，进一步提高了全民族文明素质。

2011 年 4 月 26 日，中华志愿者协会在北京成立。协会是由志愿者、志愿服务组织以及关心支持志愿服务事业的单位或组织自愿组成，按照章程开展活动的联合性、全国性、非营利性社会团体组织，接受中央文明办和民政部的业务指导，业务范围是维护志愿者权益、规范志愿者行为、提高志愿者素质、宣传和培育志愿文化。

例 9.（2011 年河南省中招思想品德 A 卷第 10 题——观察与思考）

材料一：沧海变桑田，高原今胜昔。“太阳啊！霞光万丈，雄鹰啊！展翅飞翔……翻身农奴把歌唱，幸福的生活万年长……”才旦卓玛深情而嘹亮的歌声陶醉了几代人，唱出了西藏百万农奴翻身得解放、当家做主人的喜悦！

中国藏族演员献艺“西藏文化周”

材料二：风雨一甲子，辉煌六十载。60 年来，西藏经历了从黑暗走向光明、从落后走向进步、从贫穷走向富裕、从专制走向民主、从封闭走向开放的光辉历程，实现了短短几十年跨越上千年的历史巨变。今天的西藏，经济发展、社会进步、文化繁荣、民生改善、民族团结、宗教和谐，正处于历史上最好的发展时期。

结合上述材料，运用所学知识，思考下列问题：

（1）西藏 60 年的沧桑巨变雄辩地证明了什么？（三个方面即可）

（2）如果你和西藏的同龄人就“纪念西藏和平解放 60 周年”进行网上在线交流，抚今追昔，最能表达你心情的一句话是什么？（要求：主题鲜明，意思完整）

参考答案：（1）必须坚持中国共产党的领导；必须坚持社会主义制度；必须坚持民族区域自治制度；必须坚持党的基本路线；必须坚持改革开放；必须坚持共同富裕；必须坚持走有中国特色、西藏特点的发展路子；必须坚持民族平等、团结、共同繁荣的基本原则；必须坚持实施西部大开发战略；等等。

（2）“60 年巨变，还看今朝”、“60 年沧桑巨变，彰显社会主义伟力”、“腾飞的西藏，巨变愈千年”、“西藏的明天更美好”、“西藏经济富活力，前所未有大跨越”、“赞沧桑巨变，感丰功伟绩”、“伟大的转折，光辉的历程”、“民族情谊深，汉藏一家亲”、“团结互助创伟业，携手同心奔小康”等。

试题评析：2011年是西藏和平解放60周年，西藏60年的发展进步，彰显着中国共产党的英明伟大；60年的沧桑巨变，体现着社会主义制度的无比优越；60年的历史进程，满载着全国人民的无私援助；60年的辉煌成就，镌刻着西藏各族人民的不懈追求。试题通过西藏和平解放60周年这一重大时政主题，引导考生关注重大时事，关注国家发展进步。试题运用歌曲、网民在线交流等形式，将西藏和平解放60年的成就与党的领导、社会主义制度的优越性、民族区域自治制度等主干知识有机结合起来对考生进行思想教育，旨在唱响共产党好、社会主义好、改革开放好、伟大祖国好、各族人民好的时代主旋律，增强考生热爱中国共产党、热爱社会主义制度、热爱民族大家庭、热爱中国特色社会主义的思想情感。

相关链接：2011年7月11日，国务院新闻办公室发表《西藏和平解放60年》白皮书，回顾总结了西藏和平解放60年波澜壮阔的历史进程，全面展示了新西藏发展的巨大成就。白皮书指出，西藏和平解放是中国人民解放事业的重要组成部分，是近代以来中华民族反对帝国主义侵略、维护国家统一和主权伟大斗争中的一件大事，是西藏社会发展具有划时代意义的历史转折点，是西藏从黑暗走向光明、从落后走向进步的起点。

2011年7月19日，西藏各族各界干部群众2万多人欢聚在布达拉宫广场，热烈庆祝西藏和平解放60周年。中共中央政治局常委、国家副主席、中央军委副主席、中央代表团团长习近平出席庆祝大会并发表重要讲话。习近平指出，西藏和平解放是西藏历史上具有划时代意义的转折点，也是中国人民解放事业和祖国统一事业的一件大事。它不仅粉碎了外部势力妄想把西藏从中国分裂出去的图谋，捍卫了国家主权和领土完整，维护了祖国统一和民族团结，而且开辟了百万农奴翻身解放的道路，开启了西藏走向繁荣进步的光明前程。西藏和平解放60年来，社会制度实现历史性跨越，经济社会实现全面发展，人民生活水平大幅提高，各民族团结不断巩固，这片古老而神奇的土地发生了翻天覆地的伟大变化。西藏60年不平凡的发展历程揭示了一个颠扑不破的真理：没有中国共产党就没有新中国，也就没有新西藏。只要我们坚持中国共产党领导、坚持社会主义制度、坚持民族区域自治制度，坚持走有中国特色、西藏特点的发展路子，西藏必将迎来更加繁荣、更加进步、更加美好的明天。

例10.（2011年河南省中招思想品德B卷第12题——活动与探索）

国以民为本，民以食为天。开门七件事：柴米油盐酱醋茶。食品安全连着亿万家庭，是重大的民生问题。一个时期以来，频频发生的食品安全事件，让我们每一个中国人都陷入了十（食）面埋伏。对此问题，党和国家高度重视，各地各部门密集行动，重拳出击，重典治乱，一场食品安全保卫战已经全面打响。

为了让群众吃得安全、吃得放心，某社区（村委会）准备在近期举办“食品安全专题报告会”，请你参加并完成下列任务：

（1）请为本次专题报告会拟定两条宣传标语。（与材料重复者不得分）

（2）在专题报告会召开期间，请向大家推荐两条有关食品安全的注意事项。

参考答案：（1）“安以质为本，质以诚为根”、“树立诚信意识，确保食品安全”、“拒绝问题食品，共享幸福生活”、“举报问题食品，维护百姓权益”、“关注食品安全，确保生命健康”、“食品安全连万家，防范需要你我他”、“食品安全齐监管，安全生活每一天”、“食品安全大于天，依法打击是关键”、“严把食品安全关，多措并举重防范”、“筑牢食品安全防线，让老百姓安心放心”、“打击假冒伪劣食品，维护消费者合法权益”等。

（2）购买食品时需要注意的事项：消费者要尽量到正规商场购物，确保食品质量；消费者一定要看清食品的生产日期，不能购买过期食品；消费者一定要了解食品的用途、性能和使用方法说明书，确保身心健康；消费者购买食品一定要索取发票，防患于未然；消费者遇到问题食品时，要及时向有关部门举报；消费者因遇到问题食品发生纠纷时，要依法维权；等等。食用食品时需要注意的事项：生吃瓜果应洗净，用开水烫过或除去皮壳，严防“病从口入”；新鲜蔬菜应浸泡多洗，清除农药残留物；慎食生菜、凉菜，食物要煮熟、煮透后再吃；不食用腐败变质食品和过期食品；一旦发现食物中毒，要及时到医院诊治；等等。

试题评析：民以食为天，食以安为先。在全国上下都在关注食品安全的大背景下，本题图文并茂地将食品安全问题呈现在广大考生面前，让广大考生通过“食品安全专题报告会”这一活动平台，做好策划人、做好宣传员，使广大考生真正成为生活的主人，出谋划策，提出解决问题的有效途径，培养了广大考生的创新精神和实践能力，增强了广大考生的社会责任感和使命感。

相关链接：2011 年 7 月 25 日，河南省焦作市中级人民法院、沁阳市人民法院分别公开开庭审理了两起涉“瘦肉精”刑事案件，当庭对 8 名被告人依法作出判决，其中制造销售“瘦肉精”的被告人刘襄因犯以危险方法危害公共安全罪被判处死刑，缓期两年执行，其他 4 名制售“瘦肉精”的被告人、3 名负有食品安全监管职责的被告人分别被判处有期徒刑至无期徒刑。人民法院的判决，彰显了我国打击食品安全违法犯罪的决心和力度，警示那些利欲熏心、置人民群众生命健康于不顾的食品生产销售者：任何危害食品安全的违法犯罪行为都将受到法律的严惩。

新华网 2011 年 9 月 13 日报道，为确保食用油质量安全，维护人民群众身体健康，食品安全办、公安部近日会同有关部门联合召开电视电话会议，在全国部署开展严厉打击“地沟油”违法犯罪专项行动。会议要求各地区、各有关部门认真借鉴前期公安机关侦破“地沟油”案件的成功经验和做法，针对餐厨废弃物违法排放、收集、加工、销售等各个环节,多管齐下摸排梳理线索,鼓励社会监督举报,坚决取缔非法窝点,追根溯源查清犯罪链条,彻底摧毁"地沟油"生产销售网络,依法从重从快惩处违法犯罪分子,严格落实食用油生产经营各环节的监管执法责任和措施,进一步加强对餐饮服务单位、粮油批发市场以及食用油、食品和其他相关企业的监督检查,强化现场检查、检验检测,及时发现、查处各类违法违规行为。

例 11.(2010 年河南省中招思想品德 A 卷第 12 题——活动与探索)

材料一:为弘扬民族精神和时代精神,在全社会唱响共产党好、社会主义好、改革开放好、伟大祖国好、各族人民好的时代主旋律,近年来,国家和我省开展了一系列加强社会主义核心价值体系建设的群众性爱国主义教育活动。

材料二:2010 年 3 月 3 日,在河南进京务工人员座谈会上,中共河南省委书记、河南省人大常委会主任卢展工对在外务工的河南人给予高度评价,盛赞这些普普通通的河南人、踏踏实实的河南人、不畏艰难的河南人、侠肝义胆的河南人,以自己的实际行动,充分体现了宝贵的"三平"精神——平凡之中的伟大追求、平静之中的满腔热血、平常之中的极强烈的责任感。

据悉,你校学生会准备举行以"'三平'精神放光芒,中原崛起我有责"为主题的宣传教育活动,请你参与:

(1)近年来,国家和我省开展了哪些有利于加强社会主义核心价值体系建设的相关**评选**活动?(**两种**活动的名称即可)

(2)请参照示例,列举**两位**在相关活动中评选出的**我省**英雄模范人物。

示例:县委书记的好榜样——焦裕禄(友情提示:与示例重复者不得分)

(3)作为中原儿女,你准备怎样以实际行动成为"三平"精神的践行者?(两个方面即可)

参考答案:(1)感动中国年度人物评选活动、全国道德模范评选活动、"中国好人榜"评选活动、全国"双百"人物评选活动、河南"双 60"人物评选活动、感动中原年度人物评选活动等。

(2)略。示例:用特殊材料铸成的钢铁战士——杨靖宇;"为抗日而死,死得光明正大!"——吉鸿昌;文武兼备,一代英才——彭雪枫;骁将英名留陕甘——吴焕先;"狼牙山五壮士"之一——宋学义;德艺双馨的人民艺术家——常香玉;太行公仆——吴金印;农民致富的领头人——史来贺;立警为公,执法为民——任长霞;用一生真情延续诚信——谢延信;当代愚公——张荣锁;平民英雄——魏青刚;自强不息——洪战辉;排爆专家——王百姓;用生命保护百姓——李剑英;钢铁战士——武文斌;神勇武警——李隆;感动总理的女教师——吴玲;"'80 后'最美乡村女校长"——李灵;舍己救人,大写人生——李学生;当代孝子——张尚昀;等等。

(3)①努力学习,立志成才,报效祖国。②"勿以善小而不为,勿以恶小而为之。"从我做起、从现在做起、从点滴小事做起，培养良好思想品质。③为中原崛起积极建言献策，勇于承担责任。④学习英模事迹，激发爱国情感。⑤积极参加社会公益活动，奉献自己的一片爱心。⑥诚实守信，礼貌待人，展示河南良好形象。⑦孝敬父母，尊敬老师，团结同学。⑧节约粮食，节约水电。⑨爱护环境，珍惜资源。⑩关注河南发展，为中原崛起、河南振兴贡献聪明才智。

试题评析：试题以国家和我省推进社会主义核心价值体系建设的相关评选活动和我省践行“三平”精神的相关材料为载体，旨在弘扬民族精神、时代精神，建设社会主义核心价值体系，提高全民族文明素质，促进社会主义文化的发展繁荣。试题既关注了重大时代主题，又关注了考生自身发展；既立足于国家大局，又着眼于中原崛起河南振兴、促进中部地区崛起；既突出了能力立意，又强化了情感教育，具有较强的综合性，将正确的价值引导蕴涵在鲜活的生活主题之中，通过道德践行促进思想品德的形成与发展。

相关链接：2011 年 10 月 15 日至 18 日，中国共产党第十七届中央委员会第六次全体会议在北京举行。全会强调，坚持中国特色社会主义文化发展道路，深化文化体制改革，推动社会主义文化大发展大繁荣，必须全面贯彻党的十七大精神，高举中国特色社会主义伟大旗帜，以马克思列宁主义、毛泽东思想、邓小平理论和“三个代表”重要思想为指导，深入贯彻落实科学发展观，坚持社会主义先进文化前进方向，以科学发展为主题，以建设社会主义核心价值体系为根本任务，以满足人民精神文化需求为出发点和落脚点，以改革创新为动力，发展面向现代化、面向世界、面向未来，民族的科学的大众的社会主义文化，培养高度的文化自觉和文化自信，提高全民族文明素质，增强国家文化软实力，弘扬中华文化，努力建设社会主义文化强国。

全会提出，社会主义核心价值体系是兴国之魂，是社会主义先进文化的精髓，决定着中国特色社会主义发展方向。必须把社会主义核心价值体系融入国民教育、精神文明建设和党的建设全过程，贯穿改革开放和社会主义现代化建设各领域，体现到精神文化产品创作生产传播各方面，坚持用社会主义核心价值体系引领社会思潮，在全党全社会形成统一指导思想、共同理想信念、强大精神力量、基本道德规范。要坚持马克思主义指导地位，坚定中国特色社会主义共同理想，弘扬以爱国主义为核心的民族精神和以改革创新为核心的时代精神，树立和践行社会主义荣辱观。

例 12.（2011 年河南省中招思想品德 B 卷第 11 题——观察与思考）

材料一：中原崛起正春风，河南振兴气势宏。寄托着中原儿女的梦想和希望，凝结着干部群众的实践和汗水，闪耀着社会各界的智慧和关爱，中原经济区建设正式上升为国家战略，列入“十二五”规划纲要。中原经济区是以河南为主体、延及周边，支撑中部，东承长三角，西连大关中，南临长江中游经济带，北依京津冀，具有自身特点、优势独特、经济相联、使命相近、客观存在的经济区域。

材料二：文化孕育精神，精神凝聚力量。《中原经济区建设纲要（试行）》提出，文化是建设中原经济区的强大推动力量，要充分发挥中原文化的优势，建设和谐文化，推动文化创新，形成优势彰显、充满活力、全面繁荣的文化发展新局面，全面提升中原文化的吸引力和影响力。

结合上述材料，运用所学知识，思考下列问题：

(1)中原崛起，文以化之；河南振兴，文以铸之。在历史长河中，中原儿女锻造了哪些璀璨瑰丽的“中原文化名片”？(两个方面即可)

(2)传承华夏历史文明，打造国人精神家园。面对建设中原经济区的战略机遇，我们靠哪些**精神动力**开启中原崛起、河南振兴的新征程？(三个方面即可)

参考答案：(1)人物类，如：中华民族的人文始祖轩辕黄帝，农民起义领袖陈胜，巾帼英雄花木兰，唐代名将张巡，爱国将领岳飞，思想家李聃、庄周，谋略家王诩(鬼谷子)、苏秦、张仪，军事家吴起，政治家子产、李斯、张良，理学家程颐、程颢、邵雍，名僧玄奘，科学家张衡，诗文大家杜甫、白居易、韩愈，商圣范蠡，医圣张仲景，字圣许慎，画圣吴道子，律圣朱载堉，法圣韩非，酒圣杜康，厨圣伊尹等。标志性文化类，如：裴李岗文化，仰韶文化，龙山文化，河洛文化，贾湖骨笛，少林武术，河南豫剧(梨园春)等。科技类，如：甲骨文，青铜器，唐三彩，地动仪等。遗产遗址类，如：安阳殷墟，洛阳龙门石窟，“天地之中”历史建筑群等。故居旧址类，如：中共中央中原局旧址，邓颖超祖居，刘青霞故居，中国工农红军第二十五军司令部旧址等。古籍类，如：《诗经》，《易经》，《道德经》，《黄帝内经》等。神话传说类，如：女娲补天，夸父追日，大禹治水，愚公移山等。工程及纪念建筑类，如：红旗渠，小浪底水利枢纽工程，“南水北调”中线工程，郑州二七纪念塔，河南博物院，中国文字博物馆等。

(2)从中华民族的角度看，包括：中国特色社会主义伟大旗帜，马列主义、毛泽东思想、邓小平理论、“三个代表”重要思想、科学发展观，社会主义核心价值体系，社会主义先进文化，社会主义荣辱观，以爱国主义为核心的中华民族精神等。从中原文化孕育出的河南精神看，包括：愚公移山精神，红旗渠精神，焦裕禄精神，“平凡之中的伟大追求、平静之中的满腔热血、平常之中的极强烈的责任感”的“三平”精神，深厚的中原传统文化积淀，“淳朴善良、乐于助人、踏踏实实、诚实守信”的河南人群体美德，“吃苦耐劳、忠于职守、爱岗敬业、无私奉献”的河南人优秀品质，“嫉恶如仇、从善如流、爱憎分明、见义勇为”的河南人高尚情操，“自强不息、知难而进、开拓创新、奋发进取”的河南人价值追求等。

试题评析：中原经济区简介，让广大考生深受鼓舞；中原文化优势，让广大考生为之自豪。本题将重大的时政主题与课程标准中强调的核心内容有机结合，以大见小，从文化层面让考生述说“中原文化名片”，明确精神动力，激发广大考生作为河南人的自尊心、自信心与自豪感，进一步增强广大考生实现中原崛起、河南振兴的使命意识。本题具有较强的地域性、综合性与教育性。

相关链接:新华社2011年10月7日报道:国务院日前出台关于支持河南省加快建设中原经济区的指导意见。指导意见指出,中原经济区是以全国主体功能区规划明确的重点开发区域为基础、中原城市群为支撑、涵盖河南全省、延及周边地区的经济区域,地理位置重要,粮食优势突出,市场潜力巨大,文化底蕴深厚,在全国改革发展大局中具有重要战略地位。

2011年10月26日,中国共产党河南省第九次代表大会在郑州召开,省委书记卢展工作报告时强调指出,要认真贯彻落实《中共中央关于深化文化体制改革、推动社会主义文化大发展大繁荣若干重大问题的决定》,坚持社会主义先进文化前进方向,以建设社会主义核心价值体系为根本任务,以满足人民精神文化需求为出发点和落脚点,以改革创新为动力,培养高度的文化自觉和文化自信,加快建设文化强省,塑造中原人文精神,打造华夏历史文明传承创新区,推动社会主义文化大发展大繁荣。坚持把社会主义核心价值体系融入国民教育、精神文明建设和党的建设全过程,巩固全省人民团结奋斗的共同思想道德基础。大力弘扬愚公移山精神、焦裕禄精神、红旗渠精神和新时期"三平"精神,树立普普通通、踏踏实实、不畏艰险、侠肝义胆、包容宽厚、忍辱负重、自尊自强、能拼会赢的河南人形象。

近两年来,在中国的区域版图上,有一股发轫于中部的力量正在崛起,这股力量积蓄太久,顺势而发,不可遏制。这股力量来源于中华民族和华夏文明的重要发源地——河南。大河之南,薪火相传,筚路蓝缕,精神不灭,一群又一群普普通通、踏踏实实、不畏艰难、侠肝义胆的领导者和建设者,仰望着星空,脚踏着中原大地,在一步一步谋划和建设着文明、富裕和祥和的新河南。2010年年底,中原经济区列入国家主体功能区规划,上升为国家战略,河南粮食总产连续11年全国第一,同时跻身新兴工业大省的行列……河南这坛"陈酒",终于散发出诱人的醇香。"潮平两岸阔,风正一帆悬。"在恢弘阔大的视野下,河南的发展,愈见精彩。先是中原经济区上升为国家战略,然后国务院下发支持中原经济区建设的指导意见,紧接着河南省九次党代会召开,这些都是事关河南未来五年乃至十年发展的大事、幸事、喜事。在河南省第九次党代会召开期间,《大河报》从2011年10月24日至11月1日推出大型互动策划活动——"谁,能代言河南?"系列报道。报道从经济河南、品格河南、地标河南、品牌河南、名企河南、名人河南、山水河南、文化河南等八个方面分别选出能代言河南的"河南名片"。"河南名片"在一定程度上,体现河南品格,引领河南发展,诠释河南文化。

"难而不惧,富而不惑,自强不已,奋斗不息。"2011年10月16日,新华社播发长篇通讯《守望精神家园的太行人——红旗渠精神当代传奇》,红旗渠精神再次走进人们的视野,激荡人们的心胸。文章对当代红旗渠精神的概括、提炼和阐释,在中原大地乃至全国引发了广泛共鸣和回响。社会各界人士纷纷表示,红旗渠精神经反复锤炼、丰富发展,越来越发出历久弥新的光芒,成为中华民族精神的象征。

综上所述，充分证明：近年来河南省中招思想品德试题坚持新课程理念，紧扣时代脉搏，体现时代潮流，引领课改航向，不断探索，务实创新，实现了前瞻性与思想性、时代性、地域性、人文性、科学性、综合性的有机统一，经受住了时间和实践的检验，深受广大师生好评，赢得了社会各界的广泛认可。试题所涉及的主题、话题和相关内容，往往在后来的社会生活中得到呈现、得到印证，有的甚至反复呈现和印证，并且其吻合度甚高，这有力地证明了河南省中招思想品德试题的深刻内涵、高端品位和持久生命力，由此产生的“经典效应”也在不断地传为佳话，同时成为业内有心人和广大有识之士兴味盎然、津津乐道的探讨内容。而其前瞻性、预见性对于思想品德学科教育、教学、教研所发挥的深刻启迪和明确导向作用，显然是不言而喻的。

2011 年河南省中考思想品德典题评析

河南省南阳市宛城区官庄一中　夏光范

2011 年河南省中考评卷工作落下帷幕后，据考生反映：思想品德试题难度大，在复习资料上找不到相似的题目和答案，因此，答题时不知所云，凭自己的“想象”随意作答。

笔者认为，2011 年的中考思想品德试题较好地回避了各类备考资料中的猜题、押题现象，另辟蹊径，注重考查教师在课堂教学中“知识与技能、过程与方法、情感态度与价值观”的落实情况，真实地反映考生的学习过程、知识迁移能力、发散思维能力和对现实生活的思考、感悟能力。试题既灵活地考查了考生的价值判断能力，又给考生以思想认识、责任意识和行为方式的正确引导，仿佛回到“原点”，突出原创性、针对性、实践性、综合性等特点，彰显了“帮助学生过积极健康的生活，做合格公民”的课程核心理念，为今后教学指明了方向。

下面结合 2011 年河南省中考思想品德试题与考生失分较多的几道试题做简要分析。

第 6 题（多项选择）　作文现“网语”，表达“键盘化”。“作业写到晚上 11 点，真是杯具！”一位老师感慨：最近批改学生作文，看了半天才看懂，原来“杯具”是“悲剧”的谐音，是时下流行的网络语。还有，“大虾”意指“大侠”，“餐具”就是“惨剧”，“童鞋”表示“同学”，“油墨”即为“幽默”……如果不知道这样的词汇，人家会送你一个词：“OUT”（落伍）！针对上述网络语言冲击规范汉语的现象，我们的正确认识有　【　　】

A. 网络语完全可取代规范汉语　　B. 网络语现实应用需严加筛选

C. 网络语最好只在网络里使用　　D. 规范社会语言环境势在必行

参考答案:BCD

试题评析:网络语言良莠不齐,使用不当或不加选择地使用,将直接影响汉语的规范使用,影响几千年的中华文明的发展。本题以在学生作文中出现"网络语言的不当使用"为背景进行命题,着重考查考生对现实生活的思考能力和践行能力,引导考生运用所学知识,正确对待网络语言,把规范使用汉语作为自己的实际行动。

错误分析:本题满分率较低,大多数考生漏选"C"或"D"选项。错误原因主要在于考生对这一现象的认识不够全面,对网络环境虚拟性认识不到位,不能综合分析备选答案的合理性和题干与题肢的关联性,导致漏选。

启示与建议:(1)要关注社会热点。2010 年 10 月 31 日是《国家通用语言文字法》颁布 10 周年纪念日,在这一大背景下,命题人独具匠心,以在学生作文中出现"网络语言的不当使用"为背景材料命题。(2)教学中,教师要善于发掘生活中的课程资源,把这些鲜活的教学资源引入课堂,启发学生发现问题、思考问题、解决问题,引导学生反思自己的日常行为表现,帮助学生健康成长,以充分发挥思想品德课程的功能。

第 9 题(辨析题)

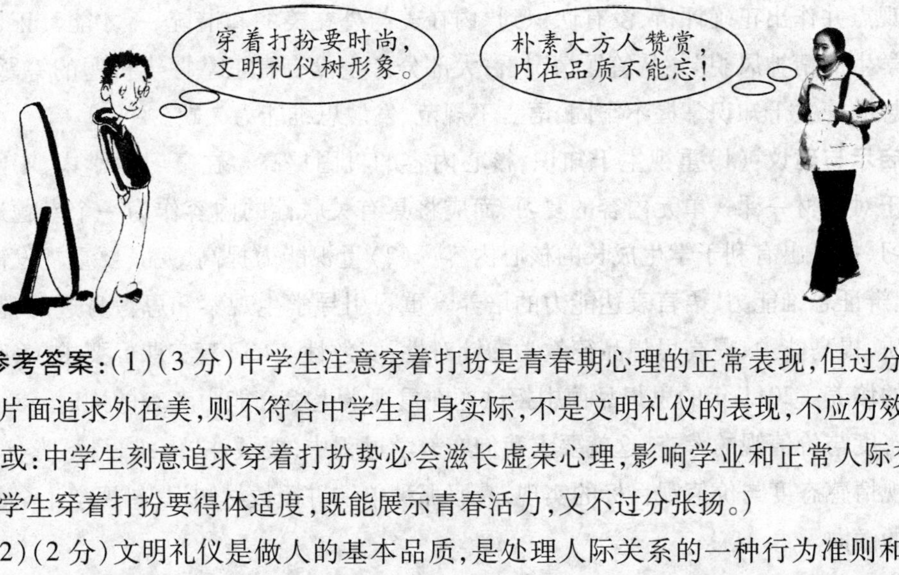

参考答案:(1)(3 分)中学生注意穿着打扮是青春期心理的正常表现,但过分追求时尚、片面追求外在美,则不符合中学生自身实际,不是文明礼仪的表现,不应仿效和提倡。(或:中学生刻意追求穿着打扮势必会滋长虚荣心理,影响学业和正常人际交往。或:中学生穿着打扮要得体适度,既能展示青春活力,又不过分张扬。)

(2)(2 分)文明礼仪是做人的基本品质,是处理人际关系的一种行为准则和道德规范。(或:文明礼仪是相互尊重、有效沟通、增进友谊的必要条件。或:文明礼仪事关个人修养高低、人际关系质量、社会风气好坏,甚至是国家和民族的尊严,绝不是无足轻重的生活小事。或:文明礼仪有助于提升我们的道德水准和精神境界,是优雅风采和高尚品德的具体展示。)

(3)(2 分)穿着朴素大方是一种艰苦朴素、勤俭节约的生活作风,是中华民族艰苦奋斗传统美德的具体体现。(或:艰苦朴素是一种思想境界,是一种积极、健康的生活态度,是成就任何事业必不可少的精神力量和崇高美德。或:在新时期,推进现代化建设,更需要大力倡导和发扬艰苦创业精神。或:中学生要理性消费、适度消费,而不能不顾家庭实际与人盲目攀比、铺张浪费。)

(4)(3 分)中学生的主要任务是知识学习和品德培养,只有将外在美和内在美有机地统一起来,才能真正展示当代中学生的青春风采。(或:作为当代中学生,要用全面、发展的眼光看待自己,既要注重外在形象,更要注重内在品质。或:作为当代中学生,要通过不断学习提高能力、升华品质,肩负起中华民族伟大复兴的历史使命。)

试题评析:改革开放以来,人民群众的生活水平、消费水准不断提高,一些青少年追求高消费、片面追求时尚、不讲文明礼仪,这些现象已严重影响了青少年的健康成长,影响了人际关系的质量。为此,2011 年 1 月 21 日中国政府网发布《教育部关于印发〈中小学文明礼仪教育指导纲要〉的通知》,要求中小学开展文明礼仪教育,全面提高青少年学生的思想道德素质和文明礼仪素养,为学生的文明生活、幸福成长奠定基础。本题以中学生在日常生活中的文明礼仪行为表现为背景考查这一社会热点,通过对文明礼仪行为的辨析,帮助考生认识自己日常礼仪行为表现,引导考生反思自己的行为,教育考生提升自身内在素质,做讲文明、懂礼仪的中学生。

错误分析:本题考生得分比较低。原因在于考生不能全面认识"穿着打扮要时尚"这一观点并作出正确评析,没有认识到"内在美与外在美的和谐统一,才能真正展示当代中学生的精神风貌"。从答题情况看,大部分考生没有真正掌握辨析题的答题要领,对思想品德主干知识掌握不牢固、语言不规范、发散思维能力欠缺。

启示与建议:(1)重视主干知识、核心内容的巩固提高。在复习教学中,不能仅仅局限于对教材一课一单元内容的复习,而应将具有关联性的内容作为一个专题进行总结复习,提炼出有利于学生成长的核心内容。(2)重视能力提高,尤其要重视发散思维能力、辩证思维能力、语言表达能力的培养。重视引导学生观察和思考身边的现象,提升品质,提高能力,提高思想品德教学的针对性、实效性。(3)落实课标要求,着眼综合素质的培养。2011 年的思想品德中招试题在重视学生综合能力考查的同时,渗透了对情感态度与价值观的考查,这就要求我们在教学过程中,要关注"三维目标"落实,尤其要重视情感态度与价值观目标的实现,克服那种单纯讲授教材知识,忽视学生全面健康成长的倾向。

第 10 题(观察与思考)　地动山摇,摇不散中华魂魄;山崩地裂,裂不开万众一心。公元 2008 年 5 月 12 日 14 时 28 分,一场里氏 8.0 级的特大地震强袭汶川。从那一刻起,英雄的中国人民穿越灾难,跨越废墟,共同编织了中国大爱,凝聚了中国力量,见证了中国速度,创造了中国奇迹:从救援到援建,现已基本实现了家家有房住、户户有就业、人人有保障、设施有提高、经济有发展、生态有改善的重

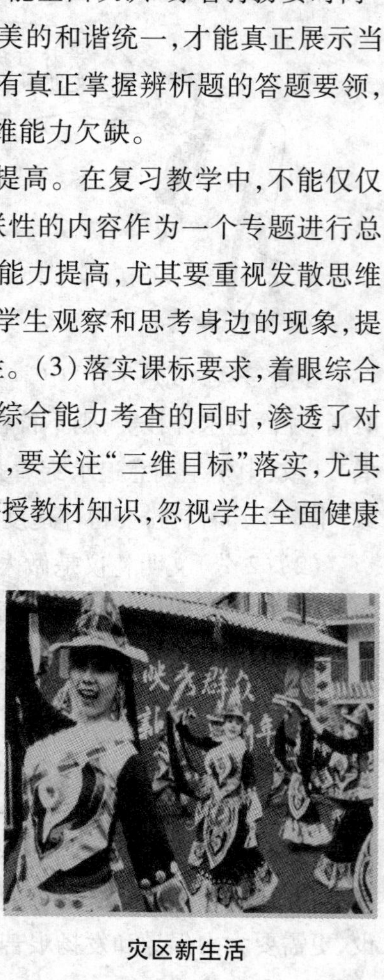

灾区新生活

建目标。

结合上述材料,运用所学知识,思考下列问题:

(1)从毁灭走向新生,从悲壮走向豪迈,走过风,走过雨,四川依然美丽!这一巨大变迁向世人昭示了什么?(三个方面即可。6分)

(2)如果要编一部国人的"5·12"词典,你认为能够启迪**自身成长**的关键词语有哪些?请写出两条。(4分)

参考答案:(1)(6分)必须坚持中国共产党的领导;必须深入贯彻落实科学发展观;必须坚持以人为本、尊重自然、统筹兼顾、科学重建的奋斗目标;中国特色社会主义制度具有巨大的优越性;中华民族具有强大的凝聚力和无比的向心力;社会主义制度具有集中力量办大事的优势;中华民族具有"一方有难、八方支援"的优良传统;全国各族人民具有团结互助、携手同心的大局意识;等等。

(2)(4分)珍爱生命,永不言弃;热爱生命,愈挫愈奋;自立自强,自尊自信;百折不挠,自强不息;知难而进,迎难而上;信念坚定,意志坚强;在挫折中奋进,在逆境中崛起;乐观向上,开拓进取;尊重他人,乐于助人;和衷共济,共克时艰;万众一心,众志成城;热心公益,无私奉献,培养亲社会意识;热爱集体,增强集体主义观念;顾全大局,增强社会责任感;尊重自然,爱护环境;大爱无疆,彰显人间真情;感恩祖国,感恩人民;等等。

试题评析:2008年5月12日,天崩地裂,地动山摇,一场灾难突然降临在秀丽的巴蜀大地!强震撕裂了天府之国的宁静,摧毁了无数的家庭,撕碎了无数人的生活、梦想,乃至生命。这是新中国成立以来破坏性最强、波及范围最广的一次地震,近50万平方公里的中国大地受到影响。重灾区近10万平方公里,共41个县(市、区),极重灾区共11个县(市),涉及四川、陕西、甘肃等省。数百万间房屋和大量公用设施被摧毁,需要重建,任务之艰巨,超乎想象。三年过去了,在党的领导下,中华民族以不屈的精神力量战胜了这场特大自然灾害,使四川汶川重灾区走出灾难的阴霾,走向浴火重生,迅速完成重灾后的恢复重建,创造了人间奇迹,这是世界上其他国家在短时间内都不可能完成的。在这场大灾面前,全国各族人民同心协力,共赴时艰。灾区人民自力更生,艰苦奋斗。党和国家领导人亲临抗震救灾第一线,发出"救人"总动员。人民子弟兵,不怕流血牺牲,抢救每一个生命。全国对口援建,加快了恢复重建。如今,灾区处处展现出新生机、新活力、新希望,给人以震撼、力量和信心,四川从悲壮走向了豪迈!本题以汶川重灾区三年恢复重建为背景,引导考生感悟中国共产党的辉煌业绩,感受民族精神的强大凝聚力、社会主义制度的优越性、"十一五"的重大成就,启迪考生珍爱生命,热爱生命,面对挫折自强不息,保持乐观向上、开拓进取的精神状态,懂得感恩,增强责任感。

错误分析:第(1)题:"这一巨大变迁向世人昭示了什么?"大部分考生对"昭示"一词的含义理解不清,找不到答题切入点,抄书又找不到原答案,随意编写,或仅从"四川建设取得巨大成就的原因"角度答题。第(2)题"启迪**自身成长**的关键词语"不能从题目的规定性要求“5·12”地震、“启迪”、“自身成长”等方面组织答案,仅从自身成长的内容中随便抄写答案,文不对题。

启示与建议:(1)重视培养学生的归纳能力和多向思维能力。复习备考时,要关注重大社会热点,多角度设置问题,引导学生运用所学知识综合思考问题。从2011年的思想品德试卷中可以看出,试题很少出现类似“说明了什么”、“表明了什么”、“证明了什么”、“青少年应怎样做”、“有什么启示”等设问方式。在今后的教学中,要充分利用重大社会热点、学生生活实际等教学资源,重视“知识与技能、过程与方法、情感态度与价值观”三维目标的落实,提高学生归纳、综合能力和发散思维能力。(2)坚持对学生进行学科专业素养的培养。主要包括学科知识体系的整合和学科综合能力的提升,通过学科内纵向知识的整合,夯实学生的学科基础,提升学生的学科素养。(3)践行生活德育理念,突出教学内容的生活意义。新课程倡导“关注学生成长需要与生活体验”,教学应面向丰富多彩的社会生活,实现教材与现实生活的交融,贴近学生、贴近生活、贴近社会,引导学生参与生活,关注社会,感悟人生,以提升学生的生活经验,促进学生良好品德的形成和发展。

第12题(观察与思考)　国以民为本,民以食为天。开门七件事:柴米油盐酱醋茶。食品安全连着亿万家庭,是重大的民生问题。一个时期以来,频频发生的食品安全事件,让我们每一个中国人都陷入了十(食)面埋伏。对此问题,党和国家高度重视,各地各部门密集行动,重拳出击,重典治乱,一场食品安全保卫战已经全面打响。

为了让群众吃得安全、吃得放心,某社区(村委会)准备在近期举办“食品安全专题报告会”,请你参加并完成下列任务:

(1)请为本次专题报告会拟定两条宣传标语。(与材料重复者不得分。4分)

(2)在专题报告会召开期间,请向大家推荐两条有关食品安全的注意事项。(4分)

参考答案:(1)(4分)“安以质为本,质以诚为根”;“树立诚信意识,确保食品安全”;“拒绝问题食品,共享幸福生活”;“举报问题食品,维护百姓权益”;“关注食品安全,确保生命健康”;“食品安全连万家,防范需要你我他”;“食品安全齐监管,安全生活每一天”;“食品安全大于天,依法打击是关键”;“严把食品安全关,多措并举重防范”;“筑牢食品安全防线,让老百姓安心放心”;“打击假冒伪劣食品,维护消费者合法权益”;等等。

(2)(4分)<u>购买食品时需要注意的事项</u>:消费者尽量要到正规商场购物,确保食品质量；消费者一定要看清食品的生产日期，不能购买过期食品；消费者一定要了解食品的用途、性能和使用方法说明书，确保身心健康；消费者购买食品一定要索取发票，防患于未然；消费者遇到问题食品时，要及时向有关部门举报；消费者因遇到问题食品发生纠纷时，要依法维权；等等。食用食品时需要注意的事项：生吃瓜果应洗净，用开水烫过或除去皮壳，严防“病从口入”；新鲜蔬菜应浸泡多洗，清除农药残留物；慎食生菜、凉菜，食物要煮熟、煮透后再吃；不食用腐败、变质食品和过期食品；一旦发现食物中毒，要及时到医院诊治；等等。

试题评析：近年来，相继发生了“毒奶粉”、“瘦肉精”、“地沟油”、“彩色馒头”等恶性食品安全事件，对此，党和国家高度重视。2011 年 2 月，全国人大常委会通过《刑法修正案（八）》，增加了严惩食品安全犯罪活动的内容。2011 年 3 月 25 日，国务院办公厅印发的《2011 年食品安全重点工作安排》中，“严厉打击食品安全违法违规活动”被列为 2011 年食品安全工作的第一项重要任务。国务院食品安全委员会办公室 2011 年 5 月 8 日印发的《食品安全宣传教育工作纲要（2011—2015 年）》，要求各有关方面通过广泛普及食品安全法律法规和科学知识，提高公众的食品安全意识和预防应对风险的能力，营造人人关心、人人维护食品安全的良好氛围。本题以“举办食品安全报告会”为背景进行活动与探索，考查考生的“食品安全常识”，引导考生安全购买和食用食品，避免问题食品的危害，消除“十（食）面埋伏”之忧，考查意义非常重要。

错误分析：第（1）问，大部分考生虽能从“食品安全”角度编拟宣传标语，但由于语言不规范，失分较多。第（2）问，由于考生生活经验欠缺，不能完整地从“购买食品”角度或者“食用食品”角度表述，失分较多。

启示与建议：（1）以学生逐步扩展的生活经验为基础，是本课程的基本理念。面对学生成长中的问题，帮助学生处理好各种关系，扩展学生的生活经验，是思想品德课程的重要任务。作为思想品德课教师，应结合社会现实和教学内容，在活动中扩充教学内容，开阔学生视野，丰富学生的生活经验，为学生适应社会提供帮助。（2）建议教师在夯实思想品德主干知识和核心内容的同时，做好课堂教学内容的拓展，把社会热点问题纳入课堂，引导学生探究社会热点问题，在探究中丰富学生的生活经验，帮助学生过积极、健康、安全、文明的生活。

品灵动之韵味　悟深邃之内涵

——研读2011年河南省中考思想品德试卷第9题有感

河南省洛阳市伊滨区诸葛一中　王友丽

如果说立意紧扣社会热点的辨析题，是“唯有牡丹真国色，花开时节动京城”——万人瞩目，那么立意贴近学生生活的辨析题，则是“接天莲叶无穷碧，映日荷花别样红”——生机盎然。看到2011年河南省中考思想品德试卷第9题，我心中一动，感觉如风送荷香，灵动清新。

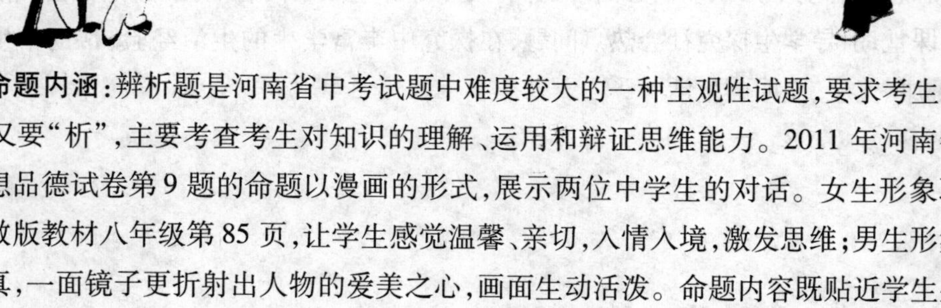

命题内涵：辨析题是河南省中考试题中难度较大的一种主观性试题，要求考生既要“辨”又要“析”，主要考查考生对知识的理解、运用和辩证思维能力。2011年河南省中考思想品德试卷第9题的命题以漫画的形式，展示两位中学生的对话。女生形象取材于人教版教材八年级第85页，让学生感觉温馨、亲切，入情入境，激发思维；男生形象生动逼真，一面镜子更折射出人物的爱美之心，画面生动活泼。命题内容既贴近学生生活又结合社会热点，以学生的衣着为突破口，更易激发考生“时尚与朴素”、“外在美与内在美”的思维碰撞，让他们实话实说，流露真情，充分体现了“让学生在活动中认知，在认知中思辨，在思辨中明理，在明理中践行”的新课程理念。

管子曾说："仓廪实而知礼节，衣食足而知荣辱。"但是，随着我国经济的快速发展，人民生活水平的不断提高，社会上"是追求时尚奢华之风，还是发扬艰苦朴素的传统美德"曾一度发生碰撞，一些所谓"富二代"、"官二代"等表现出来的不良习气，也已经成为一个被高度关注的社会问题。一百多年前，梁启超在《少年中国说》中指出"今日之责任，不在他人，而全在我少年。少年智则国智，少年富则国富，少年强则国强……"，极力歌颂少年的朝气蓬勃，热切希望出现"少年中国"振奋人民的精神。2010 年 12 月 30 日，教育部印发了《中小学文明礼仪教育指导纲要》，标志着我国的中小学文明礼仪教育工作正式上升为国家层面的政府行为，加强中小学文明礼仪教育，对于提高中小学生的思想道德修养，努力构建社会主义和谐社会，提升全民族的文明素质，增强国家的文化软实力，具有重要意义。中学生的世界观、人生观、价值观还不成熟，辨别是非的能力不够强，面对纷繁复杂的社会，如何让青少年健康成长，是我们共同关注的问题。上述命题设计突出思想性，彰显了思想品德学科的德育功能，紧扣时代主题——"加强中小学文明礼仪教育，提高中小学生思想道德修养"，体现了"以学生的全面发展为根本"和"学习即生活"、"考试即生活"的命题理念，展现了"既关注时代主题，又兼顾生活点滴"的独特命题视角。此题语言浅显易懂，但表达的情感却是丰富的，内涵是深厚的，有助于让考生在成长的道路上再一次认识自我、审视自我，既注重外在形象，又注重内在品质，去塑造全新的自我，这是成长的必然，更是社会的要求。

答题情况：部分考生能够全面把握辨析题的题型特点，知识储备丰富，对此题理解透彻到位，能有效地驾驭教材，巧妙进行知识的综合和迁移，做到辨点清楚、思路清晰、答题完整。比如，分析"穿着打扮要时尚"这一辨点，除了给出的参考答案外，还有部分考生联系现阶段我国正处于社会主义初级阶段的国情进行分析，也可谓言之有理。最后一层，部分考生不但答出了"为什么要追求外在美和内在美的有机统一"，而且答出了一些"具体做法"，如：培养俭朴的生活习惯，不贪慕虚荣、不盲目从众等。以此来照应主题，深化德育功效，体现了思想品德课的落脚点是"通过学生的有效参与，使课程的价值引导意图转化为学生的价值判断和自主选择"这一要求。

总体而言，要答好 2011 年河南省中考思想品德试卷第 9 题并不容易。考生答题存在的问题主要有：第一，辨点不清楚。如对中学生穿着打扮是否应该追求时尚存在模糊认识，分析不透彻；把"礼仪的作用"答成"礼貌的重要性"。第二，层次不全面，有遗漏辨点现象。主要是缺少对"文明礼仪树形象"或者"朴素大方人赞赏"的辨析。第三，条理混乱。有的答案开头至结尾只有一大段，或者是一句一段，不对应辨点；有的考生甚至从(1)标到(15)。第四，不用学科语言答题。如出现"鸟看羽毛人观心"、"远看衣服近敬人"等。答题之所以出现以上问题，究其原因，主要是此题涵盖的知识点跨度较大，考生不能构建完整的知识体系，没有掌握科学解答辨析题的方法。

试题启示：学生生活和社会现实是思想品德课教学关注的重要内容，也是历年来思想品德中考关注的重要内容。面对试题，学生出现诸多失误，作为一名思想品德教师，我感慨颇多。第一，为教学中自己犯经验主义而遗憾，总以为贴近学生生活的命题学生容易理解，课堂教学不够重视，对这一类辨析题练得不多，指导不够，导致学生答题时出现眼高手低的情况。第二，对自己把握社会热点不够更觉羞惭。苏霍姆林斯基说过："只有当教师自身的素质比教学大纲宽广得无可比拟的时候，教师才能成为教育过程的能手、艺术家和诗人。"对于教育部印发《中小学文明礼仪教育指导纲要》这一社会热点，考前我竟然知之甚少！路漫漫其修远兮，吾将上下而求索！

"问渠那得清如许，为有源头活水来。"辨析题注重考查考生的基础知识、认知水平、辩证思维能力等，对考生应用学科语言答题的要求较高。要答好类似于 2011 年河南省中考思想品德试卷第 9 题的辨析题，教学中教师要注重从远处着眼，近处着手；大处着眼，小处着手，不失时机地抓住学生的"生活动态"，晓其理，促其思，激其情，导其行。**重基础**：部分学生认为："开卷考试，考试前只需看看教材，考试时多抄点内容即可。"实践证明，这种想法是错误的。俗话说"巧妇难为无米之炊"，知识是能力的基础和载体，如果没有基础知识，所谓的理解、判断、分析、归纳能力只能是"无根之木、无源之水"。**重体验**：法国教育家卢梭认为："教育应让学生从各种活动中、从生活中进行学习，通过与生活实际相联系，获得直接经验，主动进行学习。"我们的课堂教学应关注学生的生活体验、社会体验，注意创设现实生活情境，保持教学的生活性和时代性。教师要积极探索、创新教学方法，组织丰富多彩的教学实践活动，努力把思想品德课堂建设成为智慧启迪的乐园、道德践行的平台，以达到"随风潜入夜，润物细无声"的育人效果。**重研究**：俗话说"劈柴不照纹，累死劈柴人"，教师要注重题型研究，结合不同类型的辨析题，有的放矢地进行指导、训练，让学生掌握做题要领，养成审慎思考、有序组织、认真书写、细致复查的好习惯，避免丢三落四、书写潦草和口语化答题。

第斯多惠说过："任何真正的教学不仅是提供知识，而是予学生以教育。"礼仪就像一弘清亮的泉水，洗涤人的污浊；像一首美妙的乐曲，拨动人的心弦。天空的美，在于云卷云舒；大海的美，在于潮起潮落；青春的美，在于内外兼修。教师的美，又在于什么？2011 年河南省中考思想品德试卷第 9 题留给我们的是绵延不绝、余味悠长的深思！

提升素质、提高能力是思想品德课的根本

——2011年河南省思想品德中招试题赏析

河南省郑州市第六十三中学　张旭东

随着社会的发展和改革的深化，对人才的需求标准越来越高，只有全面发展，能力卓越，才能担当重任，成为时代的弄潮儿。况且，教育部早就有明文规定：德智体美劳五育并举，德育为首。对于从事初中思想品德课教育教学工作的全体同仁来说，都深感责任重大。当然，要想不辱使命，顺利完成任务，从2011年河南省思想品德中招试题中便可找到答案，那就是提升素质、提高能力，这也是中学思想品德课的根本。只要抓住"提升"和"提高"这两个动作，只要扣住"素质"和"能力"这两个方面，就能很好地把握思想品德课的方向，引领我们顺利前进。

下面从提升素质和提高能力这两个方面来分别赏析：

根本之一：提升素质

初中阶段是学生身心发展的关键时期，也是思想品德教育的最佳时期。中学的德育目标要求学生全面发展，做"四有"新人，具有为国家富强和人民富裕而艰苦奋斗的献身精神，不断追求新知，成为具有实事求是、独立思考、勇于创新的高素质的社会主义事业建设者。

思想道德素质的培养，离不开树立正确的世界观和价值观，中学生正处于世界观的形成时期，作为教育者更要积极地引导和示范，为学生形成良好的思想道德素质贡献自己的力量。

这在2011年的河南省思想品德中招试题中便可找到踪迹。例如：

4. 经国务院批准，自2011年起，每年的5月19日（《徐霞客游记》开篇日）为"中国旅游日"。为了寻访徐霞客足迹，传承徐霞客精神，旅游日当天，来自全国百所高校的

100 名国内大学生和 50 名外国留学生齐聚浙江宁海，沿着古道追寻先人足迹。下列名言警句中能够反映“热爱祖国、献身科学、尊重实践”徐霞客精神的是　　　　【　　】

A. 君子一言，驷马难追　　　　B. 己所不欲，勿施于人

C. 读万卷书，行万里路　　　　D. 居安思危，戒奢以俭

该题命题新颖巧妙，具有鲜明的时代性和指导性。为了寻访徐霞客足迹，传承徐霞客精神，2011 年的 5 月 19 日首次被国务院确定为“中国旅游日”。对于 2011 年的中招考生来说，这一新闻材料就在暗示大家要关注国家大事，关注课本以外的东西，尤其是“热爱祖国、献身科学、尊重实践”的徐霞客精神，更是明确要求人们既要读万卷书，又要行万里路；既要掌握书本理论知识，又要掌握社会实践知识。正所谓“处处留心皆学问”。只有这样，才能做到德、智、体、美、劳全面发展，才能提高一个人的综合素质。

8. 语重心长话希望，殷切期待指方向。2011 年 4 月 24 日，胡锦涛总书记在庆祝清华大学建校 100 周年大会上发表重要讲话，对全国青年学生提出三点希望：把文化知识学习和思想品德修养紧密结合起来；把创新思维和社会实践紧密结合起来；把全面发展和个性发展紧密结合起来。联系中学生实际，我们应该　　　　【　　】

A. 胸怀远大理想，陶冶高尚情操

B. 坚持终身学习，培养创新精神

C. 注重学以致用，投身社会实践

D. 做到德才兼备，开发自身潜能

在庆祝清华大学建校 100 周年大会上，胡锦涛总书记对全国青年学生提出三点希望，这不仅给当今时代的青年学生指明了发展方向，同样，对于我们从事思想品德教育教学工作的全体同仁来说，也具有指导意义，指明了我们今后的工作方向，让我们日常的教育教学更有针对性和实效性。尤其是胡锦涛总书记提到的创新思维更加重要，因为，创新不仅是一个民族进步的灵魂，更是一个国家兴旺发达的不竭动力。面对当今知识爆炸的信息时代，作为国家未来的建设者和接班人的中学生们更要提高创新思维能力，这样才能迎接时代的挑战，才能让中华民族永远屹立于世界民族之林。

根本之二：提高能力

五育并举，德育为首，而智育是素质教育的基础。学习如逆水行舟，不进则退；能力如开刃之剑，削铁如泥。思想品德课教育教学的目的不是单纯传授知识，而是发展智力和能力，提高觉悟，指导行为。而能力是指学生接受和处理知识、运用所学知识分析问题和解决问题的本领。中学生的智力和能力主要是通过在学习和运用已有知识、经验的过程中逐渐形成和发展的。中学生智能的发展是以知识为前提条件的，智能得到发展后，不仅可以积极地促进学生掌握知识，完成学习任务，而且可以对学生今后参与社会活动和适应现代化生活起到重要作用。例如：

10. 地动山摇，摇不散中华魂魄；山崩地裂，裂不开万众一心。公元 2008 年 5 月 12

日14时28分,一场里氏8.0级的特大地震强袭汶川。从那一刻起,英雄的中国人民穿越灾难,跨越废墟,共同编织了中国大爱,凝聚了中国力量,见证了中国速度,创造了中国奇迹:从救援到援建,现已基本实现了家家有房住、户户有就业、人人有保障、设施有提高、经济有发展、生态有改善的重建目标。

灾区新生活

结合上述材料,运用所学知识,思考下列问题:

(1)从毁灭走向新生,从悲壮走向豪迈,走过风,走过雨,四川依然美丽!这一巨大变迁向世人昭示了什么?(三个方面即可)

必须坚持中国共产党的领导;必须深入贯彻落实科学发展观;必须坚持以人为本、尊重自然、统筹兼顾、科学重建的奋斗目标;中国特色社会主义制度具有巨大的优越性;中华民族具有强大的凝聚力和无比的向心力;社会主义制度具有集中力量办大事的优势;中华民族具有"一方有难、八方支援"的优良传统;全国各族人民具有团结互助、携手同心的大局意识;等等。

(2)如果要编一部国人的"5·12"词典,你认为能够启迪自身成长的关键词语有哪些?请写出两条。

珍爱生命,永不言弃;热爱生命,愈挫愈奋;自立自强,自尊自信;百折不挠,自强不息;知难而进,迎难而上;信念坚定,意志坚强;在挫折中奋进,在逆境中崛起;乐观向上,开拓进取;尊重他人,乐于助人;和衷共济,共克时艰;万众一心,众志成城;热心公益,无私奉献,培养亲社会意识;热爱集体,增强集体主义观念;顾全大局,增强社会责任感;尊重自然,爱护环境;大爱无疆,彰显人间真情;感恩祖国,感恩人民;等等。

这道题既扣住了汶川地震灾后重建三周年这一国家大事,又紧密结合初中学生思想品德课所学理论知识,做到了理论联系实际。这是一道考查学生能力的经典试题。虽然是开卷考试,不管考生带着多少本参考资料和试卷,即使翻遍也找不到完整的答案。要想做好这一题,首先,要关注国内外大事,了解这些背景材料;其次,对课本知识要有透彻的掌握,能够驾轻就熟,信手拈来;最后,就是运用所学课本理论知识来分析和解决现实生活中的问题。这就是能力。只有这样,做题时,才能不拘泥于七、八、九哪一个年级,才能不拘泥于哪一本书、哪一章、哪一节,才能打破教材界限,灵活自如地找到能够启迪自身成长的关键词语。

2011年的思想品德中招考试成绩揭晓后,我班学生中出现了一种出人意料的现象,就是平时"两耳不闻窗外事,一心只读圣贤书"的学生成绩平平,而另外一种平时学习方法灵巧,聪明,喜欢看课外书、报纸的学生,这次成绩比较突出。通过这次中考,确实也给我们做老师的敲响了警钟,不能只注重学生对书本知识的死记硬背,不会运用,只能是“两脚书橱”,高分低能。如果注重对学生能力的培养,不仅让他们掌握了知识,而且能够运用知识分析和解决现实生活中的问题,提高他们的学习能力,那就会大有所为,不管中招试题多么灵活,他们都会稳操胜券。

提升素质、提高能力是中学思想品德课的根本。这就是2011年河南省中招思想品德试题给我的启示,我会在今后的工作中去落实,去践行。

第三辑　备考论丛

近年来河南省初中毕业生思想品德（思想政治）学业评价考试主要考点回顾

河南省基础教育教学研究室　王向阳

2005年6月，河南省有了学习新课程的第一届初中毕业生。因此，从2005年开始，河南省初中毕业生思想品德（思想政治）学业评价考试（以下简称"中招考试"）试卷研制工作全面贯彻新课程理念，不断深化改革，进入了一个全新的发展时期，从而站在了一个崭新的历史起点上。

总体来看，该项工作坚持以科学发展观为统领，以建设社会主义核心价值体系为根本任务，以课程标准为依据，彰显课程性质，强化德育功能，坚持正确导向，引领教学实践。

具体来看，河南省近年来的中招试卷呈现出以下特点：

（一）唱响主旋律，深化新课改。把握时代脉搏，突出重大主题，关注国计民生，体现地域特色，理论联系实际，倡导学以致用。弘扬真善美，鞭挞假恶丑。

（二）科学考查"双基"，坚持知识与技能、过程与方法、情感态度与价值观"三维"目标考查的有机结合、水乳交融，注重考查素质、提升能力，引导考生树立正确的世界观、人生观、价值观，增强考生社会责任感和关心集体、热爱家乡、热爱祖国的情感，培养又红又专、德才兼备的创新人才。

（三）为考生提供内涵丰富、元素科学的养分，为考生搭建展示才华、健康成长的平台，为考生的长远发展、可持续发展奠定基础。既注重考查内容的覆盖面，又注重主干知识、核心内容的考查，重在考查综合探究能力、创新思维能力和社会实践能力。

（四）一贯坚持“二三三四”综合考查：“二”即基础知识与重大时政两个方面，第一个“三”即课标“成长中的我”、“我与他人的关系”、“我与集体、国家和社会的关系”这三条主线，第二个“三”即七、八、九三个年级所学内容兼顾，“四”即道德品质、心理健康、法律常识、国情国策四大板块。

以下是蕴含在2005年至2011年度河南省中招考试思想品德（思想政治）各类试卷中的主要考点。

（一）珍爱生命、磨砺意志、调节和控制情绪、坚强面对困难和挫折、乐观向上、培养高雅生活情趣、自尊自信、自立自强、团结互助、勤俭节约、做负责任的公民、培养亲社会行为、素质教育、家庭教育、减轻学生负担、人的全面发展、教育均衡发展、禁毒宣传。

（二）社会主义荣辱观、社会公德、社会责任、文明礼仪、孝亲敬长、诚实守信、学会感恩、公民道德建设、道德实践活动、崇尚科学、学会合作、奉献社会、以人为本、维护公平正义、促进教育公平、正确处理网络语言与规范汉语的关系。

（三）党的基本路线、科学发展观、“十二五”规划、基本国策、改革开放、科教兴国、人才强国、建设创新型国家、耕地保护、环境保护、资源节约、可持续发展战略、区域经济协调发展、生态文明、建设资源节约型和环境友好型社会、贯彻落实“限塑令”、“三农”问题、水利建设、粮食生产、三峡工程、青藏铁路、“南水北调”、航空航天、北京奥运、上海世博、改革开放30周年、中华人民共和国成立60周年、西藏和平解放60周年、中国共产党建党90周年、汶川地震灾区重建成绩斐然。

（四）民主政治建设、中国特色社会主义法律体系形成、法制建设、依法治国、依宪治国、网络问政、食品安全、学习用品安全、依法维权、公民权利、公民义务、公民意识、依法纳税、未成年人保护、遵纪守法、消费者权益、理性消费、艰苦奋斗。

（五）社会主义核心价值体系建设、社会主义精神文明建设、践行“三个代表”重要思想、未成年人思想道德建设、“永远的丰碑”、“双百”人物（100位为新中国成立作出突出贡献的英雄模范人物和100位新中国成立以来感动中国人物）、红色旅游、红色经典、爱国歌曲、红色影视、红色箴言、“红段子”、感动中国、民族精神与时代精神[长征精神、抗战精神、抗震救灾精神、北京奥运精神、志愿者精神、“三平”（平凡之中的伟大追求，平静之中的满腔热血，平常之中的强烈责任感）精神、红旗渠精神、焦裕禄精神、愚公移山精神、徐霞客精神]、社会诚信、中华传统文化、节假日调整（传统节日与洋节日）、中国旅游日、全民读书、开卷有益、反“三俗”文化（指庸俗文化、低俗文化和媚俗文化）、“四个新一代”（在纪念中国共产主义青年团成立85周年、五四运动88周年之际，2007年5月3日至4日，团中央邀请新中国成立以来各个历史时期的优秀青年代表到北京，举办“我与祖国共奋进”中国青年群英会。中共中央总书记胡锦涛向中国青年群英会致信，充分肯定了一代又一代青年为社会主义革命、建设、改革事业作出的重要贡献，高度评价了一大批可歌可泣的青年英模取得的突出业绩。勉励广大青年人要牢记党和人民的重托，自觉担负起时代的重任，以英雄模范为榜样，努力成为理想远大、信念坚定的新一代，品德高尚、意志顽强的新一代，视野开阔、知识丰富的新一代，开拓进取、艰苦创业的新一代，让青春在建设中国特色社会主义的伟大事业中焕发出更加绚丽的光彩）、胡锦涛对全国青年学生的“三点希望”（2011 年 4 月 24 日，胡锦涛总书记在庆祝清华大学建校 100 周年大会上发表重要讲话，对全国青年学生提出三点希望：把文化知识学习和思想品德修养紧密结合起来；把创新思维和社会实践紧密结合起来；把全面发展和个性发展紧密结合起来）。

（六）民族团结、祖国统一、外交成就、国际地位、综合国力、中国年活动、国际影响力、热爱家乡、热爱祖国、热爱和平。

（七）构建社会主义和谐社会、和谐世界、和谐校园、安全生产、城管执法、留守儿童、老龄化社会、建设社会主义新农村。

（八）建设中原经济区、河南形象（河南人群体美德、河南人优秀品质、河南人高尚情操、河南人价值追求等）、中原崛起、河南振兴、经济强省、“河南粮仓”与“国人厨房”、文化强省、中原福塔、中原文化名片、文物保护（“文化遗产日”发端于河南）。

认真研究这些考点及其相关的问题，如考查方式、角度、原因、地位、频率等，对于学科教育教学教研、复习备考工作，将具有积极而深刻的启迪和推动作用。

思想品德、思想政治学业评价备考提示

河南省基础教育教学研究室　王向阳

深入细致研课标，教材观点务通晓；
知识基础要打牢，核心能力不可少；
国计民生很重要，时代主题要围绕；
大海捞针找材料，生活实际少不了；
典题研究是个宝，系统复习应做好；
勤学精练有绝招，审题作答切忌草；
发散思维求实效，把握精髓方为高；
社会传闻不可靠，押题幻想不能抱；
功在平时多思考，灵活运用心存妙；
取法乎上始于道，科学备考贵在巧。

把握主干知识　提高备考效果

河南省焦作市基础教育教学研究室　梅连贤

俗话说:万变不离其宗。生活中,只要抓住了这个“宗”,许多问题就可以迎刃而解。在中招思想品德考试中,试题是千变万化的,这些多变的试题背后是否有“宗”呢?其实,不管试题怎么变,都有“宗”,这个“宗”就是主干知识。在学习过程中,只要牢牢抓住主干知识,全面深入理解主干知识,就可以事半功倍,提高备考效果。

一、认真选择,确定主干知识

宋代著名诗人苏轼在《题西林壁》中写道:横看成岭侧成峰,远近高低各不同。生活中,如果换一个角度看问题,我们也许就有新的发现。拿出近三年河南中招思想品德试题,如果先不看试题,把答案仔细浏览一遍,我们会发现,我省中招思想品德试卷十分重视主干知识考查,一些主干知识考查的频率比较高,如改革开放、精神文明、传统文化、社会主义制度优越性、坚持科学发展观、以人为本、弘扬民族精神、和谐社会、珍爱生命、坚强面对挫折等。这启示我们,在学习过程中,一定要牢牢抓住主干知识。那么,什么样的知识属于主干知识呢?就思想品德学科而言,一般来说,主干知识具有以下特点:从课程标准角度看,是课程标准规定的重要内容,在课程目标、课程内容中有明确要求;从教材角度看,是教材的重点、难点,教材阐述的篇幅较多;从学情角度看,符合学生认知规律,引导学生澄清模糊认识,促进学生健康成长;从逻辑角度看,在整个知识体系中处于枢纽地位,是构建学科体系的基础;从考查角度看,具有可考性,比较适合命题,能较好地考查学生学习情况。这些线索为我们提供了确定主干知识的抓手。在教学实践中,我们要结合实际,认真选择,确定学科主干知识,围绕主干知识,搞好复习备考。

二、前引后联，丰富主干知识

心理学上有个“蝴蝶效应”：一只南美洲的蝴蝶，偶尔扇动几下翅膀，两周后在美国就引起了一场龙卷风。这说明，世间的事物都不是孤立的，往往与周围事物有紧密的联系。思想品德学科的主干知识也具有这种特点，与前后知识存在着这样或者那样的联系，找出这些联系，可以更加全面地把握主干知识。学习主干知识时，可以在构建知识体系的基础上，把主干知识放在整个知识体系中去把握，努力找出知识的前后联系，从多个角度理解这些知识，形成完整印象。因此，学习时要注意前引后联，围绕主干知识，将相关知识串起来，形成知识单元或者知识群。如学习珍爱生命时，可以联系生命是宝贵的，永不放弃生的希望（道德角度）、尊重他人，善待他人（心理角度）、公民享有生命健康权，不容侵犯（法律角度）、我国坚持以人为本，关注民生（国情角度）；学习自强不息时，可以联系自立自强（道德角度）、意志坚强（心理角度）、自强不息（民族精神）等。这样，从心理、道德、法律、国情等多个不同的角度围绕主干知识构建了立体形象，大大丰富了对主干知识的认识。特别是在做开放性试题时，可以依据知识群，从多个角度快速整合答案。

三、走出误区，理解主干知识

俗话说：“金无足赤，人无完人。”生活中，人们难免会犯错误。错误会给人带来不良影响，但是，从另一个角度看，错误也是一种资源。错了不要紧，重要的是走出误区，积累经验，为进一步学习夯实基础。在学习主干知识的时候，我们会犯一些错误：如把“改革开放”当成了我国的基本国策，将“发展教育”当做我国的中心工作，把“思想道德建设”当做精神文明建设的基础工程，把“人民是国家的主人”当成“公民是国家的主人”，把“公民享有广泛权利”写成了“公民享有广泛权力”。这些问题看起来形似，但是相差甚远，不能混淆。在学习中，有些同学存在这样的认识：我国科技水平居世界首位、中华文化优于其他民族文化、我省综合实力居全国之首等，这些认识过于绝对化，与基本国情、省情不符合，是错误的。因此，在学习思想品德时，要提高辨别能力，明辨是非。一种有效的做法是：准备一个错题本，每周总结一次，把该周遇到的错题写下来，当然也可以记好题、典型题。记题时，不要求多，三五道题即可。记完后，要仔细琢磨这些题。每次考试前，翻看这些题，往往会有意想不到的收获。

四、结合时政，深化主干知识

俗话说：“地球天天转，时事不间断。”时政是思想品德课教学的重要内容，时政教学是增强课堂教学活力的重要方法。缺少时政的课堂，往往闭门造车，缺乏生机活力、没有新鲜感。因此，复习备考时，要高度重视时政。在处理时政时，要注意以下方面：

首先，认真选择时政材料，围绕所学内容，选择贴切、新颖的时政材料；其次，精心加工时政材料，根据需要对材料内容进行取舍、扩缩、润色；再次，合理设计问题，围绕材料，根据所学内容，精心设计层次不同的问题，由浅入深，层层递进；最后，适当总结拔高，根据学生回答情况，适时进行总结，激发学生思维火花，使学生认识不断升华。如中共十七届六中全会提出，必须提高全民族文明素质，增强国家文化软实力，弘扬中华文化，努力建设社会主义文化强国。关于“文化强国”这个时政热点，可以提出以下问题：现阶段我国为什么要加强文化强国建设？现阶段加强文化强国建设有哪些重要意义？为了加强文化强国建设，你有哪些具体建议？为了建设文化强国，我们中学生能做些什么？通过对这些问题的探讨，学生能对文化建设的作用、意义、要求等重要内容，有了更加深刻的理解。

五、专题训练，活用主干知识

做题对于理解主干知识来说，是一块磨刀石。中招考试最终以试题的形式呈现出来，需要学生独立完成。因此，在学习主干知识的时候，需要做一些质量较高的试题。在做题时，要注意以下方面：首先，精心选题，大胆取舍。实际上，并不是题做得越多，成绩就越好，要学会舍弃一些题，对质量不高的题坚决不做，不要陷入题海不能自拔；其次，合理组题，强化训练。学习中，可以围绕着某个主干知识，尽可能多地收集有关这个知识的试题，然后进行加工、取舍，挑选出具有典型性、代表性、方向性的试题，组成专题进行训练。最后，深入总结，强化理解。做完后，引导学生总结经验，反思错误，通过专题训练，加深对主干知识的理解，做到灵活运用。

思想品德中考漫画类试题解题思路与技巧

河南省中牟县第二初级中学　路文超

漫画是用简单而夸张的手法来描绘社会生活或时事的图画，常采用夸张、比喻、象征等修辞方法，以取得讽刺或歌颂的效果。以漫画为载体进行命题，可以巧妙地将社会生活、重大主题、课程主干知识与核心内容等有机结合起来，既能激发学生的兴趣和探究欲望，又能较好地提高学生的能力素质。近年来，各地中招思想品德试题在选材上适当采用了漫画的形式，并在各类题型中均有所呈现，受到了广大师生的好评，取得了很好的效果。

如何做好漫画类试题呢？下面就以河南省近年来中招思想品德试题为例，来谈谈解答漫画类试题的基本思路。

例1.（2006年河南省中招思想政治B卷第1题——单项选择）

与右图内容相关的文件是　　　　【　　】

A.《中共中央国务院关于进一步加强农村工作提高农业综合生产能力若干政策的意见》

B.《中共中央国务院关于推进社会主义新农村建设的若干意见》

C.《国务院关于落实科学发展观加强环境保护工作的决定》

D.《国务院关于解决农民工问题的若干意见》

答案：B

解题思路：解答此题，要认真观察漫画，抓住漫画中的“2006”、“农业”、“一号文件”

等关键信息，然后回归时政知识回答即可。

例2.（2011年河南省中招思想品德B卷第3题——单项选择）

但存方寸土，留予子孙耕。随着经济的快速发展，土地变得越来越金贵。为坚守全国耕地不少于18亿亩这条红线，《中华人民共和国国民经济和社会发展第十二个五年规划纲要》明确指出：坚持最严格的耕地保护制度，从严控制各类建设占用耕地。右图中弄虚作假、违规占用耕地的做法有悖于我国的　　【　　】

被披上“体育公园”外衣的高尔夫球场

A. 科教兴国战略　　B. 中部崛起战略

C. 西部大开发战略　　D. 可持续发展战略

答案：D

解题思路：解答本题，要认真观察漫画，读懂并领会漫画的标题、画面等反映的问题，结合试题中的“违规占用耕地”、“坚持最严格的耕地保护制度”等关键词语，然后回归所学主干知识回答即可。

例3.（2006年河南省中招思想政治A卷第8题——多项选择）

为完成右图所反映的任务，我们党和政府采取的具体措施有　　【　　】

窗　口

A. 免除农业税

B. 培养农业技术人才

C. 实行“两免一补”政策

D. 加强农村基层党组织建设

答案：ABCD

解题思路：解答此题，要认真观察漫画，注意漫画的标题、漫画中人物的衣着、草帽、农具、窗外农村新面貌和“中央一号文件”等有效信息，然后回归建设社会主义新农村这一国家的大政方针，就不难得出答案。

例4.（2010年河南省中招思想品德A卷第5题——多项选择）

民以食为天，食以安为先。据报载，中国每年消耗一次性餐盒150亿个，然而这些餐盒的合格率却不到一半。不合格餐盒所用塑料，可能是工厂生产的边角料、回收的旧塑料，甚至还可能是医疗垃圾。它们被混合在一起，熔化后挤成长条，再被切成细小的颗粒，最终被制成餐盒，盛满了饭菜并送到我们的面前，甚至还被我们吃进了肚子里。上述情况表明　　【　　】

A. 部分商家缺乏诚实守信意识和法制观念

B. 部分商家视广大消费者生命健康于不顾

C. 建设资源节约型社会需要发展循环经济

D. 经济建设是我国现阶段一切工作的中心

答案：AB

解题思路：解答本题，要认真阅读材料，仔细观察漫画，思考不合格餐盒的“毒”之所在及漫画所反映的问题，然后根据所学知识和技能选择即可。

例 5.（2008 年河南省中招思想品德 B 卷第 10 题——概括）

观察右图，进行概括。

迎

参考答案：(1) 我国社会主义民主政治不断进步。(2) 我国是人民当家作主的法治国家。(3) 我国人民是国家的主人。(4) 我国公民享有建议权和监督权。(5) 公民依法参与国家政治生活。(6) 国家扩大人民民主，切实保障人民当家作主。(7) 人民是依法治国的主体。(8) 国家坚持民主立法、开门立法。(9) 国家保障人民的知情权、参与权、表达权和监督权。(10) 我国公民依法享有参政议政的权利。

解题思路：答题时，要仔细阅读漫画，围绕漫画中的关键词“立法”、“公民参与”和漫画标题“迎”等，联系我国社会主义民主政治不断进步、公民依法参与政治生活等主干知识与核心内容，从不同角度回答即可。

例 6.（2008 年河南省中招思想品德 A 卷第 13 题（之一）——观察与思考）

材料一：如右图《钱包里的变化》。

材料二：2008 年是改革开放 30 周年。1978 年 12 月，党的十一届三中全会召开，开启了改革开放历史新时期。30 年来，中国人民以一往无前的进取精神和波澜壮阔的创新实践，坚定不移地推进改革开放和社会主义现代化建设，中国的面貌发生了历史性变化。

钱包里的变化

(1) 请结合生活实际，谈谈你所了解的变化或成就。（两个方面即可）

（友情提示：可从国家建设成就、社会生活发展、家庭生活变化等角度思考）

(2) 感受变化与成就，我们能得出哪些结论？（三个方面即可）

参考答案:(1)略。示例:综合国力显著增强;经济实力大幅提升;人民生活显著改善;科学技术不断进步;民主法制建设不断完善;自主创新能力不断提高;国际地位不断提升;“嫦娥一号”成功探月;青藏铁路建成通车;免费义务教育全面实施;就业规模日益扩大;社会保障体系不断完善;从一衣多季到一季多衣;饮食结构日趋科学合理;住房越来越宽敞;出行越来越便捷。

(2)①改革开放是强国之路。②必须坚持以经济建设为中心,大力发展生产力。③新时期最显著的成就是快速发展。④新时期最鲜明的特点是改革开放。⑤改革开放是发展中国特色社会主义、实现中华民族伟大复兴的必由之路。⑥只有改革开放才能发展中国、发展社会主义。⑦改革开放是决定当代中国命运的关键抉择。⑧必须坚持党的基本路线不动摇。⑨必须深入贯彻落实科学发展观。⑩改革开放是发展中国特色社会主义的强大动力。⑪中国共产党坚持立党为公、执政为民。

解题思路:解答本题,要认真观察漫画,了解改革开放 30 年来我国社会的诸多变化,然后回归社会生活和课标主干知识与核心内容回答。回答第(1)题宏观描述、具体事例均可。回答第(2)题,要紧紧围绕改革开放、党的领导、社会主义制度的优越性等主干知识来回答。

例 7.(2006 年河南省中招思想品德 A 卷第 14 题——请你参加活动与探索)

2006 年 4 月 8 日,由共青团河南省委举办的百万青少年社会主义荣辱观主题教育实践活动在省会郑州拉开帷幕。为配合这次活动,你校准备以多种形式开展“知荣明耻重践行,从我做起树新风”的活动,请你参加:

A

B

C

D

(1)学校板报中的漫画还未填写说明词,请你帮助完成。(**任选两幅**)

漫画A:______________________________

漫画B:______________________________

漫画C:______________________________

漫画D:______________________________

(2)请结合学校生活实际,就如何践行社会主义荣辱观向同学们发出倡议。(至少两条)

参考答案:(1)漫画A:植树造林,社会责任;以辛勤劳动为荣;发扬艰苦奋斗精神;等等。漫画B:节约用水,人人有责;节约用水,从我做起;漫画中指责别人的人才是真正该被指责的人;等等。漫画C:以团结互助为荣;尊老是中华民族的传统美德;帮助他人,快乐自己;等等。漫画D:以骄奢淫逸为耻;以奢侈浪费为耻;应尊重父母的劳动成果;等等。

(2)①与同学和谐相处,富有同情心,能够主动帮助同学。②参加升国旗仪式时要肃立,不随便走动。③遵守学校纪律,不迟到,不早退,不旷课。④上课认真听讲,积极思考。⑤积极参加课堂讨论,勇于提出问题,并发表自己的见解。⑥遵守课堂纪律,不做与课堂无关的事情。⑦独立自主完成作业,遇到不懂的问题请教老师和同学。⑧不抄袭作业,考试不作弊。⑨乐于与同学交往,不给同学起绰号,尊重同学的隐私。⑩衣着装饰要符合学生的身份,不穿奇装异服等。

解题思路:解答第(1)题,可选择自己熟悉的漫画,说明漫画中的内容或蕴涵的道理即可。解答第(2)题,要结合自己在校生活,依据"八荣八耻"的有关内容组织答案。

从以上例题不难看出,解答漫画类试题应该从以下三个方面入手:

一、要认真观察漫画,把握漫画的关键信息。要全面细致地观察漫画中的每一部分、每一环节,尤其是漫画的标题、漫画中人物的动作、语言、表情等。

二、要把漫画中的关键信息与社会生活中的重大主题、热点问题、课程主干知识与核心内容联系起来,进行全面分析,找准漫画与这些内容的结合点。

三、要根据结合点组织答案。答案可以是漫画蕴涵的道理,也可以是从漫画中得到的启示,或是对漫画所反映问题的简明评价。

总之,做好中招思想品德漫画类试题,要掌握解答漫画类试题的基本解题思路,并在日常的学习中灵活运用,这样,在中招考试中才能有备无患,取得佳绩。

浅谈中招思想品德开卷考试的备考策略

河南省郑州市二七区教学研究室　郭淑琴

学业考试是教育教学评价不可或缺的重要手段，对于广大师生可以说是最关键的指挥棒。学业考试的形式与内容在体现国家教育方针、教育原则的同时，直接影响着我们每一位任课教师的日常教育教学行为。

近年来，随着中招考试题型的日益完善和命题理念、思路等被广泛研究和领悟，很多教师在备考方面均形成了极富成效的策略和技巧，但也有一些教师存在侥幸心理和投机心理，盲目地追捧、购买一些打着“宝典”、“秘籍”、“大全”、“速查”等旗号的复习资料，甚至对这些夸大其辞的资料产生依赖思想，致使备考工作进入误区。

中招考试命题是一项极为严肃的工作，保密程序和措施极为严格，而且在命题中回避社会上已有的成题。能够猜到原题，或者说押中试题的说法在中招试卷面世时就会不攻自破。所以，作为任课教师，一定要引导学生克服盲目依赖和侥幸心理，认真、扎实地做好复习、备考。下面就如何做好中招备考提出几点建议和策略：

一、贵在研究

教学研究是提升教学效果的必要手段。要做好备考工作，就要求每位教师都应该切实做好研究工作，主要包括如下一些方面：

1. 研究课标

课程标准既是国家对于本学科性质、教学原则、教学内容等进行规定的标准，也是我们一切教学行为的基本依据。只有做到研读课标，我们的教学才有明确的目的性、方向性，备考效果才会更有效。研究课标，不仅包括对内容标准的研读，还包括对课程性质、课程目标、实施建议等内容的研读。可以说,在备课、上课、辅导、评价等所有教学环节里,课标都有相关的规定与要求。按照这些要求规范自己教学行为的过程,也是做好教学工作、实现高效备考的过程。

2. 研究命题

对考题的研究可以提升备考的针对性。研究命题主要包括:研究命题理念与思路,研究基本题型,研究答案、评分标准、答题要求,等等。针对七、八、九年级的开卷考试在各地都有一些不同的变化,结合这些变化,我们的学习与备考肯定需要有所区别。所以,无论是在新课学习阶段,还是在复习备考阶段,我们都应该针对考题调整我们的教育教学工作。

3. 研究学情

学生的个性差异、认知特点、学习习惯、思维方式,包括每个班的具体情况等因素都是我们备课必须考虑进去的重要因素。对这些因素的研究,能够使我们的教学更加有针对性,更加有利于教育教学目标的实现,从而促进每位学生在原有的基础上都取得进步和提高。

研究学情需要我们善于在与学生的“正式”(课堂)与“非正式”(课外)接触时,发现他们的特点,在与他们的交谈中切入他们最关注的话题,深入了解他们。如果能够结合课堂评价、课后作业、考试试卷等具体载体,针对不同学生进行系统的、跟进式的研究、了解,则效果更佳。

4. 研究备考方法

良好的方法是解决问题的最有效“钥匙”。一种好的备考方法,需要长期的探索与不断的改进、完善。可能一些同学、教师在备考时能够很快找到最适合自己的较个性的方法,但一些主要的备考方法还是需要在不断的实践中进行总结,从而使它既普遍适用,又高效可行。

教师对备考方法的研究,既包括教师如何发挥备考的指导作用、如何教、如何引导的方法研究,也应该包括让学生怎样学、怎样掌握恰当学法的研究。惟其如此,整个教学才能有条不紊、步步推进、事半功倍!

5. 重视考后反思与分析

考后反思的过程是最好的总结提高的过程。学习上的诸多问题均可以通过试卷反映出来,此时,师生共同反思、分析,对下一步的学习、复习、训练、考试将产生极大的促进作用。总结反思必须涵盖两个方面,即经验和不足。看到经验,才能获得信心;找到不足,方能有所提高。另外,总结反思考试情况,既要看到作题方法、技巧方面的经验教训,又要看到它背后的诸多问题,比如基础知识是否扎实、系统地掌握,综合能力欠缺多少,审题方法有何优缺点等。

二、功在平时

应对开卷考试的备考工作，不是短期行为，更不是临时凑数可以完成的，它强调功在平时的扎实训练与持之以恒。在平时的教育教学中，教师要下如下一些功夫：学习乐趣化，知识系统化，训练常态化。

1. 学习乐趣化

所谓学习乐趣化，最大的目的在于寓教于乐，摒弃“教死书”的弊端，帮助学生充分发现和认识思想品德学科的功能、趣味。为了使学生的学习乐趣化，我们必须做到：

首先，教学生活化，即选取学生身边的生活化事例、素材引入教学，让学生在体验感悟中解决自身或身边的问题，从而提升兴趣，提高能力，也使他们切实认识到思想品德绝非假大空的学科，而是让学生掌握真实有用的知识与能力。

其次，深浅有度化，即要把握好教学的深度与难度，一些学生不喜欢思想品德学科，是因为觉得该课有些内容低幼化（比如自尊、自信、自立等），而另一些内容抽象化、高深化（比如政治制度、经济制度、国情国策等），教师在处理这些教学内容时要注意挖掘它们与学生的情感、生活经验的最佳切合点，简单的道理并非不能打动学生，关键是你在什么时间、什么情况下展现在学生面前，如一些小故事大道理，其实故事简单，道理也不难，关键是它往往是人们容易忽略的东西。

最后，形式多样化，即采取一些学生喜闻乐见的教育教学或活动形式，比如竞赛、辩论、论坛、评论等，这些形式在一定条件下可以弥补教学内容枯燥的弊端，提高学生的学习乐趣。

2. 知识系统化

思想品德课的学习必须重视教学内容之间的逻辑与体系，正如很多教师在教学中常使用“3W”原则那样，即 what、why、how，是什么、为什么、怎么做。也就是说，对于知识的把握，我们一定要让学生在知其然的基础上还要知其所以然，并弄清楚应怎么做。

在新课学习与复习备考中，都应该重视让学生从宏观上把握所学内容。具体来说，可以通过罗列知识要点，覆盖所学内容的面；通过构建知识网络图，串联所学内容，形成知识体系网。这样的学习过程，既能够让学生掌握归纳、总结等学习方法，也可以帮助他们深入理解所学知识，并能够较好地运用这些知识。

3. 训练常态化

应对开卷考试的习题训练应该常态化，即渗透在平时教学中。当然，这种渗透绝不是简单、机械地把一道道考试题、模拟题拿到每节课上去做，而是通过各种灵活的形式、方法让学生在潜移默化中掌握做题方法。比如，通过辩论会可以帮助学生逐步掌握辩论的方法，从而学会辨析题的解题技巧；通过创设情境，巧妙设置问题，在学生思考分析、解决问题的过程中，可以帮助学生学会解答观察与思考题的方法；等等。

同时，专题训练、模拟训练、综合训练等，在单元复习、期中期末复习、中招备考复习中都是不可或缺的，这种训练一定要注意精选试题，重视方法指导，强调举一反三、触类旁通。

三、抓住课堂

课堂是一切教育教学行为的主阵地，要想达到最佳的教学效果，必须重视抓住课堂这一策略。抓住课堂，要注意从如下一些方面做起：

1. 主要任务落实在课堂

在我们的教育教学活动中，所有教学目标最主要的实现场所应该是课堂，尤其是像思想品德这样的学科，依靠课外或节假日是根本不可行的。对于学生的学法指导、基础知识认知、基本能力掌握等，我们一定要把主要的落实环节实现在课堂上。

2. 课堂环节细化的同时体现调节与效率

为了促进学生的学习兴趣和提高课堂效率，我们的课堂环节一定要经过精心的策划和细致的安排，要尽量避免随意、粗放、千篇一律等情况。可以通过恰当的形式变化、方法调节、手段转换，包括侧重点的适度转换，来促进课堂效果的充分优化。

3. 不同课型形成稳定有效的基本模式

按照思想品德课堂教学基本课型的简单分类（如下表），不同的课型在具体的教学方略上应该有所区分，同时在贯彻备考思路上也应该有所不同。具体来说，可以注意如下一些策略：

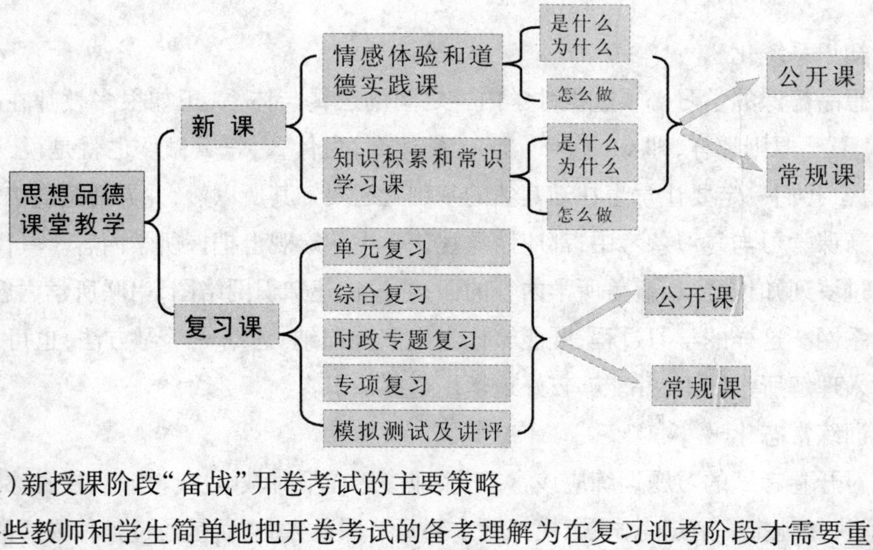

（1）新授课阶段“备战”开卷考试的主要策略

一些教师和学生简单地把开卷考试的备考理解为在复习迎考阶段才需要重视和加强，这存在着明显的误区。首先，新授课在日常教学中占据着绝大部分的教学时间，若不能充分利用这些时间备考，而只在临考前才“抱佛脚”，显然违背了“功到自然成”的一般学习和认知规律；其次，开卷考试这一评价方式的出台，其目的绝不仅仅是用于指导考试与复习，更重要的是评价理念、目的的变化，并由此辐射、影响、指导教育教学的方方面面。我们应准确把握这一理念，适应这一评价方式，在日常教学中渗透其精神，否则，我们对开卷考试的认识也只能是停留在表面上。

新授课阶段的备考策略应重在对新课改形势下本学科教学理念、教学方法的研究与改革，并结合开卷考试的需要，对学生的学习方法、学习习惯进行有效指导，对自己的教学重点、教学目标进行恰当安排。

我们应该根据七、八、九年级的不同特点形成相应的课型模式，形成稳定、高效又有利于学生乐学的思想品德新授课教学模式。

(2)复习备考阶段“应战”开卷考试的主要策略

无论是哪个年级的开卷考试复习备考阶段，都应该高度重视三个最主要的环节：知识落实、时政热点专题复习、模拟训练。而九年级因为要求高、复习时间长，所以更应该全面准备、系统进行，争取最高效的复习效果。具体来说，要做好如下几个阶段和层次的复习：

●单元复习。本环节复习的原则与基本要求是：知识结构体现框架性（纲要）；基础知识汇总突出系统全面性；重、难点落实与突破强调针对性（与考试接轨）；等等。

●综合复习。本环节复习的原则与基本要求是：综合性主题涵盖面较宽并有拓展的余地；综合内容总结系统完善；重视对学生发散思维、整合能力的培养；等等。

●时政专题复习。本环节复习的原则和基本要求是：专题的选择要精准；回归考点要把握核心内容；习题训练要体现教学和评价的三维目标；等等。

●专项复习，即针对某种题型的专项分析训练。本环节复习的主要原则与基本要求是：项目的选择既要体现普遍性，又要突出针对性；习题的命制或选取要有典型性和代表性；讲解要重视方法指导和能力培养。

●模拟测试及讲评。本环节的主要原则和基本要求是：一般要两节课或更长时间完成；模拟题要精选高质量的；评讲过程要重视方法的指导和能力的提高；师生的反思环节要重视。

当然，教学有法，但无定法。课堂教学的基本课型或模式是围绕教学目标确定的，对它的探索和研究是为了更好地提高教学质量，促进课程改革，但绝不可以此束缚课堂教学，成为教师教和学生学的桎梏，唯有将其灵活机动地与具体教学内容相结合，才会使教师的教学行为和教学效果锦上添花、画龙点睛。

总之，开卷考试的复习与备考是一种长期行为，我们既要高度重视，又要避免盲目；既要扎实进行，又要讲究策略。功夫不负有心人，只要我们不断探索、勤于实践，并善于反思总结，一定会寻找到最理想、最高效的复习备考策略，实现既取得优异成绩又促进综合素质不断提升的教育教学目标。

适应形势　科学备考

河南省郑州市金水区教育发展研究中心　范君召

有人说,中招试题是浓缩版的“课程纲要”;有人说,中招试题是精华版的“课标解读”;还有人说,中招试题是现行版的“评价指南”。我们且不去评论这些说法是否科学,但其在某种程度上肯定了中招试题的“三大功能”:提升课程开发和实施的功能、推动课堂改进和优化的功能、完善学业评价与导向的功能。通过对中招试卷的认真研读、深入剖析,可以让我们更直接地与命题人进行零距离的对话,让我们更真切地感受课标精神之所在、课程根脉之所系、学业评价之所向,让我们更加清楚地知道在新课程的征程中何去何从。笔者认为,通过研究中招命题之变,我们会走上一条通向科学备考的快车道。

一、应对命题之变,以不变应万变

(一)中招命题之“变”

穷则变,变则通,通则久。新课程改革给我们带来了全新的教学评价理念,为思想品德学科教学指引了方向,这要求学科同仁积极转变观念,调整教学思路,把握学科精神,创造性实施教学活动。

从河南省 2005 年有了第一届课改毕业生开始,新课改下的中招考试已经走过了 7 年。2010 年思想品德中招试卷总分值没有变化,但题型和分值的变化最为明显:暂停了概括和简答两种题型,增加了辨析题和观察与思考题的分值比重,其中辨析题由 2009 年的 8 分上升到 10 分,观察与思考题由 2009 年的二选一的 10 分题,变成了两道必做题,分值上升到 20 分。

2011 年河南省思想品德试卷在保持稳定的基础上又有创新。时事政治考查的方式更加灵活。以往的中招考试选择题前两道均为时事政治，而且更多考查的是识记、再现能力，设问的方式往往是以文件名称、先进人物姓名、经济发展重要数字（比如 GDP、经济增长速度等）、事件意义等定性的知识为主，而 2011 年的选择题第 2 题给出我们一个信号，对时事政治的考查将会是立体的、全方位的、多角度的，可以在特定情境下对时政知识进行考查，不再拘泥于传统的呈现方式。

主观题设问层次和赋分更加合理、科学。特别是活动与探索题，以往都是两道题，每道题均为 10 分，设问仅有两个。但 2011 年的活动与探索第 12 题和第 13 题都有所变化。其中，第 12 题的分值由以往的 10 分调为 8 分；第 13 题的分值由以往的 10 分升为 12 分，设问由原来的两问增加到了五问。这样的变化说明：活动与探索根据能力考查层面和难度系数，既可以降低设问的赋分，又可以增强设问的层面；既可以分析怎么办，回归践行层面，又可以列举人物、名称、事件或现象等，回归观察视角；既可以有对知识的梳理和分类，又可以有对主题的概括和提升；在答案组织上既可以对教材知识进行重新整合和灵活运用，又可以基于已有知识和经验的积累生成新知和思维创新。

除此之外，中招试题近年的变化主要有题型调整、能力考查、命题思路等方面的微调，这一信号要求我们的课堂要不断地改进，备考策略要不断优化，以适应新的形势需要，把“育人为本，提高质量”落到实处。

（二）以“不变”应万变

洞察变化，才能适应形势；改进策略，才能掌握主动。

课程标准是实施思想品德课程的“灵魂”，中招考试评价又是基于对课程标准的教学评估。所以，在过程评价中，要强化对课程标准的研究，强化对中招考试评价的研究，从中招考试评价的微调中来调整教学和备考的策略。

在平时教学中，要强调“四个意识”。第一是“情境”意识，以“情境”引出某一个话题，以话题带动知识学习的系统性和完整性；第二是“解析”意识，对于话题“是什么、为什么、怎么办”三个层面进行全面解析，使学生对问题的解读思维清晰、脉络分明、立体把握，避免出现在考试时答非所问，杂乱无章；第三是“主干”意识，教材的文字表述很多，做到有取有舍，筛选整合，突出主干，淡化细枝末节；第四是“关键词”意识，其实无论从记忆的规律，还是从评卷的规律，我们都会发现特别强调“关键词”，记住了关键词，就记住了关键句，关键句就是答案的要点，关键词在一定程度上就是答案的得分点。

在复习备考中，要注意“四个突出”。第一是要突出“课标”意识，理解、领悟课标的精神，同时不要抛弃教材，因为“教材”和“课标”是形与神的关系，课标统领教材，教材解读课标。第二要突出“浓缩”意识，基于课标整合“教材”、基于课标筛选“素材”、基于课标提炼“讲材”，整合、筛选、提炼都是一种浓缩，浓缩的都是精华。真正的教学应体现精品化，内容少、负担轻、收获大；高效的备考应体现讲解少、作业轻、实效高；带入考场的资料应大胆舍弃，宜精不宜多。第三要突出“敏锐”意识，这一“敏锐”不是打探中招的小道消息，而是对时政热点话题、社会典型材料、国家大政方针、世界风云变化等主题具有敏锐性；不是所关注的都一定是考试所考的内容，而是关注就能拓宽学生视野，就能“借题发挥”、“小题大做”，提升学生的综合分析能力。第四要突出“规范”意识，“规范”强调训练要规范，每一道题的练习要规范时间、规范要求、规范评析，做一道是一道，举一反三，触类旁通，及时反馈矫正，做好错题勘误工作，梳理疑难易混知识。

二、把握题型定位，求事半功倍之效

对于中招思想品德考试而言，主观题现在主要有三种：辨析题、观察与思考题、活动与探索题。

辨析题所占分值提高到与每道观察与思考、活动与探索题相当，表明了命题组有意强化其考查功能。观察与思考题把选做题变为必做题，分值增加，强化功能，注重能力，使考生透过现象看本质，从感性走向理性。活动与探索题在近几年的考试中，总体比较稳定。这些题型都发挥了较好的评价导向功能，引领着课程改革的健康发展。

（一）辨析题的“辨”与“析”

主观题的三大题型中，辨析题的得分率略低于观察与思考题、活动与探索题。对于辨析题而言，中招命题组并非有意提高难度，而是尽量发挥辨析题的应有功能。无论是从命制，还是答案的设计，都紧密围绕考生的实际。

每年中招考试后，也有学生反映辨析题不难了，答题区域都写满了，很自信；但在评卷调研中，辨析题总体高分比例不大。笔者分析有两种原因：一是学生遇到辨析题就去找书本、翻资料等，审题不到位，很随意地把与之相关的内容抄上去，堆积观点，答案趋同化，缺少创新性。二是在平时复习中，注重试题训练，忽视方法分析；一味借资料做题，忽视个性化组织答案。在评卷中，答案千篇一律，一个模式，背离了辨析题的考试评价功能。

辨析题的“辨”，强调的是对观点或对话的“会诊”、“判断”，体现“辩证”、“一分为二”等，“辨”得要清、要透、要准。“辨”是第一步，“辨”出了问题，“析”就没有意义。当前，中招考试辨析题的模式，依然是借助对话的情境，坚守真理阵地，避免陷入误区。

辨析题的“析”，强调的是对“辨”中的成分进行“析”，成分有正确、错误之分，其“析”也就有两层：正确的观点为什么正确，错误的观点为什么错误。“析”是第二步，是成功的关键。如果“析”之有理有据，既有教材观点支持，又有材料内容印证，还有时政语言丰富，这样的“析”就是到位的。

辨析题“辨”中有“析”，“析”中有“辨”。“辨”中有“析”强调的是对观点或对话“会诊”后，一定要有分析，从“为什么”的层面进行挖掘，找到支撑“辨点”的理由。“析”中有“辨”，这一个“辨”强调的是要辩证，要坚持“两分法”、“两点论”；这里的

“析”强调要有辩证思维，全面分析，不能只知其一，不知其二。所以从某种程度讲，“辨”和“析”是不可分的，两者是统一的。

（二）观察与思考题的“观”与“思”

观察与思考题从2006年在河南省中招思想品德试卷中出现，一直具有很强的生命力，发挥了应有的考试评价功能。

做好观察与思考题，最需要弄清的是“观”和“思”的本意。设计此题型时，专家对“观”的界定是观看、观察等，“观”的对象是事件、生活、主题、活动等的相关情境，“观”强调的是感性思维，就事论事，“观”是登堂入室的第一步，“观”后才能“思”；对“思”的界定是思考、思索、动脑，“思”的目的是找出事物的来龙去脉，主要包括结论和启示、因果联系、实践层面的方法论要求。“思”是一种理性思维，由表及里，从现象到本质的过程，“思”是做好该题的核心。

对于“思”这一环节，要根据题目给出的特定情境，借助已有的知识储备，把“观”到的现象和表面的东西进行提升：这一现象、活动、情境承载着什么，其背后的原因是什么，这一活动的实践意义是什么，对中学生的启示是什么，如何践行情境中的价值引导。

要做好观察与思考题，其一就是要对教材重大主题、主干知识和核心内容有全面把握。尽管试题研制者避免使考试成为教材段落的机械“搬迁”，但分散在教材不同章节的核心观点依然是答案要点的重要来源。

其二就是要拓展答题的思维层面。比如，对于法律问题要把握好国家、社会、公民等层面；对未成年人的保护要把握好司法、社会、学校、家庭和自我等层面；对未成年人的健康成长，要把握好心理、道德、法律、社会等层面；关注灾区儿童等弱势群体，要把握好物质上、精神上、心理上等层面；学习道德模范先进事迹要把握好思想上、行动上、宣传上等层面。除此之外，还有很多。总之，在平时要注意多总结。

其三就是要结合设问后的分值和要求，进行要点的取舍，把最能反映题意的几个观点写到最前面。比如，“至少两个方面，4分”，对此，在答案组织时要写到三至四个方面，一是避免前两个方面背离题意而丢分；二是给自己拿下4分做一道“防火墙”，如果前面没有得分，后面又有多个得分点，总体上就不会影响本题的得分。但答案的角度或方面也绝非多多益善，写得越多，花费的时间就越长，还可能出现重复观点，出力不讨好。

在答题之前，头脑中简要构思一下，看一看哪些观点是最符合题意的，把最主要的放在前面，从而避免评卷教师在高强度的评卷工作中因疲倦劳累而没有找到相关要点，漏评而失分。

（三）活动与探索题的“活”与“探”

活动与探索题是一种经典题型，它体现新课程的理念，践行课程标准的要求，从河南省的首创模式，到全国其他省市多有跟进。

从题型定位上看，活动与探索题的“活”，强调的是“主题活动”、“主题探究”、“主体参与”、“实践活动”等；强调通过一定形式的“主题性活动”，让学生做活动的主角，从策划、组织、实施、评价、过程等各个环节全程导演，让学生在活动中回归生活，体验感悟，丰富生活经验，提升适应社会的能力。

活动与探索题的“探”，强调的是围绕既定的活动主题，让学生在参与、体验、感悟、践行中延伸课堂内容，提高探究性学习的能力，形成自己的研究成果；知识上得到丰富，突破了教材的局限，可以根据自身的成长需要建构知识；能力上得到提升，突破了课堂培养的单一模式，可以充分地让学生参与到现实生活之中，实现“我的地盘我做主”；情感上得到升华，使真理知识在实践的土壤中开花结果，使学科价值在生活的舞台中绚丽绽放。

做好活动与探索题，功夫在平时。要把活动与探索题的命题理念和课标精神充分渗透到平时的教学中。围绕教材既定的主题探究活动，特别是每一单元或者每一课的探究学习，如果能够认真地组织学生开展好此项活动，不仅中招考试受益，而且学生终身受益，因为这是一种学习能力培养的高效范式。

对于中招思想品德的备考来讲，要处理好战略与战术的关系，从战略上来看，要研究中招的命题思想和理念，从战术上来看，要重视每一年的微调和变化；要处理好共性与个性的关系，从共性上来看，要明确题型的设置功能、能力要求、做题方法，从个性上来看，要了解学情、科学备考、方法到位；要处理好主观与客观的关系，这里的主观与客观是指题型，客观题做到准确、减少失误，主观题做到审题要清、要点要全、思路要宽、答案要准；要处理好智力因素和非智力因素的关系，智力因素强调知识的掌握、能力的培养等，非智力因素强调心理调适、卷面书写、认真细致等。

功夫不负有心人，只要做到精心准备、方法科学，思想品德中招考试定会取得佳绩。

思想品德中考复习策略

河南省商水县魏集二中　夏金明

初中思想品德复习课容量大、知识点多，加上考前复习时间有限，并且实行开卷考试，注重考查学生能力，考题大都比较灵活。要在有限的时间内大面积提高教学质量，就必须掌握科学的方法。

一、依据课标要求，狠抓“双基”落实

近几年的中考试题年年翻新，但都是“题在书外，理在书中”，灵活而准确地体现新课程标准精神。也就是说无论试题怎样变化，都离不开对基础知识的考查，而基础知识又是各种能力的载体，因此，要培养学生的能力，必须夯实基础知识。但是自从开卷考试后，相当一部分学生有意无意地对课本基础知识和基本观点重视不够。他们片面地认为，反正开卷考试考场上允许翻书，到时我翻翻书就能找到答案了。所以在平常的复习中，一部分学生就放松了对基础知识的掌握，殊不知这是开卷考试的大忌。从近几年的中招思想品德评卷中可以看出，大部分考生在基础知识上丢分过多，尤其是第一大题选择题中因为基础知识不扎实而丢分的情况非常严重。基于基础的命题有些选项在教材上就是原句，考生却依然选错。出现这种情况的原因就是考生对课本基础知识不够重视。

为了避免上述情况的出现，教师在教学中要重视对基础知识的落实和基本能力的培养，采取灵活多样的方法帮助学生抓好“双基”。这样，才能过好开卷考试的第一关，从而使基础知识弱、表达能力弱、综合能力弱等这些问题得到有效的解决。

二、构建知识体系，把握知识脉络

近几年在中招开卷考试中，出现了“翻破指头无觅处，抄得满卷少分数”的现象，造成这种情况的主要原因是考生综合能力比较欠缺，考生眼睛只盯着和题干联系密切的那个知识点，不能拓宽自己的思路，思路不开阔，不会从多方位、多角度阐述。

因此，在平时的复习中，教师除了强调学生对每一课的知识点要熟练掌握外，还要注重学生对课本网络知识结构体系的构建。首先，根据课程标准中的目标要求，让学生通读教材，使学生对教材各个章节有个全面而又具体的认识。如：教材共有几单元？每单元共有几课？每课共有几目？每目需要理解掌握哪些基础知识、基本观点？单元与单元、课与课、目与目、知识与知识之间有什么内在联系？哪些问题是重点？哪些问题是难点？哪些问题容易混淆？等等。这些都要做到心中有数。其次，在通读教材的基础上依次列出各章节的知识点。把一个个知识点串成知识链，编成知识网，形成完整的思想品德知识框架体系。这样，就会在学生的脑海中对一本书的主要内容有一个整体的把握，在考场上对所学知识都比较清晰，就不会乱翻书找答案，就比较容易把材料和课本上的知识点联系起来，这样既节省了时间，又相对避免了答案不完整、不全面的情况。

三、训练解题技巧，培养学生能力

古人云：“授人以鱼，只供一饭之需；授人以渔，则一生受用无穷。”这就告诉我们，教师给学生的不应当是“金子”，而应当是“点石成金”的本领。学生有了本领，就能从“死读书、读死书”的单调呆板的学习状态中解脱出来。近几年的开卷考试，由于学生的做题方法不当，面对考题“山重水复疑无路”，结果盲目动笔，造成下笔千言，离题万里。那么怎样才能做到“柳暗花明又一村”呢？

首先，要认真审题，理清题意，读懂题目是答题的前提。对于事实、材料型题目，要通过仔细剖析，将题目提供的材料分清层次、归纳大意、把握中心。对于漫画、图表式题目，则应透过外在的表现形式，准确地把握内涵，做到对题意心中有数。

其次，找准结合点，理清主次。解答题目时应从设问入手，找准题目与材料知识的结合点。在寻找结合点时要讲求发散思维，注意学科内知识的综合和多学科的相互渗透。根据题目的要求及自己的实际情况，确定用哪些知识去回答问题。

最后，确定切入点，理清层次。解答开放性试题，切忌随心所欲，而应找准切入点，理清层次。确定分几个方面，先说什么，后说什么，在此基础上去组织答案，才能够做到条理清晰、逻辑严密。

四、关注时政热点，理论联系实际

时政热点是思想品德课教学内容的重要组成部分，在中招考试中占有一定的比重。但因为其内容零散，时效性强，并且搜集难，整理难，系统化、完善化更难，所以，在平时的教学中，有些教师不够重视。大多数教师的时政教育方式仅仅停留在“考前抱佛脚”的水平，即临近考试才匆忙翻阅报刊或上网搜寻、拼凑一些资料，集中印发给学生，以备考试之用。这样做固然省事、简单、易行，但有诸多的弊端：淡化了学生的时政学习观念；影响到他们积极参与社会生活，观察、思考、认识社会实际的热情；不利于培养和增强学生的社会责任感。所以，时政教育要搞好，功在平时。比如：课前三分钟时政发布会，分析、讲解一些重大时政新闻；将典型事例材料作为课程资源应用于教学；将时政热点和教材知识结合，可作为课堂教学中的情境材料，也可做练习题的载体，培养学生运用所学知识分析和解决现实问题的意识和能力，坚持做到与时俱进，贯彻理论联系实际原则，体现学以致用；也可举办重大时政热点专题讲座，引导学生关注社会，增强社会责任感，强化德育功能。

总之，在中考复习中，我们要以课程标准为中心，夯实基础知识；构建知识体系，从整体上把握知识脉络；重视加强对复习方法和解题技巧的指导，培养学生学习能力和应答水平；引导学生关注社会生活、关注热点，坚持活学活用、理论联系实际的原则。

2011年新课标高考文综思想政治试题分析及备考建议

河南省基础教育教学研究室　王向阳

一、试题分析

2011年新课标高考文综思想政治试题从整体上来看较为稳定，试题的模块结构、内容比例、阅读量、难度、题型、赋分等方面都保持了前几年的状态，确保了高考试题的稳定性。试题在保持稳定、继承历年特点的同时，进行了改革创新，既注重对基础知识的重点考查，又注重对能力的考查，特别是学科内综合素质能力的考查。这样既可以使原有使用地区考生可以在相对熟悉亲切的环境中以平稳的心态正常发挥，也可以让新加入省份的考生不感到陌生，能够正常发挥，考出水平。可参看表1。

表1:2010年和2011年模块题量及分值对比

科目		经济生活	政治生活	文化生活	生活与哲学
2010年	题量	5题（选择题4道、主观题1问）	4题（选择题3道、主观题1问）	3题（选择题2道、主观题2问）	6题（选择题4道、主观题2问）
	分值	30分	24分	16分	30分
2011年	题量	5题（选择题4道、主观题1问）	4题（选择题3道、主观题1问）	1题（选择题没有、主观题2问）	6题（选择题5道、主观题1问）
	分值	30分	24分	14分	32分

1. 知识点考查

2011 年的试题依然突出了对主干知识的考查，从各模块来看，《经济生活》紧紧围绕科学发展观这一主题来设置，重视发挥消费的作用、经济结构的调整和自主创新能力的提升。《政治生活》围绕民主政治建设、公民的权利、党的性质与自身建设等主干知识。《文化生活》涉及的考点较少，主要是考查了文化的作用这一考点。《生活与哲学》这一模块涉及考点较多，主要考查意识、实践、真理、联系、矛盾、社会意识等主干知识，因此，2011 年高考这一部分分值有所增加，达到 32 分。

表 2：2011 年新课标高考文综思想政治考查主干知识列表

模块	考点	题号
经济生活	价值量与价值总量、社会劳动生产率与个别劳动生产率的关系	12
	企业自主创新的重要性	13
	消费反作用于生产	14
	优化产业结构、信息产业的重要性	15
	企业自主创新的重要性及增强企业自主创新能力的措施	38(2)
政治生活	公民的平等权	16
	人民代表大会的权力及坚持的原则	17
	党的性质与自身建设	18
	全国人大代表的权利和全国人大的职权	38(1)
文化生活	文化对人的影响	39(1)
	如何发挥文化的积极作用	39(3)
生活与哲学	联系的多样性	19
	追求真理是一个过程	20
	实践的重要性	21
	意识的本质	22
	具体问题具体分析	23
	社会意识的相对独立性	39(2)

2. 试题难度

从近三年试题的难度系数和平均得分来看，2011 年的试题难度较大。不过从 2011 年客观试题的形式来看，组合型试题数量有所减少，试题难度从形式上看有所降低，但从学生整体得分情况来看，试题难度则有所增加。试题貌似简单，其实内藏玄机。

表 3:近三年思想政治试题的平均分及难度

	客观题	难度	主观题	难度	学科	难度
2009 年	32.3	0.67	23.5	0.45	55.8	0.56
2010 年	26.4	0.55	24.9	0.48	51.3	0.51
2011 年	26.0	0.54	21.0	0.40	47.0	0.47

3. 试题呈现的特点

(1)选择题形式及考查内容发生变化

2010 年 12 道选择题中有 11 道是“四选二”的组合选择题,这样的题干组合具有迷惑性,题肢干扰性强,增加了选择的难度。而 2011 年在 12 道选择题中有 5 道是单项选择题,这就降低了试题的难度,但组合选择题的迷惑性仍然很强。从试题考查的模块知识来看,2011 年选择题没有考查《文化生活》的内容,这是最明显的变化。

(2)计算题的难度有所降低

(2010 年新课标第 12 题)按照中国—东盟自由贸易协议,成员国 90% 的贸易商品实行零关税。如果以前一件 10 元人民币的 M 商品出口到某东盟成员国 N 国的关税为 5%,本外币间的汇率为 1∶8。2010 年该商品实行零关税,中国生产 M 商品的劳动生产率提高 25%,其他条件不变,则一件 M 商品在实行零关税之前和之后出口到 N 国的价格用 N 国货币单位表示分别为

A. 80,84　　B. 84,80　　C. 84,64　　D. 84,100

第一步,先计算出有关税时的价格即 $10\times(1+5\%)=10.5$;第二步,计算出 N 国货币单位即 $10.5\times8=84$;第三步,计算中国劳动生产率提高 25% 之后的商品单价,即 $10\div(1+25\%)=8$;最后,算出零关税的 N 国货币单位,即 $8\times8=64$。得出答案为 C。

本题分开计算需要四步,并且涉及的知识较多,有关税、汇率、劳动生产率、单位商品价值量的知识和相互关系。计算起来需要考虑多种关系,难度较大。

(2011 年新课标第 12 题)2010 年某企业的生产条件处于全行业平均水平,其单位产品的价值量为 132 元,产量为 10 万件。如果 2011 年该企业的劳动生产率提高 10%,而全行业的劳动生产率提高 20%,其他条件不变,则该企业 2011 年生产的商品价值总量为

A. 1452 万元　　B. 1320 万元　　C. 1210 万元　　D. 1100 万元

根据 2110 年单位产品价值量和全行业的劳动生产率提高 20%,计算出 2011 年单位商品的价值量,即 $132\div(1+20\%)=110$(元)。再根据该企业劳动生产率提高 10% 和 2010 年商品数量,计算出 2011 年该企业产品数量,即 10(万件)$\times(1+10\%)=$ 11(万件);最后,计算出 2011 年该企业价值总量,即 110(元)$\times$11(万件)$=$1210(万元)。得出答案为 C。

本题分开计算需要三步,涉及的知识点有单位商品价值量、商品价值总量、社会劳

动生产率、个别劳动生产率等。计算起来需要考虑的关系比较集中,容易把握。

(3)试题贴近考生的生活

2011 年试题和前几年的试题一样,选材都比较贴近学生生活,使学生看到试题有一种熟悉感、亲切感,如选择题第 14 题“月饼的消费”、第 19 题“秸秆的利用”、第 21 题的漫画、第 23 题的民间俗语等。主观题第 38 题材料二中的汽车创新、第 39 题妈祖的传说。

(4)主观题具有开放性、探究性的特点

2011 年试题继承了前几年开放性、探究性的特点,如第 38 题的第(2)问“假设你是企业经营者,你该采取哪些措施来增强企业的自主创新能力?”,第 39 题第(3)问“就如何更好地发挥妈祖文化的作用提出两条建议”,就明显充满探究性、体验性,有利于提高学生参与政治生活的能力。

(5)注重基础,能力立意

2011 年新课标高考全国卷思想政治试题注重考生能力的考查。特别是第 19、20、21、22、38(2)、39(3),强调对考生调动和运用知识能力及论证和探讨问题能力的考查。

(6)试题凸显时代性和现实性

高考命题的指导思想是“以问题为中心,以人类所面临和关心的或现实、重大的社会问题为素材”。2011 年新课标高考全国卷思想政治试题注重理论联系实际,突出对社会生活热点问题和国家大政方针的考查,具有鲜明的时代性。试题涉及的热点问题包括:“十二五”规划、西藏和平解放 60 周年、中国共产党建党 90 周年、创新型国家的建设、国家经济结构调整、人大对于多部法律的修改等。试卷的背景材料很新颖,紧扣当前国际国内重大时政问题,有长效热点、也有短效热点,既显性考查,又隐性考查。

二、考生答题出现的问题

我们从表 4 和表 5 能够很清晰地看出各题型、各模块、各能力层次的得分情况,从考生的得失分情况,能够分析出答题考生存在的问题,这与我们在评卷中发现的答卷问题是一致的。

表 4:各模块考生得分情况

	选择题			主观题			全卷		
	分值	得分	难度	分值	得分	难度	分值	得分	难度
经济	16	10.15	0.63	14	5.42	0.39	30	15.57	0.52
政治	12	8.48	0.71	12	4.85	0.40	24	13.33	0.56
哲学	20	7.39	0.37	12	3.51	0.29	32	10.9	0.34
文化	0	0	0	14	7.24	0.52	14	7.24	0.52

表5:各能力层次考生得分情况

能力层次	分值	得分	难度
获取和解读信息	16	8.49	0.53
调动和运用知识	20	12.45	0.62
描述和阐释事物	32	11.74	0.37
论证和探讨问题	32	14.36	0.45

1. 获取和解读信息能力较弱

在审题上的表现较为明显,总的来看主要是审题不准确,答非所问;审题不全面,顾此失彼;审题不细致,信息不全;审题不灵活,破题不易。表现在阅读材料时,材料阅读不透,不能对材料作整体上的解读,导致断章取义;不能从情境材料中提取有效信息。比如,第38题的第(2)问要求运用所学经济知识回答问题,部分考生回答的却是哲学或文化创新的有关知识;问自主创新对企业发展的作用,部分考生回答的却是“改善民生,提高人民生活质量,加强就业工作,促进国民经济发展”;要求从企业经营者角度回答如何增强企业的自主创新能力,有些考生却回答国家如何做,劳动者如何做。

2. 调动和运用知识能力不强

表现在基本概念不清,主干知识把握不清,基础知识把握不够牢固,知识整合与建构不足。比如部分考生在回答第39题第(2)问时,将“社会存在与社会意识的辩证关系”表述为“物质和意识的辩证关系”;有些考生只是简单地罗列一些观点;有些考生对社会存在与社会意识的辩证关系不会表述。

3. 描述和阐释事物能力欠缺

表现在答题上:答题不完整,理据脱节;答题不严密,词不达意;答题逻辑混乱,层次不清;答案未整合,比较散乱;答题路径不熟,得分不高;卷面不清爽,糊涂一团。

表现在答题习惯上:表述不规范,术语不准,表达口语化;层次不清,缺乏条理性、逻辑性,颠来倒去;字迹潦草、卷面不整洁或字迹偏淡;未按要求在规定的答题框内答题:如逾框、错位、字数偏少偏多等。比如,不少考生在回答第38题第(1)问时,把人大和人大代表混为一谈,回答“作用”时与“职权”不对应。

4. 论证和探讨问题能力不足

表现在缺乏理论联系实际的意识,知识迁移、信息转换能力不足。如第38题第(2)问“吸引人才”被表述为“笼络人才、招募人才、购买人才、引诱人才、勾引人才”等。第39题第(3)问,试题要求提出建议,而一些考生只是简单地罗列知识点,缺乏对材料的分析运用。

三、备考建议

1. 夯实基础，强化积累

前几年的试题都是以主干知识为依托，重视考查基础知识、基本理论的掌握，凸显基础性：验证了文综高考复习的基本理念——“紧抓双基不放松”，“越是基础就越有决定性意义”。所以，我们在进行复习时要重视学科主干知识的落实，始终要注重知识点的落实，强调“有意义记忆”和“逻辑记忆”，提倡在总结中巩固知识，在运用中巩固知识，在训练中巩固知识，在反思中巩固知识，避免机械记忆。对于教材中易错易混点，教师要讲清，不能模棱两可，不能留给学生自己去会意；学生在看书的时候，要字斟句酌，反问质疑，不能浮光掠影，不求甚解；考纲中的考点，学生不仅要背默过关，不留死角，还要打破章节界限，形成知识网络。在复习过程中对知识点的把握要“全”，对知识线的归纳要“清”，对知识面的辐射要“宽”。

2. 注重能力，有效训练

培养能力是课改的要求，也是高考的要求。“考试知识范围”规定了考试的广度，“能力要求”则规定了考试的深度。因此，在坚持基础知识为第一要务的前提下，强化能力训练更是“谋分之基、创新之源”。能力的基本要素是学科知识，能力的核心要素是思维方法，能力的基本表现是知识迁移。而要把知识变成能力，就要做到在课堂的情境学习中培育能力，在课堂的拓展讲评中提升能力，在课堂的知识巩固中提升能力，在学生的自主研读中提升能力，在学生的自主训练中提升能力，在学生的自主交流中提升能力。具体的操作过程是：面对精选的试题，引导学生提取有效信息，以提升获取和解读信息能力。针对设问引导学生回顾有关知识，根据设问选择取舍相关知识，以提升调动和运用知识能力。尝试构筑答案，并共同分析答案，以提升描述和阐释事物能力。根据时政，拓展思维，以提升论证和探讨问题能力。

3. 研究新高考，提高备考的针对性

研究考纲，明确复习方向；研究考题，了解常考知识。比如通过对 2011 年主观题背景材料及模块的考查，我们可以很清晰地看出经济素材大都考查《经济生活》和《政治生活》的内容，文化素材大都考查《文化生活》和《生活与哲学》的内容。

表 6:主观题材料背景及模块考查

	第 38 题(26 分)			第 39 题(26 分)		
	材料背景	考查知识	分值	材料背景	考查知识	分值
2009 年	发放消费券(经济素材)	政治	12	麦哲伦墓碑的两面(历史文化素材)	哲学	14
		经济	14		文化	12
2010 年	煤炭行业重组(经济素材)	经济	14	文化产业发展(文化素材)	哲学	14
		政治	12		文化	12
2011 年	科技创新(经济素材)	政治	12	妈祖文化(文化素材)	哲学	12
		经济	14		文化	14

4. 转变教学方式,培养综合素质和探究能力

随着新课程的深化和高考制度的不断改革,高考命题也在发生变化。我们在复习过程中要积极适应高考的变化趋势,转变教学方式,抛弃我讲你听,我灌你通,满堂说教的教学方法。积极引导学生自主、合作学习,大胆地提出、探究有关现实和理论问题,引领学生树立正确的世界观、人生观、价值观。遵循教学生活化的课改理念,贯彻理论联系实际的教学原则,实现知识与能力、过程与方法、情感态度与价值观的新课程目标,做到三位一体、有机结合。在教学中我们要做到:眼中有人(突出主体参与,激发学生自主学习),心中有标(把握考试命题导向,清晰课标理念),取舍有度(高屋建瓴,有效取舍复习教学内容),手中有法(科学设计,优化方法,探索高效课堂),脚下有路(明确方向,科学调度,并且持之以恒),做一名智慧型教师。

义务教育
思想品德课程标准
(2011年版)

中华人民共和国教育部制定

第一部分 前言

道德是人自身发展的需要,也是人类文明进步的重要标志。当今世界,科技进步日新月异,人类面临的共同问题不断增多,国际竞争日趋激烈,对人的思想观念、道德品质和综合素质提出了新的挑战和要求。我国社会主义经济、政治、文化、社会建设都进入一个新的历史阶段。初中学生处于身心迅速发展和学习参与社会公共生活的重要阶段,处于思想品德和价值观念形成的关键时期,迫切需要学校在思想品德的发展上给予正确引导和有效帮助。

为适应初中学生的成长需要,思想品德课程融合道德、心理健康、法律、国情等相关内容,旨在促进初中学生道德品质、健康心理、法律意识和公民意识的进一步发展,形成乐观向上的生活态度,逐步树立正确的世界观、人生观、价值观。

一、课程性质

思想品德课程是一门以初中学生生活为基础、以引导和促进初中学生思想品德发展为根本目的的综合性课程。本课程的特性主要有以下几个方面。

思想性 以社会主义核心价值体系为导向,深入贯彻落实科学发展观,根据学生身心发展特点,分阶段,分层次对初中学生进行爱祖国、爱人民、爱劳动、爱科学、爱社会主义的教育,为青少年健康成长奠定基础。

人文性 尊重学生学习与发展规律,体现青少年文化特点,关怀学生精神成长需要,用初中学生喜闻乐见的方式组织课程内容、实施教学,用优秀的人类文化和民族精神陶冶学生心灵,提升学生的人文素养和社会责任感。

实践性 从学生实际出发并将初中学生逐步扩展的生活作为课程建设与实施的基础;注重与社会实践的联系,引导学生自主参与丰富多样的活动,在认识、体验与践行中促进正确思想观念和良好道德品质的形成和发展。

综合性 有机整合道德、心理健康、法律和国情等多方面的学习内容;与初中学生的家庭生活、学校生活和社会生活紧密联系；将情感态度价值观的培养、知识的学习、能力的提高与思想方法、思维方式的掌握融为一体。

二、课程基本理念

（一）帮助学生过积极健康的生活，做负责任的公民是课程的核心

初中学生正处于身心发展的重要时期，自我意识和独立性逐步增强。在初中阶段帮助学生形成良好品德，树立责任意识和积极的生活态度，对学生的成长具有基础性的作用。思想品德课程的任务是引领学生了解社会、参与公共生活、珍爱生命、感悟人生，逐步形成基本的是非、善恶和美丑观念，过积极健康的生活，做负责任的公民。

（二）初中学生逐步扩展的生活是课程的基础

思想品德是人在对生活的认识、体验和实践过程中逐步形成的。初中学生生活范围逐渐扩展，需要处理的各种关系日益增多。思想品德课程正是在学生逐步扩展的生活经验的基础上，与他们一起体会成长的美好、面对成长中的问题，为初中学生正确认识成长中的自己，处理好与他人、集体、国家和社会的关系，提供必要的帮助。

（三）坚持正确价值观念的引导与学生独立思考、积极实践相统一是课程的基木原则

思想品德的形成与发展，离不开学生的独立思考和积极实践，国家和社会的要求只有通过学生的独立思考与实践才能为学生真正接受。思想品德课程将正确的价值引导蕴涵在鲜活的生活主题之中，注重课内课外相结合，鼓励学生在实践中进行积极探究和体验，通过道德践行促进思想品德的健康发展。

三、课程设计思路

思想品德课程以初中学生逐步扩展的生活为基础，以学生成长过程中需要处理的关系为线索，有机整合道德、心理健康、法律、国情等方面的内容，进行科学设计。

初中学生逐步扩展的生活，尤其是处在青春期的初中学生的身心发展特点是思想品德课程设计的基础，课程从学生的生活实际出发，直面他们成长中遇到的问题，满足他们发展的需要。初中阶段的学生需要进一步学习正确处理与自我、与他人和集体，以及与国家和社会的关系。这三组重要关系依次构成了本课程的三大内容板块。每一内容板块中均涉及道德、心理健康、法律和国情等方面的具体内容。

第二部分　课程目标

思想品德课程以社会主义核心价值体系为导向，旨在促进初中学生正确思想观念

和良好道德品质的形成与发展，为使学生成为有理想、有道德、有文化、有纪律的社会主义合格公民奠定基础。

思想品德课程引导和帮助学生达到以下几个方面的目标。

（一）情感·态度·价值观

· 感受生命的可贵，养成自尊自信、乐观向上、意志坚强的人生态度。

· 体会生态环境与人类生存的关系，爱护环境，形成勤俭节约、珍惜资源的意识。

· 养成孝敬父母、尊重他人、诚实守信、乐于助人、有责任心、追求公正的品质。

· 形成热爱劳动、注重实践、崇尚科学、自主自立、敢于竞争、善于合作、勇于创新的个性品质。

· 树立规则意识、法制观念，有公共精神，增强公民意识。

· 热爱集体、热爱祖国、热爱人民、热爱社会主义，认同中华文化，继承革命传统，弘扬民族精神，有全球意识和国际视野，热爱和平。

（二）能力

· 学会调控自己的情绪，能够自我调适、自我控制。

· 掌握爱护环境的基本方法，形成爱护环境的能力。

· 逐步掌握交往与沟通的技能，学习参与社会公共生活的方法。

· 学习搜集、处理、运用信息的方法，提高媒介素养，能够积极适应信息化社会。

· 学会面对复杂的社会生活和多样的价值观念，以正确的价值观为标准，作出正确的道德判断和选择。

· 学习运用法律维护自己、他人、国家和社会的合法权益。

（三）知识

· 了解青少年身心发展的基本常识，掌握促进身心健康发展的途径与方法，理解个体成长与社会环境的关系。

· 了解我与他人和集体关系的基本知识，认识处理我与他人和集体关系的基本社会规范与道德规范。

· 理解人类生存与生态环境的相互依存关系，认识当今人类所面临的生态环境问题及其根源，掌握环境保护的基础知识。

· 知道基本的法律知识，了解法律在个人、国家和社会生活中的基本作用和意义。

· 知道我国的基本国情，初步了解当今世界发展的现状与趋势。

第三部分　课程内容

一、成长中的我

（一）认识自我

课程内容	活动建议
1.1 悦纳自己的生理变化，促进生理与心理的协调发展。	
1.2 了解青春期心理卫生常识，体会青春期的美好，学会克服青春期的烦恼，调控好自己的心理冲动。	
1.3 正确对待学习压力，克服厌学情绪和过度的考试焦虑，培养正确的学习观念和成就动机。	1.3 讨论学习活动和游戏活动之间相互矛盾又相互促进的关系，树立正确的学习观念和游戏观念。
1.4 理解情绪的多样性、复杂性，学会调节和控制情绪，保持乐观、积极的心态。	1.4 分组交流当情绪冲动或低落时自己的表现，和教师一起讨论如何利用倾诉、转移、换位、自我宽慰等方法，合理调节情绪。
1.5 客观分析挫折和逆境，寻找有效的应对方法，养成勇于克服困难和开拓进取的优良品质。	1.5 搜集"战胜困难和挫折，在逆境中自强不息"的事例，讨论应该如何面对困难和挫折。
1.6 主动锻炼个性心理品质，磨砺意志，陶冶情操，形成良好的学习、劳动习惯和生活态度。	
1.7 了解自我评价的重要性，能够客观地认识自我，积极接纳自我，形成客观、完整的自我概念。	1.7 从"我心目中的我""同学心目中的我""老师心目中的我"和"父母心目中的我"等不同角度，给自己画像，反思和分析评价的差异，找出前进的方向。

（二）自尊自强

课程内容	活动建议
2.1 认识生命形态的多样性，理解人类生命离不开大自然的哺育。	2.1 以“我们身边的动植物伙伴”为主题，作一次本地区的植物、动物物种及其生存状况的调查，观察每个物种及每个生命个体的独特性，体会生命世界的神奇。
2.2 认识自己生命的独特性，珍爱生命，能够进行基本的自救自护。	2.2 通过观看纪录片、图片等方式，初步了解地震、火灾、水灾等灾害，学习一些自护、自救、互救、他救的常识。
2.3 自尊、自爱，不做有损人格的事。	
2.4 体验行为和后果的联系，懂得每个行为都会产生一定后果，学会对自己的行为负责。	2.4 开展一次合法、安全的“行为后果体验”活动，从中感受“对自己行为负责”这一意识的重要性。
2.5 能够分辨是非善恶，学会在比较复杂的社会生活中作出正确选择。	
2.6 体会生命的价值，认识到实现人生意义应该从日常生活的点滴做起。	2.6 列举一些中外人物特别是革命领袖和英雄人物的事例，或围绕自己和同学的生活故事，就“人生的意义”开展一次主题讨论。
2.7 养成自信自立的生活态度，体会自强不息的意义。	

（三）心中有法

课程内容	活动建议
3.1 知道法律是由国家制定或认可，由国家强制力保证实施的一种特殊行为规范。理解我国公民在法律面前一律平等。	3.1 结合本地实际情况，用与学生生活密切相关的案例，讨论说明法律面前人人平等。
3.2 知道不履行法律规定的义务或作出法律所禁止的行为都是违法行为，理解任何违法行为都要承担相应的法律责任，受到一定的法律制裁。	3.2 列举预防未成年人犯罪法规定的易沾染的不良行为和严重不良行为表现，分析这些行为对个人、家庭及社会的危害。
3.3 知道法律对未成年人的特殊保护，了解家庭保护、学校保护、社会保护和司法保护的基本内容。掌握获得法律帮助和维护合法权益的方式和途径，提高运用法律的能力。	3.3 搜集保护未成年人合法权利的典型案例，讨论和说明未成年人增强自我保护意识的重要意义。
3.4 了解违法与犯罪的区别，知道不良心理和行为可能发展为违法犯罪，分析未成年人犯罪的主要原因，增强自我防范意识。	3.4 搜集身边的案例，讨论并说明扰乱公共秩序、妨害公共安全、妨害社会管理秩序等具有社会危害性的行为，都是违法行为。

二、我与他人和集体

(一)交往与沟通

课程内容	活动建议
1.1 知道礼貌是文明交往的前提,掌握基本的交往礼仪与技能,理解文明交往的个人意义和社会价值。	1.1 交流使用和不使用文明礼貌用语,以及在公共场所大声喧哗和轻声细语的不同感受,体会讲文明、懂礼貌在生活中的作用和价值。
1.2 了解青春期闭锁心理现象及危害,积极与同学、朋友和成人交往,体会交往与友谊对生命成长的意义。	
1.3 体会父母为抚养自己付出的辛劳,孝敬父母和长辈。学会与父母平等沟通,调适“逆反”心理。增强与家人共创共享家庭美德的意识和能力。	1.3 举办搜集“父母说得最多的十句话”的活动,尝试理解父母“源于爱”的初衷,同学之间进行交流和分享。
1.4 了解教师的工作,积极与教师进行有效沟通,正确对待教师的表扬与批评,增进与教师的感情。	1.4 采访教师,内容包括该教师对其所教学科的认识、对班级的评价和期望、生活中的烦恼和欢乐等。根据采访写出报告。
1.5 学会用恰当的方式与同龄人交往,建立同学间的真诚友谊,正确认识异性同学之间的交往与友谊,把握原则与尺度。	1.5 搜集灾难或其他事件中中学生勇救他人、互相救助的感人事迹,体会同学友谊的珍贵。

(二)在集体中成长

课程内容	活动建议
2.1 正确认识个人与集体的关系,主动参与班级和学校活动,并发挥积极作用。有团队意识和集体荣誉感,感受学校生活的幸福,体会团结的力量。	2.1 开展多样化的班集体活动,在集体活动中体会温暖与力量。
2.2 学会换位思考,学会理解与宽容,尊重、帮助他人,与人为善。	2.2 用小组交流的方式讨论在与同学发生争执时,如何通过换位思考或其他方式来化解矛盾。
2.3 领会诚实是一种可贵的品质,正确认识生活中诚实的复杂性,知道诚实才能得到信任,努力做诚实的人。	2.3 以“诚信”为题开展一次课堂讨论。
2.4 理解竞争与合作的关系,能正确对待社会生活中的竞争,敢于竞争,善于合作。	
2.5 知道每个人在人格和法律地位上都是平等的,做到平等待人,不凌弱欺生,不以家境、身体、智能、性别等方面的差异而自傲或自卑,不歧视他人,富有正义感。	2.5 就“公民的平等”问题开展一次课堂讨论,理解平等主要表现在人格与法律地位上。

(三)权利与义务

课程内容	活动建议
3.1 了解宪法对公民基本权利和义务的规定,懂得正确行使权利、自觉履行义务。	
3.2 知道公民的人身权利受法律保护,任何非法侵害他人人身权利的行为,都要承担相应的法律责任。	3.2 搜集因侵犯人身权利而受到法律严厉惩处的案例,说明公民的人身权利受到法律保护,并讨论维护人身权利的途径和方法。
3.3 知道公民有受教育的权利和义务,学会运用法律维护自己受教育的权利,自觉履行受教育的义务。	3.3 搜集有关资料,讨论维护受教育权利的途径。
3.4 知道法律保护公民的财产,未成年人的财产继承权和智力成果不受侵犯,学会运用法律保护自己的经济权利。	
3.5 知道法律保护消费者的合法权益,学会运用法律维护自己作为消费者的权益。	3.5 搜集侵害消费者权益的典型案例,讨论如何维护消费者权益。

三、我与国家和社会

（一）积极适应社会的发展

课程内容	活动建议
1.1 关注社会发展变化，增进关心社会的兴趣和情感，养成亲社会行为。正确认识好奇心和从众心理，发展独立思考和自我控制能力。	1.1 选取一个感兴趣的社会热点话题或现象，发表个人的意见和看法，并与同学交流。
1.2 合理利用互联网等传播媒介，初步养成积极的媒介批评能力，学会理性利用现代媒介参与社会公共生活。	1.2 开展“假如没有网络，我的生活会怎样”的讨论活动，思考如何正确使用网络。
1.3 了解不同劳动和职业的特点及其独特价值，做好升学和职业选择的心理准备。	
1.4 知道责任的社会基础，体会承担责任的意义，懂得承担责任可能需要付出代价，知道不承担责任的后果，努力做一个负责任的公民。	1.4 尝试分析自己在家庭、学校和社区中的不同责任。就“怎样做一个负责任的公民”进行一次主题讨论。
1.5 理解遵守社会规则和维护社会公正对于社会稳定的重要性，正确认识和理解社会矛盾，理解发展与稳定的辩证关系。	
1.6 积极参与公共生活、公益活动，自觉爱护公共设施，遵守公共秩序，有为他人、为社会服务的精神。	1.6 考察社区内残障人群在生活上的主要困难，向社区管理部门提出改善的建议。组织一次志愿者活动，在社区内开展有意义的公益服务。
1.7 感受个人成长与民族文化和国家命运之间的联系，提高文化认同感、民族自豪感，以及构建社会主义和谐社会的责任意识。	1.7 举办“祖国发展我成长”的主题班会，认识祖国发展的大好形势，回顾自己的成长历程，感受二者之间的关系。

(二)认识国情，爱我中华

课程内容	活动建议
2.1 知道我国的人口、资源、环境等状况，了解计划生育、保护环境、合理利用资源的政策，形成可持续发展意识。	2.1 调查本地区存在的资源短缺问题，根据科学发展观的要求，通过讨论共同设计一条珍惜资源的宣传标语。
2.2 知道我国是一个统一的多民族国家，各民族人民平等互助、团结合作、艰苦创业、共同发展。	
2.3 了解我国在科技、教育发展方面的现状，理解实施科教兴国战略的现实意义，认识科技创新的必要性，努力提高自身素质。	
2.4 了解全面建设小康社会的奋斗目标。知道促进城乡、区域协调发展是实现全面建设小康社会奋斗目标的一项重要要求。	
2.5 知道中国特色社会主义理论体系。了解我国现阶段基本经济制度和根本政治制度，知道我国各民族人民的共同理想。	2.5 搜集新中国成立特别是改革开放以来，反映社会生活发生巨大变化的资料，讨论变化的原因，感受中国共产党是我们事业发展的领导核心。
2.6 学习和了解中华文化传统，增强与世界文明交流、对话的意识。	
2.7 了解文化的多样性和丰富性，尊重不同的文化和习俗，以平等的态度与其他民族和国家的人民友好交往。	2.7 分组搜集不同国家、民族和区域的独特文化，认识文化的多样性和丰富性。
2.8 了解当今世界发展趋势，知道我国在世界格局中的地位、作用和面临的机遇与挑战，增强忧患意识。	
2.9 认识树立全球观念的重要性，增强为世界和平与发展作贡献的意识和愿望。	2.9 以世界地图为依托，开展“我在地图上旅行”的演讲活动，搜集不同国家或地区的自然风光、人文历史等素材，积极感受“和平进步、和谐发展、和睦相处、合作共赢、和美生活是全世界的共同理想”。

(三)法律与秩序

课程内容	活动建议
3.1 知道中华人民共和国宪法是我国的根本大法,是全国各族人民、一切国家机关和武装力量、各政党和各社会团体、各企业事业组织的根本的活动准则,增强宪法意识。	3.1 以班级为单位,举行"宪法在我心中"的主题活动。
3.2 知道依法治国就是依照宪法和法律的规定管理国家,体会依法治国基本方略的实施有赖于每个公民的参与,是全体公民的共同责任。	3.2 开展"我是中国公民"的主题活动,讨论群众举报和舆论监督对维护司法公正和社会秩序的作用。
3.3 知道我国环境保护的基本法律,增强环境保护意识,自觉履行保护环境的义务。	3.3 以"环境保护,人人有责"为主题,设计一个以班级为单位的讨论活动,并进行相应的实践。
3.4 了解建立、健全监督和制约机制是法律有效实施和司法公正的保障,增强公民意识,学会行使自己享有的知情权、参与权、表达权、监督权。	
3.5 懂得维护国家统一,维护各民族的团结,维护国家安全、荣誉和利益是每个公民的义务。	3.5 结合本地实际,以"维护我国各民族的团结"为主题,开展一次主题活动。

关于活动建议的说明

以上表格中的课程内容不全配有活动建议。活动建议的编号是依据与之相关联的课程内容的编号进行编制的。活动建议仅作参考,教师可结合本地情况设计、选择适当的活动方式和内容。

第四部分　实施建议

一、教学建议

教学是落实本标准、达成思想品德课程目标的主要途径和基本环节。教学的组织与实施,应全面贯彻党的教育方针,以社会主义核心价值体系为导向,坚持正确的政治方向;应坚持课程改革的理念和要求,贯彻思想品德教学原则,进行教学改革,提高思想品德教学的实效性;应以本标准为依据,遵循初中学生身心发展和思想品德形成与发展的规律。

（一）准确把握课程性质，全面落实课程目标

教学应准确把握思想品德课程的综合性，以学生健康成长需要处理的主要关系为线索，将道德、心理健康、法律、国情等内容进行有机整合、科学设计，避免将这些内容割裂开来，分块进行教学；应准确把握思想品德课程的德育性，避免概念化、孤立化地传授和记诵知识，努力使知识的学习服务于学生思想道德发展的需要。

（二）强调与生活实际以及其他课程的联系

教师要深入了解学生的学习需求，面向丰富多彩的社会生活，善于开发和利用初中学生已有的生活经验，选取学生关注的话题组织教学，为学生的思想道德成长服务。思想品德课程实施者应增强课程的开放性，积极开发各门学科中的相关资源，加强与其他课程的有机联系和融通，形成教育合力。

（三）创造性地使用教材，优化教学过程

教材是学生学习的基础性资源。教师要了解和研究教材的整体布局，把握教材具体内容在单元和整套教材中的地位、任务，根据本标准，设定鲜明而集中的教学目标。在合理使用教材的基础上，教师应创造性地组织教学内容，设计合理的教学结构，灵活采用多种教学方法和手段，优化教学过程，提高课堂教学水平。

（四）注重学生的情感体验和道德实践

情感体验和道德实践是最重要的道德学习方式。教师要善于利用并创设丰富的教育情境，引导和帮助学生通过亲身经历与感悟，在获得情感体验的同时，深化思想认识。教师还要为学生提供直接参与实践的机会，提高他们道德践行的能力。

（五）引导学生学会学习

教学中，教师要激发学生的学习积极性，引导学生通过调查、参观、讨论、访谈、项目研究、情境分析等方式，主动探索社会现实与自我成长中的问题，在合作和分享中扩展自己的经验，在自主探究和独立思考的过程中增强道德学习能力。

二、评价建议

思想品德课程评价是促进学生思想品德健康发展的重要手段。设计思想品德课程评价方案时，应以课程目标和课程内容为依据，体现学科评价特点，搜集学生学习的完整信息，客观评价学生的思想道德状况。教师要总结与反思评价结果，改进教学，进而更好地实现课程目标。

（一）评价目标

思想品德课程的评价目标是，考查学生达成学习目标的程度，提高教学质量，保证课程目标的实现，使评价成为促进教师教学、学生思想品德发展与提高的有效手段。

（二）评价方式

思想品德课程倡导的评价方式主要有以下几种。

观察　教师在自然状态下，有目的、有计划地观察学生在日常学习、生活中所表现出来的情感、态度、能力和行为，并记录下来，作为对学生进行评价和引导的依据。

描述性评语　教师在与学生进行充分交流的基础上，用描述性的语言将学生在思想品德某一方面的表现，如态度、能力和行为等写成评语，并针对存在的问题提出改进建议。

项目评价　教师按照不同项目将学生分成若干小组，由学生自主设计活动计划。学生可以围绕真实的社会生活问题进行搜集、组织、解释或表达信息，如提交调查报告或小论文等。师生可以对小组成果进行分析，将小组评价与个人评价相结合。

谈话　教师通过与学生各种形式的交流和对话，获得学生思想品德发展状况的信息，据此对学生进行评价和引导。

成长记录　教师应建立学生的成长记录袋，记录学生在思想品德课程学习中的各种表现，主要是进步和成就。以学生的自我记录、自我小结为主，教师、同学、家长共同参与，学生以评价对象和评价者的双重身份参与评价过程。

考试　考试方式应灵活多样，如辩论、情境测验、开闭卷的笔试等。要加强思想品德考试命题研究，注重考查学生运用知识解决道德实践中实际问题的能力，发挥考试对教学的正确导向作用。

思想品德课程鼓励学校教师结合本校实际，积极探索独具特色、符合本课程特性和学生发展实际情况的有效评价方式。

（三）评价实施要求

1. 评价要客观、公正，要准确记录和描述学生的学习状况和思想品德发展状况，调动学生道德学习的积极性。

2. 评价不仅要重视结果，更要注重发展、变化和过程。要将形成性评价与终结性评价结合起来，突出形成性评价。要注意给予学生足够的机会展示他们的学习成果。

3. 要重视学生、教师和家长在评价过程中的作用，使评价成为学生、教师、家长等共同参与的交互活动，使评价过程成为促进学生、教师共同发展的过程。

4. 各级教育行政部门、招生考试部门以及学校教师在设计思想品德课程评价方案时，必须以本标准的评价目标与评价实施要求为依据，综合多方面获取的考查信息，对学生的思想品德课程学习作出合理评价。要注意评价的导向性，不能用单一的知识性考试作为对学生思想品德课程学习质量评价的唯一方式，警惕应试倾向的评价方式，避免评价方式偏离本课程的目标和理念。

三、教材编写建议

教材编写者应根据《基础教育课程改革纲要(试行)》和《中小学教材编写审定管理暂行办法》的基本精神和要求,以本标准为依据,以现实的社会生活与学生生活面临的各种现象和实际问题为基础,创造性地编写教材。

(一)准确理解和把握课程标准,坚持正确的导向

教材编写要以社会主义核心价值体系为指导,更新教育观念,创造性地体现和强化创新精神和实践能力的培养,加强思想品德教育的针对性、实效性和主动性,准确把握课程标准对课程性质的规定,体现课程理念,紧扣课程目标,充分发挥思想品德课程在学校德育中的基础性、导向性作用。

(二)遵循思想品德形成和发展规律,体现思想道德学习的独特性

教材内容的编排与呈现要依据学生思想品德形成和发展的一般规律,从学生自身的生活经验出发,以学生能够接受、乐于参与和能够促进思考、拓展体验、激发实践等有利于品德发展的方式组织和表述教学内容,将课程的价值引导意图转化为学生学习与发展的内在需求,创造一个生机盎然的学习空间。

(三)选取现实生活中的素材,突出教材与生活的联系

教材编写应以学生道德认知、道德情感及道德实践水平为基础,选取学生关心的具有教育意义的现实问题、实际事例作为主要素材进行提炼,使教材成为联系现实生活与实践的桥梁,为思想品德教学更好地走进学生的内心世界提供良好的平台。

(四)倡导以主题方式呈现课程内容,激发学生思考、探索的兴趣

教材编写应从具有普遍意义的典型事件或问题中选取主题,以问题解决为中心,统筹设计教材结构,将心理健康、道德、法律、国情等学习内容有机整合,避免对课程内容进行分块式的机械处理。将基本原理、基本概念和基本知识融入生活实例之中,呈现方式要生动活泼。设计开放性的探索环节,以激发学生参与和思考的热情,培养学生自主学习的能力。

(五)应充分考虑和体现不同地区的特点

在保证达到本标准基本要求的前提下,教材编写在内容和呈现形式上要因地制宜,以适应不同地区及城乡学生的特点和需求。

四、课程资源开发与利用建议

课程资源既包括学校内的教育资源,也包括学校外的各类社会机构和各种教育渠道所蕴涵的多种教育资源。教师应树立融合、开放、发展的课程资源观,整合并优化课程资源,充分发挥各种课程资源的人文教育功能,使之为课程实施和教学服务。

1. 根据教学目标的需要，开发、选择一切可以利用的课程资源，为实现教育目标服务。

2. 尽量组合不同类型的资源，将文本资源、音像资源、实物资源等结合起来，使学生深入理解课程内容。

3. 鼓励和指导学生参与课程资源的开发，重视对学生自身资源的开发，使学生的参与过程和生活体验成为课程资源的重要组成部分。

4. 结合当地和学校实际情况，重视对本土资源尤其是农村乡土资源的开发和利用，发挥本土资源的优势和独特价值。

5. 课程资源的开发和利用要服务于教学内容，充分发挥课程资源的效能，避免盲目性和形式主义。